실무 중심의

AutoCAD 2010

최석창 · 김종욱 · 박정호 공저

A.T. AUTOTECH
오토테크

머리말

급속도로 발전하는 산업사회는 다양한 분야에서 전문화된 기술력을 필요로 하고 있다. 그 중 설계분야에서 CAD(Computer Aided Design)의 도입은 연필, 자 그리고 종이를 대신하는 설계 툴로 자리 잡았으며 연관된 도면을 데이터화하여 보관할 수 있어 작업시간의 단축, 생산성의 향상 그리고 비용의 절감 등을 통한 경쟁력 강화에 큰 공헌을 하고 있다.

AutoCAD는 많은 CAD 프로그램 중 다양한 기능과 편리성으로 가장 많이 사용되어 왔으며 본 책에서 설명하는 AutoCAD 2010은 2D뿐만 아니라 3D까지도 더욱 쉽게 할 수 있는 편리하고 새로워진 기능으로 사용자가 더욱 설계에 집중할 수 환경을 제공하고, 인터넷을 통한 데이터 베이스활용 등 단지 설계 툴로써의 기능뿐만 아니라 생산 공정의 통합화까지 추구하고 있다.

본 교재는 AutoCAD 2010에서 새로워진 기능과 더블어 AutoCAD 기초 활용에 필요한 기본 내용을 위주로 2D뿐만 아니라 최근 급속히 필요성이 부각되는 3D 솔리드 모델링에 대해서는 명령어 사용 방법과 실습예제를 통해 초보자가 쉽게 CAD를 배울 수 있도록 구성하였다.

끝으로 본 교재가 출판되기까지 협조를 아끼지 않으신 출판사 관계자 여러분께 감사드리며, 본 교재를 선택하여 공부하는 학생들에게 꾸준한 노력과 연습을 당부 드립니다.

2013년 2월

저자 일동

목 차

Chapter 1. AutoCAD의 개요

Chapter 2. AutoCAD 시작하기

Chapter 3. 도면관리 및 도면작성을 위한 기본설정

Chapter 4. 2차원 도면 작성하기 I

1. 2차원 그리기(DRAWING) / 83

Chapter 5. 2차원 도면 작성하기 Ⅱ

Chapter 6. 치수도입

Chapter 7. 화면조절

Chapter 8. 블록 및 외부파일 참조하기

Chapter 11. 3차원 도면 작성하기

1. 솔리드 객체의 표현 설정 / 353

2. 3차원 솔리드 작성하기 / 356

3. 솔리드 편집하기 / 370

Chapter 12. 실습예제

Chapter 13. 부록

Chapter 1.

AutoCAD의 개요

Chapter 1. Auto CAD의 개요

1. CAD의 개념

1.1 개요

CAD(Computer aided Design)란 컴퓨터를 이용한 설계 및 제도를 하는 것을 의미하며, 초기에는 2차원적인 설계도면 작성을 효율적으로 수행하기 위하여 CAD라는 개념이 도입되었으나 응용 Software의 발달로 3차원적인 Model을 만들어 내는 것으로 발전되었고, Solid 개념까지 추가되어 입체적 표현이 가능하게 되었다.

CAD는 CAM(Computer aided Manufacturing), 그리고 CAE(Computer aided Engineering)와 유기적으로 결합하여 생산설계, 공정설계, 기계가공 및 기계제어의 전 공정에 이용되고 있다.

CAD는 컴퓨터를 이용하여 설계나 생산 업무를 지원하는 것으로 1959년 MIT 에서 컴퓨터와 설계자간의 대화형으로 도형을 처리할 수 있는 프로그램 개발을 목적으로 하는 CAD프로젝트를 시작으로 하여 1963년 MIT의 서덜랜드(Sutherland, I.E)가 발표한 논문 Sketchpad가 CAD 역사의 시초가 되어, 1964년 GM과 IBM이 공동으로 개발한 DAC-Ⅰ는 자동차의 전면 유리설계용으로 개발되어 실용화된 CAD의 원형이다. 현재에 와서는 컴퓨터의 발달로 인하여 많은 CAD 소프트웨어가 발표되어 여러 분야에서 광범위하게 이용되고 있는 추세이다.

CAD는 사용자가 원하는 도면을 빠르고 정확하게 그려 줄 뿐 아니라, 이미 작성된 도면을 편집, 수정할 때 다시 그리지 않더라도 필요한 부분만을 변경할 수 있도록 다양한 기능들을 제공하여 깨끗하고 정밀한 도면의 작성을 가능하게 해주고 있으며 도면 기호 및 KS 도표 편람에 수록된 부품들을 프로그램화하여 매번 반복되는 작업을 편리하게 이용할 수 있도록 심벌화 시킬 수 있으며 심벌의 이름, 규격, 단가, 재질 등 필요한 정보를 기입하여 데이터베이스 프로그램과 연결시켜 자재 리스트 및 견적서를 작성할 수 있다. 또한, 현재 많은 생산 현장에서는 설계자들이 요구하는 개념상의 2차원/3차원 스케칭, 드래프팅과 디테이링, 가공과 측정을 위한 정교한 3차원 모델링, 어셈블리와 부품디자인, 제작공정을 위한 작업 공정도등의 지원이 요구되고 있으며, 이에 따라 3차원 CAD의 사용법 숙지가 날로 중대해지고 있다.

2D CAD의 대명사라 할 수 있는 Autodesk사의 AutoCAD는 1982년 버전 1.0을 발표한 이래로 십수번의 개정판을 발표하여 그 기능이 대형 CAD 시스템과 비슷한 기능을 가지게 되었다.

AutoCAD는 1982년 12월에 미국의 라스베가스 컴덱스쇼에서 Autodesk Inc.에 의해 버전 1.0을 발표한 이래로 지금까지 20여번의 버전을 향상시켜 현재는 AutoCAD 2010을 발표하기에 이르렀다. AutoCAD 시스템의 이용은 설계 공정에서 획기적인 기술적인 발전을 가져다주고 있으며, 설계 자체에만 CAD를 이용하는 것 이외에 또 다른 중요한 장점으로 제품의 생산에 필요한 데이터베이스를 제공하고 있다.

최근에는 현장의 많은 회사들이 통합된 CAD/CAM 시스템을 이용하여 제품 설계와 제작 공정을 직접 연결하고 있다.

이를 위하여 생산현장에서는 I-DEAS, CATIA, UG, SOLID WORK, INVENTOR 등의 솔리드 모델링 패키지를 통한 실제제품이 제작되며, 팀엔지니어링, 고급설계, 시험, 해석, 가공기능 등의 확장성이 보장되는 고가의 3D CAD 제품이 사용되고 있다.

이와 같이 CAD 시스템의 도입은 업체에 있어서 꼭 필요한 분야가 되었으며 그 중에서도 CAD는 이러한 모든 기능을 여러 분야에서 광범위하게 이용할 수 있다.

1.2 CAD의 이용효과

- 설계 기간의 단축과 생산성 향상
- 품질향상
- 표현력 증대
- 표준화
- 비용절감
- 정보화(Data base 구축)

1.3 CAD의 응용분야

- 기계설계(Mechanical Design)
- 금형설계(Mold Design)
- 전기 전자설계(Electric/Electronic Design)
- 플랜트설계(Plant Design)
- 건축설계(Architecture Design)
- 항공기 및 자동차설계 분야
- 지도 및 지형설계 분야
- 군사 과학 분야

2. AutCAD 2010의 새로운 기능

2.1 시스템 사양

AutoCAD2010은 32비트와 64비트용이 있다.

▶ 32비트 AutoCAD 2010을 위한 시스템사양

구성	32비트
CPU	Windows XP: Intel Pentium 4 또는 AMD AthlonTM Dual Core, 1.6GHz 이상 (SSE2 기술 포함) Windows Vista: Intel Pentium 4 또는 AMD AthlonTM Dual Core, 3.0GHz 이상 (SSE2 기술 포함)
운영체제	Windows XP Home 및 Professional SP2 이상. Microsoft® Windows Vista® SP1 이상(다음 포함): Windows Vista Enterprise Windows Vista Business Windows Vista Ultimate Windows Vista Home Premium
메모리	Windows XP : 2 GB RAM , Windows Vista : 2 GB RAM
하드디스크	설치용 1GB
디스플레이	1,024x768 디스플레이 해상도(트루 컬러 포함)
익스플로러	Microsoft® Internet Explorer® 7.0 이상
3D모델링	- Intel Pentium 4 프로세서나 AMD Athlon, 3.0GHz 이상 - 또는 Intel이나 AMD Dual Core 프로세서, 2.0GHz 이상 - 2GB 이상 RAM - 2GB 하드 디스크 여유 공간(설치 미포함) - 1,280x1,024 32비트 컬러 비디오 디스플레이 어댑터(트루 컬러) 128MB 이상, Direct3D® 지원 워크스테이션급 그래픽 카드

▶ 64비트 AutoCAD 2012를 위한 시스템사양

64비트 프로그램은 32비트 운영체제에는 설치할 수 없다.

구성	64비트
CPU	AMD AthlonTM 64(SSE2 기술 포함) AMD OpteronTM(SSE2 기술 포함) Intel Xeon(Intel EM64T 지원 및 SSE2 기술 포함) Intel Pentium 4(Intel EM64T 지원 및 SSE2 기술 포함)
운영체제	Windows XP Professional x64 Edition SP2 이상 Windows Vista Enterprise Windows Vista Business Windows Vista Ultimate Windows Vista Home Premium
메모리	Windows XP : 2 GB RAM , Windows Vista : 2 GB RAM
하드디스크	설치용 1.5GB
디스플레이	1,024x768 디스플레이 해상도(트루 컬러 포함)
익스플로러	Internet Explorer 7.0 이상
3D모델링	- Intel Pentium 4 프로세서 또는 AMD Athlon 3GHz 이상, Intel 또는 AMD 듀얼 코어 프로세서 2GHz 이상 - 2GB RAM 이상 - 설치에 필요한 여유 공간 외 2GB 하드 디스크 공간 - 1280x1024 트루 컬러 비디오 디스플레이 어댑터 128MB 이상, Pixel Shader 3.0 이상, Microsoft® Direct3D® 지원 워크스테이션 클래스 그래픽 카드

2.2 AutoCAD 2010 사용을 위한 주변기기

AutoCAD는 기존 수작업을 빠르고 정확한 컴퓨터를 통해 도면을 작성하는 프로그램이다. 따라서 신속하고 정확한 도면작성을 위해서는 여기에 맞는 입력장치와 출력장비가 필요하다. 입력장치로는 마우스나 태블릿, 스타일러스 펜 등이 있다. 출력장비는 도면작성과정을 보여줄 모니터와 도면작성이 끝난 후 종이로 표현할 수 있는 프린트 또는 플로트가 있다.

▶ 입력장치

【마우스】 CAD작업에서 가장 중요한 장치중의 하나이다. 정확한 점의 선택과 객체 선택을 위해서는 마우스 포인트도 매끄럽게 움직여 주어야한다. 그래서 요즈음은 볼 마우스보다는 광마우스를 많이 사용하고 있다. 또한 신속한 도면 작성을 위해 마우스는 투 버튼, 쓰리 버튼 보다는 휠이 있는 마우스를 사용하는 것이 좋다. AutoCAD에서는 휠이 화면을 확대/축소, 초점이동과 같은 화면 디스플레를 조정하는 기능을 가지고 있기 때문이다. 특히 가운데 휠 버튼은 환경설정에 따라 화면의 확대/축소뿐만 아니라 객체스냅을 활성화하는 기능으로도 변경이 가능하다.

【태블릿】 태블릿은 그래픽 작업을 할 때 많이 사용하는 입력장치다. 펜이나 마우스 퍽(puck)이 달려 있어 정교한 도면을 요구하는 곳에서 쓰고 있으며 마우스 퍽은 4버튼에서 16버튼까지 있으며 Autodesk에서 제공하는 메뉴판을 태블릿에 부착하여 세팅 후 사용하면 명령을 입력하지 않고 해당 메뉴를 펜이나 마우스 퍽을 눌러 실행할 수 있다.

【마우스】

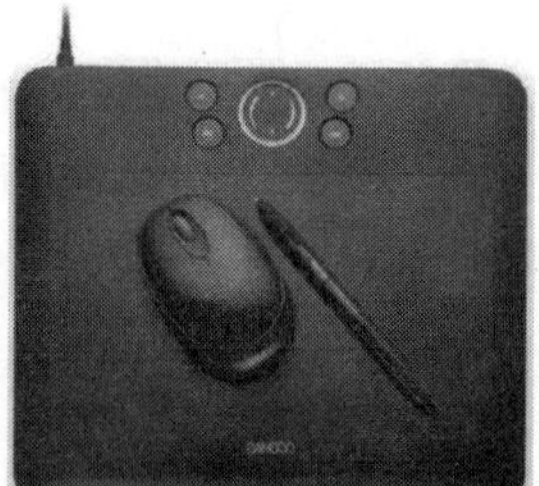

【태블릿 】

▶ 출력장치

【모니터】 도면작성과정을 보여줄 수 있는 장치다. 모니터의 크기가 크면 보이는 부분이 많아지기 때문에 이웃한 객체와의 비교도 쉬워진다. 요즈음 그래픽카드는 듀얼모니터를 지원하는 제품이 많다. 따라서 신속한 CAD작업을 원한다면 모니터를 듀얼로 사용하는 것이 좋

지 않을까 싶다.

【프린터, 플로트】 작성된 도면을 인쇄하는 장비로 A3, A4는 주로 프린터를, 그보다 큰 것은 플로트를 이용하여 인쇄를 한다. 실내건축이나 인테리어 쪽은 주로 칼라 프린터나 플로트를 많이 사용하고 있다.

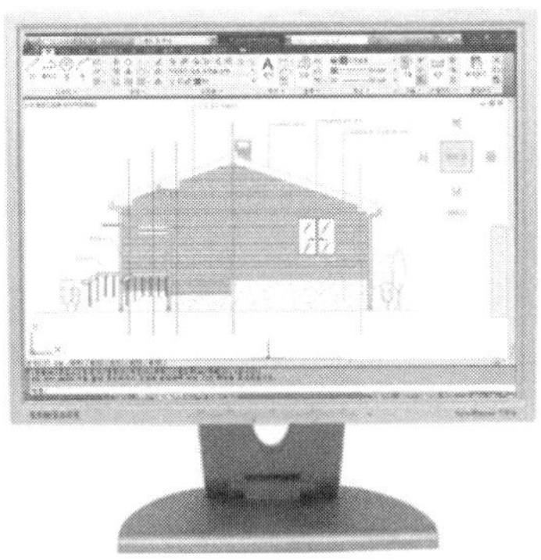

【4: 3 모니터】

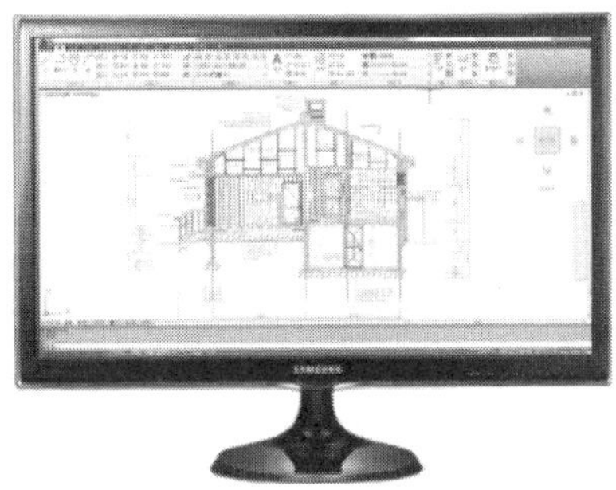

【와이드 모니터】

【레이저 프린터】

【플로터】

Chapter 2.

AutoCAD 시작하기

Chapter 2. AutoCAD 시작하기

1. AutoCAD 시작하기

AutoCAD 2010 프로그램 그룹은 기본적으로 C:/Program files/ AutoCAD 2010 디렉토리에 위치하게 되고, 설치된 AutoCAD 2010을 실행하기 위해서는 Window 바탕화면의 좌측 하단의 시작 버튼을 눌러 ⇨ 프로그램 ⇨ Autodesk ⇨ AutoCAD 2010 ⇨ AutoCAD 2010 - Korean을 선택하면 실행할 수 있으며, 바탕화면에 '바로가기' 아이콘이 생성되어 있는 경우 그림과 같은 아이콘을 눌러 실행할 수도 있다.

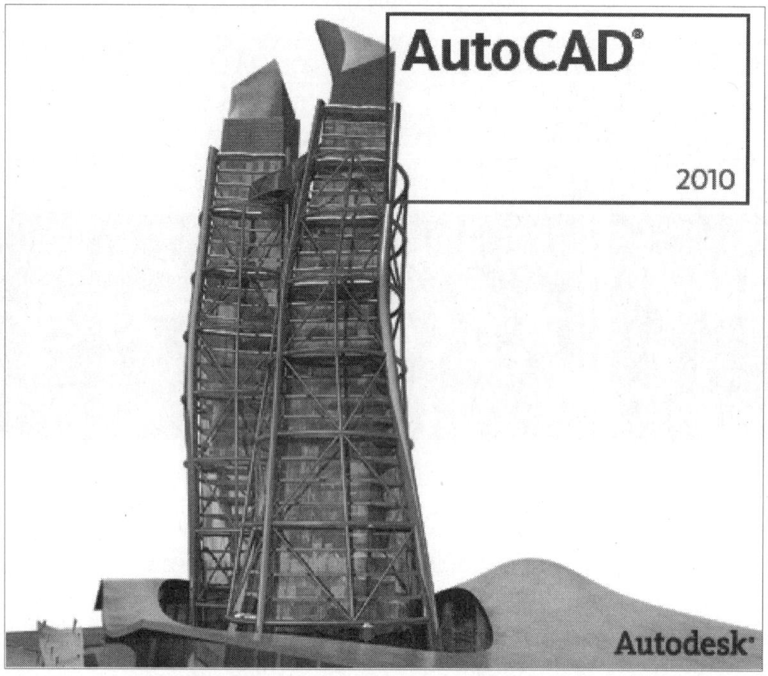

【그림 2-1】 AuoCAD 2010 시작하기

AutoCAD가 실행될 때 특정 기능을 가지게 하고 싶다면 스위치를 이용하면 된다. 스위치란 AutoCAD가 실행될 때 위의 로고를 보이지 않게 한다든지 또는 실행과 동시에 스크립트 파일을 실행할 수 있도록 해주는 여러 가지 기능을 의미한다. 이 스위치 등록방법은 바탕화면에 있는 AutoCAD 2010 - Korean바로 가기 아이콘의 대상부분을 수정하여 사용한다.

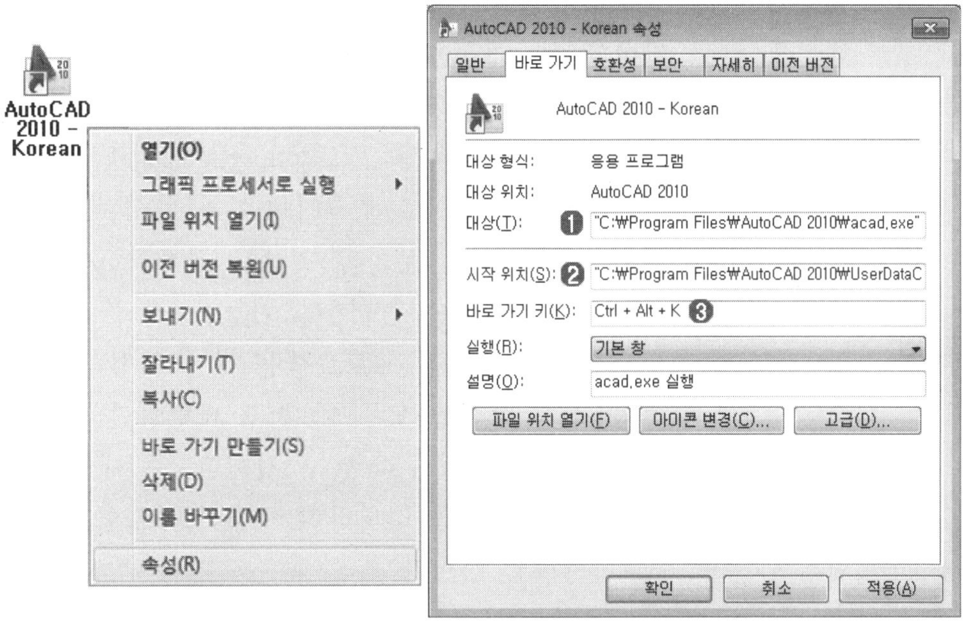

1 대상 : AutoCAD2010을 실행하는 실행파일의 경로와 실행파일명을 보여준다. AutoCAD2010을 설치할 때 초기설정값 그대로 설치했다면 "C:\Program Files\Autodesk\AutoCAD2010\acad.exe" 식으로 대상이 입력되어 있을 것이다. 대상의 제일 끝 "...\acad.exe." 뒤에 1칸을 띄운 후 사용하고자 하는 스위치나 또는 스위치에 관련된 매개변수(parameter) 값을 적용해 주면 된다.

2 AutoCAD2010의 시작위치를 지정한다. 이 시작위치는 아주 중요한 역할을 한다. AutoCAD2010에서 외부 자료를 검색할 경우 AutoCAD2010의 지원파일검색 경로보다 더 상위의 경로에 해당한다. 만약 삽입(Insert)명령으로 객체를 검색할 경우 이 시작 위치에 지정한 경로를 가장 먼저 검색을 하고 그 다음으로 환경설정에 정의되어 있는 지원파일 검색경로를 따라 자료검색을 하게 되는 것이다. 이 기능은 주로 프로젝트별로 폴더를 관리할 경우 많이 사용할 수 있다.

3 AutoCAD2010을 실행할 때 아이콘을 더블클릭하는 것이 아닌 바로가기 키에 정의되어 있는 단축키를 누르면 프로그램이 바로 실행되게 하는 것이다. 이 기능은 모든 윈도우 응용프로그램에 동일하게 적용할 수 있다. 키 조합은 '[Ctrl]+[Alt]+key' , '[Ctrl]+[Shift]+key' , '[Alt]+[Shift]+key' , '[Ctrl]+[Alt]+[Shift]+key, ' [Ctrl]+숫자판 ' , ' [Ctrl]+[Alt]+숫자판 ' , ' [Alt]+숫자판 '으로 조합하여 사용할 수 있다. 여기서 key는 문자와 키보드 위쪽의 숫자를 의미한다. 대부분의 컴퓨터 사용자들이 이 기능을 전혀 사용하지 않는 것 같다. 그러다 보니 특정 프로그램을 찾아 실행하기 위해 시작프로그램 또는 현재 화면을 모두 내린 후 바탕화면의 원하는 프로그램을 더블클릭해서 실행하고 있는 것이다. 주로 사용하는 프로그램들은 꼭 바로가기 키를 정의하여 사용하는 것이 가장 바람직한 방법 중의 하나 일 것이다.

스위치	구성명	설 명
blank	파일명	AutoCAD를 실행할 때 파일명을 적어주면 AutoCAD가 실행되면서 지정한 파일을 기본적으로 Open시켜 준다. "...\AutoCAD2010\acad.exe" "test.dwg" 확장명 DWG는 생략 가능하다.
/b	스크립트 파일명	AutoCAD가 실행되면서 지정한 스크립트 파일을 실행한다. 스크립트란 사용자가 명령행에서 사용하는 일련의 작업내용을 ASCII파일로 작성하는 것으로 파일의 확장명은 *.SCR이다. "...\AutoCAD2010\acad.exe" /b "test.scr" 확장명 SCR은 생략 가능하다.
/nologo	로고화면	AutoCAD를 실행할 때 나타나는 로고를 표시하지 않게 한다. "...\AutoCAD2010\acad.exe" /nologo
/p	프로 파일명	AutoCAD를 실행할 때 옵션의 프로파일에 등록해 두었던 프로파일명으로 AutoCAD환경이 설정되도록 한다. 만일 등록되어 있지 않은 프로파일명을 입력하면 스위치값에 입력되어진 이름으로 새로운 프로파일이 생성된다. "...\AutoCAD2010\acad.exe" /p "홍길동"
/s	지원폴드	AutoCAD가 실행될 때 기존의 옵션에 등록되어 있는 폴더가 아닌 스위치 값에 입력된 지원경로를 사용하게 된다. 경로명은 최대 15개까지 가능하며 ;으로 구분을 한다. "...\AutoCAD2010\acad.exe" /s c:\test\;
/t	템플릿 파일명	AutoCAD를 실행할 때 기존에 등록되어 있는 또는 사용자가 등록해 두었던 템플릿파일(원형도면)을 불러 온다. "...\AutoCAD2010\acad.exe"/t "SCD.dwg"
/v	뷰명	AutoCAD를 실행할 때 특정 뷰가 등록되어 있는 파일일 경우 파일명과 뷰명을 구분해서 실행하면 특정 뷰가 활성화 되면서 실행된다. "...\AutoCAD2010\acad.exe" "test.dwg" /v "test"

1.1 AutoCAD 2010 화면구성

AutoCAD의 사용자 인터페이스는 AutoCAD2009부터 많이 달라졌다. 리본이라는 이름의 메뉴로 구성되어 화면의 위쪽에 위치를 하며 관련된 명령들을 패널에 아이콘화하여 표시해 두었다. 또한 작업공간(workspace)을 이용하여 사용자가 화면구성을 재구성하거나 변경하여 사용할 수 있다.

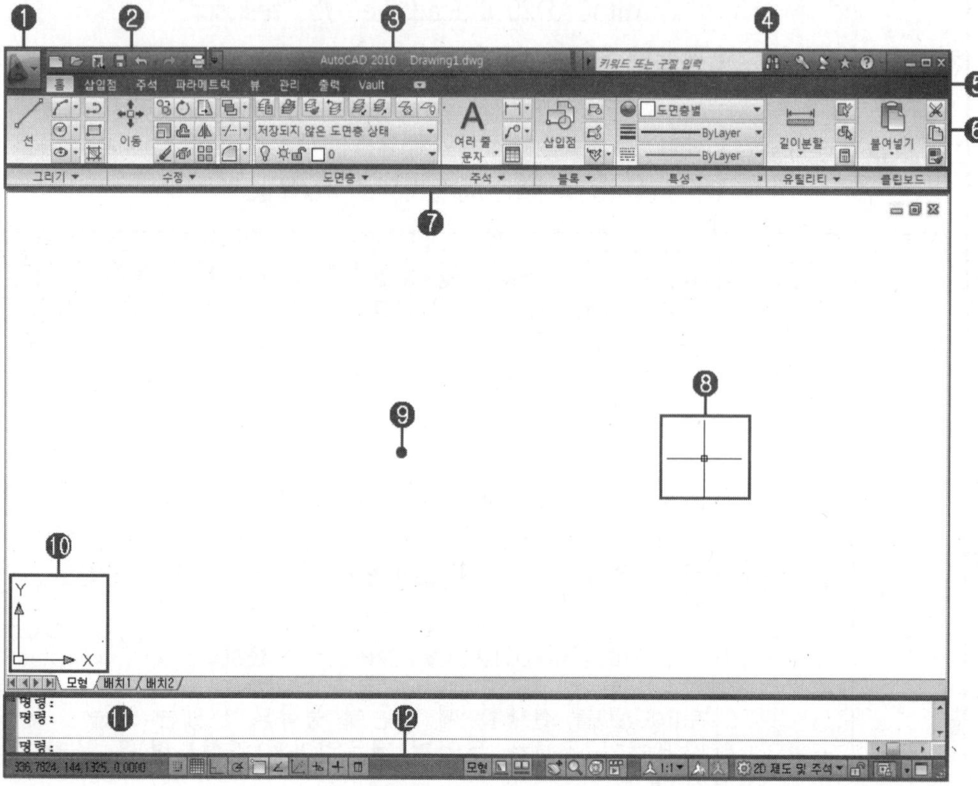

【그림 2-2】 AutoCAD 2010의 화면 구성

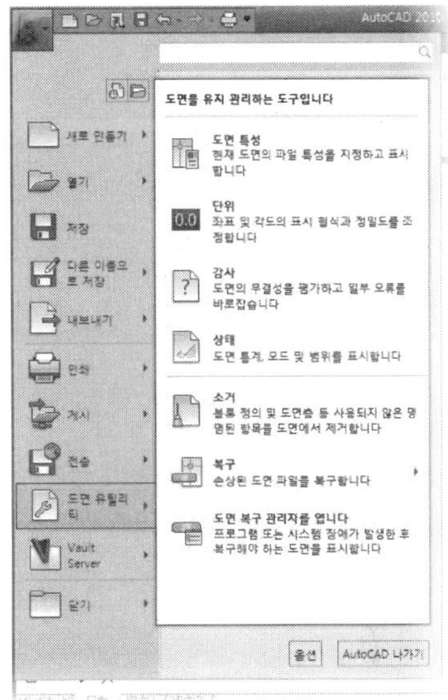

1 응용프로그램 메뉴 : 명령을 검색하고 검색된 명령을 명령행에서 바로 실행시킬 수 있다. 최근 사용된 도면을 도면이름 또는 큰 아이콘을 통해 도면의 미리보기를 제공한다. 또한 새로운 도면이나 수정된 도면을 다른 이름저장이나 또는 웹에서 게시할 수 있도록 한다. 특히 도면 유틸리티를 통해 강제종료에 따른 손상된 도면파일을 복원할 수 있는 기능을 제공하고 있다.

2 신속접근 도구막대 : 신속접근 도구막대는 새 도면 작성, 수정 도면 저장 및 인쇄 그리고 명령취소(Undo) 및 명령복구(Redo)를 담고 있으며 신속접근 도구막대는 사용화를 통해 원하는 명령을 등록할 수 있다.

3 제목 표시줄 : 현재 편집중인 도면의 파일명을 보여준다.

4 정보센터 : 명령에 대한 도움말 검색과 Autodesk계정 로그인, 제품의 업데이트 기능 등을 가지고 있다.

5 리본 탭 표시줄 : 리본 메뉴 패널의 디스플레이와 순서를 조정하고 사용자의 편의 따라 자유롭게 재구성을 할 수 있다.

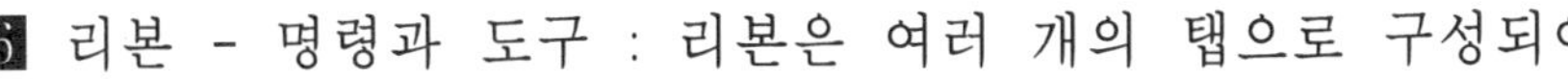

6 리본 - 명령과 도구 : 리본은 여러 개의 탭으로 구성되어 있고, 각 탭은 다양한 종류의 패널로 이루어져 있다. 패널에는 패널의 특성에 따라 유사기능을 제공하는 도구와 컨트롤을 모마둔 도구의 모음이다. 리본의 특징은 현재 작업공간과 관련된 유사 도구와

컨트롤만을 모아둔 관계로 당장 사용하지 않는 명령을 표시하지 않음으로 화면공간을 절약할 수 있다.

7 확장 패널 : 일부 패널은 보이는 것보다 더 많은 도구를 가지고 있다. 패널 제목의 오른쪽에 있는 역삼각형 아이콘을 클릭하면 패널이 확장되며 숨겨져 있던 도구들이 나타난다. 이때 확장 패널의 왼쪽 아래에 있는 작은 누름핀 아이콘을 클릭하면 확장 패널이 닫히지 않고 그대로 유지된다.

8 cross hair : 리본 탭과 리본의 명령을 선택하고 객체작성을 위한 점 선택과 객체 편집을 위한 객체선택등 AutoCAD운영에 가장 필요한 부분이다. 커서의 크기제어는 [옵션]-[화면표시]-[십자선 크기]를 통해 조정할 수 있다.

9 도면영역 : 객체를 작성하고 수정하여 설계를 표현하는 공간이다.

10 UCSICON : UCSICON은 AutoCAD 그래픽 화면의 좌측 하단에 나타나는 좌표 표시 그림으로 현재의 좌표계가 어디에 위치하는가를 표시하는 ICON이다. 몇 가지 Option을 사용하여 3차원의 사용을 편리하게 해주며 그립을 사용하여 UCSICON을 조작할 수 있다.

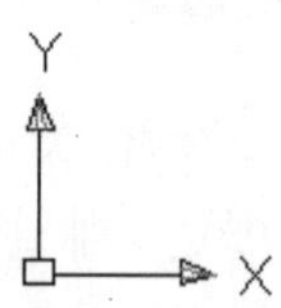

【2D UCS】

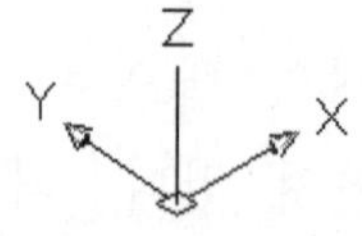

【3D UCS】

【음영적용된 2D UCS】

【음영적용된 3D UCS】

11 명령행 : 명령을 시작하고 현재 명령에 따른 메시지를 출력한다. 일반적으로 명령은 3줄 크기로 되어 있다. 첫 줄과 두 번째 줄은 가장 최근에 실행된 명령 혹은 현재 실행되고 있는 명령의 옵션이나 설정사항 등을 표시하며 마지막 줄이 명령행이다. AutoCAD를 사용하면서 실수 없이 빠르고 정확한 작업을 하기 위해서는 반드시 명령행을 주목하는 습관을 가지는 것이 좋다. 또는 이 명령행은 기능키 F12(동적입력)을 켜기 했을 경우 명령행을 숨겨 도면영역을 보다 크게 설정할 수 있다. Ctrl+9를 누르면 명령행 윈도우를 닫을 것인가를 묻는 대화상자가 나타난다. 예를 눌러 적용하면 명령행을 숨길 수 있다.

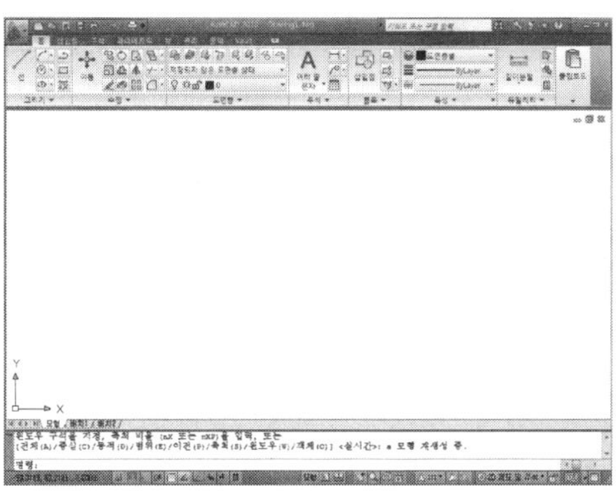

【명령행 보이기】

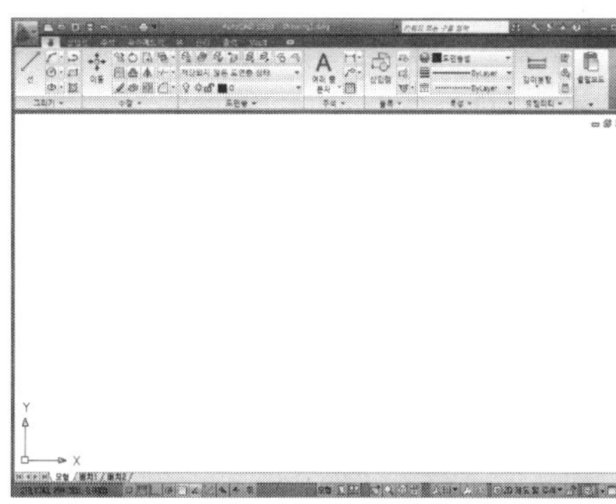

【명령행 숨기기】

명령행과 더불어 도면영역을 최대로 변경하려면 Ctrl+0을 눌러 끄기와 켜기를 통해 도면영역의 최대화를 할 수 있다.

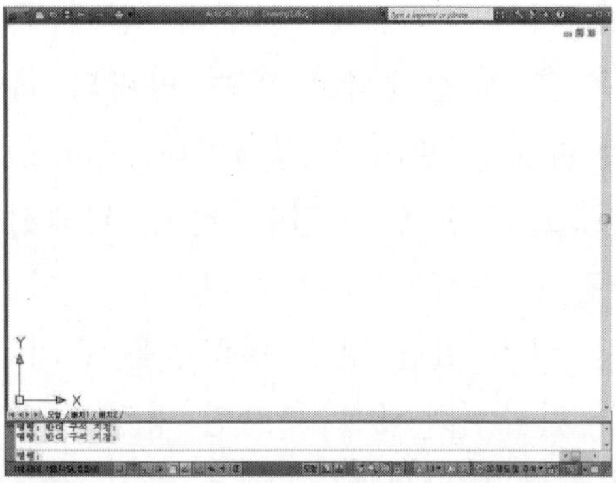

【명령행이 켜진 상태의 최대화】

【명령행이 끄진 상태의 최대화】

12 응용프로그램 상태막대 : 상태막대는 마우스 포인터의 좌표값을 알려주고, 도면을 다루는데 유용한 여러 가지 도구들을 바로 사용할 수 있게 제공하여 작업의 효율성을 높여 준다. 상태막대에는 현재 마우스의 좌표 표시와 그리기도구, 모형도구, 주석도구, 작업공간설정 등의 도구들이 모여 있다.

특히 

는 작업공간을 설정하는 것으로 각종 도면작업에 필요한 작업공간을 제공함으로써 작업에 필요한 메뉴를 모아둔 인터페이스를 변경하여 정확하고 신속한 도면 작성을 할 수 있도록 한다. AutoCAD 2010에서 제공되는 기본 작업공간은 3개가 있다.

【2D Drafting & Annotation】

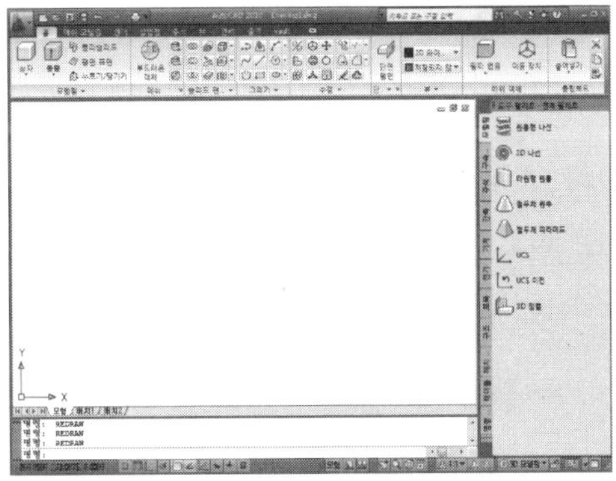

【3D Modeling】

【AutoCAD Classic】

1.2 AutoCAD 명령 실행 방식

AutoCAD의 명령은 명령어 입력, 도구막대, 풀다운 메뉴, 단축 메뉴, 스크린 메뉴 등으로 실행 할 수 있다.

1-2-1 명령어 메뉴(Command Menu)

사용자가 실행할 명령을 직접 입력 줄에 입력해야 하므로 명령어를 암기하고 있어야만 실행 할 수 있다는 단점이 있다. 그러나 명령어의 단축키를 이용하면 빠르게 원하는 명령을 실행할 수 있다.

- 명령 : Line 또는 L Enter

1-2-2 도구막대 메뉴(Toolbar Menu)

도구막대는 Windows의 표준 아이콘들과 AutoCAD에서 자주 사용되는 명령 또는 도구들이 작업 그룹별로 정리되어 있다. 표준 도구막대에는 자주 쓰이는 도구들이 모여져 있지만 Dimension(치수기입)과 같은 도구들은 대개 숨겨져 있으므로 다음과 같은 방법으로 필요한 도구들을 보이게 하거나 숨길 수 있다.

- •풀다운 메뉴 : 도구 ▷ 사용자화 ▷ 인터페이스
- •아이콘 : CUI
- •명령어 : CUI Enter

현재 사용 중인 작업 공간(2D 제도 및 주석)를 선택한다.

우측의 [작업공간 사용자화(C)]을 눌러 작업 공간 사용자화를 실행한다.

작업 공간 사용자화의 도구막대를 보면 현재 사용 중인 도구막대가 없는 것으로 되어 있다. 좌측 모든 파일의 사용자화 파일에서 도구의 메뉴를 확장 시켜 아래와 같이 선택을 한다.

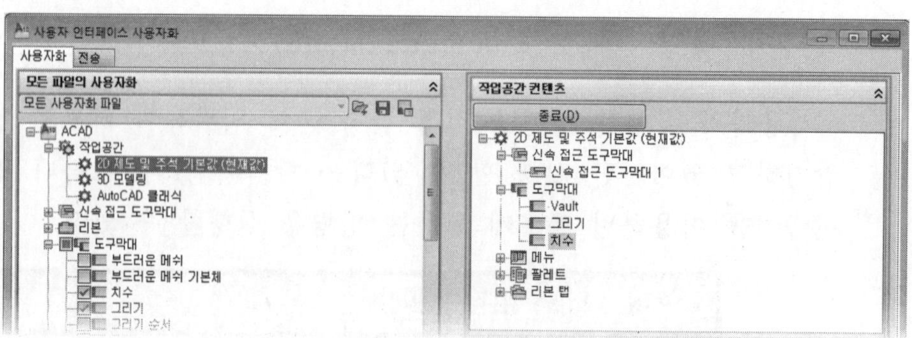

도구막대가 선택되면 우측의 작업 공간 컨텐츠 부분의 도구막대에 추가된 리스트들이 나타난다.

1-2-3 리본 메뉴(Ribbon Menu)

관련된 명령들을 모아 쉽게 사용할 수 있도록 한 것이다. 명령어를 잘 모르는 초보자에게 있어 매우 유용하다.

1-2-4 풀다운 메뉴(Pulldown Menu)

기존에 사용하던 풀다운메뉴를 활성화 시키려면 신속 접근 도구막대에서 Show menu bar를 선택하여 표시를 할 수 있다.

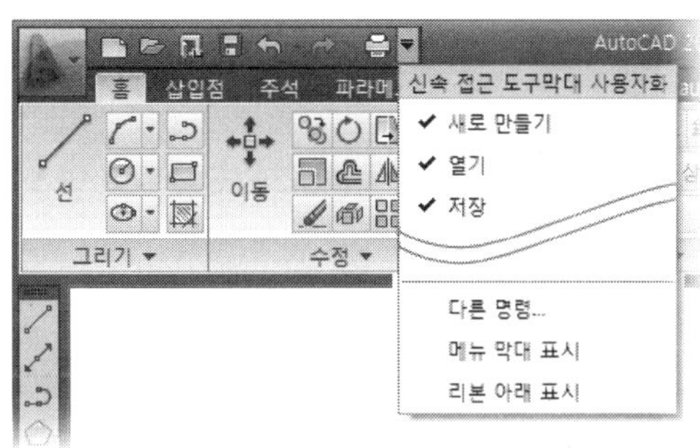

명령어들이 분류별로 나눠어 포함되어 있으며 키보드로 입력되는 명령어들을 마우스나 디지타이저를 사용해 선택할 수 있도록 만들어진 영역이다.

1-2-5 이전명령의 재실행

앞서 실행한 명령은 명령어 입력이나 풀다운 메뉴의 선택 없이도 Enter 키, Space Bar 키 또는 마우스의 오른쪽 단추를 누른 후 단축메뉴에서 반복 메뉴를 선택하면 된다.

1-2-6 스크린 메뉴(Screen Menu)

AutoCAD R 12이전에 많이 사용되었던 메뉴이다.

1.3 좌표계

AutoCAD를 이용하여 도면을 그리기 위해서는 기준점의 좌표를 지정하고, 이동하는 점의 좌표 입력해야한다. 이러한 점들을 나타내기 위해서는 좌표계를 사용하는데, X 좌표 값은 수평의 거리를, Y 좌표 값은 수직의 거리를 나타낸다.

일반적으로 사용되는 좌표계는 절대좌표, 상대좌표, 절대 극 좌표, 상대 극 좌표가 있다.

1-3-1 절대 좌표계(Absolute Coordinate System)

절대좌표는 기본 좌표로 화면의 왼쪽 아래 구석에 위치하고, 기준점(Origin point)을 원점 (0,0)을 사용하는 좌표계이다.

```
명령: Line [Enter]
첫 번째 점 지정: -2,1 [Enter]
다음 점 지정 또는 [명령 취소(U)]: 6,4 [Enter]
다음 점 지정 또는 [명령 취소(U)]: 3,8 [Enter]
다음 점 지정 또는 [닫기(C)/명령 취소(U)]: [Enter]
```

1-3-2 상대 좌표계(Relative Coordinate System)

상대좌표는 현재의 점에서 X축의 이동 값과 Y축의 이동 값을 지정하는 형태의 좌표입력 방법을 말한다. 절대좌표와는 달리 좌표 값 앞에 @기호를 붙인다.

```
명령: Line Enter
첫 번째 점 지정: -2,1 Enter
다음 점 지정 또는 [명령 취소(U)]: @8,3 Enter
다음 점 지정 또는 [명령 취소(U)]: @-3,4 Enter
다음 점 지정 또는 [닫기(C)/명령 취소(U)]: Enter
```

1-3-3 절대 극 좌표계(Absolute Polar Coordinate System)

절대 극 좌표는 원점 (0, 0)에서 지정하는 점 사이의 이동거리와 이동각도를 알 경우에 사용되는 좌표로 거리<각도로써 표시한다. 예를 들어 원점에서 선의 길이가 5이고 30° 각도인 직선을 긋는다면 아래와 같이 입력한다.

```
명령: Line Enter
첫 번째 점 지정: 0, 0 Enter
다음 점 지정 또는 [명령 취소(U)]: 5<30 Enter
```

1-3-4 상대 극 좌표계(Relative Polar Coordinate System)

상대 극 좌표계는 현재의 위치에서 다음 위치 점의 이동거리와 이동각도를 알 경우에 사용되는 좌표계로 @거리<각도로써 표시한다. 예를 들어 (2,1)점에서 선의 길이가 3이고 각도가 30°인 선을 그은 후 선의 길이가 3이고 각도가 120°인 선을 긋는다면 아래와 같이한다.

```
명령: Line Enter
첫 번째 점 지정: 2,1 Enter
다음 점 지정 또는 [명령 취소(U)]: @3<30 Enter
다음 점 지정 또는 [명령 취소(U)]: @3<120 Enter
```

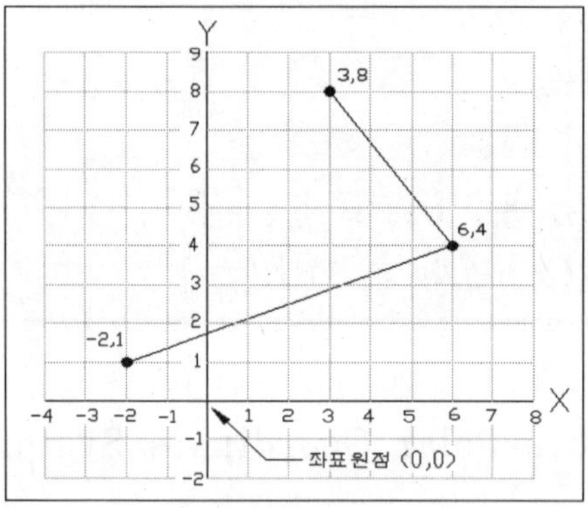

【절대 좌표계】

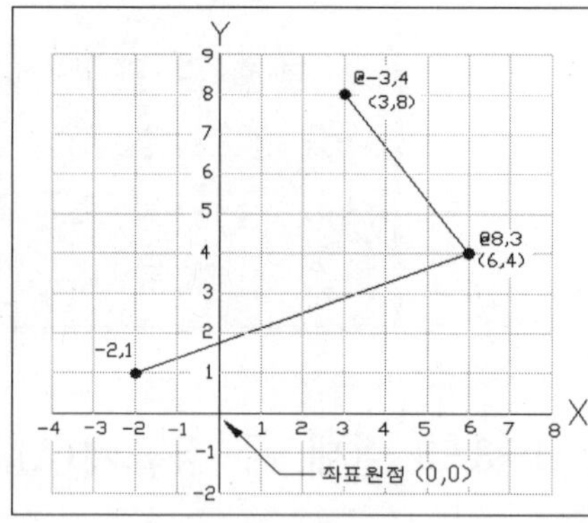

【상대 좌표계】

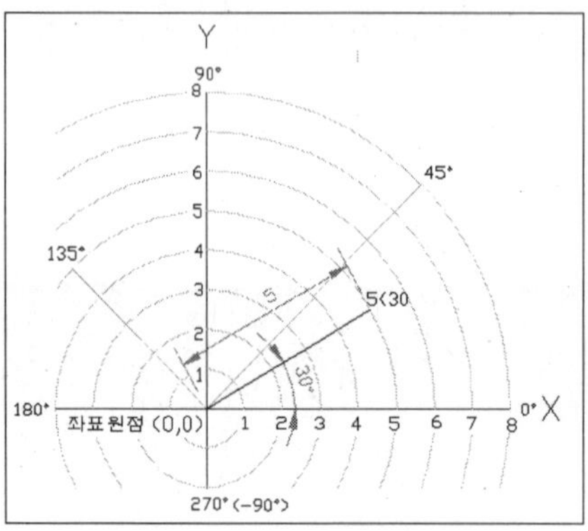

【절대 극 좌표계】

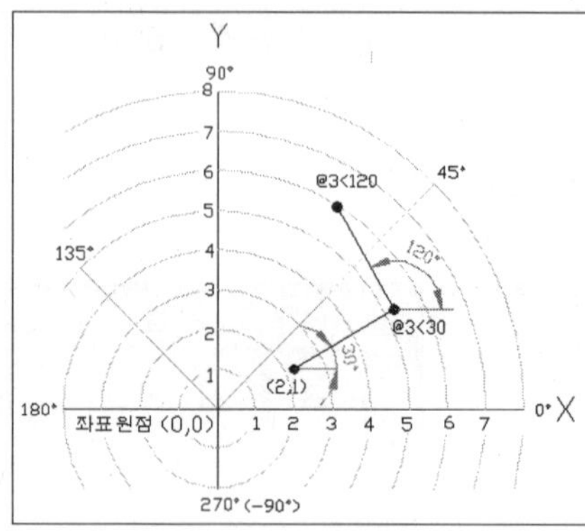

【상대 극 좌표계】

【그림 2-3】 좌표계

1-3-5 최종(후) 좌표

최종좌표는 말 그대로 AutoCAD에서 최종적으로 입력된 점을 뜻하는 것이다. 다시 말해서 @ 또는 @0,0,0이나 @0<각도와 같다는 것이다.

따라서 최종좌표의 좌표값을 얻고 싶다면 『@』를 입력하면 된다는 것이다. 예를 들어 최종 좌표값이 10,30,40라고 할 때 그리기 명령에서 @를 붙여주면 최종 좌표값이 10,30,40인 지점을 선택할 수 있게 되는 것이다.

1-3-6 거리 값 직접 입력(Direct Distance Entry)

거리 값 직접 입력에서는 마우스로 방향을, 키보드로 거리를 지정할 수 있는데 이 때 SNAP이나 ORTHO와 함께 사용하면 선택 점의 위치를 신속하고 용이하게 입력할 수 있다. 이 좌표 입력 방식은 Drawing 명령어나 편집 명령어 등에 적용하여 사용할 수 있기 때문에 유용하게 사용할 수 있다. 또한 거리 값 직접입력을 사용할 때 직교(F8)를 켜기한 상태에서 사용하게 되면 X, Y, Z축의 모든 방향으로도 지정이 가능하다.

명령: Line Enter
첫 번째 점 지정: 2,1 Enter
다음 점 지정 또는 [명령 취소(U)]: 200 Enter
(0도 방향으로 마우스 이동)
다음 점 지정 또는 [명령 취소(U)]: 200 Enter
(90도 방향으로 마우스 이동)
다음 점 지정 또는 [닫기(C)/명령 취소(U)]: 200 Enter
(180도 방향으로 마우스 이동)
다음 점 지정 또는 [닫기(C)/명령 취소(U)]: C Enter

Chapter 3.

도면관리 및 도면작성을 위한 기본설정

Chapter 3. 도면관리및 도면작성을 위한 기본 설정

1. 도면관리

새로운 도면을 작성하는 방법, 저장하는 방법, 저장된 도면을 다시 불러 수정 작업을 하는 방법에 대하여 설명한다.

1.1 NEW(새로운 도면의 작성)

NEW 명령은 새로운 도면을 시작할 때 사용하는 명령으로 현재 작성하고 있는 도면 외에 새로운 도면을 준비한다. NEW명령을 실행하면 템플릿 파일 선택대화상자가 나타난다. 이전 버전에서는 환경설정에서 시작대화상자 표시 유무를 조정할 수 있었지만 현재 버전에서는 시스템변수를 이용해야만 변경이 가능하다. 시스템 변수인 Startup을 입력한 후 값을 1로 설정한다. 기본 값이 0으로 설정되어 있기 때문에 템플릿 파일 선택대화상자가 나타나는 것이다.

명령 실행 방법

- 풀다운 메뉴 : 파일 ▷ 새로 만들기
- 아이콘 :
- 명령어 : New

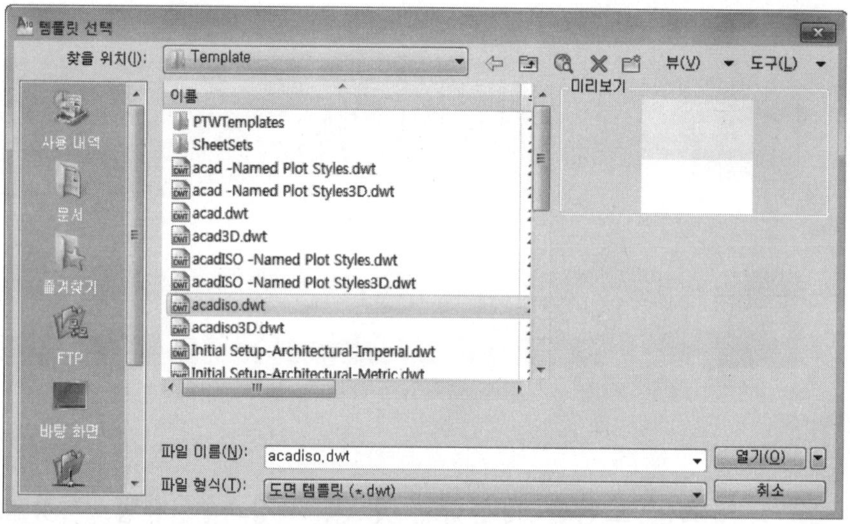

【그림 3-1】 Startup=0인 상태의 NEW

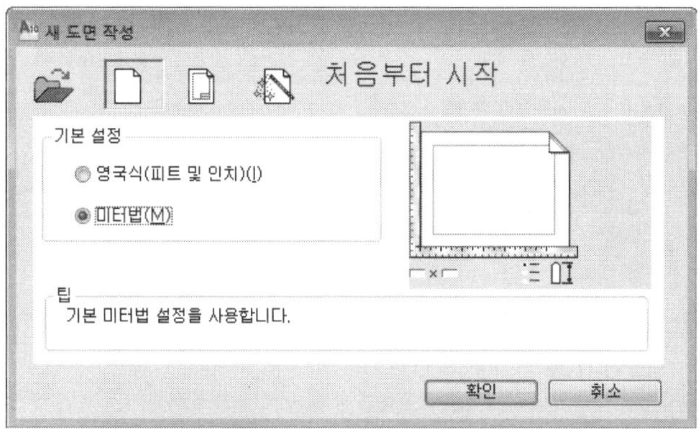

【그림 3-2】 Startup=1인 상태의 NEW

1.2 OPEN(도면열기)

Open 명령을 이용하여 이미 저장되어 있는 도면 파일을 AutoCAD의 도면편집 화면으로 불러들여 추가 작업, 수정 및 편집 작업을 할 수 있다.

명령 실행 방법

- 풀다운 메뉴 : 파일 ▷ 열기
- 아이콘 : 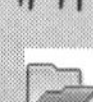
- 명령어 : Open

파일 선택 대화상자가 나타나면 파일이 저장된 경로의 디렉토리를 선택하고, 원하는 파일을 선택하면 저장된 도면의 내용이 미리보기에 나타난다.

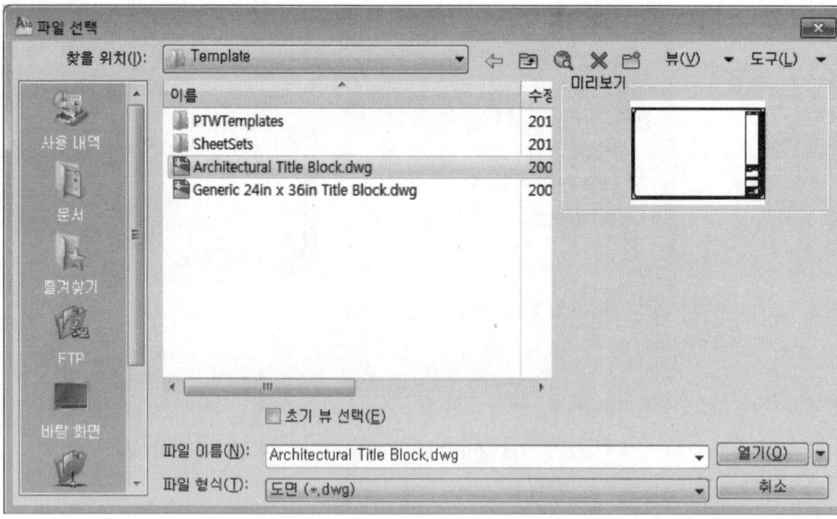

【그림 3-3】 도면 열기

- 찾을 위치 : 현재 위치해 있는 디렉토리를 표시한다.
- 파일 이름 : 켜서가 현재 위치해 있는 파일을 표시한다.
- 파일 형식 : *.dwg, *.dxf, *.dwt 등의 파일형식을 선택한다.
- 열기-읽기전용 열기 : 선택한 도면을 읽기 전용모드로 연다. 도면의 수정작업은 가능하지만, 동일한 파일명으로 저장 할 수 없다.
- 도구-찾기 : 디렉토리에 저장되어 있는 파일의 전체도면을 한 번에 보여준다. 도면의 이미지를 클릭 하여 도면을 열 수 있다.

1.3 SAVE(도면저장)

명령 실행 방법

- 풀다운 메뉴 : 파일 ▷ 저장
- 아이콘 :
- 명령어 : Save

1-3-1 파일명이 주어져 있지 않는 경우

다른 이름으로 도면 저장 대화상자가 나타나며 사용자가 저장할 도면의 파일이름과 파일형식을 선택하여 현재 작업한 도면을 저장한다.

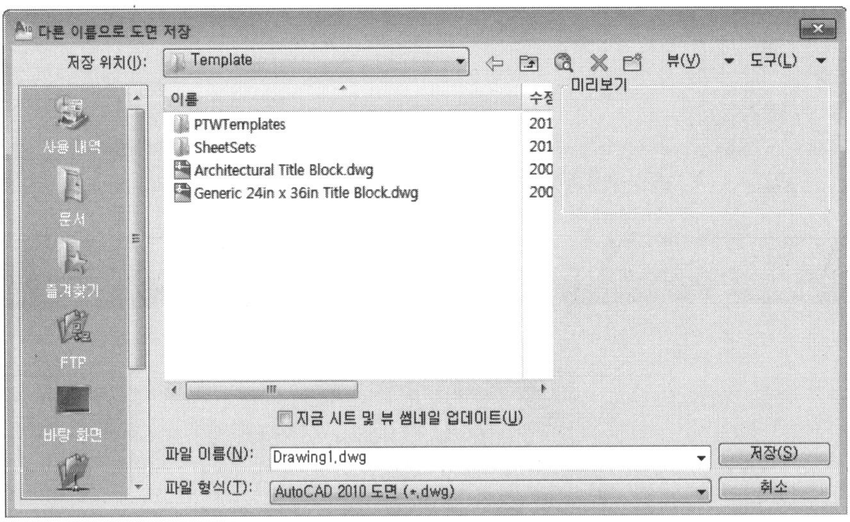

【그림 3-4】 도면 저장

1-3-2 파일명이 주어진 경우

아무런 대화상자가 나타나지 않으며 이미 주어진 파일명으로 저장된다.

1-3-3 파일형식의 지정

AutoCAD 2010에서 작성된 도면을 R14 같은 다른 버전에서 읽어 들이고 작업하기 위해서는 반드시 파일형식을 바꾸어 저장해야 한다.

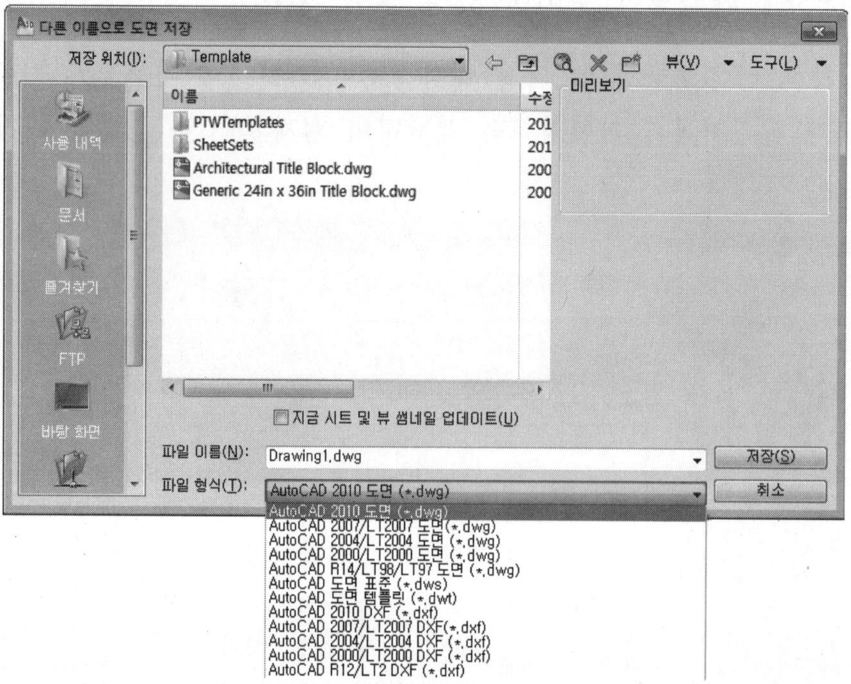

【그림 3-5】 파일 형식 지정

- AutoCAD 2004 도면(*.dwg) : 기본값
- AutoCAD 2000/LT2000 도면(*.dwg) : R14 버전으로 저장한다.
- AutoCAD 도면 표준(*.dws) : 표준 도면으로 저장한다.
- 도면 템플릿(*.dwt) : Template 파일로 저장한다.
- AutoCAD 2004 DXF(*.dxf) : dxf 파일로 저장한다.
- AutoCAD 2000/LT2000 DXF(*.dxf) : R14 버전 dxf 파일로 저장한다.
- AutoCAD R12/LT2 DXF(*.dxf) : R12 버전 dxf 파일로 저장한다.

1.4 SAVEAS(다른 이름으로 저장)

명령 실행 방법

- 풀다운 메뉴 : 파일 ▷ 다른 이름으로 저장
- 명령어 : Saveas

현재 작업 중인 파일을 새로운 파일명으로 저장할 경우에 사용하며 SAVE 명령과 같이 다른 이름으로 도면 저장 대화 상자가 나타나고 새로운 파일명을 입력하면 기존 파일은 그대로 있으면서 새로운 파일이 하나 더 생성된다.

1.5 QUIT(작업종료)

명령 실행 방법

- 풀다운 메뉴 : 파일 ▷ 종료
- 명령어 : Quit

AutoCAD2010을 종료하기 위해 Quit 명령을 실행하면 현재 작업장의 도면이 편집되지 않았을 경우는 도면을 저장하지 않고 AutoCAD를 종료하고, 도면을 편집하였을 경우는 편집된 부분을 저장 할 것인지를 묻는 대화상자가 나타난다.

【그림 3-6】 작업 종료

- 예(Y) : 도면을 현재 지정된 파일 이름으로 저장하고 작업을 종료한다.
- 아니오(N) : 현재의 도면을 저장하지 않고 작업을 종료한다.
- 취소 : QUIT/EXIT를 실행한 명령을 취소하고 작업 상태를 계속 유지한다.

2. 도면작성을 위한 기본설정

2.1 LIMITS(도면한계)

도면의 한계를 설정하는 명령으로 선택한 용지의 규격을 현재의 화면상에 지정함을 의미한다. 또한 Limits 명령 실행 후에는 반드시 Zoom▷All 명령을 실행하는 것이 좋다.

명령 실행 방법

- 풀다운 메뉴 : 형식 ▷ 도면 한계
- 명령어 : Limits

> 명령: Limits Enter
> 모형 공간 한계 재설정:
> 왼쪽 아래 구석 지정 또는 [켜기(ON)/끄기(OFF)] 〈0.0000,0.0000〉: Enter
> (좌측 하단의 좌표입력, 입력하지 않으면 0,0으로 지정)
> 오른쪽 위 구석 지정 〈420.0000,297.0000〉: 297,210 Enter
> (A4용지 크기로 변경)
> 명령: Zoom Enter
> 윈도우 구석을 지정, 축척 비율 (nX 또는 nXP)을 입력, 또는
> [전체(A)/중심(C)/동적(D)/범위(E)/이전(P)/축척(S)/윈도우(W)/객체(O)]
> 〈실시간〉: a

참고 용지의 규격

용 지	규격(단위 : mm)
A0	1189×841
A1	841×594
A2	594×420
A3	420×297
A4	297×210

2.2 UNITS(단위)

작업자는 대화상자를 통하여 기계설계, 건축, 과학 등의 다양한 분야에서 필요한 단위를 선택할 수 있다.

명령 실행 방법

> •풀다운 메뉴 : 형식 ▷ 단위
> •아이콘 : 0.0
> •명령어 : Units

•명령 : Units Enter

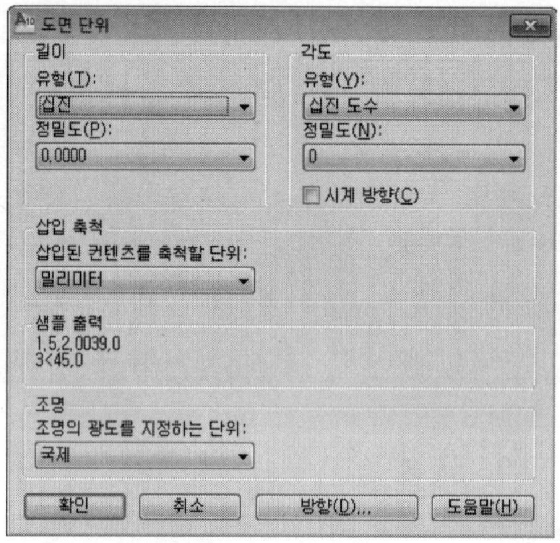

【그림 3-7】 단위

- 길이 : 길이에 대한 단위 종류와 정밀도를 설정한다.
  - 유형 : 과학, 십진, 공학, 건축, 분수
  - 정밀도 : 소수점이하 자리수로 정밀도를 지정한다.
- 각도 : 각도에 대한 단위 종류와 정밀도를 설정한다.
  - 유형 : 십진도수, 도/분/초, 그래드, 라디안, 측량사 단위
  - 정밀도 : 소수점이하 자리수로 정밀도를 지정한다.
  - 시계방향 : 시계방향으로 각도를 측정한다.
- 삽입된 컨텐츠를 축척할 단위 : Design Center에서 삽입된 블록에 대해 축척의 단위를 선택한다.
- 방향 : 기준 각도를 설정한다.

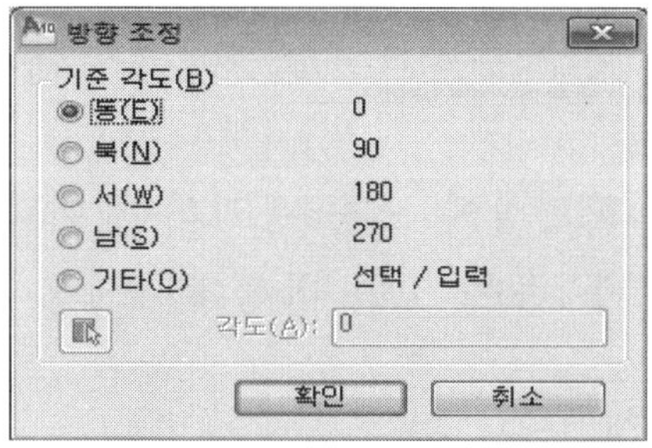

【그림 3-8】 방향조정

2.3 COORDS(좌표)

그래픽 커서의 위치를 나타내는 좌표를 상태라인에 표시 또는 고정할 수 있다.

명령 실행 방법

- [F6] Key를 누른다.
- 명령어 : Coords

옵션

- 0 : Coords off
- 1 : Coords on

명령 : Coords Enter

COORDS에 대한 새 값 입력 <1>: 0 Enter (상태바에 그래픽 커서의 위치를 표시한다.)

【그림 3-9】 좌표

2.4 GRID(모눈 간격-F7)

도면을 그릴 때 화면상에 모눈 용지의 선이나 점과 같은 기능을 하도록 Grid를 ON/OFF 하여 도면 작성에 도움을 준다.

명령 실행 방법

- [F7] Key를 누른다.
- 상태바의 아이콘을 클릭 한다.
- 명령어 : Grid

옵션

- 모눈 간격 : n(모눈의 간격), nX(n배의 모눈 간격)
- 켜기(ON) : 화면상의 모눈을 켠다.
- 끄기(OFF) : 화면상에 모눈을 끈다.
- 스냅(S) : Snap의 설정값과 동일한 모눈을 표시한다.
- 종횡비(A) : 모눈의 수평, 수직간격을 다르게 지정할 수 있다.

명령: Grid
그리드 간격두기(X) 지정 또는 [켜기(ON)/끄기(OFF)/스냅(S)/주(M)/가변(D)/한계(L)/따름(F)/종횡비(A)] <10.0000>: 20 Enter
(Grid 간격 지정)

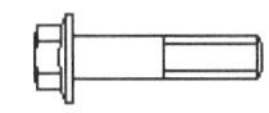

[Grid : Off]

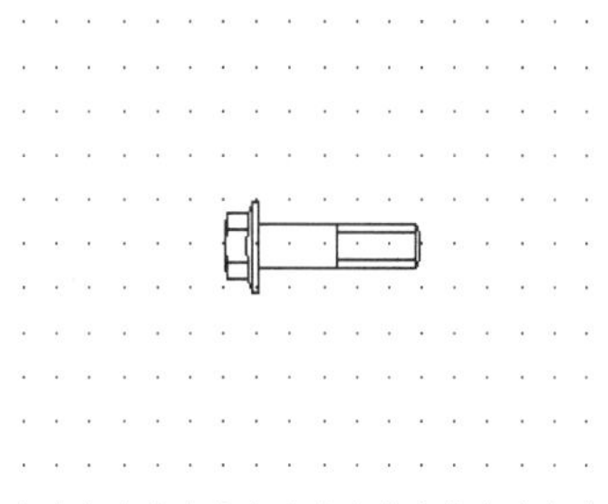

[Grid : 10]

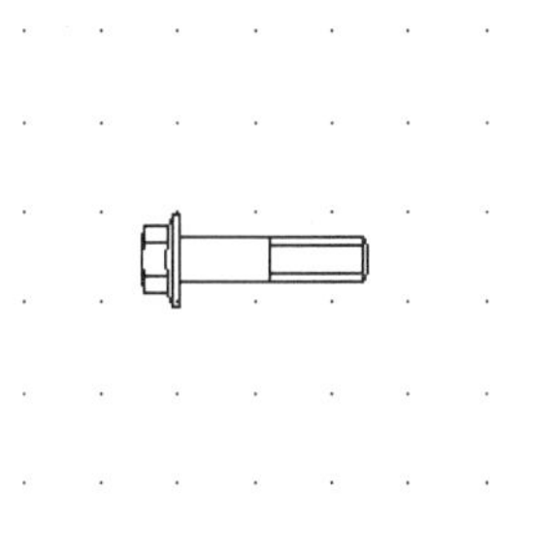

[Grid : 20]

【그림 3-10】 모눈

2.5 ORTHO(직교-F8)

직교 모드를 설정하면 그래픽 커서가 수평 혹은 수직으로만 이동한다. 따라서 수평, 수직의 선을 그리거나 객체를 복사, 이동시킬 때 유용하게 사용할 수 있다.

명령 실행 방법

- [F8] Key를 누른다.
- 상태바의 아이콘을 클릭 한다.
- 명령 : Ortho

명령 : Ortho
모드 입력 [켜기(ON)/끄기(OFF)] <끄기>: ON

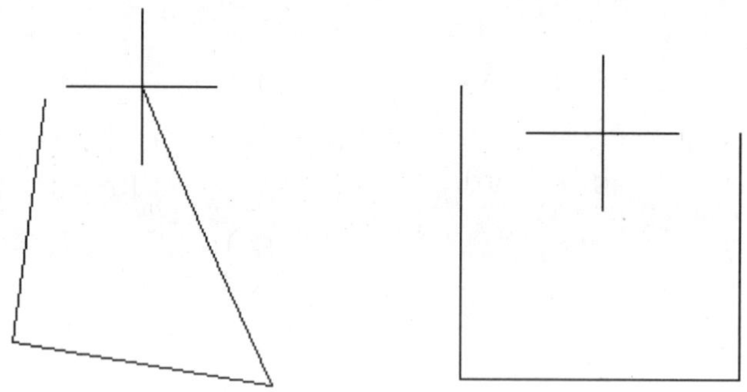

【Ortho : Off】 【Ortho : On】

【그림 3-11】 직교

2.6 SNAP(스냅-F9)

스냅을 실행하고 커서를 이동시키면 지정된 값의 일정한 간격으로 움직인다.

명령 실행 방법

- [F9] Key를 누른다.
- 상태바의 아이콘을 클릭 한다.
- 명령어 : Snap

옵션

- 스냅간격 : Snap의 간격을 설정한다.

- 켜기(ON) : Snap의 간격을 설정한다.
- 끄기(OFF) : Snap기능을 해제시킨다.
- 종횡비(A) : Snap의 수평, 수직간격을 다르게 설정할 수 있다.
- 스타일(S) : 스냅모드를 표준과 등각 형식으로 변경시킬 수 있다. 등각을 선택하면 X, Y축의 각도가 60° 로 기울어진다.
- 유형(T) : 원형 또는 그리드로 설정할 수 있다.

명령: Snap Enter
스냅 간격두기 지정 또는 [켜기(ON)/끄기(OFF)/종횡비(A)/스타일(S)/유형(T)] <10.0000>: 10 Enter(Snap 간격 지정)

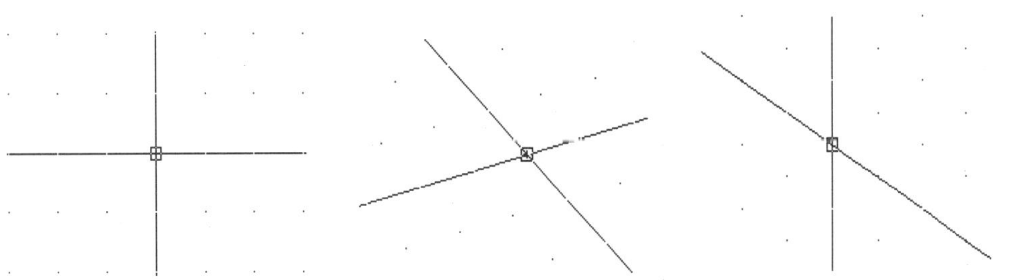

【Snap : 표준】 【Snap : 회전(30 ˚)】 【Snap : 등각】

【그림 3-12】 스냅

2.7 제도 설정

제도설정 명령은 대화상자를 이용하여 그리드, 스냅, 원형 추적하기 그리고 객체 스냅의 설정을 할 수 있다.

명령 실행 방법

- 풀다운 메뉴 : 도구>제도설정
- 명령어 : Ddrmodes or Dsettings

명령 : Dsettings [Enter]

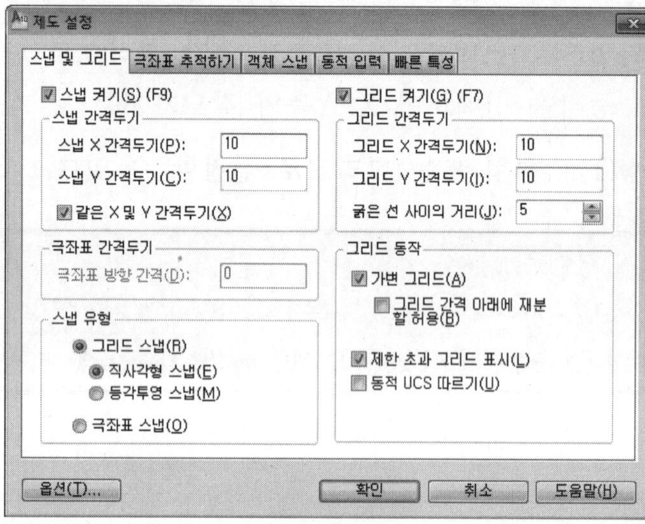

【그림 3-13】 제도 설정

2-7-1 스냅 및 그리드

- 스냅
  - 스냅켜기(F9) : 스냅 기능을 켜고 끈다.
  - 스냅 X, Y 간격두기 : 스냅의 수평, 수직 방향의 간격을 설정한다.
  - Angle : 스냅의 회전각도를 설정한다.
  - X, Y base : 스냅의 X, Y축의 기준점을 설정한다.
- 그리드
  - 그리드 켜기(F7) : 체크 박스를 선택하면 그리드 기능을 켠다.
  - 그리드 X, Y 간격두기 : 수평, 수직 방향의 모눈 간격을 설정한다.

- 스냅 유형
  - 그리드 스냅 : 그리드 스냅을 설정한다.
  - 직사각형 스냅 : 직사각형의 표준스냅
  - 등각투영 스냅 : 등각 스냅
  - 극좌표 스냅 : 원형 스냅을 설정한다.
- 극좌표 간격두기
  - 극좌표 방향 간격 : AutoTracking을 사용할 때 스냅 점으로부터 일정한 거리에 위치한 점을 스냅 한다.

(1) 극좌표 추적하기

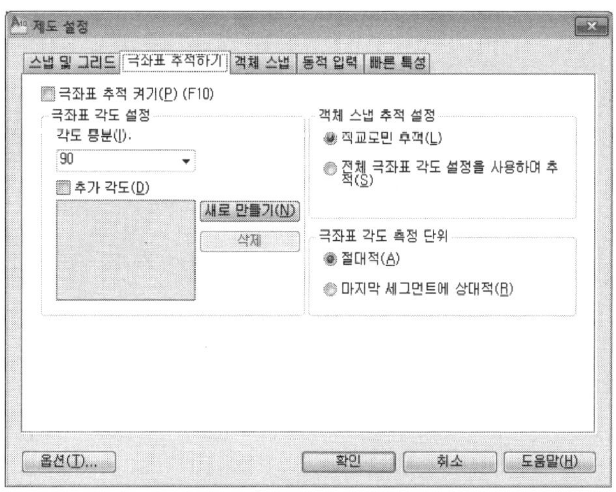

【그림 3-14】 극좌표 추적

- 극좌표 추적 켜기(F10)

  체크 박스를 선택하면 원형 추적 기능을 켠다.
- 극좌표 각도 설정
  - 증분각도 : 원형 추적 경로를 표시하는 각도를 입력한다.
  - 새로 만들기 : 새로운 증분각을 입력할 수 있다.

• 객체 스냅 추적 설정

상태바의 ∠버튼으로 켜기/끄기를 할 수도 있다.

- 직교만으로 추적 : Osnap 모드가 켜져 있을 때 직교방향으로만 추적경로가 나타나게 설정한다.
- 전체 ㄲ좌표 각도 설정을 사용하여 추적 : 모든 설정된 각으로 추적할 수 있다.

• 극좌표 각도 측정 단위

- 절대적 : UCS의 절대각도로 측정한다.
- 마지막 세그먼트에 상대적 : 마지막에 그린 객체를 기준으로 상대각을 측정한다.

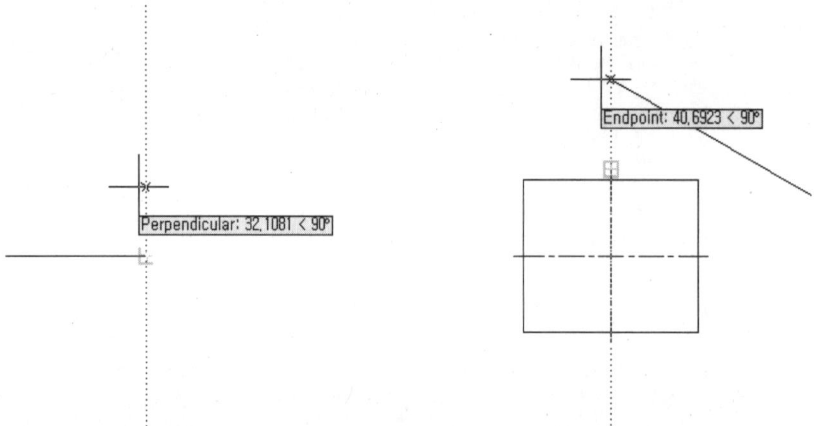

【그림 3-15】 원형 추적 예

2.8 LAYER(도면층)

도면의 특성에 따라 한 장의 도면을 여러 장의 투명한 도면층으로 분리하여 관리하는 것을 말한다. 예를 들면 첫 번째 도면 층에는 중심선과 외형선을, 두 번째 도면층에는 치수선을 작성하고, 세 번째 도면층에는 해칭을 작성하여 도면을 관리하는 것으로 필요에 따라 다양하게 설정한다.

명령 실행 방법

•리본메뉴 : 홈 ▷ 도면층 패널 ▷ 도면층 특성 관리자
•풀다운 메뉴 : 형식 ▷ 도면층
•아이콘 :
•명령어 : Layer or 'Layer

• 명령 : Layer Enter

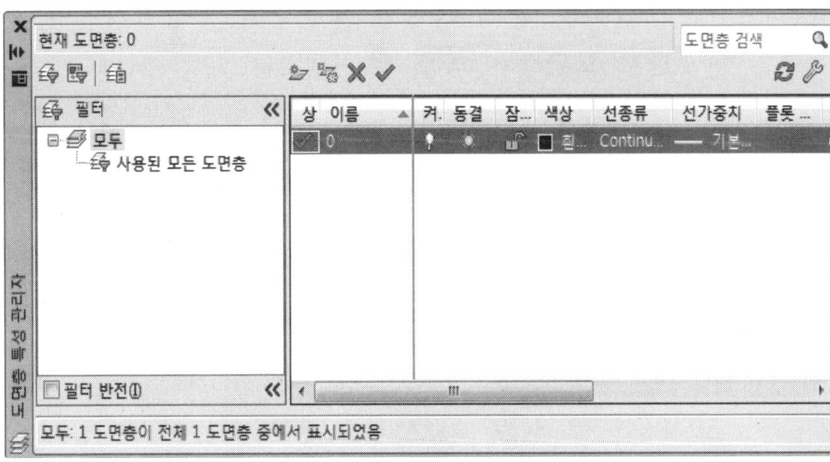

【그림 3-16】 도면층

옵션

- 필터 : 필터 기능을 이용하여 특정한 도면층만을 볼 수 있다.
- : 새로운 도면층을 만든다.
- : 새로 만들어진 도면층이 새로 만들어지는 모든 뷰포트에 동결된다.

- : 현재 선택되어 있는 도면층을 삭제한다. 만약 현재 도면층 이거나 사용중인 도면층일 경우 삭제가 되지 않는다.
- : 선택된 도면층을 현재 작업 도면층으로 바꾼다.

【그림 3-17】 도면층 특성

- 이름 : 도면층의 이름을 나타내며 사용자 임의로 이름을 바꿀 수 있다.
- 켜기/끄기 : 지정한 도면층을 켜거나 끈다.
- 동결/해동 : 지정한 도면층을 동결시키거나 해동시킨다. 단 현재 도면층은 동결 할 수 없다.
- 잠금/해제 : 지정한 도면층을 잠그거나 풀어준다. 잠겨진 도면층에는 새로운 객체를 생성할 수는 있으나 수정, 편집을 할 수 없다.
- 색상 ■ 흰색 : 도면층의 색상을 지정한다.

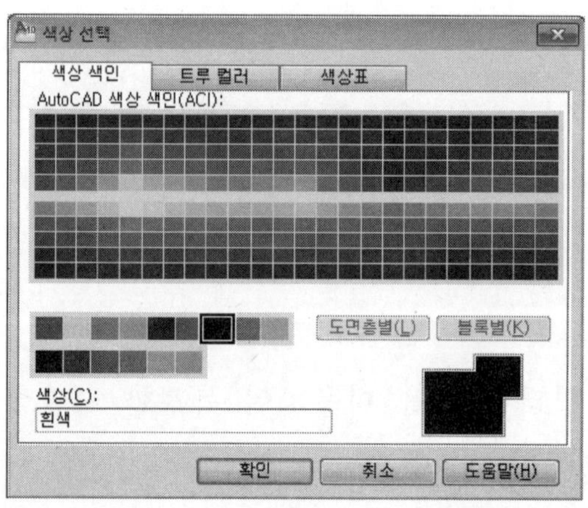

【그림 3-18】 색상선택

- 선종류 : 도면층의 선종류를 지정한다.

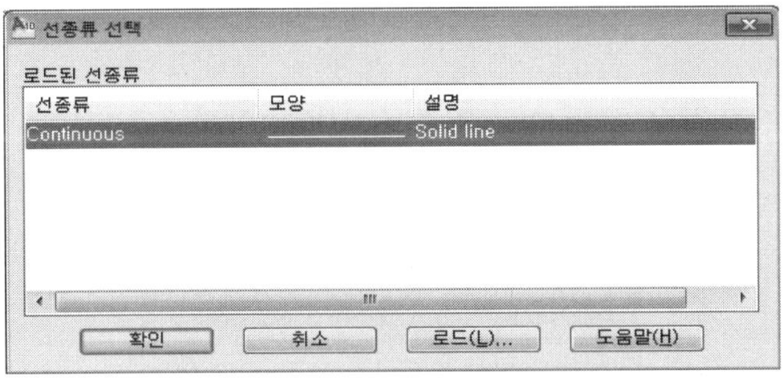

【그림 3-19】 선종류 선택

로드(L)... 버튼을 클릭한 후 선 종류 로드 또는 다시로드 대화상자에서 필요한 선을 선택한다.

【그림 3-20】 선종류 또는 다시 로드

필요한 선을 로드한 후 선 종류 선택 대화상자에서 필요한 선을 선택하면 해당 도면 층에서 선 종류가 바뀐다.

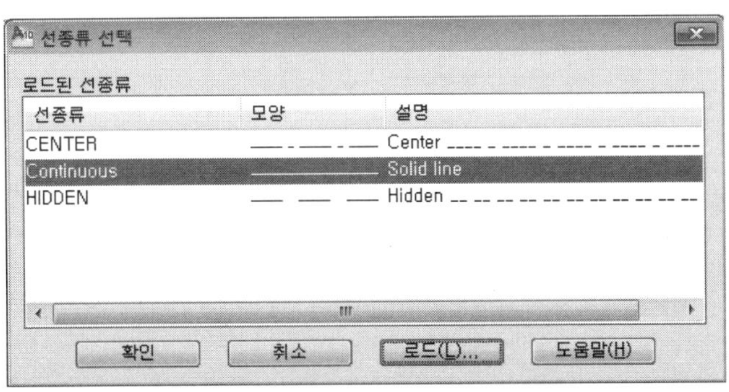

【그림 3-21】 선종류 선택

- 선가중치 : 선 가중치를 조절하여 선의 두께를 조절할 수 있다.
  (기본값은 0.25mm 또는 0.01inch이다.)

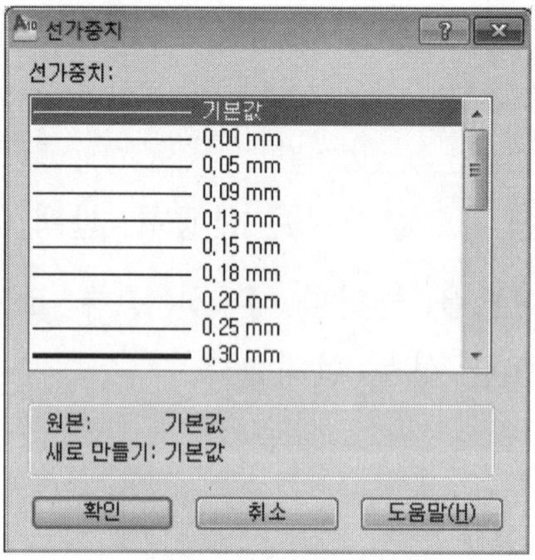

【그림 3-22】 선가중치

- 플롯 🖨 : 선택된 도면층을 출력하지 않게 설정할 수 있다.

【다음 도면을 각 선의 종류별로 도면층을 설정하여 보자.】

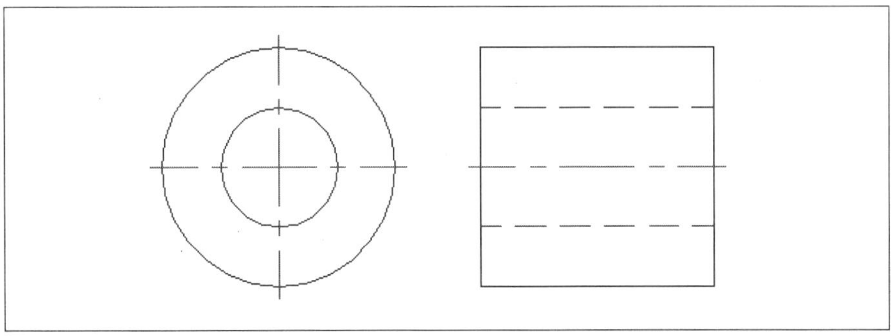

1 명령 : Layer Enter

2 대화상자에서 새 도면층 버튼을 클릭하여 새로운 도면층을 두 개 만들고 이름을 Center, Hidden으로 변경한다.

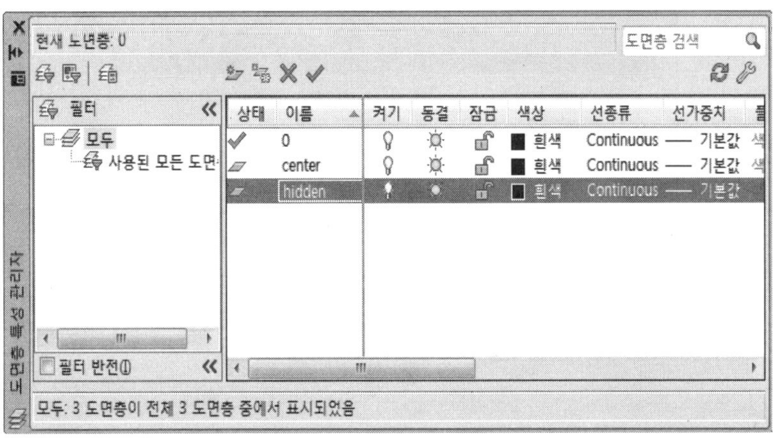

3 각 도면층의 Color부분을 클릭 하여 Center 도면층은 Red, Hidden 도면층은 Blue로 변경한다.

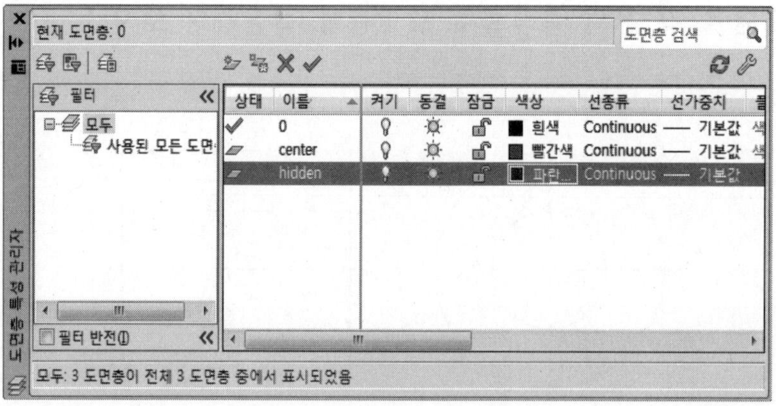

4 현재 도면층에서 선의 종류를 지정하기 위해 선종류의 Continues를 클릭한 후 로드(L)... 버튼을 클릭 하여 선 종류 로드 또는 다시로드 대화상자에서 필요한 선들을 선택한다.

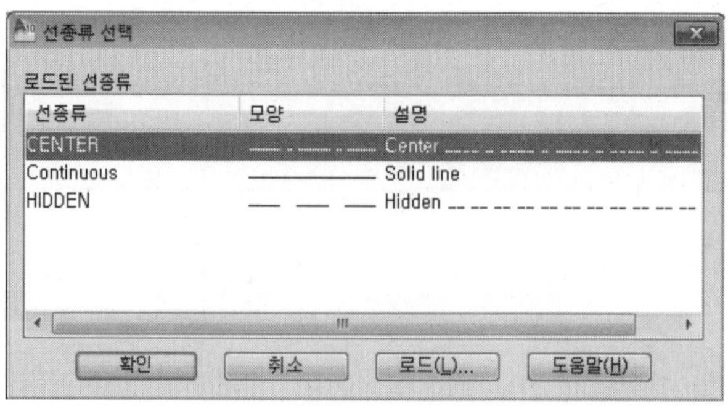

5 현재 도면층에 맞는 선 종류를 선택한다.

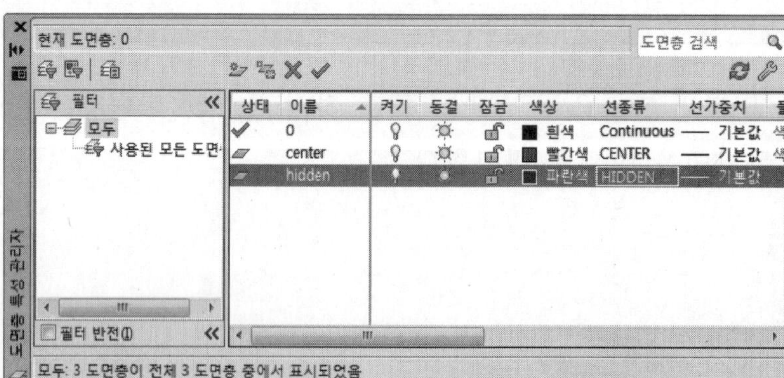

6 각 도면층을 켜기/끄기 혹은 동결/해동 해본다.

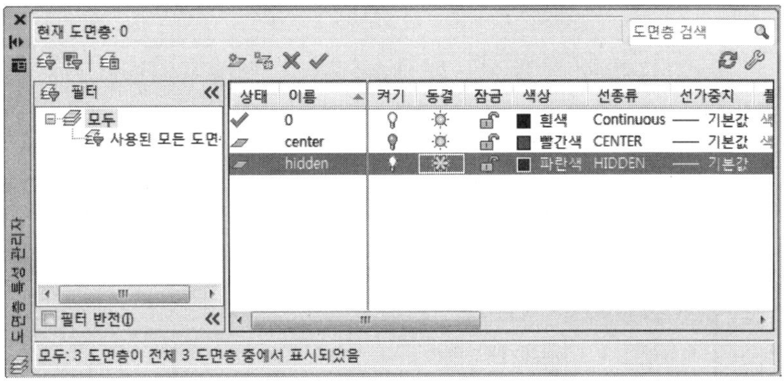

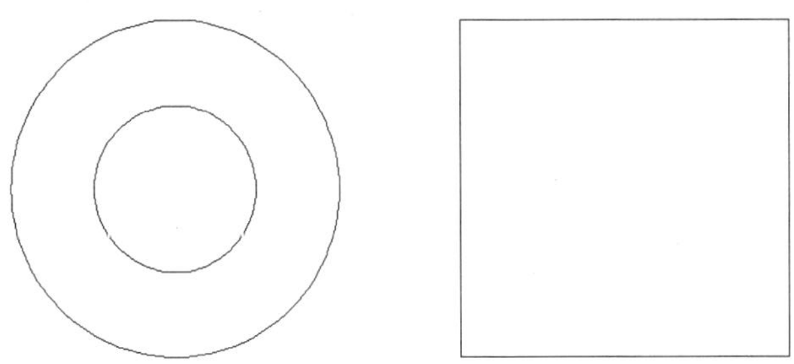

현재 도면층 : 동결, Hidden 도면층 : 끄기

【실행 결과】

7 현재 도면층을 잠금하고 편집이 가능한지 확인한다.

8 이상의 설정을 도면층 대화상자를 이용해서 설정해본다.

2.9 LINETYPE(선의 종류)

Lintype Manager 대화상자를 이용하여 필요한 선을 선택하여 활용하고, 선의 축척에 관한 설정을 할 수 있다.

명령 실행 방법

- 리본메뉴 : 홈 ▷ 특성 패널 ▷ 선종류(기타)
- 풀다운 메뉴 : 형식 ▷ 선종류
- 아이콘 :
- 명령어 : Linetype or 'Linetype

- 명령 : Linetype Enter

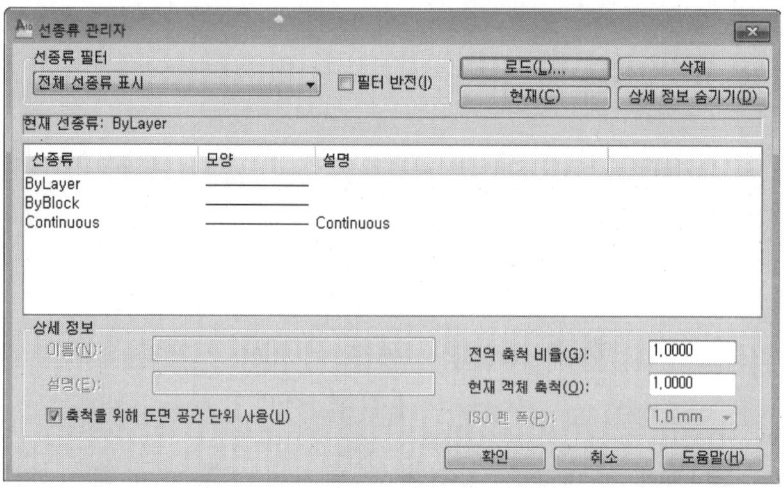

【그림 3-23】 선종류 관리자

옵션

- 선종류 필터 : 필터 기능을 이용하여 원하는 선을 볼 수 있다.
  - 전체 선종류 표시 : 로드된 모든 선의 종류를 나타낸다.
  - 전체 사용된 선종류 표시 : 현재 도면층에 사용 중인 선의 종류를 보여준다.
  - 전체 외부 참조 종속 선종류 표시: 외부 참조에 연결되어 있

는 선의 종류를 보여준다.

- 로드 : acadiso.lin에 정의된 선의 종류를 대화상자에서 선택할 수 있다.
- 현재 : 현재 선택된 선의 형태를 나타낸다.
- 삭제 : 선종류에서 선택한 선의 종류를 삭제한다.
- 자세히 : 선택한 선의 이름, 형상, 척도 등을 표시하며, 새로운 값으로 지정할 수 있다.
- 선종류 : 선종류에서 선택한 선의 이름을 나타낸다.
- 설명 : 선 형상의 특징을 설명한다.

2.10 COLOR(색상)

도면층 및 객체의 색상을 설정할 수 있는 명령으로 1부터 255번 사이의 번호에 해당하는 색상을 선택할 수 있다. 이 명령으로 객체의 색상을 변경하면 도면층에서 지정한 색상은 무시된다.

명령 실행 방법

- 리본메뉴 : 홈 ▷ 특성 패널 ▷ 객체색상
- 풀다운 메뉴 : 형식 ▷ 색상
- 아이콘 : 
- 명령어 : Color or 'color

- 명령 : Color Enter

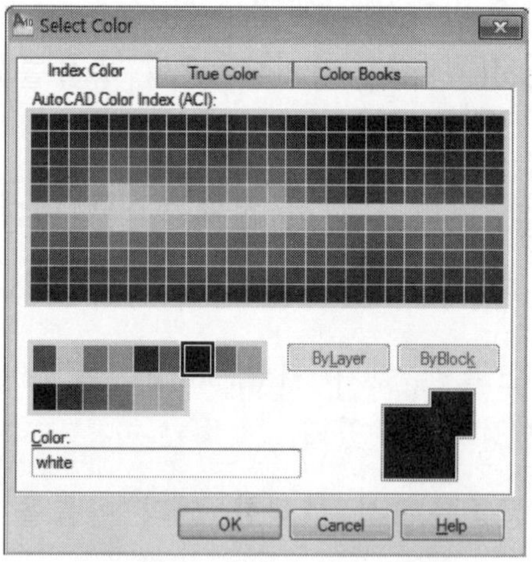

【그림 3-24】 색상선택

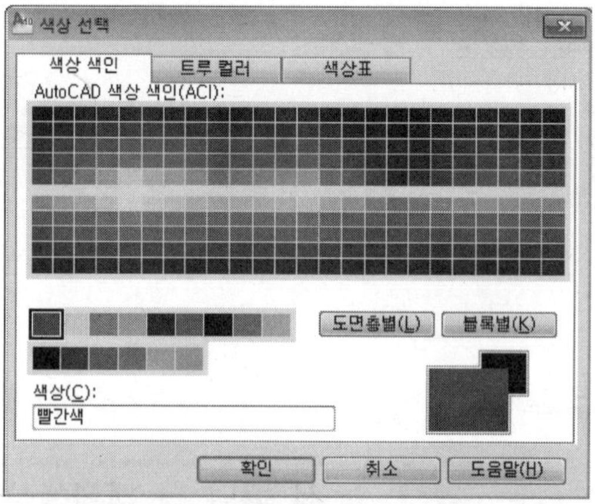

【그림 3-24】 색상선택

옵션

- 논리색상
  - 도면층별 : 도면요소를 도면층에 설정된 색상과 일치시킨다.
  - 블록별 : 도면요소를 삽입되는 블록의 색상과 일치시킨다.
- AutoCAD 색상 색인 : 색상번호 10~249번 중에서 선택할 수 있다.

2.11 LINEWEIGHT(선가중치)

객체에 가중치를 주어 인쇄 또는 화면에서 선이 굵게 나오도록 설정할 수 있는 명령이다. ByLayer, ByBlock 및 Default 값외에 0.00mm에서 2.11mm까지 27개의 선가중치가 있으며 기본값은 0.01inch 또는 0.25mm이다.

명령 실행 방법

- 리본메뉴 : 홈 ▷ 특성 패널 ▷ 선가중치
- 풀다운 메뉴 : 형식 ▷ 선가중치
- 아이콘 :
- 명령어 : Lineweight

- 명령 : Lineweight Enter

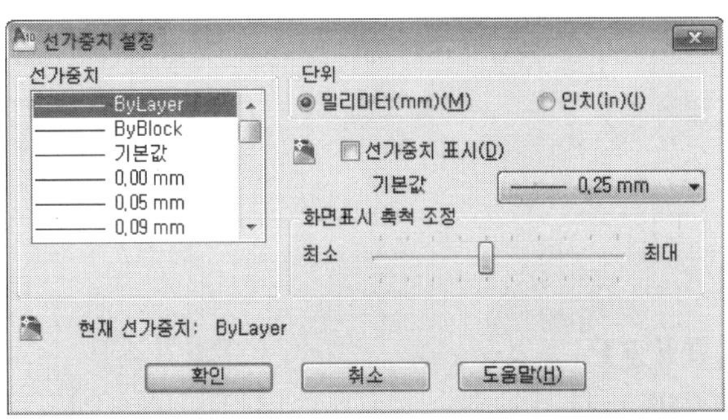

【그림 3-25】 선가중치 설정

옵션

- 단위 : mm(미리), Inches(인치)단위를 설정할 수 있다.
- 선가중치 표시 : 모형공간에서 선가중치를 화면상에 표시하여

해준다

- 기본값 : 선가중치의 기본값을 변경한다.
- 화면표시 축척 조정 : 모형공간에서 화면에 표시되는 선 가중치의 크기를 조절할 수 있다.

2.12 PICKBOX(선택상자)

객체를 선택할 때 사용되는 선택상자의 크기를 조절할 수 있다.

> 명령 : Pickbox Enter
> PICKBOX에 대한 새 값 입력 <3>: 5 Enter(선택박스의 크기를 0에서 200까지 설정할 수 있다.)

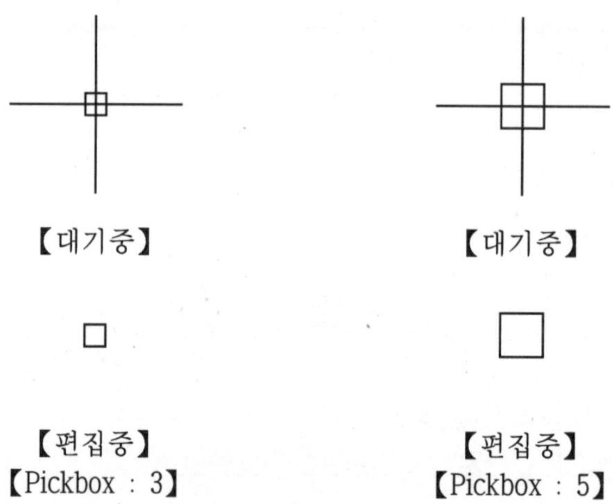

【그림 3-26】 선택상자

2.13 BLIPMODE(선택점 표시)

화면에서 도면요소를 선택하거나 점의 위치를 포인팅할 때 격자가 나타난다. 이를 블립(Blip)이라 하며 Regen, Redraw, Zoom, Pan 등의 명령에 의해 화면상태가 바뀌면 사라지게 된다. 블립을 화면상에 표시되지 않게 하려면 On/Off를 조정한다.

> 명령 : Blipmode Enter
> 모드 입력 [켜기(ON)/끄기(OFF)] <끄기>: ON Enter

【Blipmode : On】

【그림 3-27】 선택점 표시

2.14 DRAGMODE(끌기모드)

화면에서 객체를 그리거나 편집할 때 또는 치수선을 넣을 때 화면에서 요소가 완성되기 전에 위치를 보여주는데 이러한 기능을 Drag(끌기)기능이라 한다. 작업조건에 따라 이 기능을 켜거나 끈다.

> 명령 : Dragmode Enter
> 새 값 입력 [켜기(ON)/끄기(OFF)/자동(A)] <자동>: Off Enter

옵션

- 켜기 : 드래그 모드를 사용할 때 사용한다.
- 끄기 : 드래그 모드를 사용하지 않을 때 사용한다.
- 자동 : 드래그를 사용하는 기능에서 자동으로 수행한다.

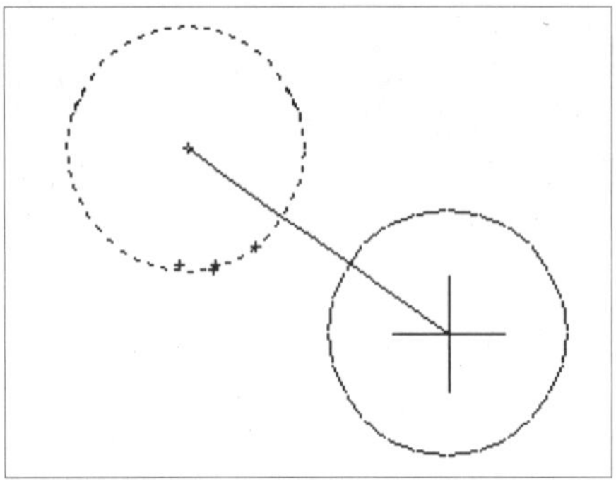

【Dragmode : Auto】

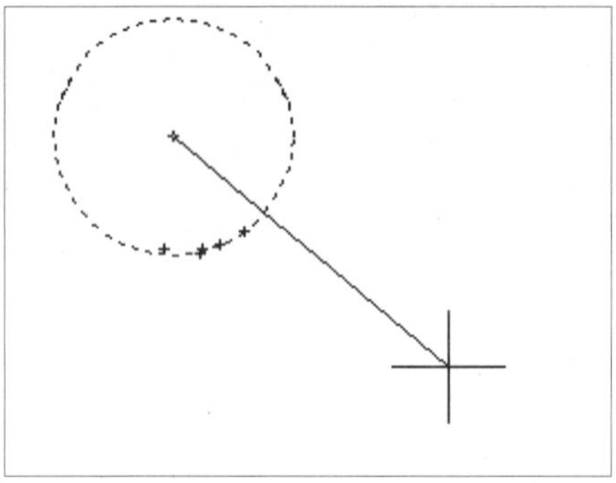

【Dragmode : Off】

【그림 3-28】 끌기 모드

2.15 LTSCALE(선 종류 축척)

도면 작업에 있어서 선의 축척 값이 맞지 않아 점선이나 중심선이 정상적으로 나타나지 않고 실선으로 화면상에 나타나는 경우가 있다. 이 때 Ltscale 명령을 실행하여 선의 축척 값을 조절하면 고유치 값에 설정 값이 곱해져 선이 정상적으로 나타난다.

명령 : Ltscale [Enter]
새 선종류 축척 비율 입력 <1.0000>: 2 0.4 [Enter]
모형 재생성 중.

【Ltscale factor : 1】 【Ltscale factor : 0.4】

【그림 3-29】 선 종류 축척

2.16 OSNAP(객체스냅)

도면요소를 선택할 때 Osnap 기능을 실행하면 특정한 점을 정확하게 찾는데 편리하게 이용할 수 있다.

명령 실행 방법

- 풀다운 메뉴 : 도구 ▷ 제도 설정
- 아이콘 :
- 명령어 : Osnap or 'Osnap

Shift 키+마우스 오른쪽 버턴을 클릭 하면 다음과 같은 단축메뉴를 이용하여 객체스냅을 실행할 수도 있다. AutoSnap을 사용하는 경우는 [F3] Key 또는 상태바의 을 클릭하여 On/Off 할 수 있다.

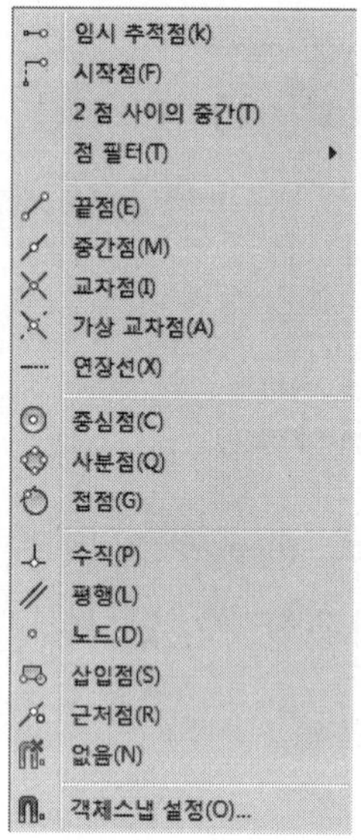

【그림 3-30】 객체스냅 (Shift + 마우스 오른쪽 버튼을 클릭한 경우)

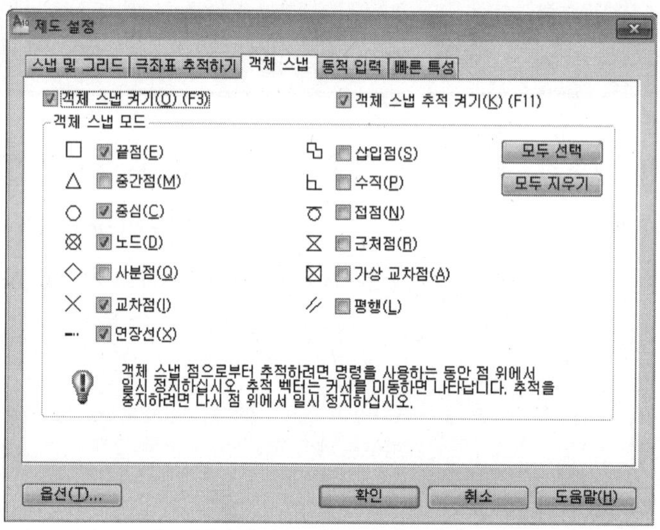

【그림 3-31】 객체스냅

옵션

- 객체 스냅 켜기(F3) : 객체스냅을 켠다.

- 객체 스냅 추적 켜기(F11) : 객체스냅 추적기능을 켠다.
- 객체 스냅 모드
  - 끝점( ) : 선이나 호와 같은 객체에 가장 가까운 끝점을 선택한다.
  - 중간점( ) : 선이나 호와 같은 객체의 중간점을 선택한다.
  - 중심점( ) : 원, 호, 타원 등의 중심점을 선택한다.
  - 절점( ) : 객체의 절점을 선택한다.
  - 사분점( ) : 원, 호의 사분 점을 선택한다.
  - 교차점( ) : 선이나 호 등과 같은 객체가 교차하는 교차점을 선택한다.
  - 연장( ) : 객체의 연장된 교차점을 선택한다.
  - 삽입점( ) : 문자, 블록, 속성 등의 삽입 점을 선택한다.
  - 수직점( ) : 선, 원, 호, 폴리선등의 endi수직인 선의 점을 선택한다.
  - 접점( ) : 원, 호 등의 객체에 접하는 접점을 선택한다.
  - 근처점( ) : 커서가 선택한 객체에서 가장 가까운 점을 선택한다.
  - 가상 교차점( ) : 3D 공간에서 도면요소가 서로 교차하지는 않지만 시각적으로 교차하는 것처럼 보이는 가상의 교차점을 선택한다.
  - 평행( ) : 직선의 세그먼트에 적용할 수 있다.
- 옵션(T)... 을 클릭하면 AutoSnap 기능을 제어할 수 있다.

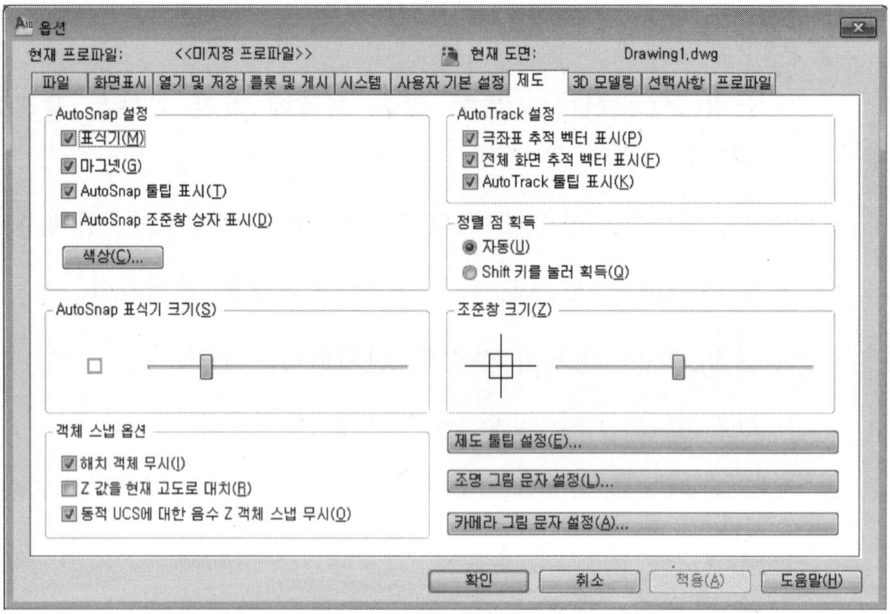

【그림 3-32】 옵션

- AutoSnap 설정
  - 표식기 : 커서를 도면요소의 스냅 점 가까이 가져가면 스냅 점 위치를 표시한다.
  - 마그넷 : 커서가 스냅 점 가까이 가면 커서가 스냅 점의 중심으로 이동한다.
  - AutoSnap 툴팁 표시 : 스냅 점을 선택할 때 나타나는 도움말을 켜거나 끈다.
  - AutoSnap 조준창 상자 표시: 스냅 점이 선택될 때 선택박스를 켜거나 끈다.
  - 색상 : 스냅점의 색상을 설정한다.
  - AutoSnap 표식기 크기 : 스냅점의 크기를 조정한다.
- Osnap을 이용한 객체 선택의 예

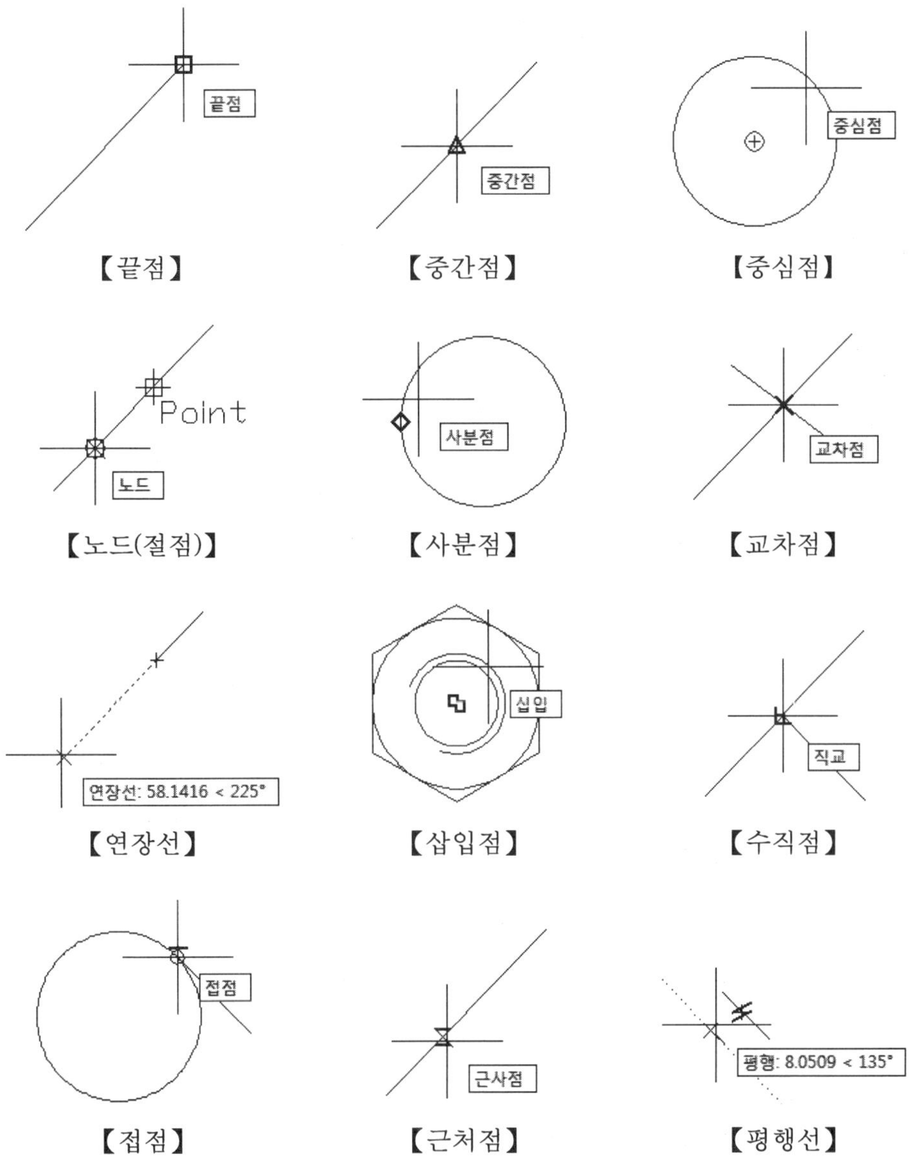

【그림 3-33】 Osnap을 이용한 객체 선택의 예

3. AutoCAD 2010 옵셥 수정하기

Options(옵션) 대화상자를 이용하여 AutoCAD에서 기본적으로 설정된 윈도우의 구성과 도면의 작업 환경을 수정할 수 있다.

명령 사용 방법

•풀다운 메뉴 : 도구 ▷ 옵션 •명령어 : Options

3.1 파일

AutoCAD에서 사용되는 파일의 경로와 파일이름을 확인할 수 있으며 경로의 변경을 할 수 있다.

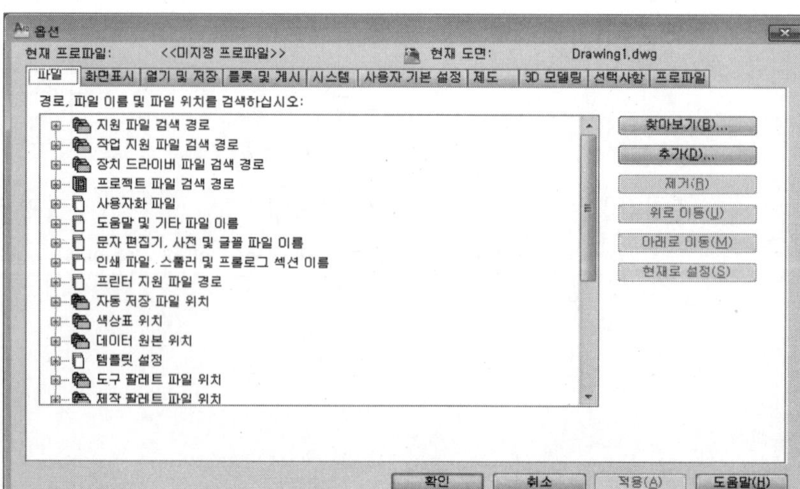

【그림 3-34】 옵션수정하기-파일

3.2 화면표시

AutoCAD 윈도우의 화면표시 특성, 배치 요소, 해상도 및 커서의 크기 등에 관할 설정을 확인하고 변경할 수 있다.

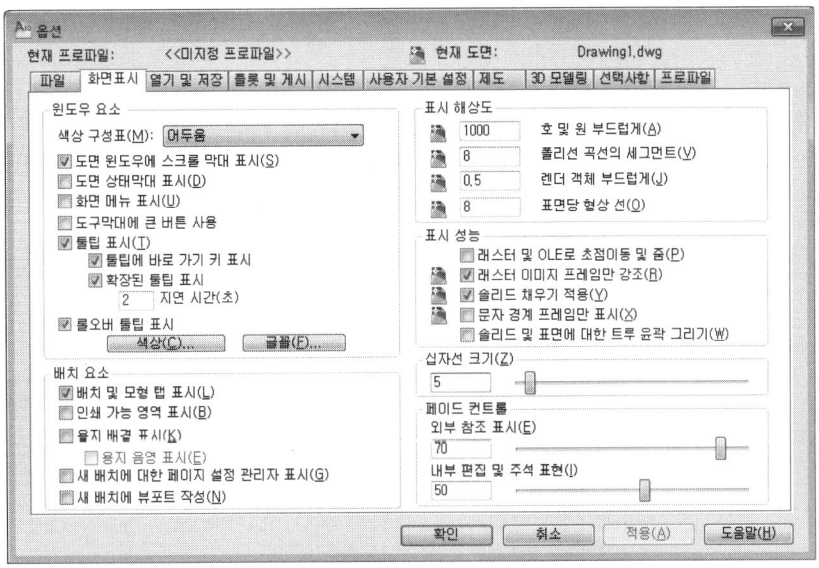

【그림 3-35】 옵션수정하기-Display

- 윈도우 요소
  - 도면 윈도우에 스크롤 막대 표시
  - 스크린 메뉴 표시
  - 색상 : AutoCAD 윈도우 요소들에 대한 색상을 설정한다.

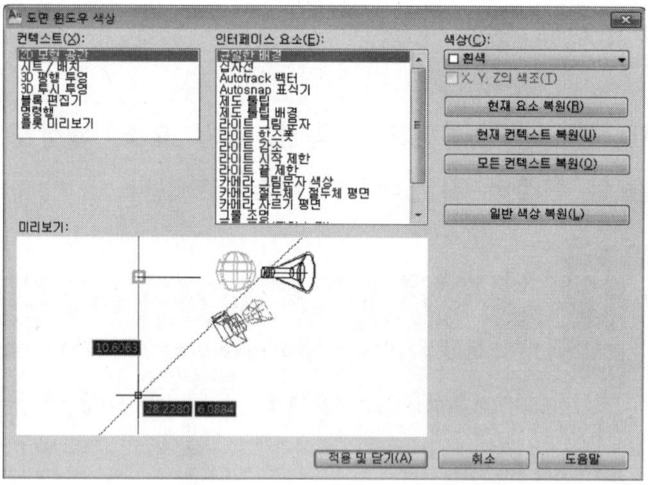

【그림 3-36】 Display-Color

- 글꼴 : 명령 입력 줄의 글자 모양과 크기를 설정한다.

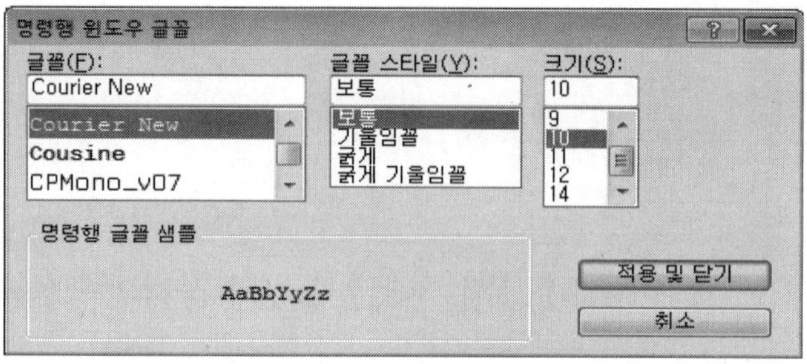

【그림 3-37】 화면표시-글꼴

- 배치 요소
  - 배치와 모델 탭을 표시
  - 용지 배경 표시
  - 새 배치를 위한 페이지 설정 대화상자 보기
  - 새 배치에서 뷰포트 생성
- 그래픽 커서의 십자선 크기 설정
- 표시 해상도
  - 호 및 원 다듬기 : 원호와 원의 부드러움을 설정한다.

- 폴리선 곡선의 세그먼트 : 폴리 곡선에서 세그먼트를 설정한다.
- 렌더링된 객체 다듬기 : 렌더링 객체의 부드러움을 설정한다.
- 곡면당 형상선 : 곡면당 윤곽선의 수를 설정한다.

♦ 표시 성능

- 레스터 및 OLE로 초점 이동 및 줌 : 래스터 이미지를 가지고 초점이동 및 확대
- 래스터 이미지 프레임만 강조
- 솔리드 채우기 적용
- 문자 경계 프레임만 보이기
- 와이어 프레임에서 윤곽 보이기

3.3 열기 및 저장하기

작업된 도면이 저장될 파일의 종류, 자동 저장 기능 및 외부 참조 파일에 대한 설정 등 도면의 열기 및 저장에 관한 옵션을 설정할 수 있다.

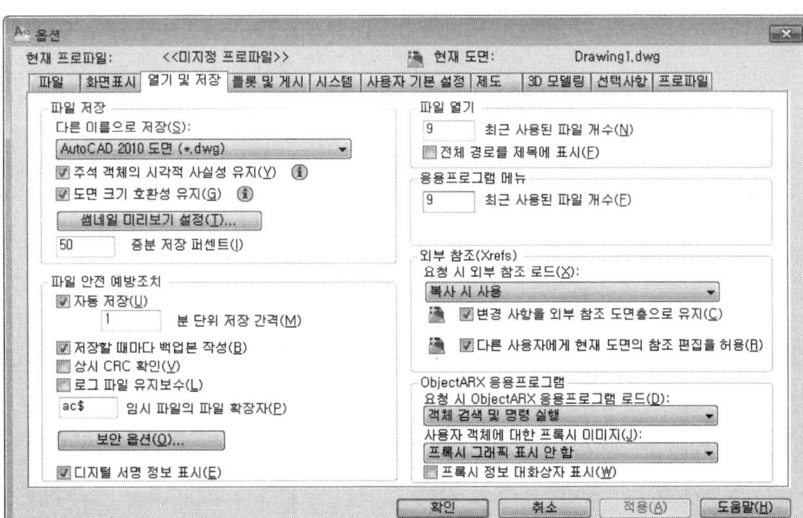

【그림 3-38】 옵션수정하기-열기 및 저장

3.4 플롯 및 게시

플로터의 선택, 추가, 플롯 유형 및 일반적인 플롯 옵션 등을 설정할 수 있다.

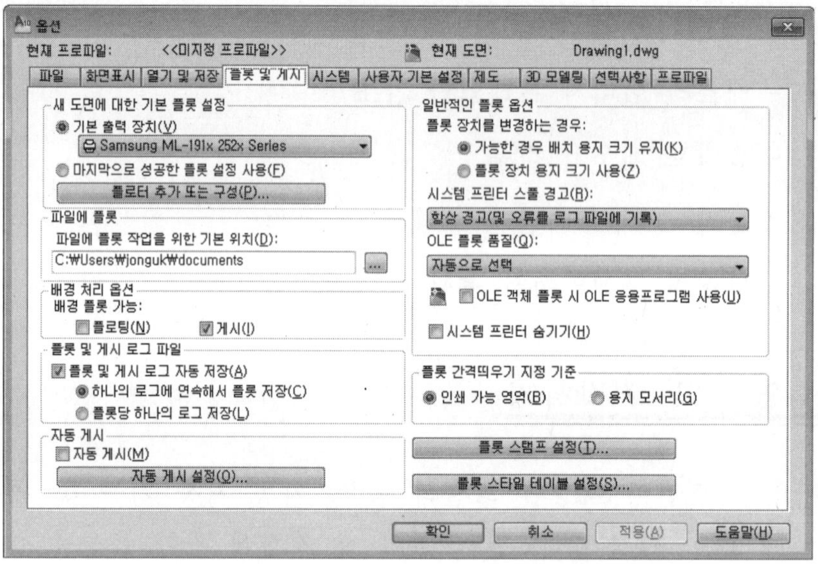

【그림 3-39】 옵션수정하기-플롯 및 게시

3.5 시스템

3D 그래픽 표시에 관한 설정 및 AutoCAD 시스템에 관한 일반적인 설정을 할 수 있다.

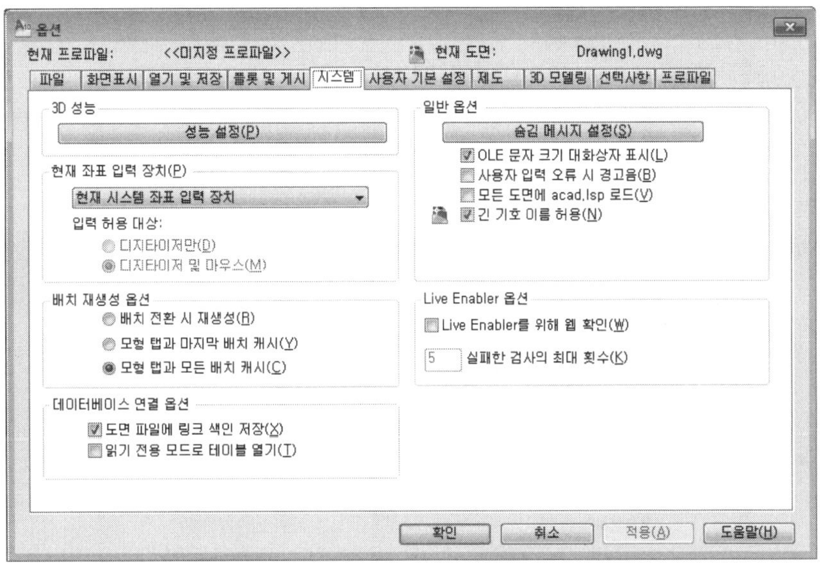

【그림 3-40】 옵션수정하기-시스템

- 일반 옵션
  - OLE 특성 대화상자를 표시
  - 사용자 작업 오류시 경고음
  - 모든 작업에 acad.lsp 파일 올리기
  - 긴 기호 이름 허용

3.6 사용자 기본 설정

단축메뉴, 선가중치 및 객체 정렬 방법 등과 같은 사용자의 선호사항에 대한 설정을 할 수 있다.

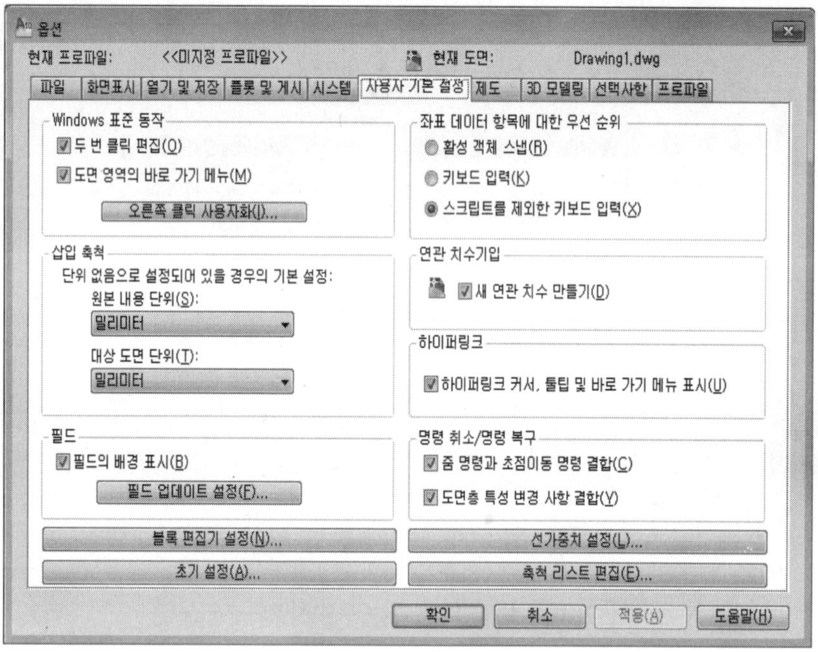

【그림 3-41】 옵션수정하기-User Preferences

- 윈도우 표준 동작

오른쪽 클릭 사용자 화 : 오른쪽 클릭 사용자 화 대화 상자를 이용하여 단축메뉴에 대한 설정을 수정할 수 있다.

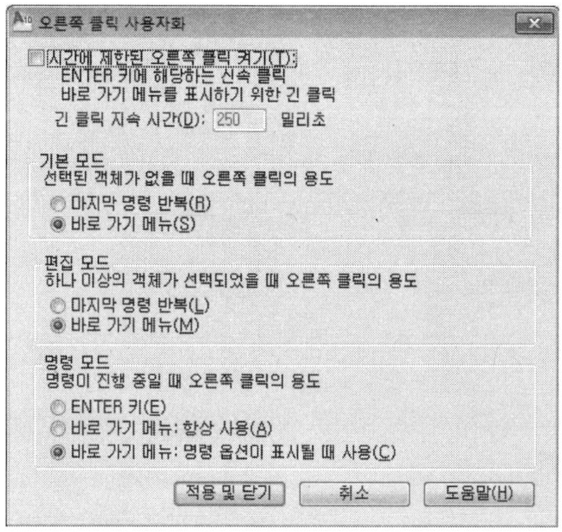

【그림 3-42】 사용자 기본 설정-오른쪽 클릭 사용자화

- 선가중치 설정 : 선가중치 설정 대화상자를 이용하여 선 가중치에 대한 설정을 수정할 수 있다.

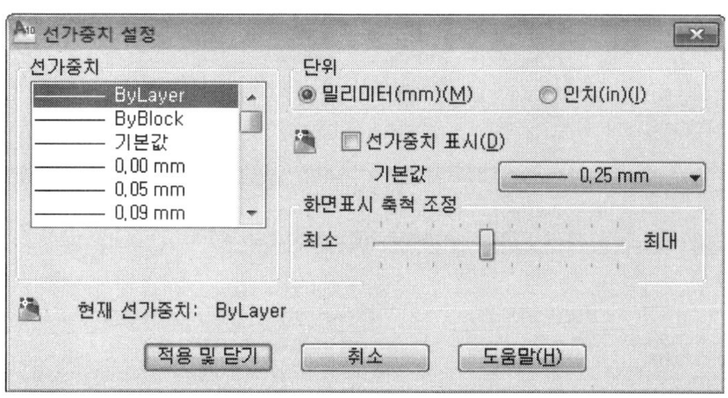

【그림 3-43】 사용자 기본 설정-선가중치 설정

3.7 제도

객체의 정확한 점을 자동으로 지정할 수 있는 AutoSnap 기능과 특정 각도 또는 다른 객체와의 연관성을 추적해 도면 작업을 편리하게 하는 AutoTracking 기능에 관한 설정을 할 수 있다.

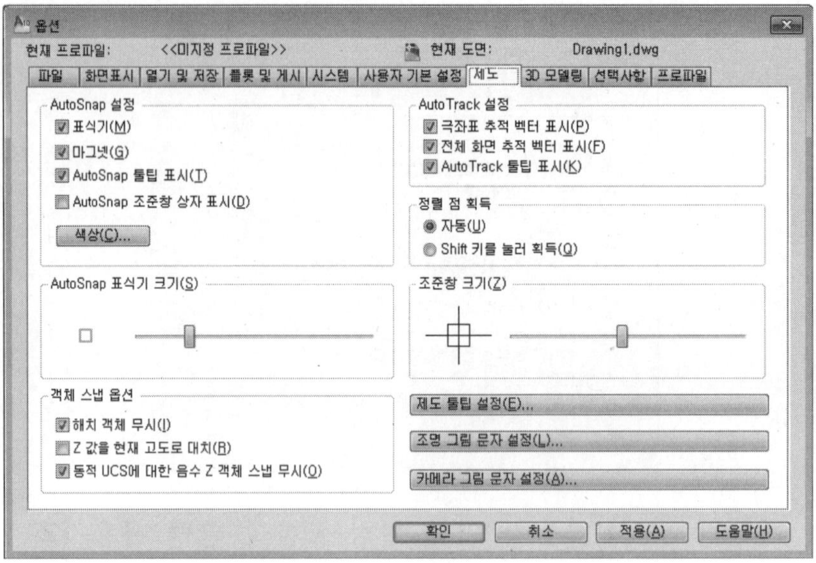

【그림 3-44】 옵션수정하기-제도

3.8 3D 모델링

UCSICON의 레이블이나 모양등 3D작업에 필요한 환경을 설정한다.

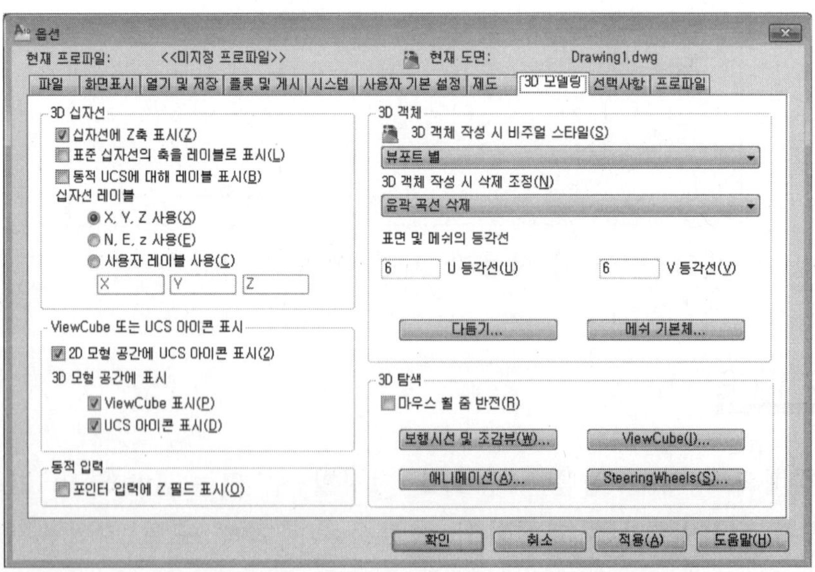

【그림 3-45】 옵션수정하기-3D 모델링

3.9 선택사항

객체선택 모드와 맞물림 모드 및 선택상자의 크기 등의 설정을 할 수 있다.

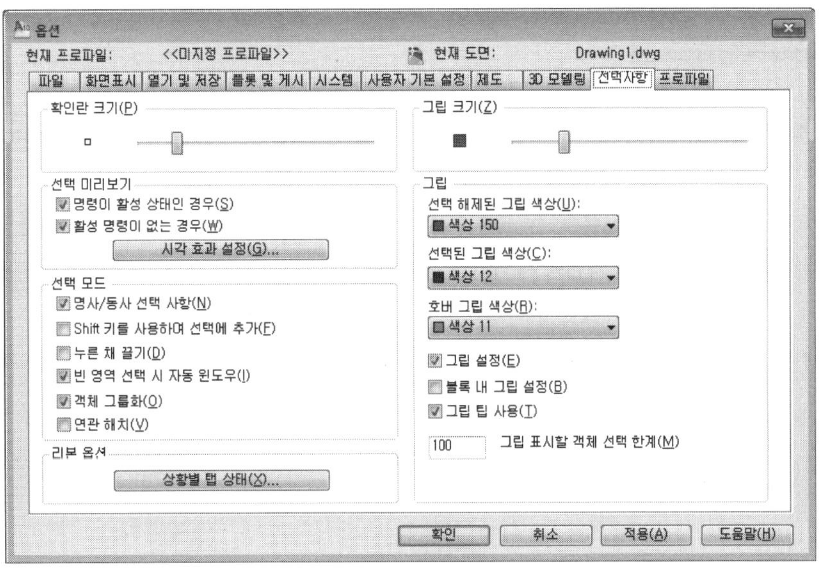

【그림 3-46】 옵션수정하기-선택사항

- 선택 모드
  - 명사동사 선택사항 : 선택 후 명령 사용 가능
  - Shift 키를 사용하여 선택에 추가
  - 누른 채 끌기
  - 빈 영역 선택시 자동 윈도우
  - 객체 그룹화
  - 연관 해치
- 맞물림

맞물림 기능과 맞물림 표시의 색상을 설정한다. 맞물림 기능을 이용하면 객체를 선택하였을 때 나타나는 사각형의 점을 마우스로 클릭 하여 Stretch 기능을 실행할 수 있다.

- 확인란 크기 / 그립 크기

  피크박스/그립 표시의 크기를 선택한다.

3.10 프로파일

도면 환경 설정값에 대한 프로파일을 작성하고 저장할 수 있다.

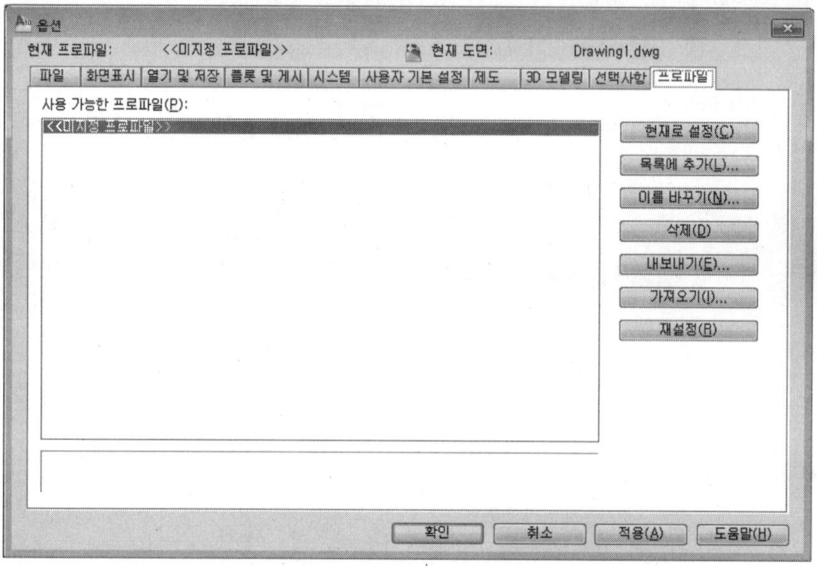

【그림 3-47】 옵션수정하기-프로파일

Chapter 4.

2차원 도면 작성하기 I

Chapter 4. 2차원 도면 작성하기 I

1. 2차원 그리기(Drawing)

사용자는 AutoCAD 2010의 도면작성 도구들을 사용해서 단순한 선이나 원에서부터 스플라인 곡선, 타원 및 해치 등의 도면 요소들을 작성할 수 있다.

1.1 LINE(선 그리기)

선(Line)은 도면 작업에서 가장 기본이 되는 요소이며, 도면을 작성하는데 기본적인 직선을 그리는 명령어이다. 선을 그리기 위해서 점을 지정하는 방법은 마우스를 이용하여 임의 점을 지정하거나, 키보드를 사용하여 정확한 좌표값을 입력하는 방법이 있다.

명령 실행 방법

- 리본메뉴 : 홈 ▷ 그리기 패널 ▷ 선
- 풀다운 메뉴 : 그리기 ▷ 선
- 아이콘 : 
- 명령어 : Line

옵션

- 닫기(C) : 시작점(P1)과 마지막 점(P3)을 연결하는 선을 그어 닫힌 객체를 만들며 Line 명령을 종료한다.

명령 : Line [Enter]

첫 번째 점 지정: : P1점 지정

다음 점 지정 또는 [명령 취소(U)]: P2점 지정

다음 점 지정 또는 [명령 취소(U)]: : P3점 지정

다음 점 지정 또는 [닫기(C)/명령 취소(U)]: C [Enter] **(명령을 종료한다.)**

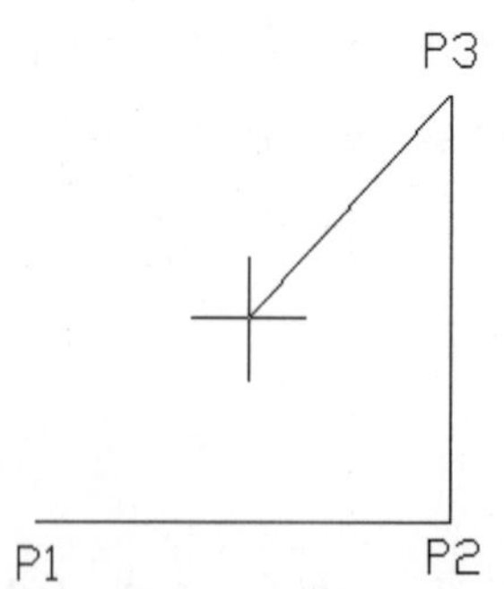

【Close 실행 전】

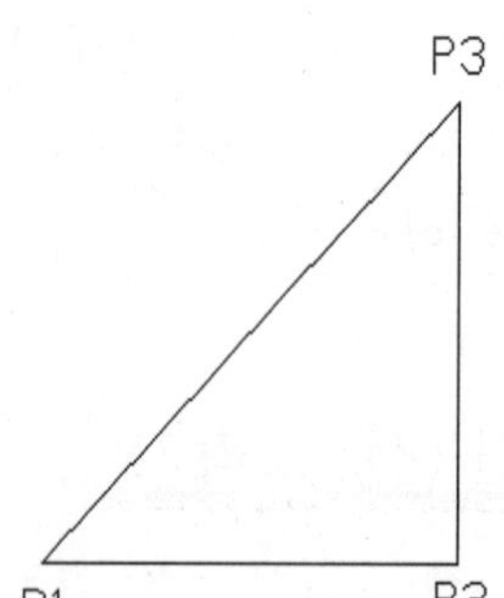

【Close 실행 후】

【그림 4-1】 선-Close

♦ 명령 취소(U) : 작업을 잘못 수행했을 때 사용된 일련의 명령어들 중에서 가장 최근에 사용한 것을 한 단계씩 취소한다.

명령 : Line [Enter]

첫 번째 점 지정: P1점 지정

다음 점 지정 또는 [명령 취소(U)]: P2점 지정

다음 점 지정 또는 [명령 취소(U)]: P3점 지정

다음 점 지정 또는 [닫기(C)/명령 취소(U)]: P4점 지정

다음 점 지정 또는 [닫기(C)/명령 취소(U)]: U [Enter]

다음 점 지정 또는 [닫기(C)/명령 취소(U)]:

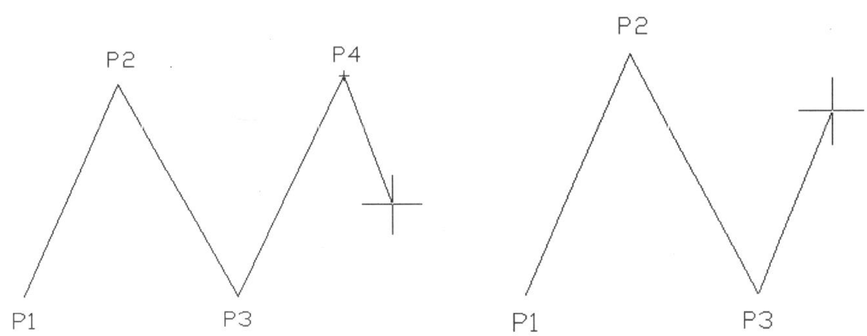

【Undo 실행 전】 【Undo 실행 후】

【그림 4-2】 선-Undo

♦ 선 연속하기 : 가장 최근에 작업한 선의 끝점으로부터 연속하는 선을 그릴 때 사용하는 명령으로 첫 번째 점의 위치를 지정하는 대신 [Enter] key를 누르면 시작점이 최근 작업의 끝점에 지정된다.

명령 : Line [Enter]

첫 번째 점 지정: P1점 지정

다음 점 지정 또는 [명령 취소(U)]: P2점 지정

다음 점 지정 또는 [명령 취소(U)]: P3점 지정

다음 점 지정 또는 [닫기(C)/명령 취소(U)]: Enter

명령 : Line Enter

첫 번째 점 지정: Enter (P3점이 선택된다)

다음 점 지정 또는 [명령 취소(U)]:

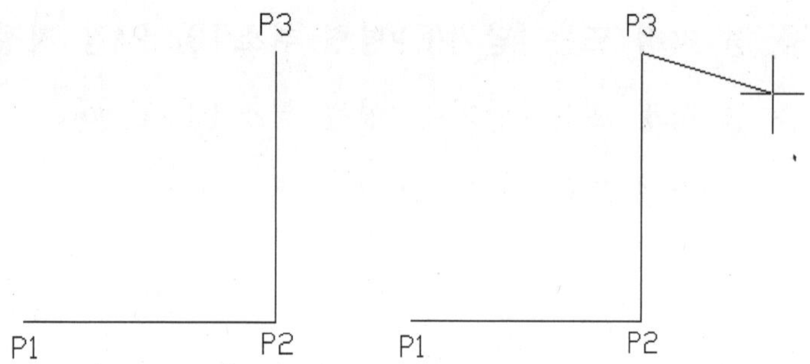

【그림 4-3】 선-Continue

≪연습 : 절대좌표, 상대좌표 및 극 좌표에 의한 선 그리기≫

1 절대좌표를 이용하여 다음 도형을 그려보자.

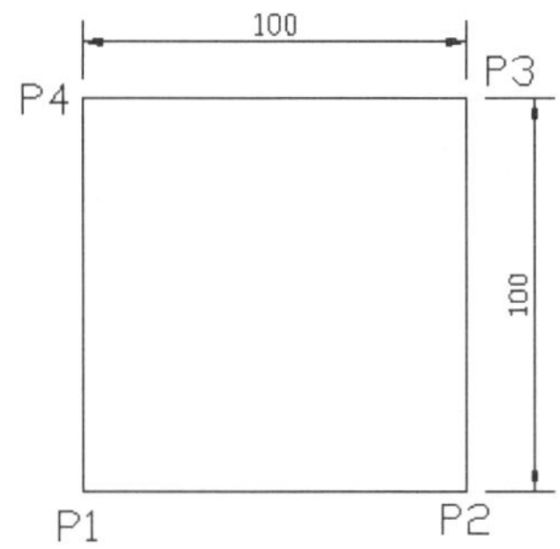


```
명령 : Line Enter
첫 번째 점 지정: 50,50 Enter (P1점 지정)
다음 점 지정 또는 [명령 취소(U)]: 150,50 Enter (P2점 지정)
다음 점 지정 또는 [명령 취소(U)]: 150,150 Enter (P3점 지정)
다음 점 지정 또는 [닫기(C)/명령 취소(U)]: 50,150 Enter (P4점 지정)
다음 점 지정 또는 [닫기(C)/명령 취소(U)]: C Enter (Close 옵션 사용)
```

2 상대좌표를 이용하여 앞의 도형을 그려보자.

```
명령 : Line Enter
첫 번째 점 지정: 50,50 Enter (P1점 지정)
다음 점 지정 또는 [명령 취소(U)]: : @100,0 Enter (P2점 지정)
다음 점 지정 또는 [명령 취소(U)]: : @0,100 Enter (P3점 지정)
다음 점 지정 또는 [닫기(C)/명령 취소(U)]: @-100,0 Enter (P4점 지정)
다음 점 지정 또는 [닫기(C)/명령 취소(U)]: C Enter (Close 옵션 사용)
```

3 극 좌표를 이용하여 앞의 도형을 그려보자.

```
명령 : Line Enter
첫 번째 점 지정: 50,50 Enter (P1점 지정)
다음 점 지정 또는 [명령 취소(U)]: @100<0 Enter (P2점 지정)
다음 점 지정 또는 [명령 취소(U)]: @100<90 Enter (P3점 지정)
다음 점 지정 또는 [닫기(C)/명령 취소(U)]: @100<180 Enter (P4점 지정)
다음 점 지정 또는 [닫기(C)/명령 취소(U)]: C Enter (Close 옵션 사용)
```

1.2 CIRCLE(원 그리기)

원을 그리는 명령은 중심점과 반지름을 이용하는 방법과 원 위의 세 점을 이용하는 방법, 두 점을 이용하는 방법, 그리고 기존의 객체에 접선을 이용하는 방법 등이 있다.

명령 실행 방법

- 리본메뉴 : 홈 ▷ 그리기 패널 ▷ 중심, 반지름
- 풀다운 메뉴 : 그리기 ▷ 원 ▷ 옵션 선택
- 아이콘 :
- 명령어 : Circle

1-2-1 중심점과 반지름으로 원 그리기

명령 : Circle Enter
원에 대한 중심점 지정 또는 [3점(3P)/2점(2P)/Ttr - 접선 접선 반지름(T)]: P1점 지정(중심점 지정)
원의 반지름 지정 또는 [지름(D)] : 원의 반경 입력 Enter

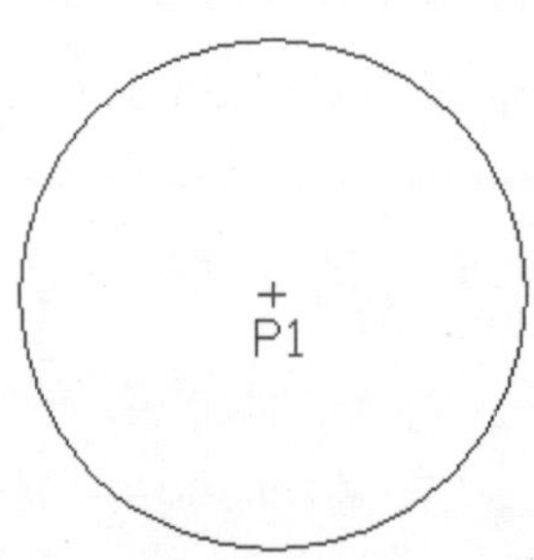

【그림 4-4】원-중심점과 반지름으로 원 그리기

1-2-2 두 점을 이용한 원

명령 : Circle [Enter]
원에 대한 중심점 지정 또는 [3점(3P)/2점(2P)/Ttr - 접선 접선 반지름(T)]: 2P [Enter]
원 지름의 첫 번째 끝점을 지정: P1점 지정
원 지름의 두 번째 끝점을 지정: P2점 지정

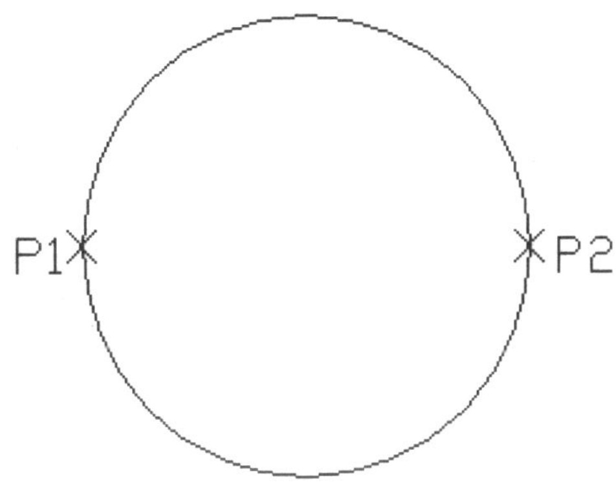

【그림 4-5】 원-두 점을 이용한 원

1-2-3 세 점을 이용한 원

원주 위의 세 점에 기초하여 원을 그린다.

명령 : Circle [Enter]
원에 대한 중심점 지정 또는 [3점(3P)/2점(2P)/Ttr - 접선 접선 반지름(T)]: 3P [Enter]
원 위의 첫 번째 점 지정: P1점 지정
원 위의 두 번째 점 지정: P2점 지정
원 위의 세 번째 점 지정: P3점 지정

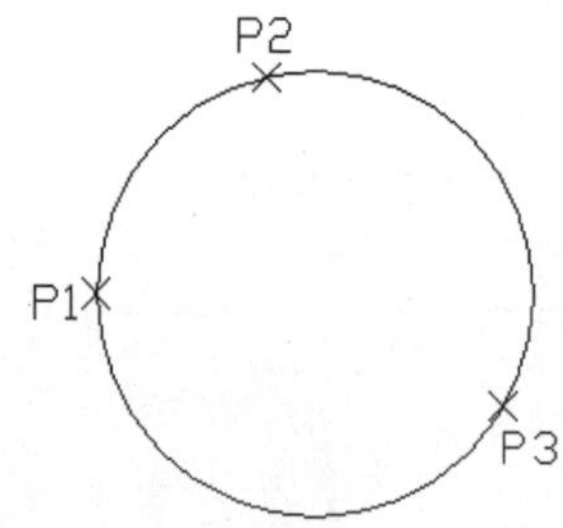

【그림 4-6】 원-세 점을 이용한 원

1-2-4 두 접점과 반지름을 이용하는 원(TTR)

지정된 반지름으로 두 객체에 접하는 원을 그린다.

명령 : Circle Enter
원에 대한 중심점 지정 또는 [3점(3P)/2점(2P)/Ttr - 접선 접선 반지름(T)]: Ttr Enter
원의 첫 번째 접점에 대한 객체위의 점 지정: 접하고자 하는 객체 P1 지정
원의 두 번째 접점에 대한 객체위의 점 지정: 접하고자 하는 객체 P1 지정
원의 반지름 지정 <50> : 반지름 입력
(입력된 반지름이 객체의 두 접점사이의 거리보다 작으면 원 생성이 되지 않는다.)

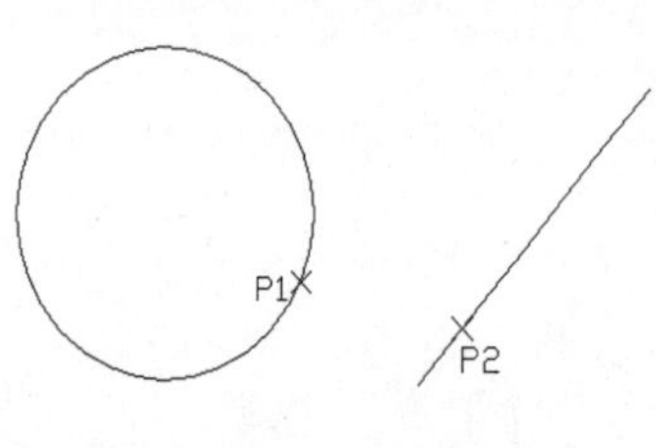

【객체 P1, P2 선택】

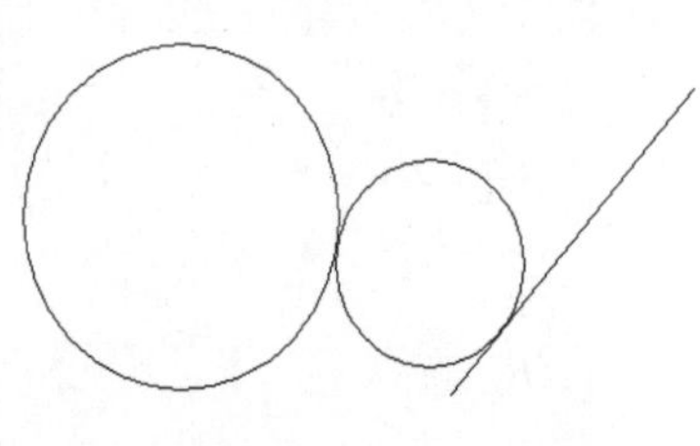

【TTR 옵션에 의한 원의 생성】

【그림 4-7】 원-두 접점과 반지름을 이용하는 원

1-2-5 세 접점을 이용하는 원(Tan, Tan, Tan)

새 객체에 접하는 원을 그린다.

명령 : Circle Enter
원에 대한 중심점 지정 또는 [3점(3P)/2점(2P)/Ttr - 접선 접선 반지름(T)]: _3P Enter
원 위의 첫 번째 점 지정: tan to (객체 P1 선택)
원 위의 두 번째 점 지정: tan to (객체 P2 선택)
원 위의 세 번째 점 지정: tan to (객체 P3 선택)

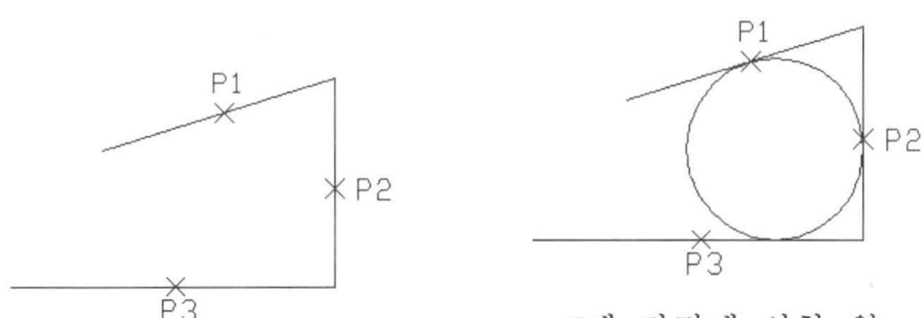

【객체 P1, P2, P3 선택】 【세 접점에 의한 원 생성】

【그림 4-8】 원 - 세 접점을 이용하는 원

1.3 ARC(호 그리기)

Arc명령은 호를 그리는데 사용하는 명령으로 아래와 같은 매우 다양한 방법을 선택할 수 있다. 그려지는 방향은 반시계 방향이 기본값이다.

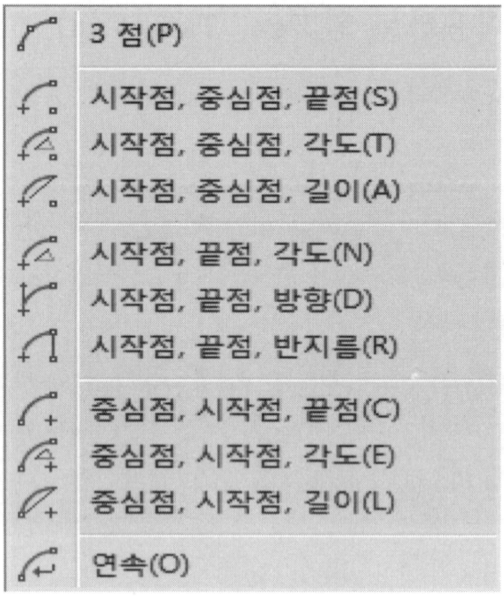

【그림 4-9】 호

명령 실행 방법

- 리본메뉴 : 홈 ▷ 그리기 패널 ▷ 3점
- 풀다운 메뉴 : 그리기 ▷ 호 ▷ 옵션선택
- 아이콘 :
- 명령어 : Arc

1-3-1 3점(세 점을 지나는 호)

임의의 세 점(P1, P2, P3)을 지정하고, 세 점을 통과하는 호를 그린다.

명령 : ARC Enter
호의 시작점 또는 [중심(C)] 지정: P1점 지정 (첫 번째 점)
호의 두 번째 점 또는 [중심(C)/끝(E)] 지정: P2점 지정 (두 번째 점)
호의 끝점 지정: P3점 지정 (끝점)

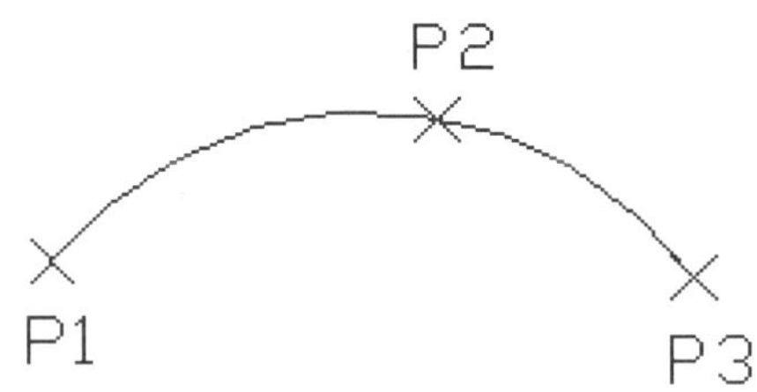

【그림 4-10】 호-세 점을 지나는 호

1-3-2 S. C. E(시작점, 중심점, 끝점에 의한 호)

명령 : Arc [Enter]
호의 시작점 또는 [중심(C)] 지정: P1점 지정 (시작점)
호의 두 번째 점 또는 [중심(C)/끝(E)] 지정: C [Enter]
호의 중심점 지정: P2점 지정 (중심점)
호의 끝점 지정 또는 [각도(A)/현의 길이(L)]: P3점 지정 (끝점)

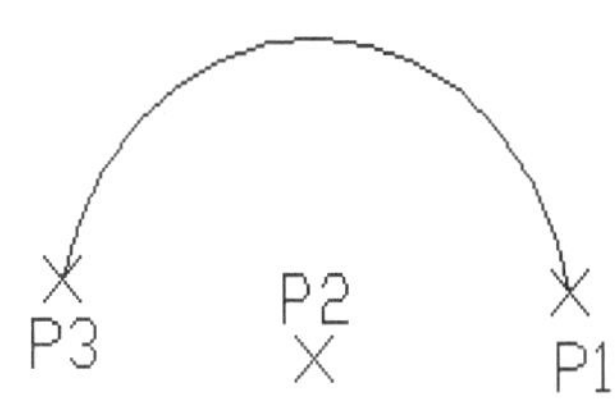

【그림 4-11】 호-시작점, 중심점, 끝점에 의한 호

1-3-3 S, C, A(시작점, 중심점, 내부각)

시작점, 중심점, 내부 각을 이용하여 그리는 것으로 내부 각을 양의 값으로 각도를 입력하면 반 시계 방향으로 회전하면서 호를 그리고, 음의 값으로 각도를 입력하면 시계 방향으로 회전하면서 호를 그린다.

```
명령 : Arc Enter
호의 시작점 또는 [중심(C)] 지정: P1점 지정 (시작점)
호의 두 번째 점 또는 [중심(C)/끝(E)] 지정: C Enter
호의 중심점 지정: P2점 지정 (중심점)
호의 끝점 지정 또는 [각도(A)/현의 길이(L)]: A Enter
사이각 지정: 120 Enter (각도 입력)
```

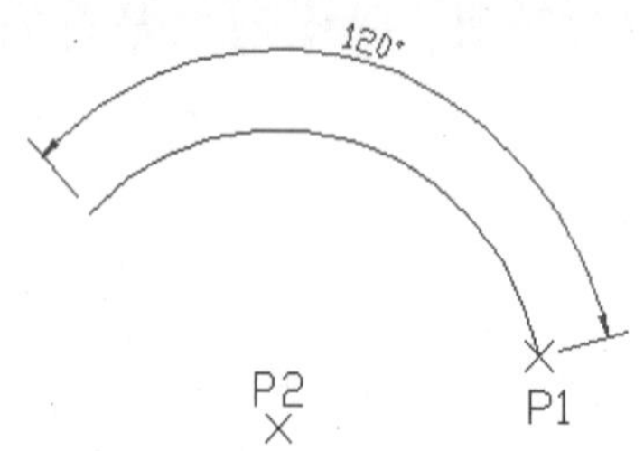

【그림 4-12】 호-시작점, 중심점, 내부각

1-3-4 S, C, L(시작점, 중심점, 현의 길이)

현의 길이는 호의 시작점과 끝점을 연결하는 직선의 길이이다. 시작점, 중심점, 현의 길이로 그려지는 호는 항상 시작점으로부터 반 시계 방향으로만 호를 그린다.

```
명령 : Arc Enter
호의 시작점 또는 [중심(C)] 지정: P1점 지정 (시작점)
호의 두 번째 점 또는 [중심(C)/끝(E)] 지정: C Enter
호의 중심점 지정: P2점 지정 (중심점)
호의 끝점 지정 또는 [각도(A)/현의 길이(L)]: L Enter
현의 길이 지정: 현의 길이 입력 Enter
```

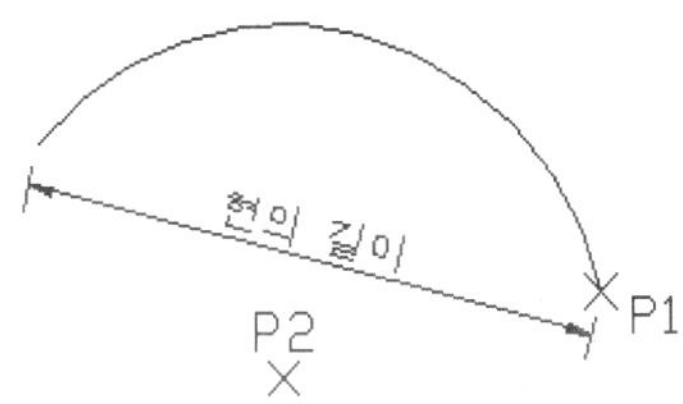

【그림 4-13】 호-시작점, 중심점, 현의 길이

1-3-5 S, E, A(시작점, 끝점, 내부각)

시작점과 끝점 그리고 내부각을 이용하여 정의한다. 호가 같은 시작점과 끝점에서 그려진다고 하여도 아래 그림과 같이 내부각에 따라 반지름의 길이는 달라질 것이다.

> 명령 : Arc Enter
> 호의 시작점 또는 [중심(C)] 지정: P1점 지정 (시작점)
> 호의 두 번째 점 또는 [중심(C)/끝(E)] 지정: E Enter
> 호의 끝점 지정: P2점 지정 (끝점)
> 호의 끝점 지정 또는 [각도(A)/현의 길이(L)]: A Enter
> 사이각 지정: 내부각 입력 Enter

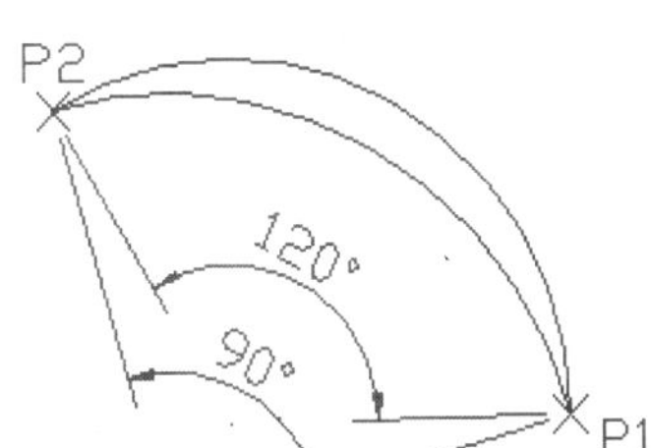

【그림 4-14】 호-시작점, 끝점, 내부각

1-3-6 S, E, D(시작점, 끝점, 접선방향)

시작점, 끝점, 접선방향으로 그려지는 호는 시작 방향에 접하는 호를 그릴 수 있다. 도면요소의 접선 방향으로 호를 그리기 위하여 사용할 수 있으며, 이것은 둔각, 예각, 시계방향 또는 반 시계방향의 어떤 종류의 호도 그릴 수 있다.

명령 : Arc [Enter]
호의 시작점 또는 [중심(C)] 지정: P1점 지정 (시작점)
호의 두 번째 점 또는 [중심(C)/끝(E)] 지정: E [Enter]
호의 끝점 지정: P2점 지정 (끝점)
호의 끝점 지정 또는 [각도(A)/현의 길이(L)]: D [Enter]
호의 시작점에 대해 접선 방향을 지정: 접선의 방향 지정

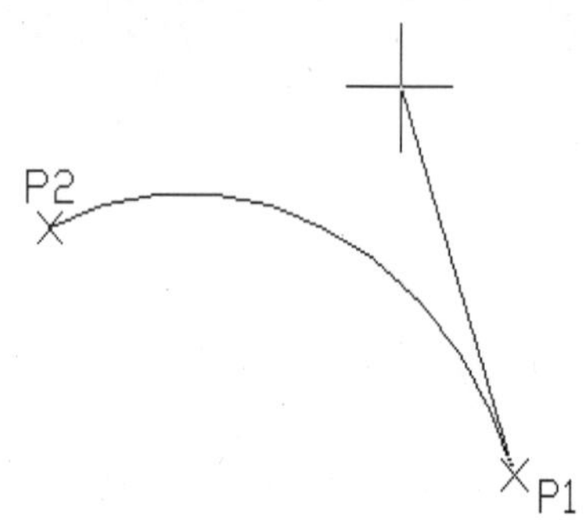

【그림 4-15】 호-시작점, 끝점, 접선방향

1-3-7 S, E, R(시작점, 끝점, 반지름)

시작점, 끝점을 지정하고 반지름을 이용하여 호를 그리는 것으로 시작점으로부터 반시계 방향으로 그려진다.

명령 : Arc Enter
호의 시작점 또는 [중심(C)] 지정: P1점 지정 (시작점)
호의 두 번째 점 또는 [중심(C)/끝(E)] 지정: E Enter
호의 끝점 지정: P2점 지정 (끝점)
호의 중심점 지정 또는 [각도(A)/방향(D)/반지름(R)]: R Enter
호의 반지름 지정: 반지름 입력 Enter

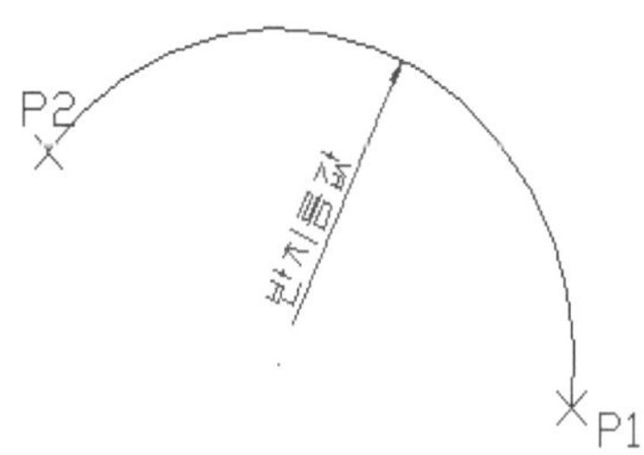

【그림 4-16】 호-시작점, 끝점, 반지름

1-3-8 C, S, E(중심점, 시작점, 끝점)

명령 : Arc Enter
호의 시작점 또는 [중심(C)] 지정: C Enter
호의 중심점 지정: P1점 지정 (중심점)
호의 시작점 지정: P2점 지정 (시작점)
호의 중심점 지정 또는 [각도(A)/방향(D)/반지름(R)]: P3점 지정 (끝점)

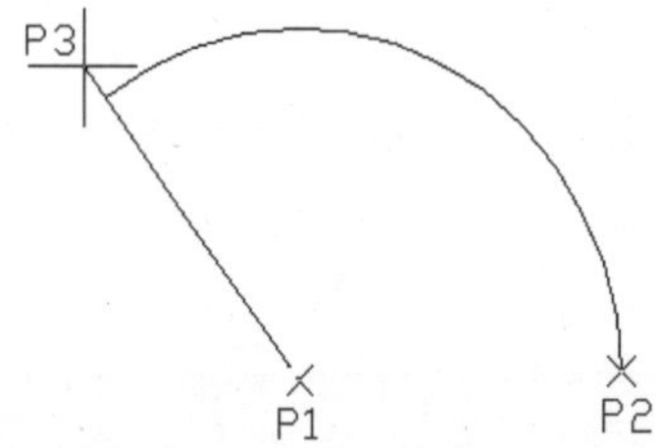

【그림 4-17】호-중심점, 시작점, 끝점

1-3-9 C, S, A(중심점, 시작점, 내부각)

명령 : Arc Enter
호의 시작점 또는 [중심(C)] 지정: C Enter
호의 중심점 지정: P1점 지정 (중심점)
호의 시작점 지정: P2점 지정 (시작점)
호의 중심점 지정 또는 [각도(A)/방향(D)/반지름(R)]: A Enter
사이각 지정: 120 Enter (내부각 입력)

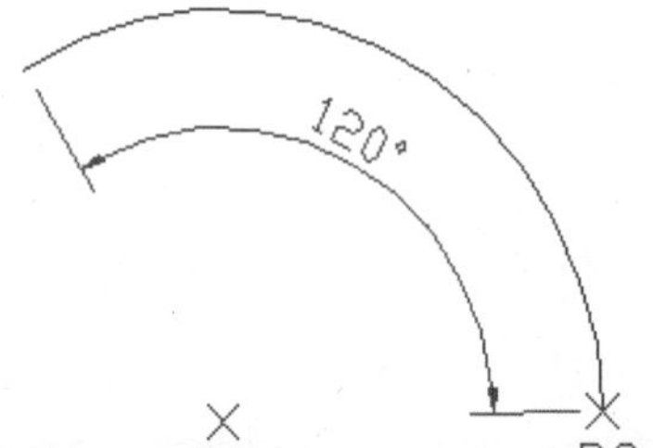

【그림 4-18】호-중심점, 시작점, 내부각

1-3-10 C, S, L(중심점, 시작점, 현의 길이)

```
명령 : Arc Enter
호의 시작점 또는 [중심(C)] 지정: C Enter
호의 중심점 지정: P1점 지정 (중심점)
호의 시작점 지정: P2점 지정 (시작점)
호의 중심점 지정 또는 [각도(A)/방향(D)/반지름(R)]: L Enter
현의 길이 지정: 현의 길이 입력 Enter
```

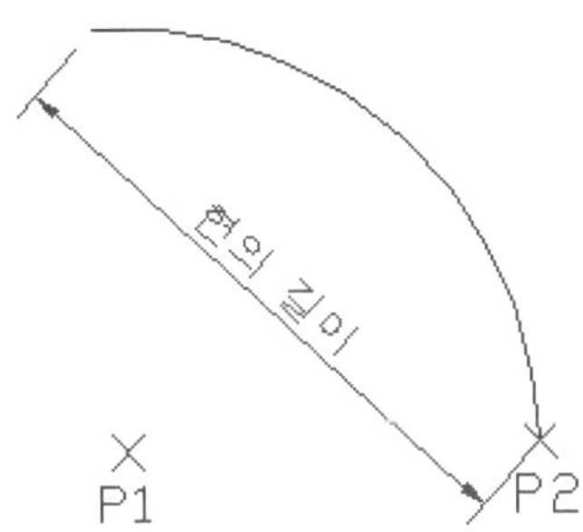

【그림 4-19】 호-중심점, 시작점, 현의 길이

1-3-11 Continue(선과 호에 연속하여 그려지는 호)

선 또는 호를 그린 후 풀다운 메뉴의 Continue를 선택하거나, Arc 명령입력 후 Enter 키를 두 번 눌러 바로 앞에 그려진 객체의 끝점에서 연결되는 호를 그리고자 할 때 사용하는 방법이다.

```
명령 : Line Enter
첫 번째 점 지정: p1점 지정
다음 점 지정 또는 [명령 취소(U)]: p2점 지정
다음 점 지정 또는 [명령 취소(U)]: Enter
명령 : Arc Enter
호의 시작점 또는 [중심(C)] 지정: Enter
호의 끝점 지정: P3점 지정
```

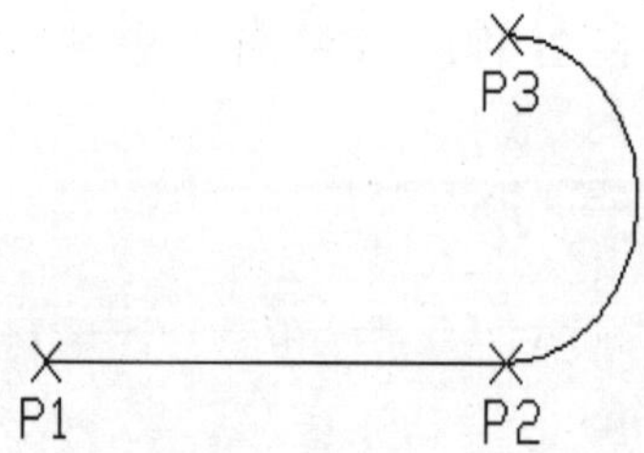

【그림 4-20】 호-선과 호에 연속하여 그려지는 호

≪**연습 : 호 그리기 연습**≫

1 원과 호그리기 명령만으로 다음 그림을 그려라.

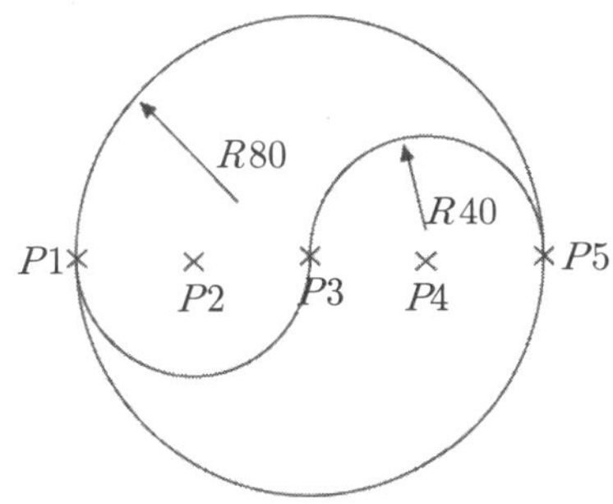

명령 : Circle [Enter]
원에 대한 중심점 지정 또는 [3점(3P)/2점(2P)/Ttr - 접선 접선 반지름(T)]: 100,100 (P3점 지정)
원의 반지름 지정 또는 [지름(D)]: 80 [Enter]

명령 : Circle [Enter]
원에 대한 중심점 지정 또는 [3점(3P)/2점(2P)/Ttr - 접선 접선 반지름(T)]: 100,100 (P3점 지정)
원의 반지름 지정 또는 [지름(D)]: 80 [Enter]

명령 : Arc [Enter]
호의 시작점 또는 [중심(C)] 지정: C [Enter]
호의 중심점 지정:40,100 [Enter]
호의 시작점 지정:20,100 [Enter]
호의 중심점 지정 또는 [각도(A)/방향(D)/반지름(R)]: 100,100 [Enter]

명령 : [Enter]
호의 시작점 또는 [중심(C)] 지정: C [Enter]
호의 중심점 지정: 140,100 [Enter]
호의 시작점 지정: 180,100 [Enter]
호의 중심점 지정 또는 [각도(A)/방향(D)/반지름(R)]: A [Enter]
사이각 지정: 180 [Enter]

≪연습 : 호 그리기 연습≫

2 선그리기 명령과 3점에 의한 호 그리기를 이용하여 다음 그림을 그려라.

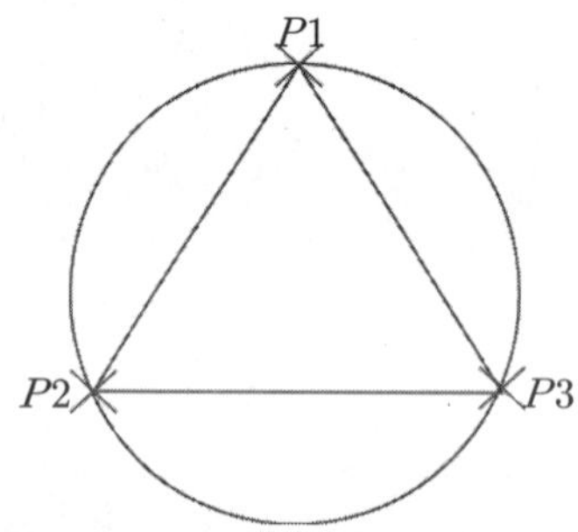


```
명령 : Line Enter
첫 번째 점 지정: P1점 지정 Enter
다음 점 지정 또는 [명령 취소(U)]: @100,0 Enter
다음 점 지정 또는 [명령 취소(U)]: @100<120 Enter
다음 점 지정 또는 [닫기(C)/명령 취소(U)]: C Enter

명령 : Arc Enter
호의 시작점 또는 [중심(C)] 지정:  P1점 지정 Enter
호의 두 번째 점 또는 [중심(C)/끝(E)] 지정: P2점 지정 Enter
호의 끝점 지정: P3점 지정 Enter
```

```
명령 : Enter
호의 시작점 또는 [중심(C)] 지정: P3점 지정 Enter
호의 두 번째 점 또는 [중심(C)/끝(E)] 지정: E Enter
호의 끝점 지정: P1점 지정 Enter
호의 중심점 지정 또는 [각도(A)/방향(D)/반지름(R)]: A Enter
사이각 지정: 120 Enter
```

1.4 RECTANG(직사각형)

직사각형의 닫힌 폴리선을 그린다. 도면작성에 있어 테두리선을 그릴 때 사용하면 편리하다.

명령 실행 방법

- 리본메뉴 : 홈 ▷ 그리기 패널 ▷ 직사각형
- 풀다운 메뉴 : 그리기 ▷ 직사각형
- 아이콘 : 
- 명령어 : Rectang

명령 : Rectang Enter
첫 번째 구석점 지정 또는 [모따기(C)/고도(E)/모깎기(F)/두께(T)/폭(W)]: P1점 지정
다른 구석점 지정 또는 [영역(A)/치수(D)/회전(R)]: P2점 지정

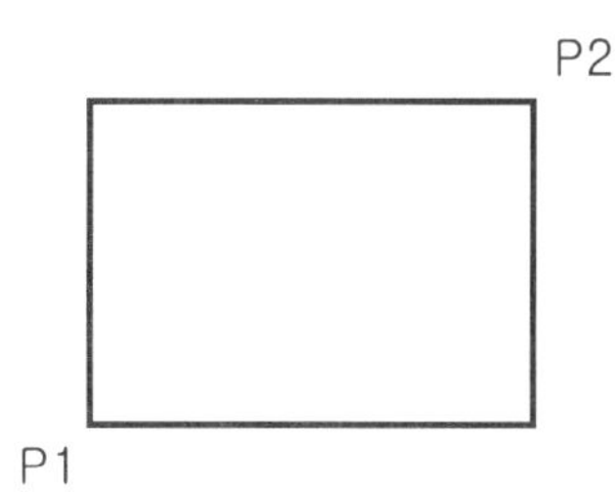

【그림 4-21】 사각형

옵션

- 모따기(C) : 사각형 모서리의 모따기 값을 지정한다.

```
명령 : Rectang Enter
첫 번째 구석점 지정 또는 [모따기(C)/고도(E)/모깎기(F)/두께
(T)/폭(W)]: C Enter
직사각형의 첫 번째 모따기 거리 지정 <0.0000>: 5 Enter
직사각형의 두 번째 모따기 거리 지정 <5.0000>: 5 Enter
첫 번째 구석점 지정 또는 [모따기(C)/고도(E)/모깎기(F)/두께
(T)/폭(W)]: P1점 지정
다른 구석점 지정 또는 [영역(A)/치수(D)/회전(R)]: P2점 지정
```

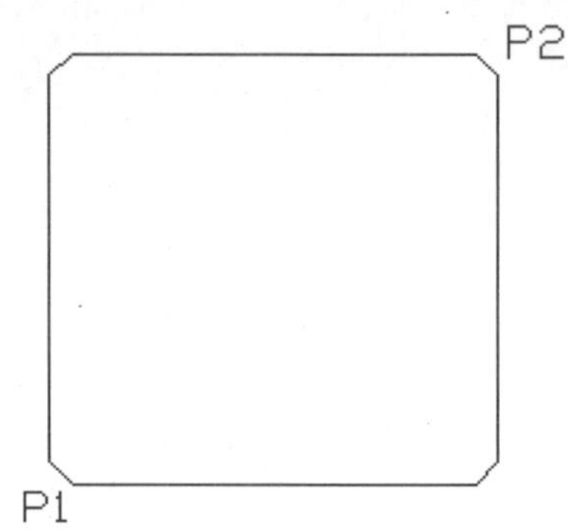

【그림 4-22】 사각형-모따기

- 고도(E) : 사각형의 밑면과 바닥 면과의 높이 위치를 지정한다.

명령 : Rectang [Enter]

첫 번째 구석점 지정 또는 [모따기(C)/고도(E)/모깎기(F)/두께(T)/폭(W)]: E [Enter]

직사각형의 고도 지정 <0.0000>: 10 [Enter] (높이 지정)

첫 번째 구석점 지정 또는 [모따기(C)/고도(E)/모깎기(F)/두께(T)/폭(W)]: P1점 지정

다른 구석점 지정 또는 [영역(A)/치수(D)/회전(R)]: P2점 지정

명령 : Vpoint [Enter] (작업자의 시야를 등각으로 설정한다.)

현재 뷰 방향: VIEWDIR=0.0000,0.0000,1.0000

관측점 지정 또는 [회전(R)] <나침판과 삼각대 표시>: 1,-1,1 [Enter]

모형 재생성 중.

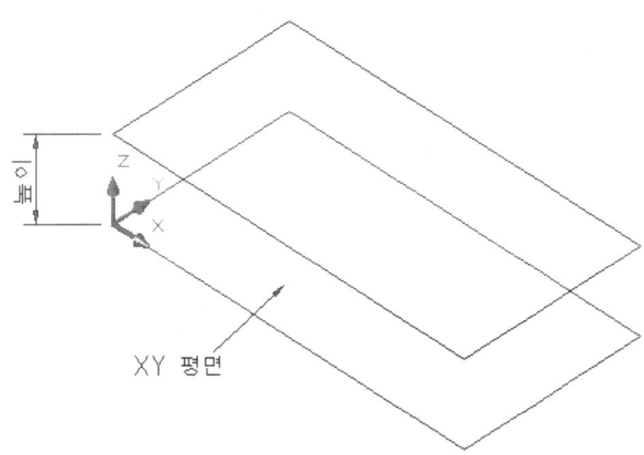

【그림 4-23】 사각형-고도

• 모깎기(F) : 사각형 모서리 부분의 라운딩을 지정한다.

명령 : Rectang [Enter]
첫 번째 구석점 지정 또는 [모따기(C)/고도(E)/모깎기(F)/두께(T)/폭(W)]: F [Enter]
직사각형의 모깎기 반지름 지정 <5.0000>: [Enter]
첫 번째 구석점 지정 또는 [모따기(C)/고도(E)/모깎기(F)/두께(T)/폭(W)]: P1점 지정
다른 구석점 지정 또는 [영역(A)/치수(D)/회전(R)]: P2점 지정

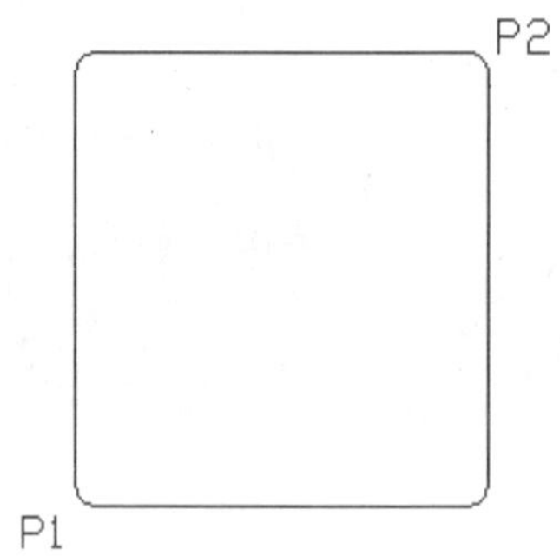

【그림 4-24】
사각형-모깍기

- 두께(T) : 사각형의 두께를 지정하다.(+값은 위쪽 방향, -값은 아래쪽 방향)

명령 : Rectang [Enter]
첫 번째 구석점 지정 또는 [모따기(C)/고도(E)/모깎기(F)/두께(T)/폭(W)]: T [Enter]
직사각형의 두께 지정 <0.0000>: 20 [Enter] (사각형의 두께 입력)
첫 번째 구석점 지정 또는 [모따기(C)/고도(E)/모깎기(F)/두께(T)/폭(W)]:P1점 지정
다른 구석점 지정 또는 [영역(A)/치수(D)/회전(R)]: P2점 지정

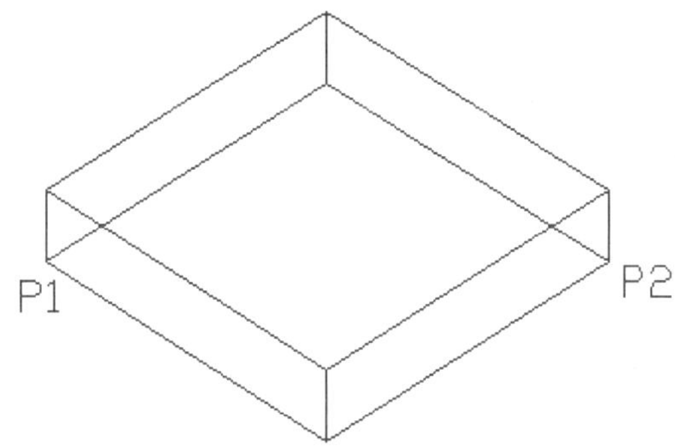

【그림 4-25】 사각형-두께

- 폭(W) : 사각형 테두리선의 폭을 지정한다.

> 명령 : Rectang Enter
> 첫 번째 구석점 지정 또는 [모따기(C)/고도(E)/모깎기(F)/두께(T)/폭(W)]: W Enter
> 직사각형의 선 폭 지정 <0.0000>: 3 Enter
> 첫 번째 구석점 지정 또는 [모따기(C)/고도(E)/모깎기(F)/두께(T)/폭(W)]: P1점 지정
> 다른 구석점 지정 또는 [영역(A)/치수(D)/회전(R)]: P2점 지정

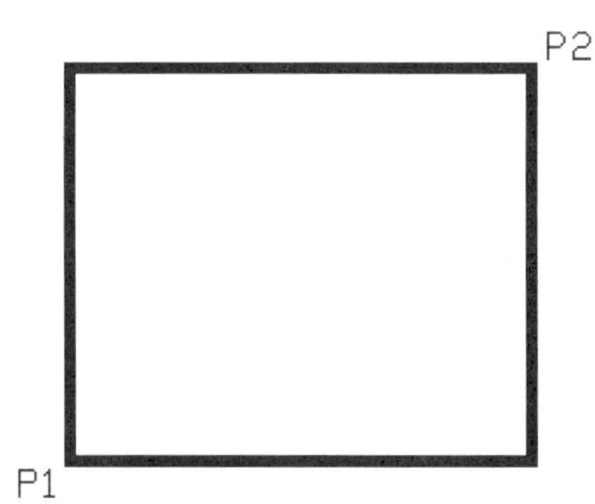

【그림 4-26】 사각형-폭

1.5 POLYGON(다각형)

각 변의 길이가 같은 3각형부터 1024각형의 다각형을 그리고자 할 경우에 사용된다.

명령 실행 방법

- 리본메뉴 : 홈 ▷ 그리기 패널 ▷ 다각형
- 풀다운 메뉴 : 그리기 ▷ 다각형
- 아이콘 : 
- 명령어 : Polygon

1-5-1 중심점과 반지름의 입력에 의해 다각형 생성

명령 : Polygon Enter
면의 수 입력 <4>: 5 Enter
다각형의 중심을 지정 또는 [모서리(E)]: 다각형의 중심 p1점 선택
옵션을 입력 [원에 내접(I)/원에 외접(C)] <I>: Enter
원의 반지름 지정: 원의 반경 입력 Enter

옵션

- 원에 내접(I) : 원에 내접하는 다각형을 그릴 때 사용한다.
- 원에 외접(C) : 원에 외접하는 다각형을 그릴 때 사용한다.

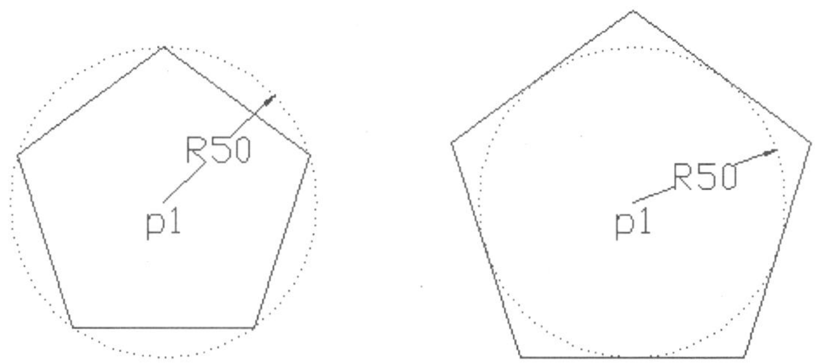

【원에 내접하는 다각형】 【원에 외접하는 다각형】

【그림 4-27】 다각형-내접, 외접

1-5-2 한 변의 길이 입력에 의해 다각형 생성

```
명령 : Polygon Enter
POLYGON 변의 수 입력 <4>: 5 Enter
다각형의 중심을 지정 또는 [모서리(E)]: E Enter
모서리의 첫 번째 끝점 지정: P1점 지정
모서리의 두 번째 끝점 지정: P2점 지정
```

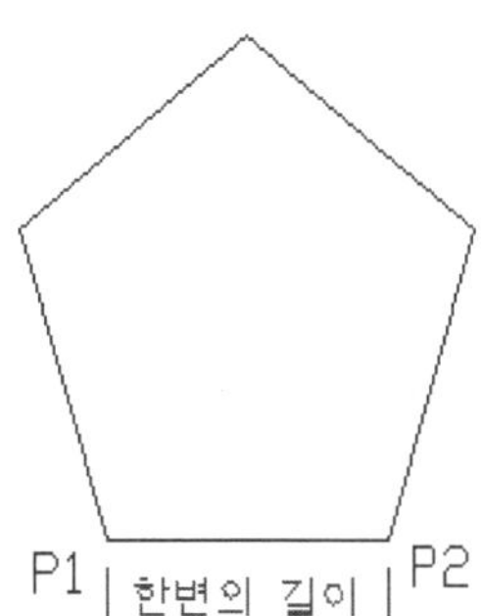

【그림 4-28】 다각형-한 변의 길이 입력

1.6 ELLIPSE(타원)

타원이나 타원 모양의 호를 그리는 명령이다. 타원을 그리는 기본적인 방법은 장축과 단축의 양 끝점, 중심점, 축의거리, 편심각 등을 이용한다. Isocircle의 옵션은 Snap 명령의 Style 옵션에서 Isometric을 설정해야 사용할 수 있다.

명령 실행 방법

- 리본메뉴 : 홈 ▷ 그리기 패널 ▷ 타원 ▷ 중심점
- 풀다운 메뉴 : 그리기 ▷ 타원 ▷ 중심점
- 아이콘 : 
- 명령어 : Ellipse

명령 : Ellipse Enter
타원의 축 끝점 지정 또는 [호(A)/중심(C)]: P1점 지정
축의 다른 끝점 지정: P2점 지정
다른 축으로 거리를 지정 또는 [회전(R)]: P3점 지정

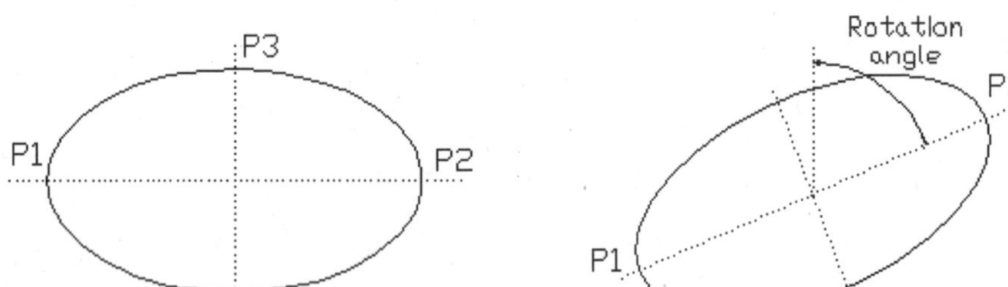

【그림 4-29】 타원

옵션

- 타원의 축 끝점 : 타원의 장축이나 단축의 양 끝점을 지정하여 타원을 그린다.
- 축의 다른 끝점 : 첫 번째 축의 중간점부터 직교되는 다른 한 축의 길이를 입력한다.
- 회전(R) : 타원의 장축을 중심으로 타원의 회전각을 지정한다.
- 호(A) : 타원형 호를 작성한다. 첫 번째 축의 P1점에서 각도가 시작되어 반 시계 방향으로 타원형 호의 각도가 결정된다.

명령 : Ellipse [Enter] 타원의 축 끝점 지정 또는 [호(A)/중심(C)]: Arc [Enter](호를 선택한다) 타원 호의 축 끝점 지정 또는 [중심(C)]: P1점 지정 축의 다른 끝점 지정: P2점 지정 다른 축으로 거리를 지정 또는 [회전(R)]: P3점 지정 (다른 축의 거리입력 또는 끝점) 시작점 지정 또는 [매개변수(P)]: 180 [Enter] (시작점의 각도를 입력) 끝각도를 지정 또는 [매개변수(P)/사이각(I)]: 60 [Enter] (끝점의 각도를 입력)

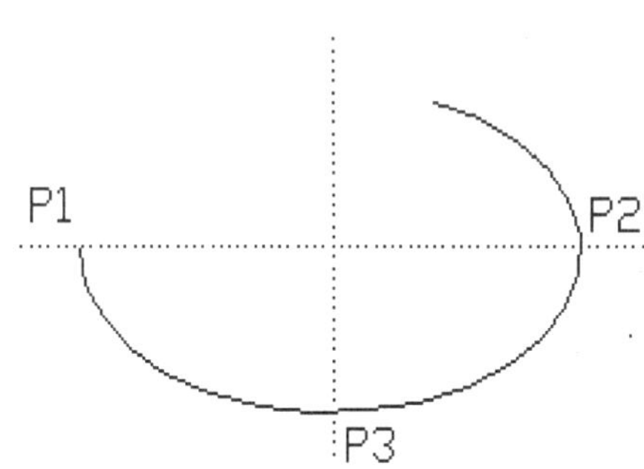

【그림 4-29】 타원-호

•중심(C) : 지정된 중심점을 이용하여 타원형을 작성한다.

명령 : Ellipse [Enter]
타원의 축 끝점 지정 또는 [호(A)/중심(C)]: C [Enter]
타원의 중심 지정: P1 (타원의 중심을 지정한다)
축의 끝점 지정: P2 (축의 한쪽 끝점을 지정한다)
다른 축으로 거리를 지정 또는 [회전(R)]: P3(다른 축의 한쪽 끝점을 지정한다)

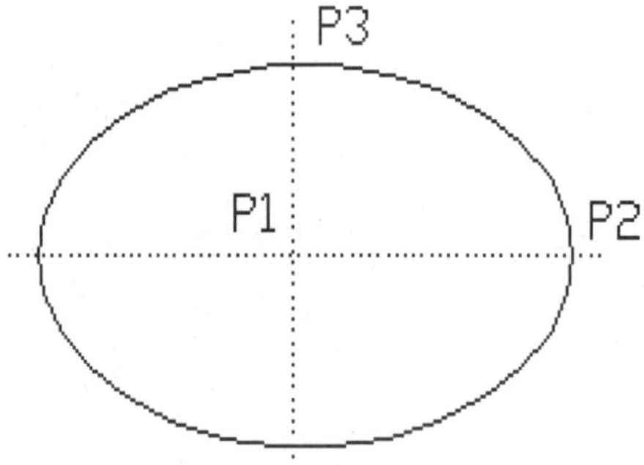

【그림 4-30】 타원-중심

• 등각원(I) : 스냅(Snap)명령에서 등각투영으로 설정할 때만 나타난다. 등각 투상도의 등각 평면을 기준으로 한 원을 그릴 때 사용한다.

Snap 명령을 실행한다.
명령 : Snap Enter
스냅 간격두기 지정 또는 [켜기(ON)/끄기(OFF)/종횡비(A)/스타일(S)/유형(T)] 〈10.0000〉: S Enter
스냅 그리드 스타일 입력 [표준(S)/등각투영(I)] 〈S〉: I Enter
수직 간격두기 지정 〈10.0000〉: Enter

Ellipse 명령을 실행한다.
명령 : Ellipse Enter
타원의 축 끝점 지정 또는 [호(A)/중심(C)/등각원(I)]: I Enter
등각원의 중심점 지정: P1점 지정
등각원의 반지름 지정 또는 [지름(D)]: P2점 지정

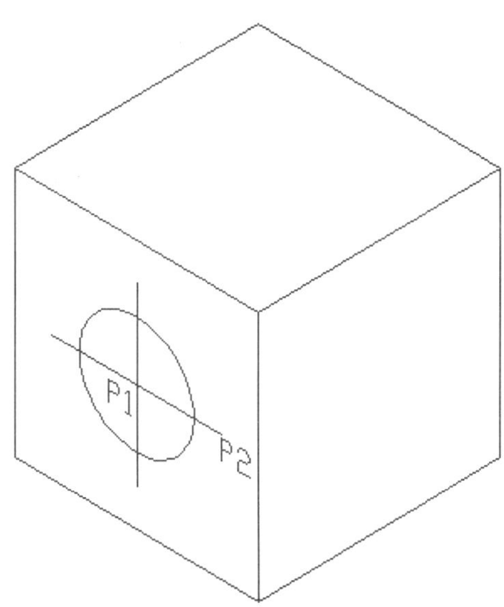

【그림 4-31】 타원-등각원

1.7 Xline(무한선)

무한의 직선을 그리는 명령으로 Xline을 사용하여 수평선이나 수직선 또는 기울어진 여러 형태의 구성 선을 그릴 수 있다.

명령 실행 방법

- 리본메뉴 : 홈 ▷ 그리기 패널 ▷ 구성선
- 풀다운 메뉴 : 그리기 ▷ 구성선
- 아이콘 :
- 명령어 : Xline

명령 : Xline [Enter]
점을 지정 또는 [수평(H)/수직(V)/각도(A)/이등분(B)/간격띄우기(O)]: P1점 지정
통과점을 지정: P2점 지정

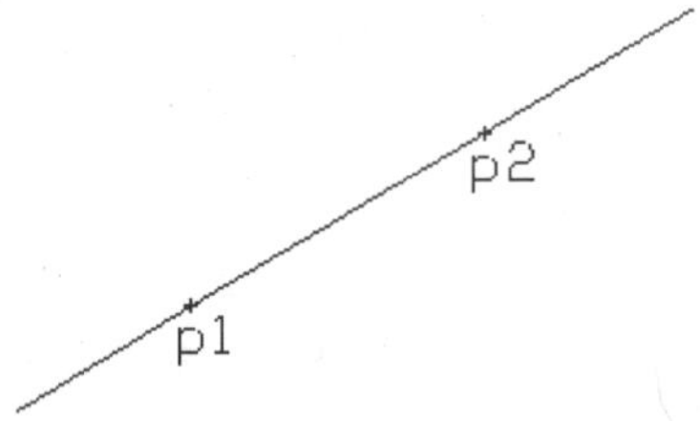

【그림 4-32】 무한선

옵션

- 수평(H) : 시작점과 통과 점의 위치에 수평으로 그려지는 무한의 구성선

명령 : Xline Enter
점을 지정 또는 [수평(H)/수직(V)/각도(A)/이등분(B)/간격띄우기(O)]: H Enter
통과점을 지정: P1점 지정
통과점을 지정: P2점 지정

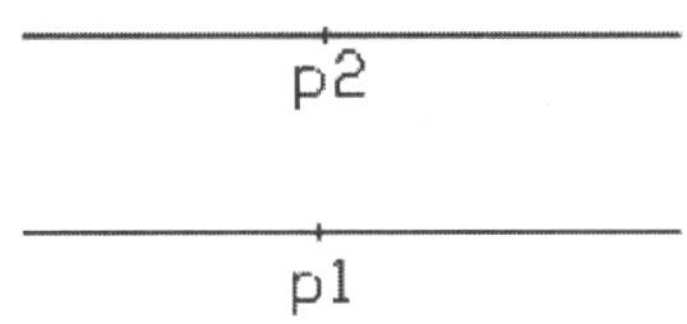

【그림 4-33】 무한선-수평

- 수직(V) : 시작점과 통과 점의 위치에 수직으로 그려지는 무한의 구성선

명령 : Xline Enter
점을 지정 또는 [수평(H)/수직(V)/각도(A)/이등분(B)/간격띄우기(O)]: V Enter
통과점을 지정: P1점 지정
통과점을 지정: P2점 지정

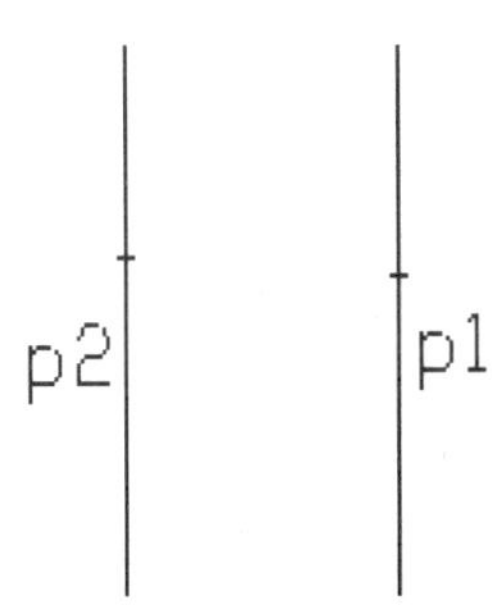

【그림 4-34】 무한선-수직

- 각도(A) : 시작점에서 지정한 각도로 그려지는 무한의 구성선

명령 : Xline [Enter]
점을 지정 또는 [수평(H)/수직(V)/각도(A)/이등분(B)/간격띄우기(O)]: A [Enter]
X선의 각도 입력 (0) 또는 [참조(R)]: 30 [Enter] (각도를 입력한다.)
통과점을 지정: P1점 지정
통과점을 지정: P2점 지정

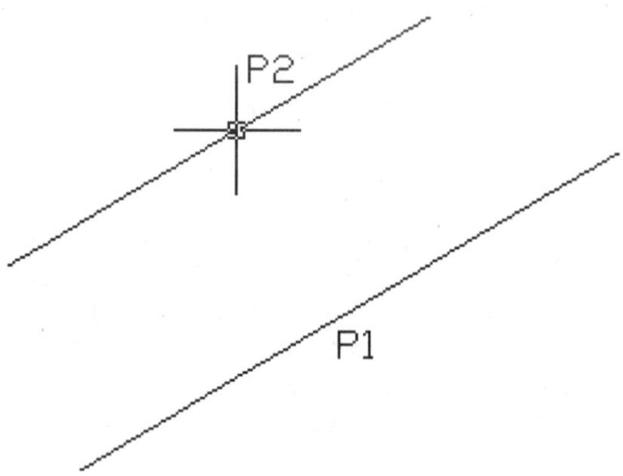

【그림 4-35】 무한선-각도

- 이등분(B) : 시작점(P1)에서 지정한 두 점(P2, P3)이 이루는 각을 양분하는 무한 선을 그린다.

명령 : Xline [Enter]
점을 지정 또는 [수평(H)/수직(V)/각도(A)/이등분(B)/간격띄우기(O)]: B [Enter]
각도 정점 지정: P1점 지정
각도 시작점 지정: P2점 지정
각도 끝점 지정: P3점 지정

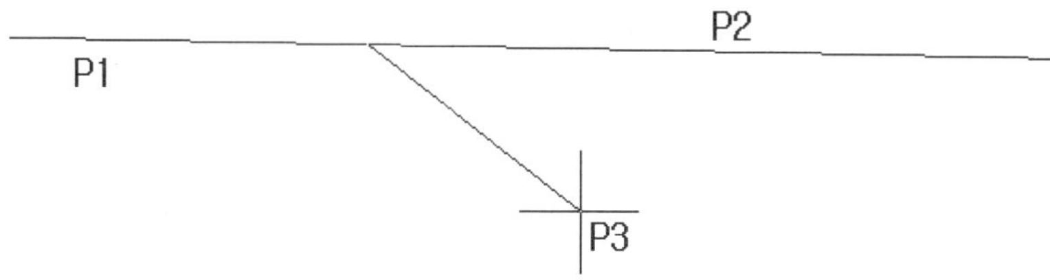

【그림 4-36】 무한선-양분

- 간격띄우기(O) : 이미 그려져 있는 직선과 평행하게 지정한 간격을 두고 그려지는 무한의 구성선

> 명령 : Xline
> 점을 지정 또는 [수평(H)/수직(V)/각도(A)/이등분(B)/간격띄우기(O)]: O Enter
> Specify offset distance or [Through] <1.0000> : 10 Enter
> Select a line object : 이미 그려져 있는 구성선 P1 선택
> Specify side to offset : P2점 지정

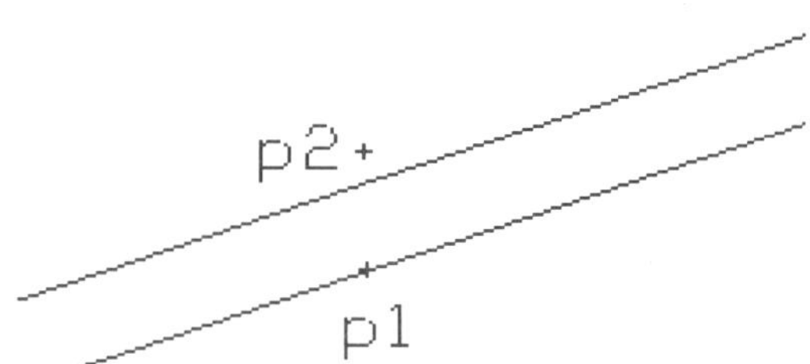

【그림 4-37】 무한선-간격지정

1.8 RAY(반 무한선)

시작점으로부터 통과 점을 연결하는 반 무한의 구성 선을 그릴 수 있다.

명령 실행 방법

- 리본메뉴 : 홈 ▷ 그리기 패널 ▷ 광선
- 풀다운 메뉴 : 그리기 ▷ 광선
- 아이콘 :
- 명령어 : Ray

명령 : Ray Enter
시작점을 지정: P1점을 지정
통과점을 지정: P2점 지정
통과점을 지정: P3점 지정

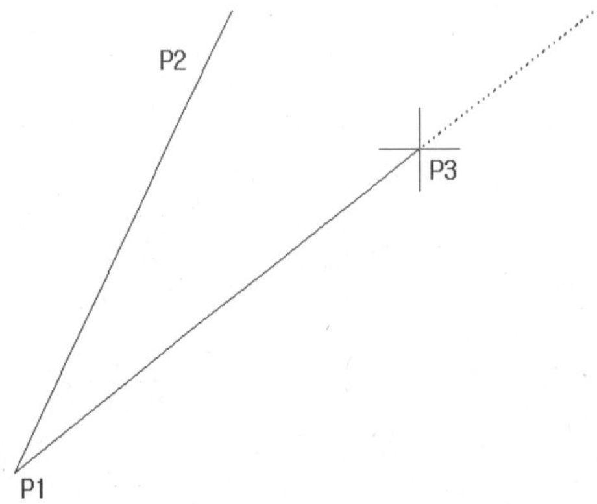

【그림 4-38】 반무한선

1.9 DONUT(도넛)

원이나 링 모양의 그림을 그리는 것으로 내부 지름을 0으로 지정하면 속이 채워진 원을 그릴 수 있고, 내부지름을 설정하면 Donut을 그린다. Fill의 ON/OFF에 따라 내부가 채워지거나 비워진 그림을 그릴 수 있다.

명령 실행 방법

- •리본메뉴 : 홈 ▷ 그리기 패널 ▷ 도넛
- •풀다운 메뉴 : 그리기 ▷ 도넛
- •아이콘 : 
- •명령어 : Donut

명령 : DONUT Enter
도넛의 내부 지름 지정 〈10.0000〉 : 내경치수 입력 Enter
도넛의 외부 지름 지정 〈20.0000〉 : 외경치수 입력 Enter
도넛의 중심 지정 또는 〈종료〉: P1점 지정
도넛의 중심 지정 또는 〈종료〉: P2점 지정(Fill OFF 설정 후)

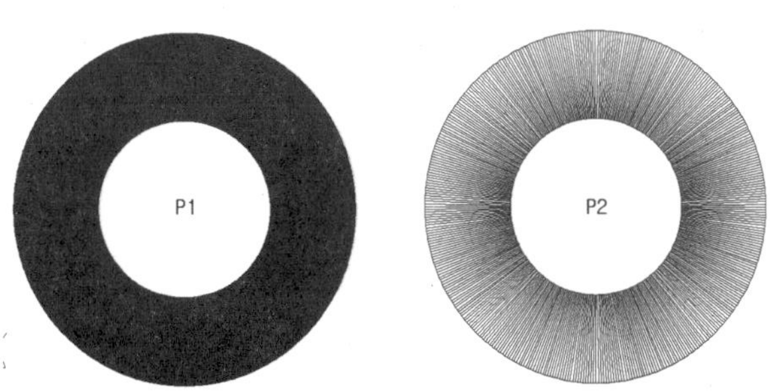

【Fill : ON】 【Fill : OFF】

【그림 4-39】 도넛

1.10 FILL(내부 채우기)

Trace, Solid, Donut등의 명령으로 실행한 도면요소에서 내부를 채울 것인지 여부를 설정한다. Fill 모드를 ON으로 설정하면 이후는 내부가 채워진 그림이 그려진다.

```
명령 : Fill Enter
모드 입력 [켜기(ON)/끄기(OFF)] <켜기>: ON or OFF
```

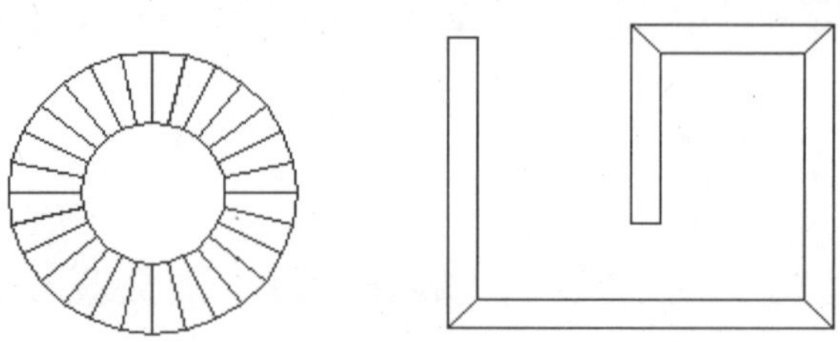

【그림 4-40】 내부 채우기- OFF

1.11 TRACE(일정 폭의 선)

Trace명령은 일정한 폭의 선을 그리는 명령으로 Fill의 ON/OFF 설정에 따라 내부가 채워지거나 비워진 채로 직선을 그릴 수 있다.

```
명령 : Trace Enter
두께선 폭 입력 <1.0000>: 4 Enter(선의 두께를 설정한다.)
시작점을 지정: P1점 지정
다음점 지정: P2점 지정
다음점 지정: P3점 지정
다음점 지정: P4점 지정
다음점 지정: P5점 지정
다음점 지정: Enter
```

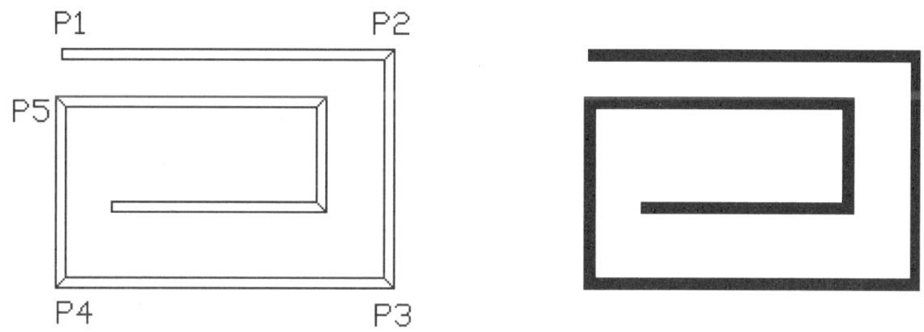

【Fill : OFF】　　　　　　【Fill : ON】

【그림 4-41】 일정 폭의 선

1.12 PLINE(연속선)

연속하여 그려지는 직선이나 호를 하나의 요소로 취급한다. 굵기가 다른 선이나 호를 그릴 수 있으며 직선에 이어 연속하는 호를 그리거나 또는 호에 이어 연속하는 직선을 단일 도면 요소로 그릴 수 있다.

명령 실행 방법

- •리본메뉴 : 홈 ▷ 그리기 패널 ▷ 폴리선
- •풀다운 메뉴 : 그리기 ▷ 폴리선
- •아이콘 :
- •명령어 : Pline

명령 : Pline Enter
시작점 지정: P1점 지정 (폴리선의 시작점)
현재의 선 폭은 0.0000임 (현재 설정된 선의 폭을 나타낸다.)
다음점 지정 또는 [호(A)/반폭(H)/길이(L)/명령 취소(U)/폭(W)]:
(선의 끝점을 지정하거나 옵션을 선택한다.)

옵션

- 호(A) : Arc항목을 사용하여 호를 그리는 모드로 전환하여 준다. 호 모드에서는 항상 마지막에 입력된 좌표 점을 호를 그리는 시작점으로 사용된다.

명령 : Pline Enter
시작점 지정: P1점 지정
현재의 선 폭은 0.0000임

다음점 지정 또는 [호(A)/반폭(H)/길이(L)/명령 취소(U)/폭(W)]: P2
다음점 지정 또는 [호(A)/닫기(C)/반폭(H)/길이(L)/명령 취소(U)/폭(W)]: A Enter
호의 끝점 지정 또는
[각도(A)/중심(CE)/닫기(CL)/방향(D)/반폭(H)/선(L)/반지름(R)/두 번째 점(S)/명령 취소(U)/폭(W)]: P3
호의 끝점 지정 또는
[각도(A)/중심(CE)/닫기(CL)/방향(D)/반폭(H)/선(L)/반지름(R)/두 번째 점(S)/명령 취소(U)/폭(W)]: P4
호의 끝점 지정 또는
[각도(A)/중심(CE)/닫기(CL)/방향(D)/반폭(H)/선(L)/반지름(R)/두 번째 점(S)/명령 취소(U)/폭(W)]: Enter

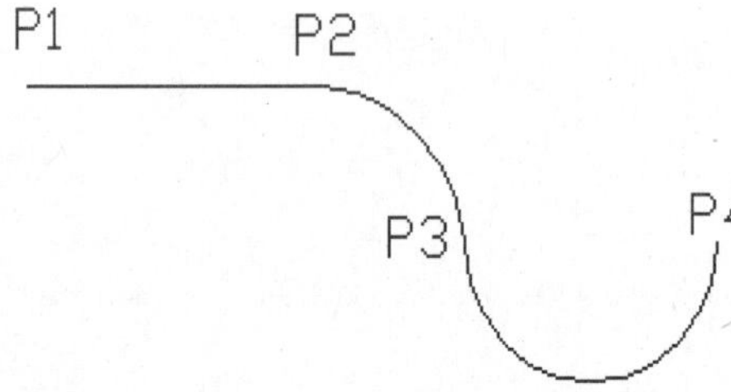

【그림 4-42】 연속선

- 호의 끝점 : 호의 끝점을 입력한다.
- 각도(A) : 시작점을 기준으로 호의 내부각을 지정한다.
- 중심(CE) : 호의 중심점을 입력한다.
- 방향(D) : 현재 호의 시작점에서 그려지는 방향을 지정한다.
- 반폭(H) : 폴리선 두께의 반폭 치수를 입력한다.
- 선(L) : 호를 그리는 설정을 선을 그리는 상태로 전환한다.
- 반지름(R) : 호의 반지름을 입력하여 그린다.
- 두 번째점(S) : 호의 3점을 입력하여 호를 그린다.
- 명령취소(U) : 가장 최근에 실행한 명령을 취소한다.
- 폭(W) : 폴리선의 전체 폭 치수를 입력한다.

♦ 닫기(C) : 폴리선의 종결 점을 시작점에 연결하기 위해 Close항목을 선택한다.

```
명령 : Pline Enter
시작점 지정: P1점 지정
현재의 선 폭은 0.0000임
```

```
다음점 지정 또는 [호(A)/닫기(C)/반폭(H)/길이(L)/명령 취소(U)/폭(W)]: P2
:
:
다음점 지정 또는 [호(A)/닫기(C)/반폭(H)/길이(L)/명령 취소(U)/폭(W)]: C Enter
```

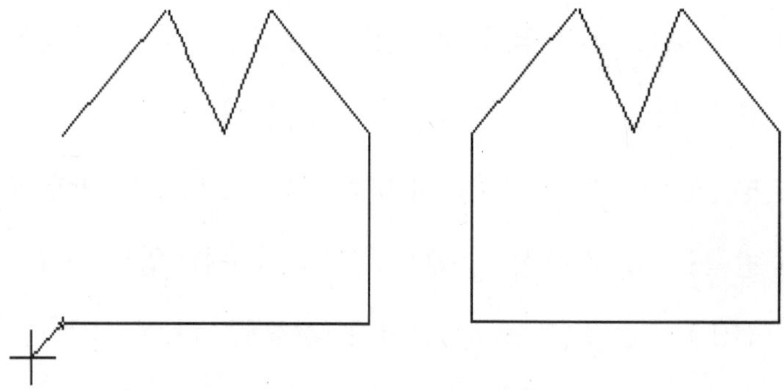

【Close 실행 전】 【Close 실행 후】

【그림 4-43】 연속선-Close

- 반폭(H) : 폴리선의 반쪽 폭을 지정한다. 시작의 폭과 끝의 폭을 다르게 지정할 수 있다.

> 명령 : Pline [Enter]
> 시작점 지정: P1점 지정
> 현재의 선 폭은 0.0000임
> 다음점 지정 또는 [호(A)/닫기(C)/반폭(H)/길이(L)/명령 취소(U)/폭(W)]: H [Enter]
> 시작 반-폭 지정 <0.0000>: (시작점의 반폭을 입력한다.) [Enter]
> 끝 반-폭 지정 <0.0000>: (끝점의 반폭을 입력한다.) [Enter]

- 폭(W) : 폴리선의 전체 폭을 지정한다. 시작의 폭과 끝의 폭을 다르게 지정할 수 있다.

```
명령 : Pline Enter
시작점 지정: P1점 지정
현재의 선 폭은 0.0000임
다음점 지정 또는 [호(A)/닫기(C)/반폭(H)/길이(L)/명령 취소(U)/폭(W)]: W Enter
시작 폭 지정 〈0.0000〉: Enter
끝 폭 지정 〈0.0000〉: 5 Enter
다음점 지정 또는 [호(A)/닫기(C)/반폭(H)/길이(L)/명령 취소(U)/폭(W)]:  P2점 지정
```

```
다음점 지정 또는 [호(A)/닫기(C)/반폭(H)/길이(L)/명령 취소(U)/폭(W)]: W Enter
시작 폭 지정 〈5.0000〉 : Enter
끝 폭 지정 〈0.0000〉: 0 Enter
다음점 지정 또는 [호(A)/닫기(C)/반폭(H)/길이(L)/명령 취소(U)/폭(W)]: P3점 지정
다음점 지정 또는 [호(A)/닫기(C)/반폭(H)/길이(L)/명령 취소(U)/폭(W)]: P4점 지정
다음점 지정 또는 [호(A)/닫기(C)/반폭(H)/길이(L)/명령 취소(U)/폭(W)]: W Enter
시작 폭 지정 〈0.0000〉 : 5 Enter
끝 폭 지정 〈5.0000〉 : 5 Enter
다음점 지정 또는 [호(A)/닫기(C)/반폭(H)/길이(L)/명령 취소(U)/폭(W)]: P5점 지정
다음점 지정 또는 [호(A)/닫기(C)/반폭(H)/길이(L)/명령 취소(U)/폭(W)]: Enter
```

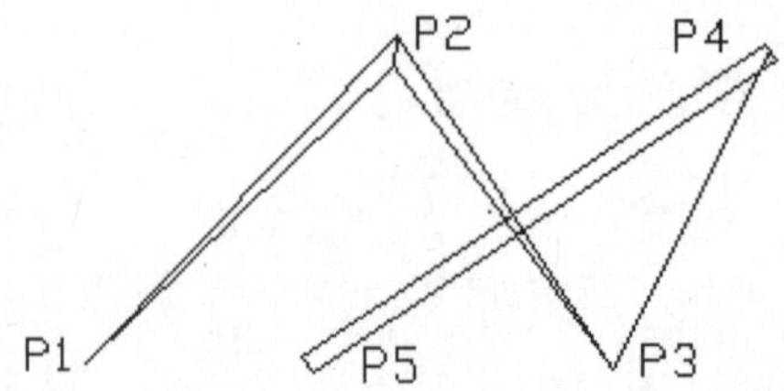

【그림 4-43】 연속선-Close

- 길이(L) : 폴리선의 마지막에 그려진 요소를 같은 방향으로 임의의 길이만큼 연장하여 그리고자 할 때 사용된다.

> 명령 : Pline Enter
> 시작점 지정: P1점 지정
> 현재의 선 폭은 0.0000임
> 다음점 지정 또는 [호(A)/닫기(C)/반폭(H)/길이(L)/명령 취소(U)/폭(W)]: P2점 지정
> 다음점 지정 또는 [호(A)/닫기(C)/반폭(H)/길이(L)/명령 취소(U)/폭(W)]: L Enter
> 선의 길이 지정:: 50 Enter (P1과 P2로 그려진 선과 같은 방향으로 50의 길이를 연장한다.)
> 다음점 지정 또는 [호(A)/닫기(C)/반폭(H)/길이(L)/명령 취소(U)/폭(W)]: Enter

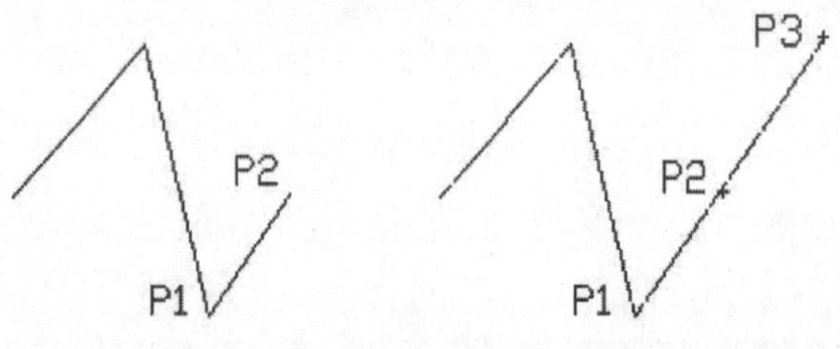

【Length옵션 실행 전】 【Length 옵션 실행 후】

【그림 4-44】 연속선-길이

1.13 SPLINE(연속 곡선그리기)

Spline명령은 주어진 점들의 집합을 통과하는 부드러운 곡선으로 2차 또는 3차의 운형 곡선 모양의 그림을 그린다.

명령 실행 방법

- 리본메뉴 : 홈 ▷ 그리기 패널 ▷ 스플라인
- 풀다운 메뉴 : 그리기 ▷ 스플라인
- 아이콘 : 
- 명령어 : Spline

명령 : Spline [Enter]
첫 번째 점 지정 또는 [객체(O)]: P1점 지정
다음점 지정: P2점 지정
다음 점 지정 또는 [닫기(C)/공차 맞춤(F)] <시작 접선>: P3점 지정
다음 점 지정 또는 [닫기(C)/공차 맞춤(F)] <시작 접선>: P4점 지정
다음 점 지정 또는 [닫기(C)/공차 맞춤(F)] <시작 접선>: [Enter]
시작 접선 지정: (시작 접선을 지정한다.)
끝 접선 지정: (끝점 접선을 지정한다.)

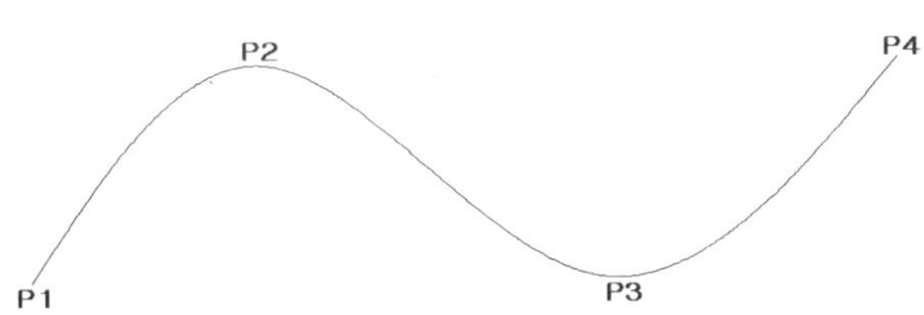

【그림 4-45】 곡선

옵션

- 객체(O) : Pedit 명령의 Spline에 의해 2D나 3D에서 그려진 폴리선을 선형 근사치 스플라인으로 변경된 선을 선택하여 완전한 스플라인 곡선을 생성한다.
- 닫기(C) : 시작점과 끝점을 닫아준다.
- 공차 맞춤(F) : 공차를 0으로 설정하면 스플라인은 지정점을 나타내고, 0보다 큰 값을 입력하면 스플라인은 지정된 공차 내에서 부드러운 곡선을 그린다.

1.14 SOLID(솔리드)

연속하여 세 점 또는 네 점을 입력하여 내부가 채워진 삼각형이나, 사각형 등의 다각형을 그린다. 도면에서 용접기호나 임의로 만든 화살표 등의 내부를 채우고자 할 경우에 사용된다.

명령 실행 방법

•아이콘 :
•명령어 : Solid.

명령 : Solid Enter
첫 번째 점 지정: P1점 지정
두 번째 점 지정: P2점 지정
세 번째 점 지정: P3점 지정
네 번째 점 지정 또는 〈종료〉: P4점 지정 p삼각형일 경우에는 Enter)
세 번째 점 지정: Enter

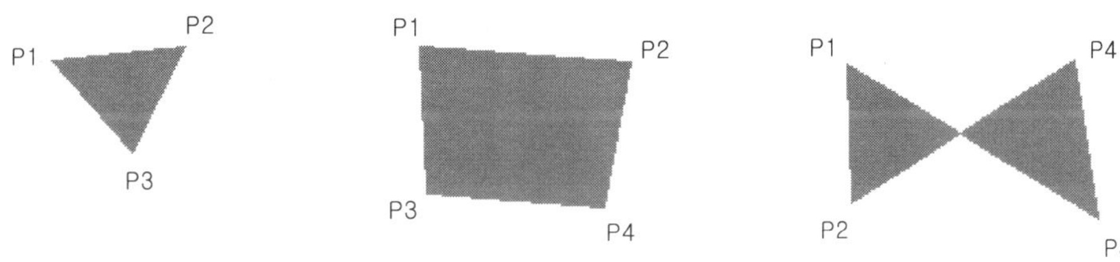

【그림 4-46】 솔리드

1.15 POINT(점)

점을 도면에 작성하는 명령이다. 점의 모양은 Pdmode 명령을 사용하고, 점의 크기는 Pdsize 명령을 사용하지만 Ddptype 명령의 대화상자를 이용하면 편리하게 점의 모양과 크기를 변경할 수 있다.

명령 실행 방법

- 리본메뉴 : 홈 ▷ 그리기 패널 ▷ 다중 점
- 풀다운 메뉴 : 그리기 ▷ 점
- 아이콘 :
- 명령어 : Point

명령 : Point Enter
현재 점 모드: PDMODE=0 PDSIZE=0.0000
점 지정: 점의 위치를 지정한다

1.16 DDPTYPE(점 스타일)

점의 형태와 크기를 변경할 때는 Pdmode 명령과 Pdsize 명령의 기능을 하는 Point Style 대화상자를 이용하면 편리하다.

명령 실행 방법

- 풀다운 메뉴 : 형식 ▷ 점 스타일
- 명령어 : Ddptype or 'Ddptype

- 명령 : DDptype Enter

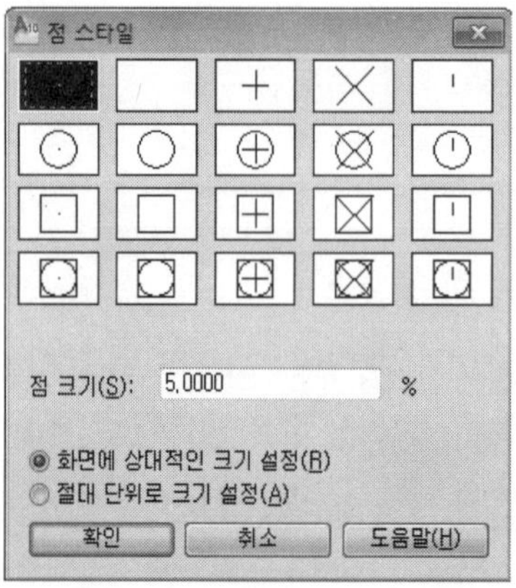

【그림 4-47】 점 스타일

옵션

- 점 크기 : 설정할 점의 크기를 입력한다(% 또는 Unit로 바뀐다)
- 화면에 상대적인 크기 설정 : 점의 크기를 화면의 상대적인 비율(%)로 나타난다
- 절대 단위로 크기 설정 : 점의 크기를 절대값의 치수로 입력한다

1.17 DIVIDE(등분할)

도면요소를 선택하여 등분개수를 지정하면 동일한 간격으로 등분되어지고 등분점에는 점(Point)이 표시된다.

명령 실행 방법

- •리본메뉴 : 홈 ▷ 그리기 패널 ▷ 점 드롭다운 ▷ 등분할
- •풀다운 메뉴 : 그리기 ▷ 점 ▷ 등분할
- •아이콘 : 
- •명령어 : Divide

1-17-1 선택한 점(Point)으로 등분표시

명령 : Divide Enter
등분할 객체 선택: 객체 Q1 선택
세그먼트의 개수 또는 [블록(B)] 입력: 5 Enter (등분 수를 지정)

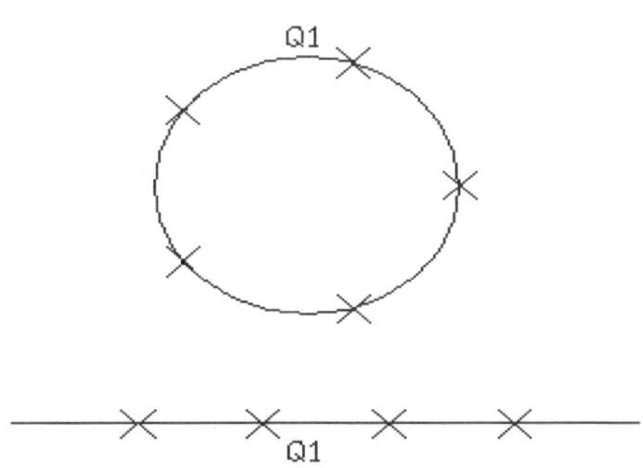

【그림 4-48】 간격등분

1-17-2 선택한 블록으로 등분표시 (선택할 블록을 먼저 만들어야 가능하다.)

```
명령 : Divide [Enter]
등분할 객체 선택: 객체 Q1 선택
세그먼트의 개수 또는 [블록(B)] 입력: B [Enter]
삽입할 블록의 이름 입력: 지정한 블록명 입력
객체에 블록을 정렬시키겠습니까? [예(Y)/아니오(N)] <Y>: [Enter]
세그먼트의 개수 입력: 5 [Enter] (등분 수를 지정)
```

1.18 MEASURE(길이 분할)

도면요소를 선택한 후 등분할 길이 값을 입력하면 선택 위치에서부터 동일한 간격으로 등분되어지고 등분점에는 점(Point)이 표시된다.

명령 실행 방법

•리본메뉴 : 홈 ▷ 그리기 패널 ▷ 점 드롭다운 ▷ 길이분할
•풀다운 메뉴 : 그리기 ▷ 점 ▷ 길이분할
•아이콘 : 
•명령어 : Measure

```
명령 : Measure [Enter]
길이분할 객체 선택: 도면요소 Q1 선택
세그먼트의 길이 지정 또는 [블록(B)]: 30 [Enter] (등분길이 지정)
```

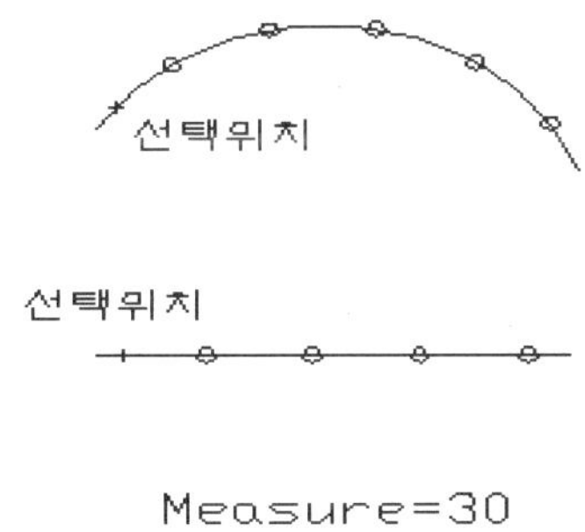

【그림 4-49】 길이분할

1.19 REVCLOUD(구름형 수정기호)

연속적인 호로 구성된 폴리선을 작성하여 구름 모양을 형성한다. 검토 단계에서 주의가 필요한 도면 부분에 사용한다.

명령 실행 방법

•리본메뉴 : 홈 ▷ 그리기 패널 ▷ 구름형 수정 기호
•풀다운 메뉴 : 그리기 ▷ 구름형 수정 기호
•아이콘 : 
•명령어 : revcloud

명령 : revcloud Enter
최소 호 길이: 15 최대 호 길이: 15 스타일: 일반
시작점 지정 또는 [호 길이(A)/객체(O)/스타일(S)] <객체(O)>:
끌기하여 구름형 수정기호를 그리거나, 옵션을 입력한다.

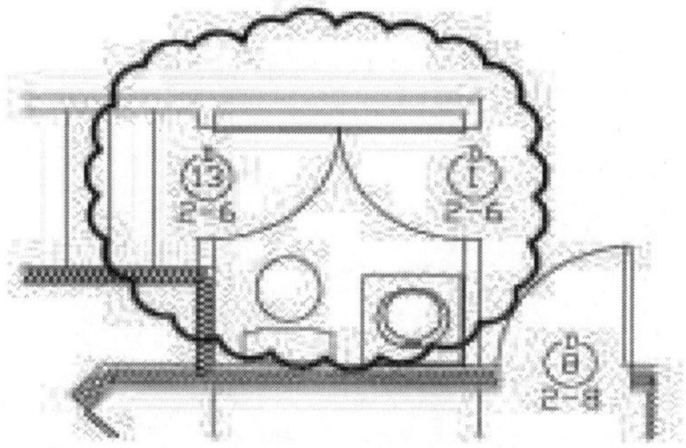

【그림 4-50】 구름형 수정 기호

2. 객체편집하기(MODIFY)

설정한 도면의 영역에 그려져 있는 여러 가지 객체를 이동, 복사, 회전, 확대, 축소, 자르기 등의 작업을 할 수 있다.

2.1 SELECT(객체의 선택)

도면 작업 중 Erase(지우기), Copy(복사), Move(이동), Trim(자르기), Mirror(대칭복사) 등의 명령으로 도면의 어느 한 부분을 수정 보완해야 할 때 객체들을 선택하는 방법이다.

선택된 객체는 화면 중에서 실선이 점선으로 바뀌면서 그 부분이 선택되었음을 표시하여 준다.

2-1-1 도면요소를 하나씩 선택

선택상태에서 마우스나 디지타이저 등을 이용하여 선택대상이 되는 도면요소의 한 점을 선택 박스로 지시하여 선택한다.

2-1-2 Window(W, 윈도우)

선택상태에서 W를 입력하면 First corner: 와 Other corner: 의 두 점을 묻는다. 두 점을 왼쪽에서 오른쪽의 대각선 방향으로 지정하면 점선의 직사각형을 형성하여 직사각형 속에 완전히 포함된 모든 도면요소들을 선택한다.

2-1-3 Closing(C, 걸치기)

윈도우와 같은 방법으로 두 점을 오른쪽에서 왼쪽의 대각선 방향으로 지정하면 점선의 직사각형에 포함되거나 걸쳐있는 모든 도면요소들을 선택한다.

2-1-4 Auto(AU, 자동)

- Object point(선택박스의 점 선택(Point)을 하는 방법)
- Window(첫 번째 점에서 오른쪽으로 이동)
- Clossing(첫 번째 점에서 왼쪽으로 이동)

2-1-5 Undo/U(원상복귀)

- Undo : 단번에 여러 가지 수행된 명령에 대해서 원상 복귀할 수 있게 해주며, 사용자가 돌아가기 원하는 지점을 표시해 주는 것과 같은 특수 작업을 수행한다.
- U : Command 상태에서 "U"를 입력하면 가장 최근에 작업한 선택명령어를 역순으로 하나씩 취소된다.

```
명령 : Erase Enter
객체 선택: p1 선택
객체 선택: p2 선택
객체 선택: u (p2가 취소된다)
```

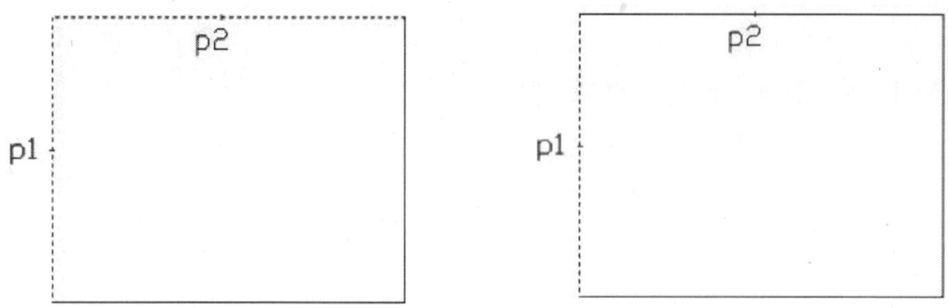

【객체 P1, P2 선택】 【U 옵션으로 선택취소】

【그림 4-51】 선택 취소

2-1-6 Multiple(M, 다중)

선택상태(Select objects :)에서 M을 입력하여 선택 대상인 객체들을 한꺼번에 차례로 여러 개 선택한 후 Enter 하면 일괄적으로 처리할 수 있다.

```
명령 : Move Enter
객체 선택: M Enter
객체 선택: 객체들을 선택한다.
객체 선택: Enter
객체 선택:  5개가 선택됨, 5개를 찾음
객체 선택: Enter
명령 :
```

2-1-7 Box(상자)

직사각형을 형성하는 점의 위치에 따라 윈도우(W)와 크로싱(C)의 기능을 함께 가지게 된다. 직사각형을 형성할 때 첫 번째 점에 대한 대각선 점의 위치가 오른쪽에 있으면 선택기능은 실선의 사각형 윈도우(W)의 기능을 갖고 왼쪽에 있으면 점선의 사각형 크로싱(C)의 기능을 갖게 된다.

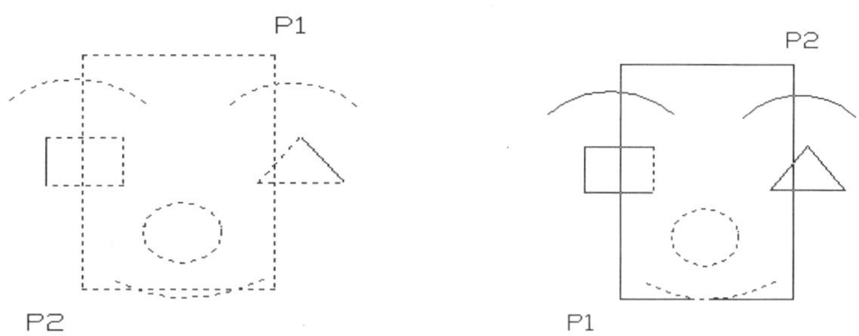

【Crossing 기능】 【Window 기능】

【그림 4-52】 Window 기능

2-1-8 WPolygon(WP, 다각형 통과 창)

Window 기능과 유사하나 선택 창이 다각형을 형성한다. 좌표나 커서로 임의의 점들을 입력하여 다각형을 만들고 [Enter] 하면 내부에 포함된 객체들만 선택된다.

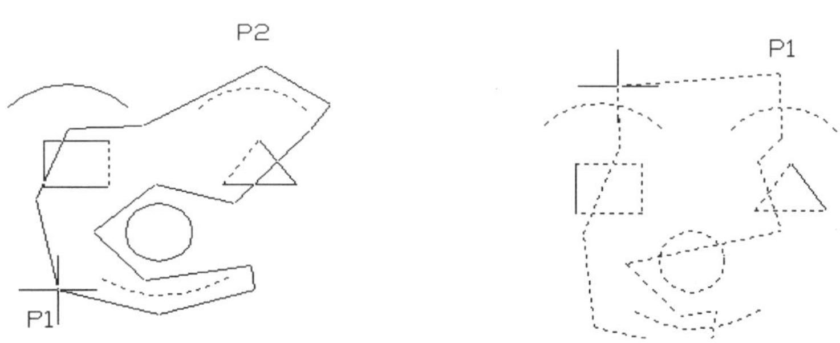

【WPolygon 기능】 【CPolygon 기능】

【그림 4-53】 WPolygon 기능

2-1-9 CPolgon(CP, 다각형 통과 창)

Close의 기능과 유사하며 선택 창이 다각형을 형성한다. 좌표나 커서로 임의의 점들을 입력하여 다각형을 만들고 Enter하면 내부에 포함되거나 걸쳐져 있는 도면요소들이 선택된다.

2-1-10 Fence(F, 울타리)

WP나 CP와 유사하며 Fence는 그것이 교차하거나 통과하는 대상물만 선택한다. 좌표 값이나 커서로 선택할 수 있다.

2-1-11 All(전체)

동결되었거나 잠긴 도면층을 제외한 모든 도면요소를 선택한다.

2-1-12 Last(L, 마지막)

선택상태에서 L을 입력하면 마지막으로 그려진 도면요소가 선택된다.

2-1-13 P(Previous, 이전)

임의의 요소들을 선택하여 편집명령(Move, Copy, Mirror 등)을 실행한 후, 선택상태에서 P를 입력하면 수정하기 위하여 선택한 마지막 요소들을 다시 나타낸다.

2-1-14 Remove(R, 제거)와 Add(A, 첨가)

대상 요소들은 선택할 때 선택 집합에 추가하기도 하고, 제외시킬 수도 있다. 이때 A를 입력한 뒤 요소들을 선택하면 선택 집합에 추가되고 R을 입력하고 대상물을 선택하면 선택 집합에서 대상요소는 빠지게 된다. Remove모드에서 Add모드로 바꿀 수 있다. 다른 방법으로는 Shift키를 누른 상태에서 객체를 선택하여 선택을 취소할 수 있다.

```
명령 : Erase [Enter]
객체 선택: 1개를 찾음
객체 선택: R [Enter]
객체 제거: 1개를 찾음, 1개 제거됨, 총 0개
객체 제거: A [Enter]
객체 선택: 1개를 찾음
```

2-1-15 Single(SI, 단일)

편집명령을 실행한 후 요소선택(객체 선택:)상태에서 SI를 입력하고 [Enter]를 하면 요소선택을 한번만 실행하고 선택과 동시에 다음 단계로 넘어간다.

2.2 ERASE(지우기)

도면 작업을 할 때 불필요하거나 잘못 그린 요소들을 선택하여 삭제하는 명령이다.

명령 실행 방법

- 리본메뉴 : 홈 ▷ 수정 패널 ▷ 지우기
- 풀다운 메뉴 : 수정 ▷ 지우기
- 아이콘 : 
- 명령어 : Erase

```
명령 : Erase [Enter]
객체 선택: P1 (마우스로 지우고자 하는 객체를 선택한다.)
객체 선택: P2
객체 선택: [Enter]
```

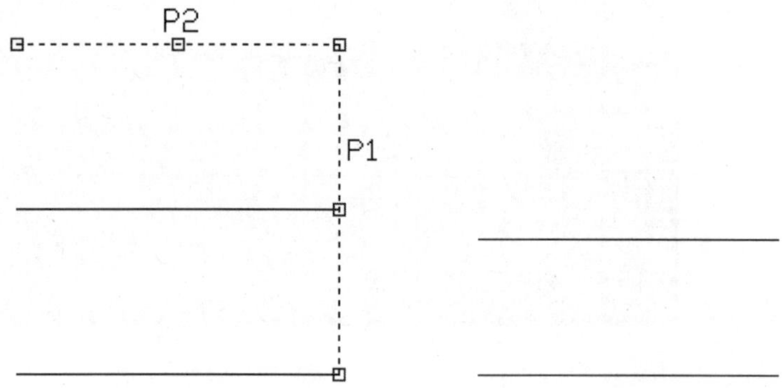

【객체 P1, P2 선택】 【선택된 객체 삭제 후】

【그림 4-54】 지우기

2.3 MOVE(이동)

선택한 도면요소를 지정하는 방향, 지정한 거리만큼 이동시킨다.

명령 실행 방법

- 리본메뉴 : 홈 ▷ 수정 패널 ▷ 이동
- 풀다운 메뉴 : 수정 ▷ 이동
- 아이콘 :
- 명령어 : Move

명령 : Move
객체 선택: Q1선택
객체 선택: Enter
기준점 지정 또는 [변위(D)] <변위>: P1점 지정 (기준점 지정)
두 번째 점 지정 또는 <첫 번째 점을 변위로 사용>: P2점 지정 (이동될 위치를 지정)

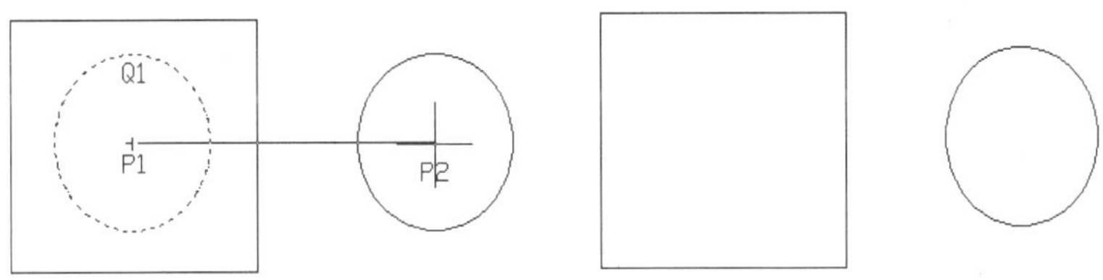

【객체 Q1선택】 【이동된 결과】

【그림 4-55】 이동

2.4 COPY(복사)

복사하는 명령으로 작업 중인 도면요소의 하나 또는 여러 개를 사용자가 지정하는 위치에 똑같은 형태로 한번 또는 여러 번 복사한다.

명령 실행 방법

- 리본메뉴 : 홈 ▷ 수정 패널 ▷ 복사
- 풀다운 메뉴 : 수정 ▷ 복사
- 아이콘 :
- 명령어 : Copy

명령 : Copy Enter
객체 선택: Q1선택
객체 선택: Q2선택
객체 선택: Enter
현재 설정: 복사 모드 = 다중(M)
기본점 지정 또는 [변위(D)/모드(O)] <변위(D)>: P1점 지정(기준점 지정)
두 번째 점 지정 또는 <첫 번째 점을 변위로 사용>: P2점 지정
두 번째 점 지정 또는 <첫 번째 점을 변위로 사용>: P3점 지정
두 번째 점 지정 또는 <첫 번째 점을 변위로 사용>: P4점 지정

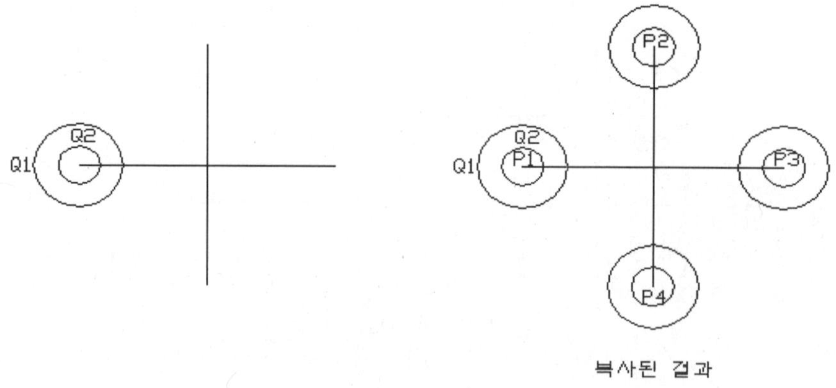

【객체 Q_1, Q_2 선택】 【다중 복사 후】

【그림 4-56】 복사

2.5 OFFSET(간격 띄우기)

Offset 명령은 선, 원, 호, 타원 등 선택한 객체에 대해 지정한 간격이나, 선택한 점을 통과하여 새로운 객체를 만드는 명령이다.

명령 실행 방법

- 리본메뉴 : 홈 ▷ 수정 패널 ▷ 간격띄우기
- 풀다운 메뉴 : 수정 ▷ 간격띄우기
- 아이콘 :
- 명령어 : Offset

옵션

- 간격띄우기 거리 지정 : 도면요소의 간격을 지정한 위치에 동일한 도면요소를 그린다.

명령 : Offset Enter
현재 설정: 원본 지우기=아니오 도면층=원본
OFFSETGAPTYPE=0
간격띄우기 거리 지정 또는 [통과점(T)/지우기(E)/도면층(L)] <1.0000>: 50 (간격 지정)
간격띄우기할 객체 선택 또는 [종료(E)/명령 취소(U)] <종료>: 객체 Q1선택
간격띄우기할 면의 점 지정 또는 [종료(E)/다중(M)/명령 취소(U)] <종료>: P1점 지정 (방향 지정)
간격띄우기할 객체 선택 또는 [종료(E)/명령 취소(U)] <종료>: 객체 Q1선택
간격띄우기할 면의 점 지정 또는 [종료(E)/다중(M)/명령 취소(U)] <종료>: P2점 지정 (방향 지정)
간격띄우기할 객체 선택 또는 [종료(E)/명령 취소(U)] <종료>: 객체 Q2선택
간격띄우기할 면의 점 지정 또는 [종료(E)/다중(M)/명령 취소(U)] <종료>: P3점 지정 (방향 지정)
간격띄우기할 객체 선택 또는 [종료(E)/명령 취소(U)] <종료>: 객체 Q2선택
간격띄우기할 면의 점 지정 또는 [종료(E)/다중(M)/명령 취소(U)] <종료>: P4점 지정 (방향 지정)
간격띄우기할 객체 선택 또는 [종료(E)/명령 취소(U)] <종료>: Enter

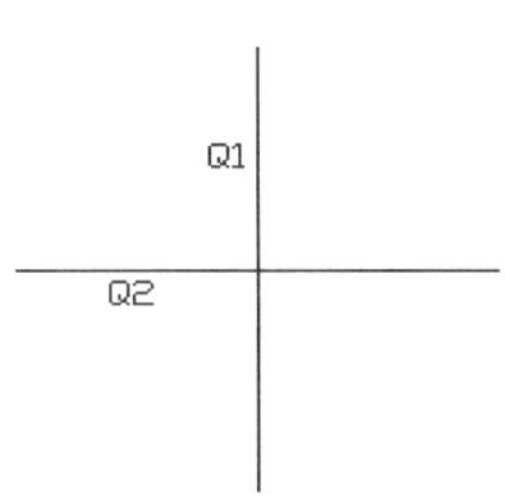

【offset 실행 전】

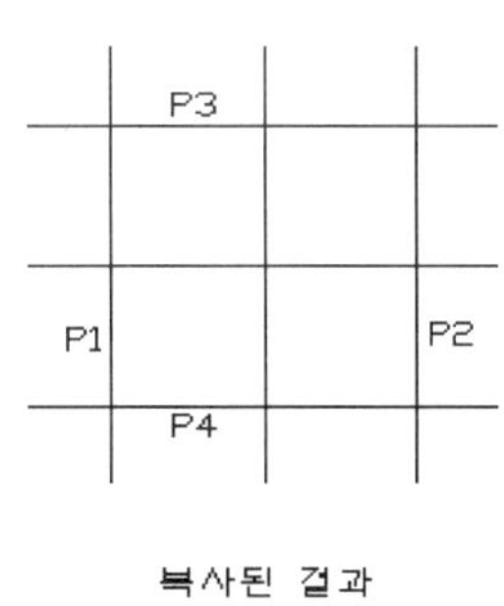

【offset 실행 후】

【그림 4-57】 간격띄우기

- 통과 점(T) : 간격 띄우기를 거리를 지정하지 않고, 통과 점을 지정하여 도면요소를 그린다.

명령 : Offset [Enter]
현재 설정: 원본 지우기=아니오 도면층=원본
OFFSETGAPTYPE=0
간격띄우기 거리 지정 또는 [통과점(T)/지우기(E)/도면층(L)]
〈1.0000〉: T [Enter]
간격띄우기할 객체 선택 또는 [종료(E)/명령 취소(U)] 〈종료〉: 객체 Q1선택
간격띄우기할 면의 점 지정 또는 [종료(E)/다중(M)/명령 취소(U)]
〈종료〉: P1점 지정(방향 지정)
간격띄우기할 객체 선택 또는 [종료(E)/명령 취소(U)] 〈종료〉: [Enter]

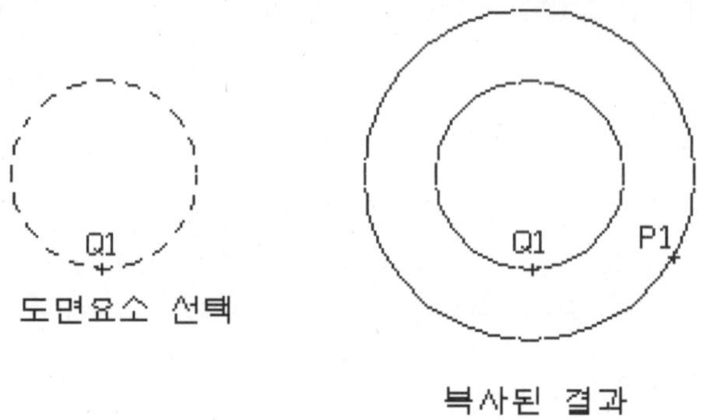

【그림 4-58】 간격띄우기-통과점

2.6 TRIM(자르기)

하나 또는 그 이상의 요소로 이루어진 도면의 개체를 접하는 선에서 정확하게 자르고자 할 때 사용하는 명령어이다. Trim 명령을 사용하기 위해서는 자르고자 하는 요소에 교차점이 꼭 있어야만 한다.

명령 실행 방법

- 리본메뉴 : 홈 ▷ 수정 패널 ▷ 자르기
- 풀다운 메뉴 : 수정 ▷ 자르기
- 아이콘 :
- 명령어 : Trim

명령 : Trim Enter
현재 설정: 투영=UCS 모서리=없음
절단 모서리 선택 ...

객체 선택 또는 <모두 선택>: Q1 선택(자르기를 할 경계선 지정)
객체 선택: Enter
자를 객체 선택 또는 Shift 키를 누른 채 선택하여 연장 또는 [울타리(F)/걸치기(C)/프로젝트(P)/모서리(E)/지우기(R)/명령 취소(U)]: P1 선택
자를 객체 선택 또는 Shift 키를 누른 채 선택하여 연장 또는 [울타리(F)/걸치기(C)/프로젝트(P)/모서리(E)/지우기(R)/명령 취소(U)]: P2 선택
자를 객체 선택 또는 Shift 키를 누른 채 선택하여 연장 또는 [울타리(F)/걸치기(C)/프로젝트(P)/모서리(E)/지우기(R)/명령 취소(U)]: P3 선택
자를 객체 선택 또는 Shift 키를 누른 채 선택하여 연장 또는 [울타리(F)/걸치기(C)/프로젝트(P)/모서리(E)/지우기(R)/명령 취소(U)]: Enter

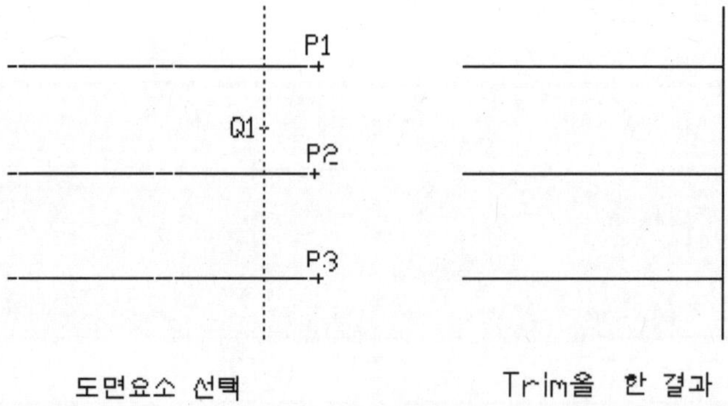

【그림 4-59】 자르기

옵션

- 모서리(E) : 자르기를 할 위치의 지정된 모서리에 잘려질 도면 요소가 걸쳐 있지 않아도 도면요소를 가상적으로 연장하여 걸쳐지는 위치에서 자른다.

```
명령 : Trim Enter
현재 설정: 투영=UCS 모서리=없음
절단 모서리 선택 ...
객체 선택 또는 <모두 선택>: Q1 선택(자르기를 할 모서리 지정)
객체 선택: Q2 선택
객체 선택: Enter
자를 객체 선택 또는 Shift 키를 누른 채 선택하여 연장 또는
[울타리(F)/걸치기(C)/프로젝트(P)/모서리(E)/지우기(R)/명령 취소
(U)]: E
모서리 연장 모드 입력 [연장(E)/연장 안함(N)] <연장 안함>: E
자를 객체 선택 또는 Shift 키를 누른 채 선택하여 연장 또는
[울타리(F)/걸치기(C)/프로젝트(P)/모서리(E)/지우기(R)/명령 취소
(U)]: P1 선택
자를 객체 선택 또는 Shift 키를 누른 채 선택하여 연장 또는
[울타리(F)/걸치기(C)/프로젝트(P)/모서리(E)/지우기(R)/명령 취소
(U)]: P2 선택
자를 객체 선택 또는 Shift 키를 누른 채 선택하여 연장 또는
[울타리(F)/걸치기(C)/프로젝트(P)/모서리(E)/지우기(R)/명령 취소
(U)]: P3 선택
자를 객체 선택 또는 Shift 키를 누른 채 선택하여 연장 또는
[울타리(F)/걸치기(C)/프로젝트(P)/모서리(E)/지우기(R)/명령 취소
(U)]: Enter
```

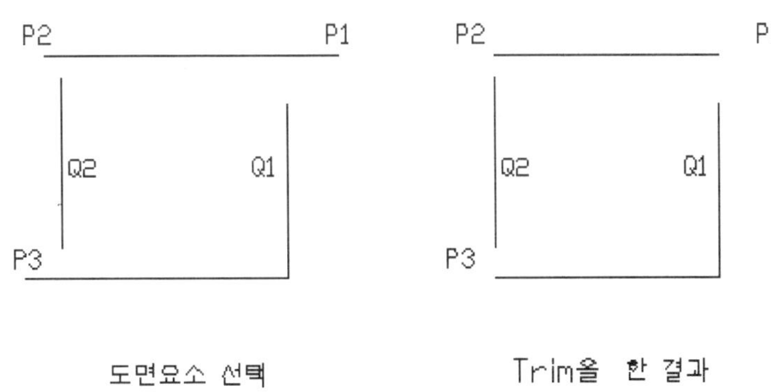

【그림 4-60】 자르기-기준선 연장

• 울타리(F) : 라인을 그어 그 선에 걸치는 도면요소들을 Trim 하기

> 명령 : Trim Enter
> 현재 설정: 투영=UCS 모서리=없음
> 절단 모서리 선택 ...
> 객체 선택 또는 〈모두 선택〉: 자르기를 할 객체들 선택 (객체를 선택하지 않고 Enter하면 모든 객체가 자르기 할 대상이 된다.)
> 객체 선택: Enter
> 자를 객체 선택 또는 Shift 키를 누른 채 선택하여 연장 또는 [울타리(F)/걸치기(C)/프로젝트(P)/모서리(E)/지우기(R)/명령 취소(U)]: F Enter
> 첫 번째 울타리 점 지정: P1점 지정 (Fence 라인의 시작점)
> 다음 울타리 점 지정 또는 [명령 취소(U)]: P2점 지정 (Fence 라인의 다음 점)
> 다음 울타리 점 지정 또는 [명령 취소(U)]: Enter
> 자를 객체 선택 또는 Shift 키를 누른 채 선택하여 연장 또는 [울타리(F)/걸치기(C)/프로젝트(P)/모서리(E)/지우기(R)/명령 취소(U)]: Enter

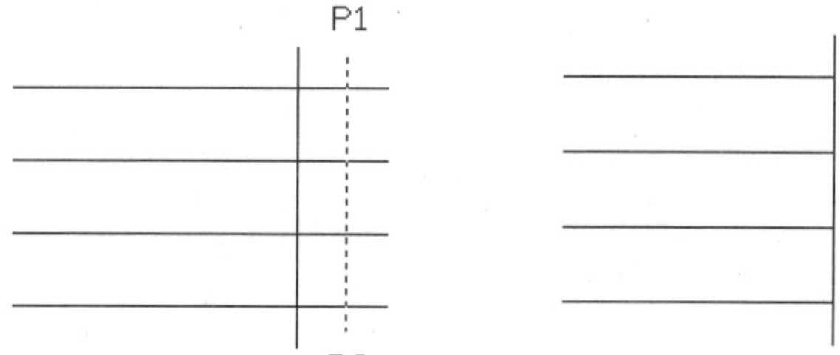

【Fence 라인 지정】 【자르기 실행 후】

【그림 4-61】 자르기-울타리

2.7 BREAK(끊기)

연속된 도면요소에서 특정부분을 지정하고, 다음 점을 지정하면 두 지점 사이를 끊어낸다. 선택된 도면요소는 두 개의 요소로 분할한다.

명령 실행 방법

- 리본메뉴 : 홈 ▷ 수정 패널 ▷ 끊기
- 풀다운 메뉴 : 수정 ▷ 끊기
- 아이콘 :
- 명령어 : Break

2-7-1 일부분을 삭제하면서 두 개의 요소로 분리할 때

명령 : Break Enter
객체 선택: 객체 P1선택 (객체를 선택함과 동시에 선택점이 끊기의 시작점이 된다.)
두 번째 끊기점을 지정 또는 [첫 번째 점(F)]: P2점 지정

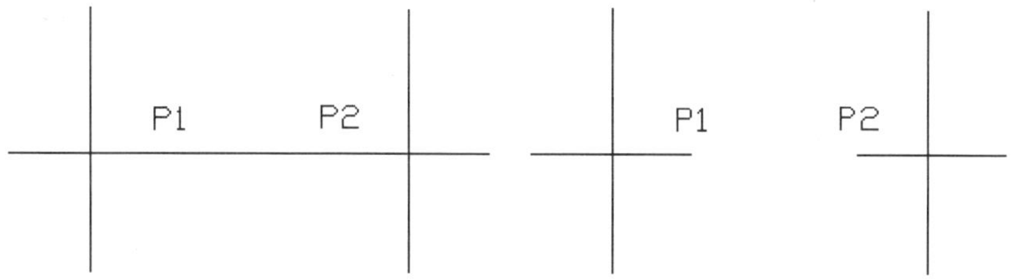

【Break 할 위치 선택】 【Break 실행 후】

【그림 4-62】 끊기

2-7-2 도면요소를 잘려나간 부분이 없이 같은 점에서 두 개의 요소로 나눌 때

명령 : Break [Enter]
객체 선택: P 1선택
두 번째 끊기점을 지정 또는 [첫 번째 점(F)]: @ [Enter]

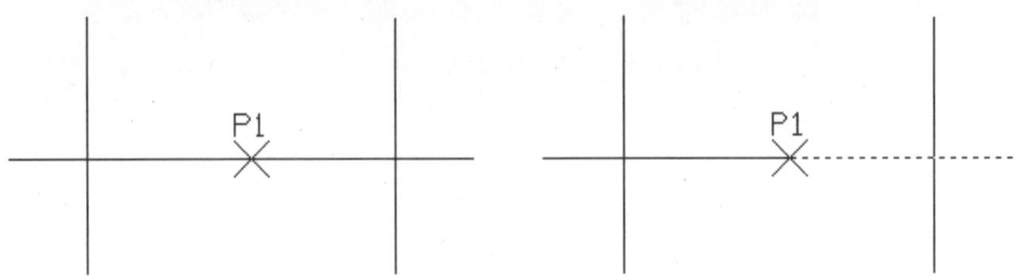

【자르기 전】 【@을 지정하여 자른 결과】

【그림 4-63】 끊기-같은 점에서 두 개의 요소로 나눌 때

2-7-3 원을 선택하여 자를 때

방향을 고려해서 P1점과 P2점을 선택해야한다.

명령 : Break [Enter]
객체 선택: 원을 선택
두 번째 끊기점을 지정 또는 [첫 번째 점(F)]: F [Enter]
첫 번째 끊기점 지정: P1점 지정
두 번째 끊기점을 지정: P2점 지정

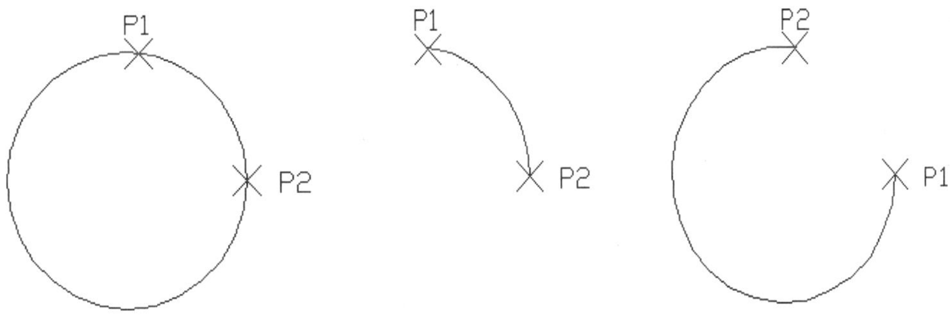

【자르기 전】　　　　【반 시계 방향으로 선택영역 삭제】

【그림 4-64】 끊기-원을 선택하여 끊기

2.8 EXTEND(연장)

연장선상에 있는 도면요소를 기준으로 지성하고, 연장하고자 하는 도면요소를 선택하여 기준선과 만나도록 한다.

명령 실행 방법

- 리본메뉴 : 홈 ▷ 수정 패널 ▷ 연장
- 풀다운 메뉴 : 수정 ▷ 연장
- 아이콘 : --/
- 명령어 : Extend

명령 : extend Enter
현재 설정: 투영= UCS 모서리=없음
경계 모서리 선택 ...
객체 선택 또는 〈모두 선택〉: Q1 선택 (경계 모서리 선택)
객체 선택: Enter
연장할 객체 선택 또는 Shift 키를 누른 채 선택하여 자르기 또는
[울타리(F)/걸치기(C)/프로젝트(P)/모서리(E)/명령 취소(U)]: P1 선택
연장할 객체 선택 또는 Shift 키를 누른 채 선택하여 자르기 또는
[울타리(F)/걸치기(C)/프로젝트(P)/모서리(E)/명령 취소(U)]: P2 선택
연장할 객체 선택 또는 Shift 키를 누른 채 선택하여 자르기 또는
[울타리(F)/걸치기(C)/프로젝트(P)/모서리(E)/명령 취소(U)]: P3 선택
연장할 객체 선택 또는 Shift 키를 누른 채 선택하여 자르기 또는
[울타리(F)/걸치기(C)/프로젝트(P)/모서리(E)/명령 취소(U)]: Enter

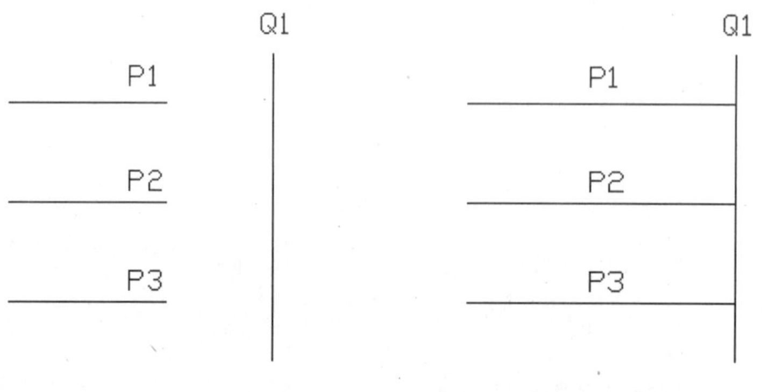

【Extend 실행 전】 【Extend 실행 후】

【그림 4-65】 연장

옵션

• Edge (기준선을 연장하여 Extend 하기) : 연장할 도면요소의 위치에 기준선이 걸쳐 있지 않아도 기준선을 가상적으로 연장

하여 선택한 도면요소를 걸쳐지는 위치까지 연장한다.

```
명령 : Extend Enter
현재 설정: 투영= UCS 모서리=없음
경계 모서리 선택 ...
객체 선택 또는 〈모두 선택〉: Q1 선택 (경계 모서리 선택)
객체 선택: Enter
연장할 객체 선택 또는 Shift 키를 누른 채 선택하여 자르기 또는
[울타리(F)/걸치기(C)/프로젝트(P)/모서리(E)/명령 취소(U)]: E Enter
모서리 연장 모드 입력 [연장(E)/연장 안함(N)] 〈연장 안함〉: E Enter
연장할 객체 선택 또는 Shift 키를 누른 채 선택하여 자르기 또는
[울타리(F)/걸치기(C)/프로젝트(P)/모서리(E)/명령 취소(U)]: P1 선택
연장할 객체 선택 또는 Shift 키를 누른 채 선택하여 자르기 또는
[울타리(F)/걸치기(C)/프로젝트(P)/모서리(E)/명령 취소(U)]: P2 선택
연장할 객체 선택 또는 Shift 키를 누른 채 선택하여 자르기 또는
[울타리(F)/걸치기(C)/프로젝트(P)/모서리(E)/명령 취소(U)]: P3 선택
연장할 객체 선택 또는 Shift 키를 누른 채 선택하여 자르기 또는
[울타리(F)/걸치기(C)/프로젝트(P)/모서리(E)/명령 취소(U)]: Enter
```

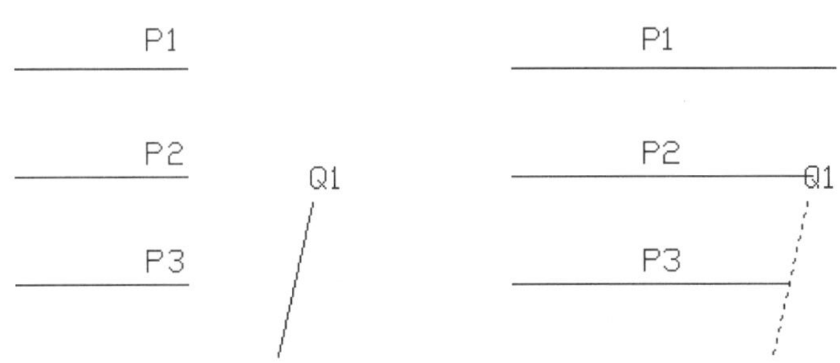

【Extend 실행 전】 【Extend 실행 후】

【그림 4-66】 연장-edge

2.9 CHAMFER(모따기)

일정한 각을 가지고 만나는 두 선의 모서리를 지정한 길이만큼 자르고, 끝점을 새로운 직선으로 연결한다. Chamfer는 제도에서 45도 모따기와 같지만, 가로와 세로의 치수를 다르게 지정 할 수도 있다.

명령 실행 방법

- 리본메뉴 : 홈 ▷ 수정 패널 ▷ 모따기
- 풀다운 메뉴 : 수정 ▷ 모따기
- 아이콘 : 
- 명령어 : Chamfer

옵션

♦ 거리(D) : 두 변의 길이를 지정한 후 모따기 한다.

명령 : Chamfer Enter
(TRIM 모드) 현재 모따기 거리1 = 0.0000, 거리2 = 0.0000
첫 번째 선 선택 또는 [명령 취소(U)/폴리선(P)/거리(D)/각도(A)/자르기(T)/메서드(E)/다중(M)]: D Enter
첫 번째 모따기 거리 지정 <0.0000>: 20 Enter
두 번째 모따기 거리 지정 <20.0000>: 20 Enter
첫 번째 선 선택 또는 [명령 취소(U)/폴리선(P)/거리(D)/각도(A)/자르기(T)/메서드(E)/다중(M)]: 모따기 할 부분의 첫 번째 선 P1 선택
두 번째 선 선택 또는 Shift 키를 누른 채 선택하여 구석 적용: 모따기 할 부분의 두 번째 선 P2 선택

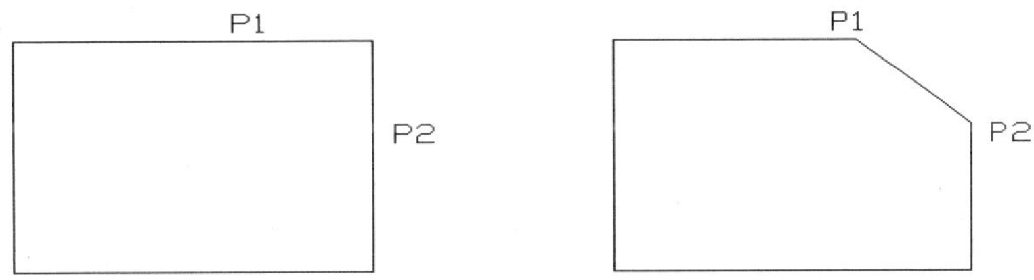

【모따기 실행 전】 【모따기 실행 후】

【그림 4-67】 모따기-거리

- 각도(A) : 첫 번째 선택되는 변의 길이와 각도를 이용하여 모따기 한다.

> 명령 : Chamfer Enter
> (TRIM 모드) 현재 모따기 거리1 = 0.0000, 거리2 = 0.0000
> 첫 번째 선 선택 또는 [명령 취소(U)/폴리선(P)/거리(D)/각도(A)/자르기(T)/메서드(E)/다중(M)]: A Enter
> 첫 번째 선의 모따기 길이 지정 <0.0000>:20 Enter
> 첫 번째 선으로부터 모따기 각도 지정 <0>: 30 Enter
> 첫 번째 선 선택 또는 [명령 취소(U)/폴리선(P)/거리(D)/각도(A)/자르기(T)/메서드(E)/다중(M)]: 모따기 할 부분의 첫 번째 선 P1 선택
> 두 번째 선 선택 또는 Shift 키를 누른 채 선택하여 구석 적용: 모따기 할 부분의 두 번째 선 P2 선택

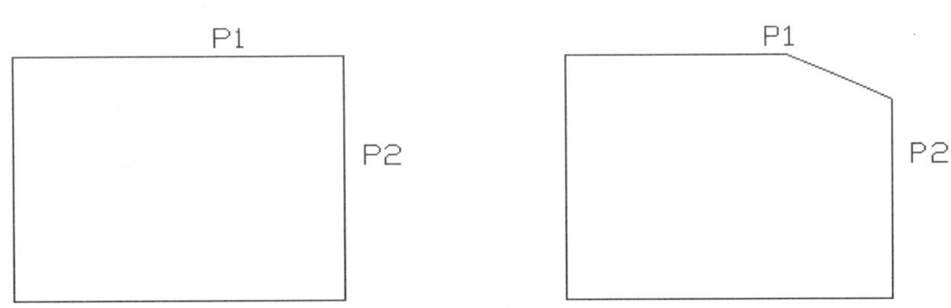

【모따기 실행 전】 【모따기 실행 후】

【그림 4-68】 모따기-각도

- 자르기(T) : 모따기를 할 때 선택된 선의 모서리 부분을 남겨 둘 것인지 또는 아닌지를 선택한다.

명령 : Chamfer [Enter]
(TRIM 모드) 현재 모따기 길이 = 20.0000, 각도 = 30
첫 번째 선 선택 또는 [명령 취소(U)/폴리선(P)/거리(D)/각도(A)/자르기(T)/메서드(E)/다중(M)]: T [Enter]
자르기 모드 옵션 입력 [자르기(T)/자르지 않기(N)] 〈자르기〉: N [Enter]
첫 번째 선 선택 또는 [명령 취소(U)/폴리선(P)/거리(D)/각도(A)/자르기(T)/메서드(E)/다중(M)]: 모따기 할 부분의 첫 번째 선 P1 선택
두 번째 선 선택 또는 Shift 키를 누른 채 선택하여 구석 적용: 모따기 할 부분의 두 번째 선 P2 선택

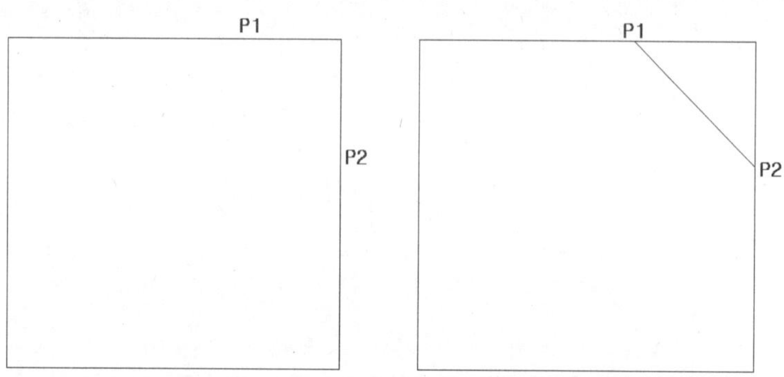

【모따기 실행 전】 【모따기 실행 후】

【그림 4-69】 모따기-자르기

- 메서드(E) : 모따기 할 때 두 선의 거리를 사용할 것인지 또는 하나의 선과 각도를 이용할 것인지를 결정한다.

```
명령 : Chamfer [Enter]
(TRIM 모드) 현재 모따기 거리1 = 0.0000, 거리2 = 0.0000
첫 번째 선 선택 또는 [명령 취소(U)/폴리선(P)/거리(D)/각도(A)/자르기(T)/메서드(E)/다중(M)]: M [Enter]
자르기 방법 입력 [거리(D)/각도(A)] <각도>: D [Enter]
첫 번째 선 선택 또는 [명령 취소(U)/폴리선(P)/거리(D)/각도(A)/자르기(T)/메서드(E)/다중(M)]: 모따기 할 부분의 첫 번째 선 P1 선택
두 번째 선 선택 또는 Shift 키를 누른 채 선택하여 구석 적용: 모따기 할 부분의 두 번째 선 P2 선택
```

- 폴리선(P) : 폴리선으로 그려진 도면요소의 모든 모서리를 한 꺼번에 모따기를 한다.

```
명령 : Chamfer [Enter]
(TRIM 모드) 현재 모따기 거리1 = 0.0000, 거리2 = 0.0000
첫 번째 선 선택 또는 [명령 취소(U)/폴리선(P)/거리(D)/각도(A)/자르기(T)/메서드(E)/다중(M)]: P [Enter]
2D 폴리선 선택: 폴리선 선택
```

2.10 FILLET(모깍기)

두개의 선택된 선, 호, 원 등의 모서리를 지정된 반지름(Radius)의 호를 사용하여 둥글게 라운딩을 한다.

명령 실행 방법

- 리본메뉴 : 홈 ▷ 수정 패널 ▷ 모깎기
- 풀다운 메뉴 : 수정 ▷ 모깎기
- 아이콘 :
- 명령어 : Fillet

옵션

- 반지름(R) : 모서리 가공을 위해 라운딩 반경을 지정한다.

명령 : Fillet
현재 설정: 모드 = TRIM, 반지름 = 0.0000
첫 번째 객체 선택 또는 [명령 취소(U)/폴리선(P)/반지름(R)/자르기(T)/다중(M)]: R
모깎기 반지름 지정 <0.0000>: 20
첫 번째 객체 선택 또는 [명령 취소(U)/폴리선(P)/반지름(R)/자르기(T)/다중(M)]: 모서리 가공 할 부분의 첫 번째 선 P1 선택
두 번째 객체 선택 또는 Shift 키를 누른 채 선택하여 구석 적용: 모서리 가공할 부분의 두 번째 선 P2 선택

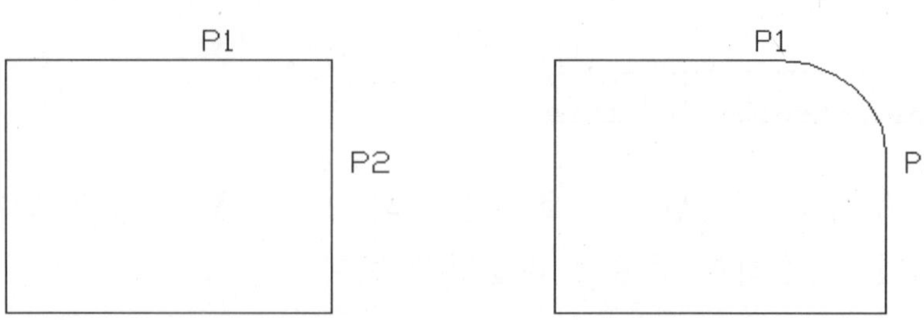

【모서리 가공 실행 전】 【모서리 가공 실행 후】

【그림 4-70】 모깎기-반지름

- Trim(자르기) : 모서리 가공할 때 선택된 선의 모서리 부분을 남길 것인지 또는 자를지를 선택한다.

명령 : Fillet Enter
현재 설정: 모드 = TRIM, 반지름 = 0.0000
첫 번째 객체 선택 또는 [명령 취소(U)/폴리선(P)/반지름(R)/자르기(T)/다중(M)]: T Enter
자르기 모드 옵션 입력 [자르기(T)/자르지 않기(N)] <자르기>: N Enter
첫 번째 객체 선택 또는 [명령 취소(U)/폴리선(P)/반지름(R)/자르기(T)/다중(M)]: 모서리 가공 할 부분의 첫 번째 선 P1 선택
두 번째 객체 선택 또는 Shift 키를 누른 채 선택하여 구석 적용: 모서리 가공 할 부분의 두 번째 선 P2 선택

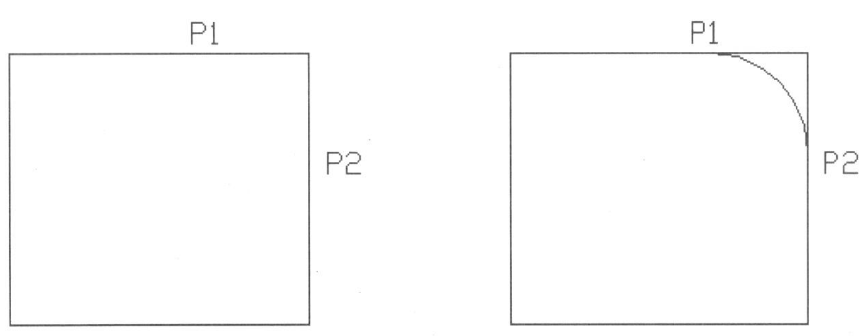

【모서리 가공 실행 전】 【모서리 가공 실행 후】

【그림 4-71】 모깍기-자르기

- 폴리선(P) : 폴리선으로 그려진 도면요소의 모든 모서리를 한꺼번에 모깎기를 한다.

명령 : Fillet [Enter]
현재 설정: 모드 = TRIM, 반지름 = 0.0000
첫 번째 객체 선택 또는 [명령 취소(U)/폴리선(P)/반지름(R)/자르기(T)/다중(M)]: P [Enter]
2D 폴리선 선택: 폴리선 선택그려진 객체의 모서리를 한꺼번에 라운딩 한다.

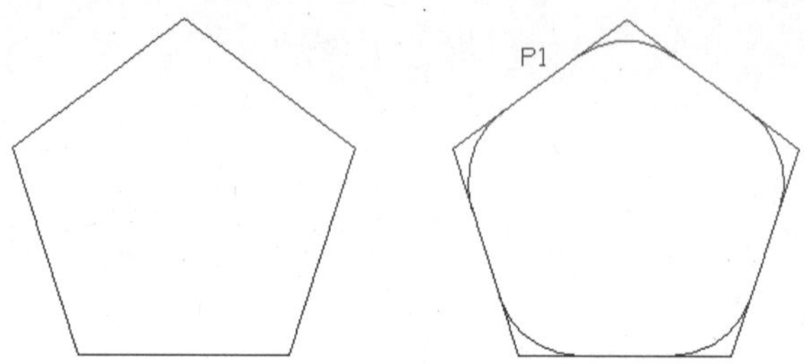

【모서리 가공 실행 전】【모서리 가공 실행 후】

【그림 4-72】 모깍기-폴리선

2.11 MIRROR(대칭)

지정한 축에 대해 선택한 객체를 대칭으로 반사시켜 복사한다. 대칭 되는 객체를 생성할 경우, 원래의 객체는 남겨 두거나 또는 지울 수 있으며, 수직이나 수평이 아닌 각도의 Mirror를 실행할 수가 있다.

명령 실행 방법

- 리본메뉴 : 홈 ▷ 수정 패널 ▷ 대칭
- 풀다운 메뉴 : 수정 ▷ 대칭
- 아이콘 : 
- 명령어 : Mirror

명령 : Mirror [Enter]
객체 선택: 마우스 왼쪽 버튼으로 선택할 객체들을 Box형태로 선택한다.
반대 구석 지정: Box의 두 번째 점을 지정한다.
8 개를 찾음
객체 선택: [Enter]
대칭선의 첫 번째 점 지정: P1점 지정 (대칭축 위의 임의점)
대칭선의 두 번째 점 지정: P2점 지정 (대칭축 위의 임의점)
원본 객체를 지우시겠습니까? [예(Y)/아니오(N)] <N>:[Enter] (기존에 있던 객체들을 지울 것인지 물어본다.)

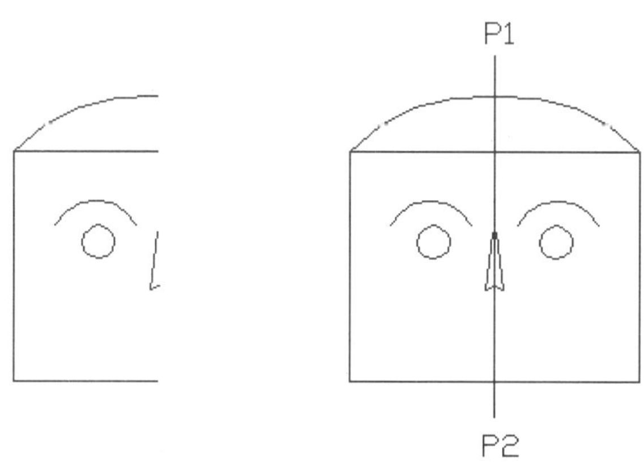

【Mirror 실행 전】 【Mirror 실행 후】

【그림 4-73】 대칭

옵션

- Mirror할 대상에 문자가 포함되어 있는 경우는 문자도 함께 대칭이 되는 경우가 발생한다. 이러한 도면 속의 문자를 대칭 복사하지 않을 때는 시스템 변수 Mirrtext 값을 OFF 혹은 0으로 설정하여 Mirror 명령을 실행하면 문자는 대칭 되지 않게 복사

된다. 단 치수기입에 사용된 치수문자는 Mirrtext변수에 영향을 받지 않는다.

명령 : Mirrtext Enter
MIRRTEXT에 대한 새 값 입력 <1>: 0 Enter

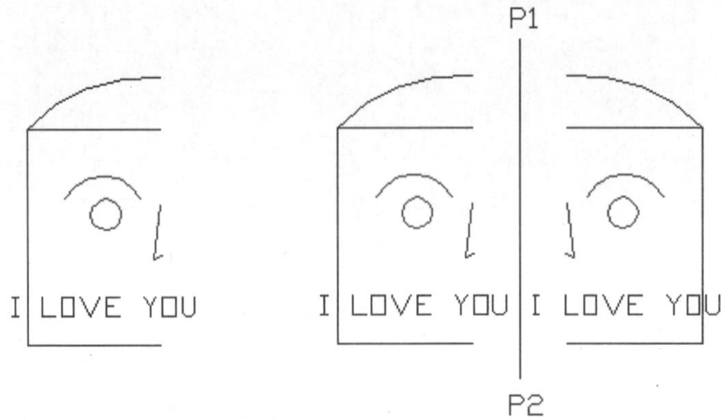

【Mirror 실행 전】　【Mirror 실행 후(Mirrtext : ON)】

【그림 4-74】 대칭-Mirrtext

2.12 ROTATE(회전)

이미 그려져 있는 도면요소를 선택하여 기준점(Base point)을 중심으로 원하는 각도만큼 객체를 회전시킨다.

명령 실행 방법

- 리본메뉴 : 홈 ▷ 수정 패널 ▷ 회전
- 풀다운 메뉴 : 수정 ▷ 회전
- 아이콘 :
- 명령어 : Rotate

명령 : Rotate [Enter]
현재 UCS에서 양의 각도: 측정 방향=시계 반대 방향 기준 방향=0
객체 선택: P1점 지정
반대 구석 지정: P2점 지정
9 개를 찾음
객체 선택: [Enter]
기준점 지정: P3점 지정 (기준점 선택)
회전 각도 지정 또는 [복사(C)/참조(R)] <0>: 30 [Enter] (회전할 각 입력)

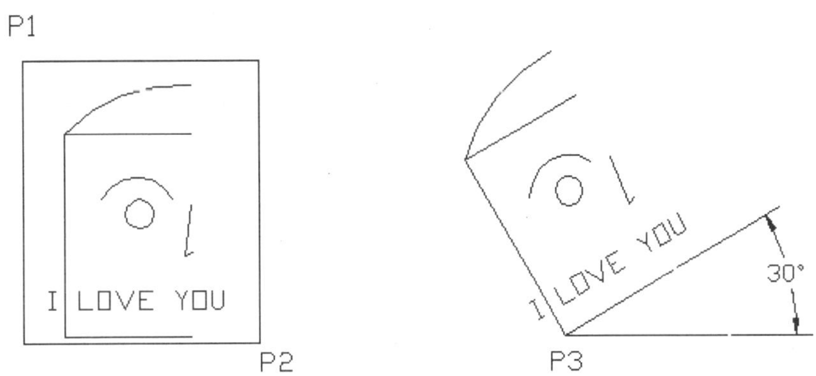

【Rotate 실행 전】 【Rotate 실행 후 : 30 ° 】

【그림 4-75】 회전

옵션

- 참조(R) : 현재 회전되어 있는 각도를 새로운 회전 각도로 변경 하고자 할 때 사용한다.
- 복사(C) : 원본 객체를 그대로 두고 회전된 복사본을 만든다.

```
명령 : Rotate Enter
현재 UCS에서 양의 각도: 측정 방향=시계 반대 방향 기준 방향=0
객체 선택: P1점 지정
반대 구석 지정: P2점 지정
9 개를 찾음
객체 선택: Enter
기준점 지정: P3점 지정(기준점 선택)
회전 각도 지정 또는 [복사(C)/참조(R)] <0>: R Enter
참조 각도를 지정 <0>: 30 Enter (참조 각도를 입력)
새 각도 지정 또는 [점(P)] <0>: 15 Enter (새로운 각도 입력)
```

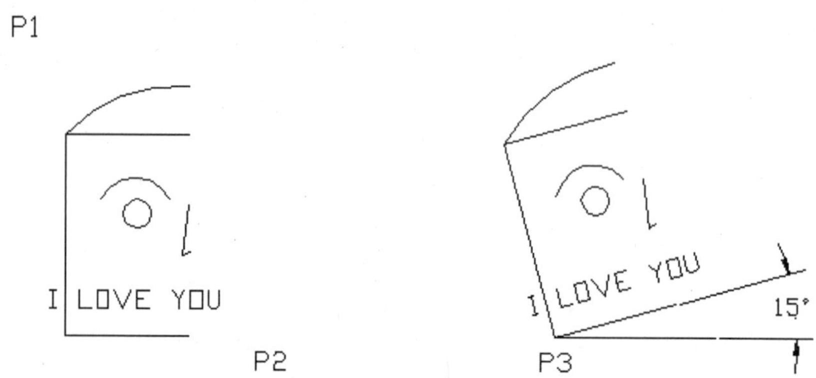

【Rotate 실행 전】 【Rotate 실행 후】

【그림 4-76】 회전-참조

2.13 SCALE(축척)

선택한 도면요소의 크기를 기준 점을 중심으로 확대 및 축소하고자 할 경우에 사용하는 명령어이다. Zoom 명령과는 달리 실제적으로 요소의 크기가 변화된다.

명령 실행 방법

- 리본메뉴 : 홈 ▷ 수정 패널 ▷ Scale
- 풀다운 메뉴 : 수정 ▷ Scale
- 아이콘 : 
- 명령어 : Scale

명령 : Scale Enter
객체 선택: 확대 또는 축소시킬 개체 P1선택
객체 선택: Enter
기준점 지정: P2점 지정(기준점 선택)
축척 비율 지정 또는 [복사(C)/참조(R)] <1.0000>: 3 Enter (축척 값 입력)

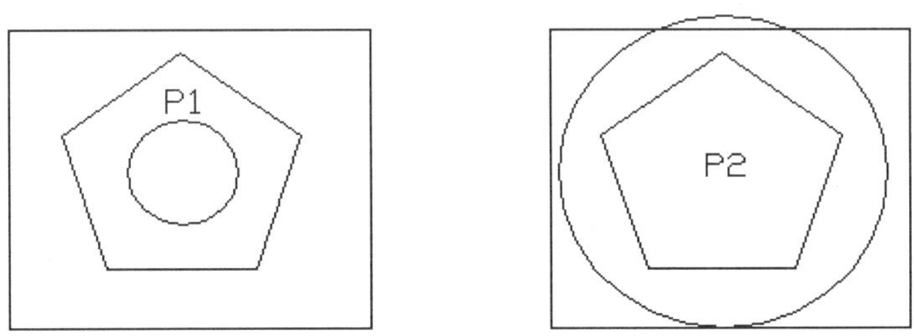

Scale factor : 3

【Scale 실행 전】 【Scale 실행 후】

【그림 4-77】 축척

옵션

- 참조(R) : 선택한 도면요소를 아래 그림과 같이 참조 치수를 달리해 지정해 주면 참조 치수를 기준으로 확대 및 축소되어 나타난다.

> 명령 : Scale Enter
> 객체 선택: Q1, Q2선택
> 객체 선택: Enter
> 기준점 지정: P3점 지정(기준점 선택)
> 축척 비율 지정 또는 [복사(C)/참조(R)] <1.0000>: R Enter (축척값 입력)
> 참조 길이 지정 <1.0000>: 50 Enter (참조길이=50)
> 새 길이 지정 또는 [점(P)] <1.0000>: 100 Enter

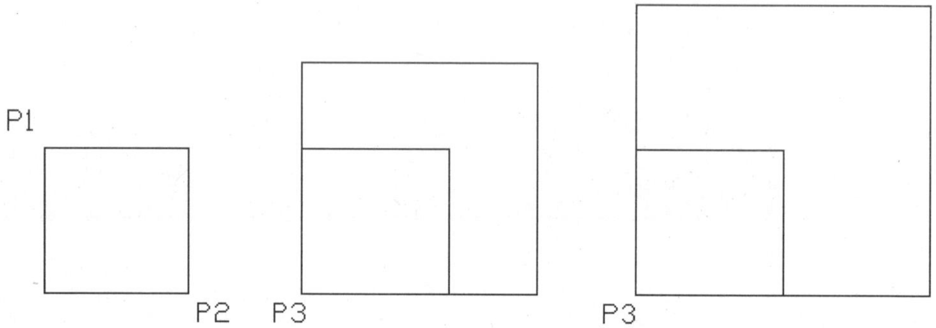

【도면요소 선택】 참조길이=60 【새 길이=100】 참조길이=50 【새 길이=100】

【그림 4-78】 축척-참조

2.14 STRETCH(신축하기)

선택된 도면요소를 늘리거나 줄이는 명령이다. 객체를 선택할 때는 반드시 Crossing window나 Crossing-polygon을 사용한다.

명령 실행 방법

- 리본메뉴 : 홈 ▷ 수정 패널 ▷ 신축
- 풀다운 메뉴 : 수정 ▷ 신축
- 아이콘 :
- 명령어 : Stretch

명령 : Stretch [Enter]
걸침 윈도우 또는 걸침 다각형만큼 신축할 객체 선택...
객체 선택: 반대 구석 지정: 3개를 찾음 (P1, P2점을 선택한다)
객체 선택: [Enter]
기준점 지정 또는 [변위(D)] <변위>: P3점 선택
두 번째 점 지정 또는 <첫 번째 점을 변위로 사용>: P4점 선택

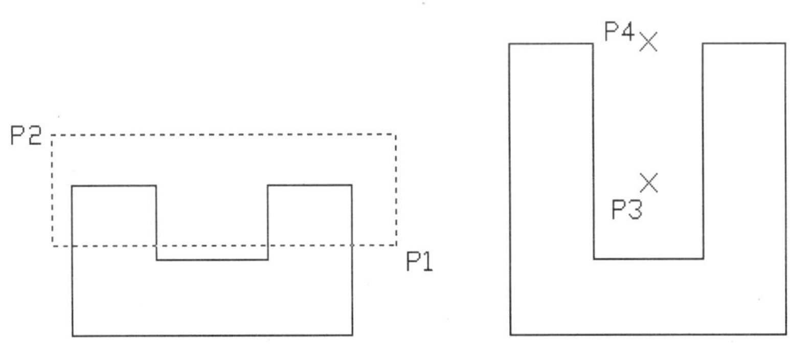

【Stretch 실행 전】 【Stretch 실행 후】

【그림 4-79】 신축하기

2.15 ARRAY(배열)

선택한 도면요소를 기준 점으로부터 행과 열을 지정하는 개수와 간격으로 한 번에 일정하게 원형 또는 사각형의 형태로 복사한다.

명령 실행 방법

- 리본메뉴 : 홈 ▷ 수정 패널 ▷ 배열
- 풀다운 메뉴 : 수정 ▷ 배열
- 아이콘 :
- 명령어 : Array

옵션

- 사각형태의 배열

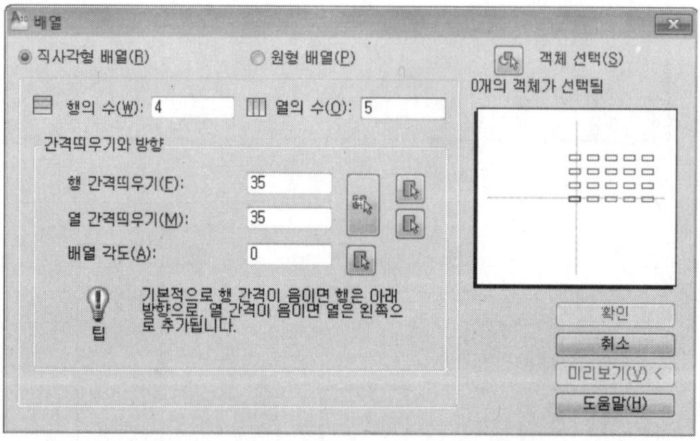

【그림 4-80】 배열-직사각형 배열 명령

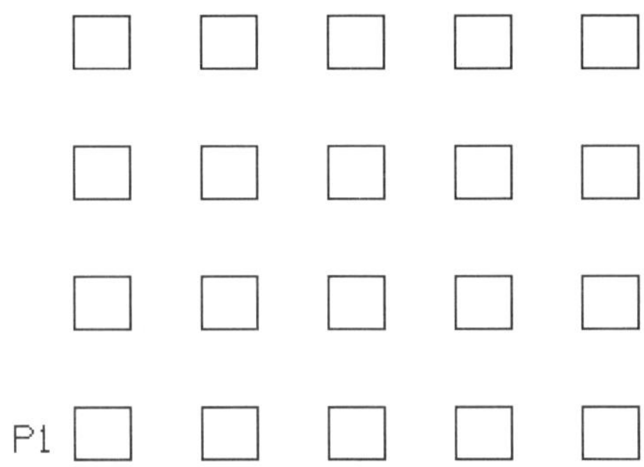

【그림 4-81】 배열-직사각형 배열

• 원형 배열

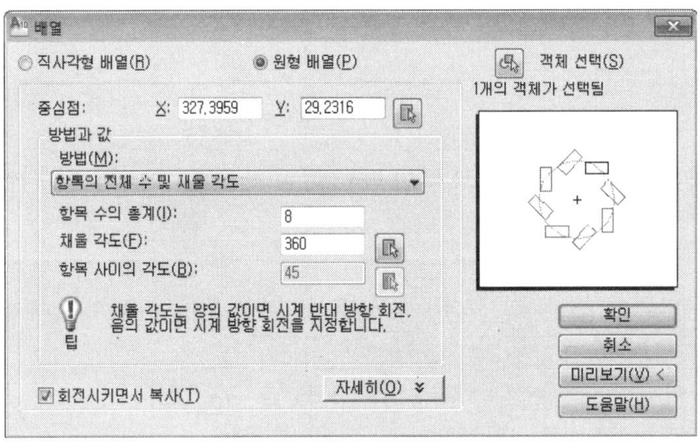

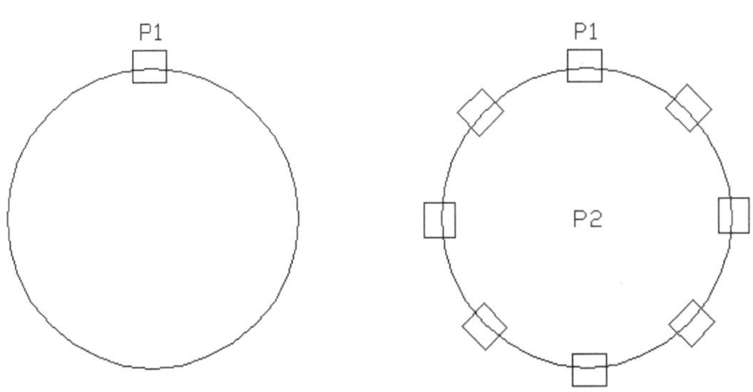

【도면요소 선택】　　　　【도면 요소 선택열 결과】

【그림 4-83】 배열-원형 배열

2.16 PEDIT(폴리선 편집)

2D 또는 3D에서 폴리선으로 작업된 도면요소를 편집한다.

명령 실행 방법

- 리본메뉴 : 홈 ▷ 수정 패널 ▷ 폴리선 편집
- 풀다운 메뉴 : 수정 ▷ 객체 ▷ 폴리선
- 아이콘 : 
- 명령어 : PEDIT

옵션

- 닫기(C) : 처음과 마지막 선을 연결하여 열린 폴리선을 닫아준다.

```
명령 : Pedit [Enter]
폴리선 선택 또는 [다중(M)]: 라인 선택
선택된 객체가 폴리선이 아님
전환하기를 원하십니까? <Y> [Enter]
옵션 입력 [닫기(C)/결합(J)/폭(W)/정점 편집(E)/맞춤(F)/스플라
인(S)/비곡선화(D)/선종류생성(L)/반전(R)/명령 취소(U)]: C [Enter]
```

- 열기(O) : 닫힌 폴리선를 열어준다.

```
명령 : Pedit [Enter]
폴리선 선택 또는 [다중(M)]: (폴리선 선택)
옵션 입력 [닫기(C)/결합(J)/폭(W)/정점 편집(E)/맞춤(F)/스플라
인(S)/비곡선화(D)/선종류생성(L)/반전(R)/명령 취소(U)]: O [Enter]
```

- 결합(J) : 열린 폴리선의 끝점과 만나는 선, 호 등의 폴리선을 연결한다.

> 명령 : Pedit [Enter]
> 폴리선 선택 또는 [다중(M)]: (폴리선 선택)
> 옵션 입력 [닫기(C)/결합(J)/폭(W)/정점 편집(E)/맞춤(F)/스플라인(S)/비곡선화(D)/선종류생성(L)/반전(R)/명령 취소(U)]: J [Enter]
> 객체 선택: 1 개를 찾음(연결할 선을 선택)

> 객체 선택: [Enter]
> 1개의 세그먼트가 폴리선에 추가됨

- 폭(W) : 선택한 전체 폴리선의 굵기를 수정한다.

> 명령 : Pedit [Enter]
> 폴리선 선택 또는 [다중(M)]: (폴리선 선택)
> 옵션 입력 [닫기(C)/결합(J)/폭(W)/정점 편집(E)/맞춤(F)/스플라인(S)/비곡선화(D)/선종류생성(L)/반전(R)/명령 취소(U)]: W [Enter]
> 전체 세그먼트에 대한 새 폭 지정: 3 [Enter] (폴리선의 두께를 입력)

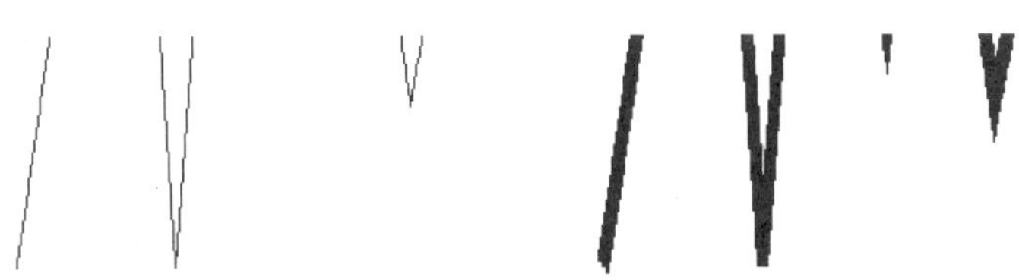

【폭 설정 전】 【폭 설정 후】

【그림 4-84】 폴리선 편집-폭

- 정점 편집(E) : 선택한 폴리선의 정점을 편집한다.

> 명령 : Pedit Enter
> 폴리선 선택 또는 [다중(M)]: (폴리선 선택)
> 옵션 입력 [닫기(C)/결합(J)/폭(W)/정점 편집(E)/맞춤(F)/스플라인(S)/비곡선화(D)/선종류생성(L)/반전(R)/명령 취소(U)]: E Enter
> 정점 편집 옵션 입력
> [다음(N)/이전(P)/끊기(B)/삽입(I)/이동(M)/재생성(R)/직선화(S)/접선(T)/폭(W)/종료(X)] <N>:

- 맞춤(F) : 반드시 정점을 지나는 가장 부드러운 곡선을 만든다.

> 명령 : Pedit Enter
> 폴리선 선택 또는 [다중(M)]: (폴리선 선택)
> 옵션 입력 [닫기(C)/결합(J)/폭(W)/정점 편집(E)/맞춤(F)/스플라인(S)/비곡선화(D)/선종류생성(L)/반전(R)/명령 취소(U)]: F Enter

【Fit 실행 전】 【Fit 실행 후】

【그림 4-85】 폴리선 편집-맞춤

- 스플라인(S) : 폴리선의 정점과 정점 사이에서 가장 부드러운 곡선을 형성한다.

【Spline 실행 전】 【Spline 실행 후】

【그림 4-86】폴리선 편집-곡선

- 비곡선화(D) : Fit 또는 Spline 했던 선을 본래의 폴리선으로 되돌려 준다.
- 선종류 생성 : 폴리선이 실선이 아닌 일점쇄선일 경우 정점에서 빈 공간이 생길 수 있는데 설정값을 Off하여 강제적으로 정점에서 실선이 되게 한다.

명령 : Pedit
폴리선 선택 또는 [다중(M)]: (폴리선 선택)
옵션 입력 [닫기(C)/결합(J)/폭(W)/정점 편집(E)/맞춤(F)/스플라인(S)/비곡선화(D)/선종류생성(L)/반전(R)/명령 취소(U)]: L
폴리선 선종류 생성 옵션 입력 [켜기(ON)/끄기(OFF)] <끄기>: ON

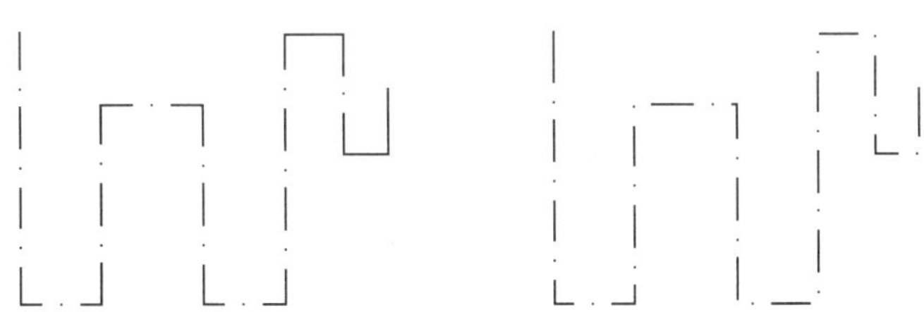

【Ltype gen : Off】 【Ltype gen : On】

【그림 4-87】폴리선 편집-Ltype gen

2.17 CHANGE(변경)

도면 내에 있는 객체를 선택하여 위치, 크기, 방향, 원의 반경 등 특성을 변경시키며, 색상, 도면층, 선 종류 등을 바꾸는 명령어이다.

2-17-1 LINE 끝점의 위치를 변경할 경우

선택한 선의 끝점을 아래 그림과 같이 연장하여 새로운 위치에 지정한다.

명령 : Change Enter
객체 선택: P1선택 (1개를 찾음)
객체 선택: Enter
변경점 지정 또는 [특성(P)]: P2점 선택

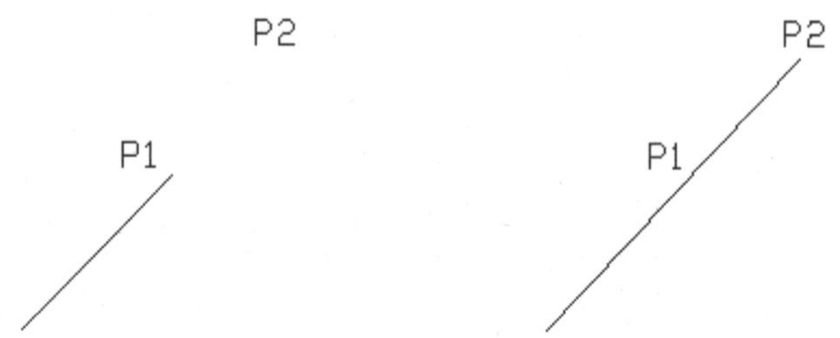

【도면요소 선택】 【실행결과】

【그림 4-88】 변경-Line 끝점의 위치 변경

2-17-2 원(Circle)의 반지름 변경을 변경할 경우

명령 : Change [Enter]
객체 선택: F1선택 (1개를 찾음)
객체 선택: [Enter]
객체 선택: 변경점 지정 또는 [특성(P)]: [Enter]
새 원 반지름 지정 <변경 없음>: (새로운 반지름을 입력)[Enter]

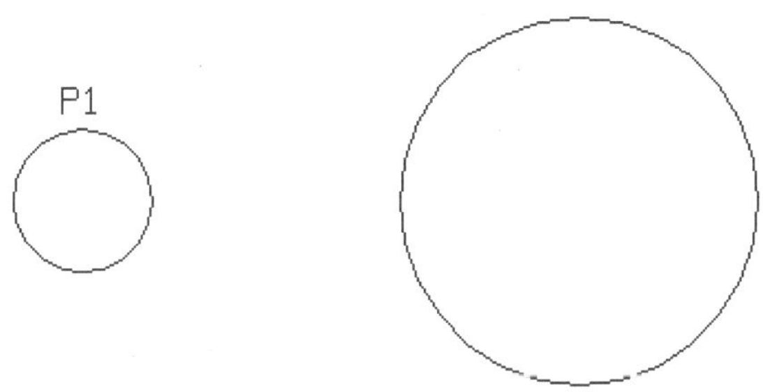

【도면요소 선택】 【실행결과】

【그림 4-89】 변경-원 반지름 변경

2-17-3 문자(Text)의 특성을 변경할 경우

명령 : Change [Enter]
객체 선택: Q1 선택 (1개를 찾음)
객체 선택: [Enter]
객체 선택: 변경점 지정 또는 [특성(P)]: [Enter]
새 문자 삽입점 지정 <변경 없음>: [Enter]
새 문자 스타일 입력 <Standard>: [Enter] (문자의 Style 변경)
새 높이 지정 <2.5000> : 10 [Enter] (문자의 높이 변경)
새 회전 각도 지정 <0> : [Enter] (문자의 각도 반경)
새 문자를 입력 <즐거운 CAD시간 > : I LOVE CAD (문자의 내용 변경)

【그림 4-90】 변경-문자특성 변경

2.18 PROPERTIES(특성)

객체의 좌표, 색상(Color), 도면층(Layer), 선의 종류(Line type), 두께(Thickness)의 모든 특성을 변경할 수 있다. 단축키는 Ctrl+1을 눌러실행 할 수 있다.

명령 실행 방법

- 리본메뉴 : 뷰 ▷ 팔레트 ▷ 특성
- 풀다운 메뉴 : 수정 ▷ 특성
- 아이콘 : 
- 명령어 : Properties

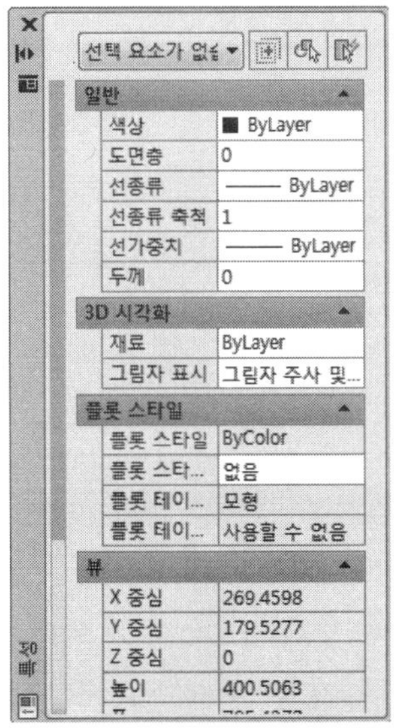

【그림 4-91】 특성

위의 대화상자가 나타날 때 특성을 변경하고자하는 객체를 마우스로 선택하면 그 객체의 특성들이 모두 표시되며, 동시에 여러 개의 객체를 선택하면 각 객체의 공통된 특성만 표시된다.

2.19 ALIGN(정렬)

선택한 도면요소를 새로운 위치로 옮겨서 회전시킬 때 사용하는 명령어이다. Move와 Rotate를 연속하여 실행하는 작업을 Align의 명령으로 단번에 실행할 수 있다.

명령 실행 방법

- 풀다운 메뉴 : 수정 ▷3D 작업 ▷ 정렬
- 명령어 : Align

```
명령 : Align [Enter]
객체 선택: 객체 선택
객체 선택: [Enter]
첫 번째 근원점 지정: P1점 지정
첫 번째 대상점 지정: P2점 지정
두 번째 근원점 지정: P3점 지정
두 번째 대상점 지정: P4점 지정
세 번째 근원점 지정 또는 <계속>: [Enter]
정렬점을 기준으로 객체에 축척을 적용합니까 ? [예(Y)/아니오(N)] <N>: [Enter]
```

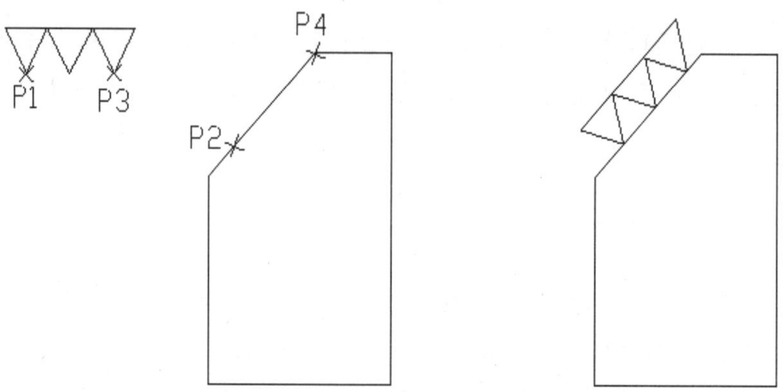

【도면요소 선택】 【경사면에 정렬한 결과】

【그림 4-92】 정렬

2.20 LENGTHEN(길이를 조정)

선택한 객체를 지정하는 길이만큼 줄이거나 연장하며, 호의 각도를 변경한다.

명령 실행 방법

- •리본메뉴 : 홈 ▷ 수정 패널 ▷ 길이조정
- •풀다운 메뉴 : 수정 ▷ 길이조정
- •아이콘 :
- •명령어 : Lengthen

옵션

- Select object(도면요소 선택)

명령 : Lengthen Enter
객체 선택 또는 [증분(DE)/퍼센트(P)/합계(T)/동적(DY)]: 객체 Q1선택
현재 길이: : 113.1193 (현재 객체의 길이를 표시)
객체 선택 또는 [증분(DE)/퍼센트(P)/합계(T)/동적(DY)]:

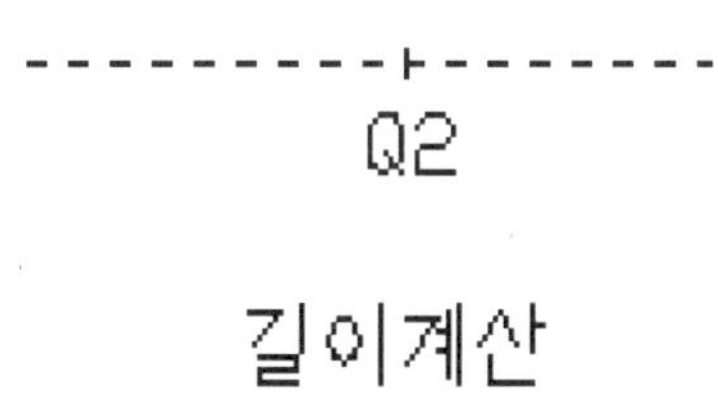

【그림 4-93】 길이조정

- 증분(DE) : 객체의 선택 점에 가장 가까운 끝점으로부터 지정한 값만큼 증가된다.

명령 : Lengthen Enter
객체 선택 또는 [증분(DE)/퍼센트(P)/합계(T)/동적(DY)]: DE Enter
증분 길이 또는 [각도(A)] 입력 <0.0000>: 50 Enter (증분길이 입력)
변경할 객체 선택 또는 [명령 취소(U)]: 객체 P1 선택

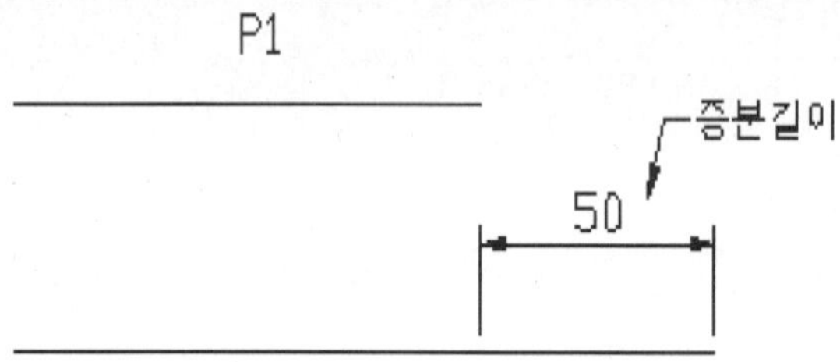

【그림 4-94】 길이조정-증분

- 퍼센트(P) : 선택한 도면요소의 전체 길이를 100%로 하고, 선의 길이 증감에 따라 100%보다 큰 값 또는 적은 값을 입력한다.

명령 : Lengthen Enter
객체 선택 또는 [증분(DE)/퍼센트(P)/합계(T)/동적(DY)]: P Enter
퍼센트 길이 입력 <100.0000> : 130 Enter
변경할 객체 선택 또는 [명령 취소(U)]: 객체 P1 선택

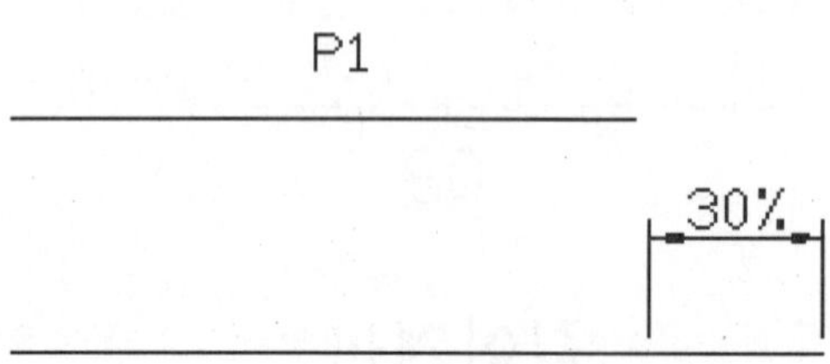

【그림 4-95】 길이조정-백분율 30% 증가

- 합계(T) : 선택한 도면요소의 전체 크기를 끝점으로부터 지정한 크기 및 각도로 변경한다.

명령 : Lengthen Enter
객체 선택 또는 [증분(DE)/퍼센트(P)/합계(T)/동적(DY)]: T Enter
전체 길이 지정 또는 [각도(A)] <1.0000)>: 150 Enter
변경할 객체 선택 또는 [명령 취소(U)]: 객체 P1 선택

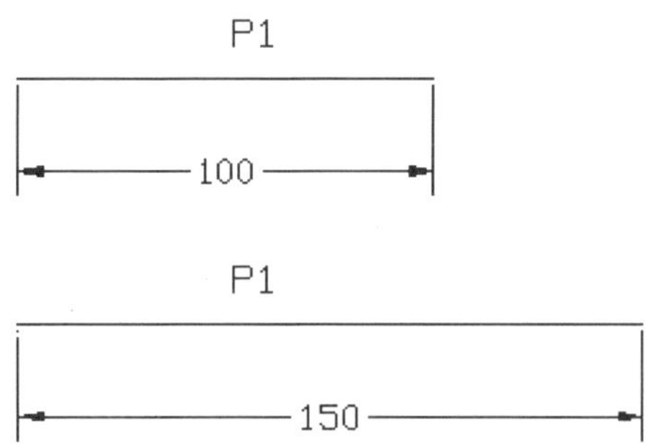

【전체길이를 150으로 변경】

【그림 4-96】 길이조정-전체크기

2.21 LIST(도면요소 조회하기)

임의의 도면 요소에 관한 정보(Database)를 알고 싶을 경우에 사용된다.

명령 실행 방법

- 리본메뉴 : 홈 ▷ 특성 패널 ▷ 리스트
- 풀다운 메뉴 : 도구 ▷ 조회 ▷ 리스트
- 아이콘 : 
- 명령어 : List

명령 : List Enter
객체 선택: 도면요소 선택
객체 선택: Enter

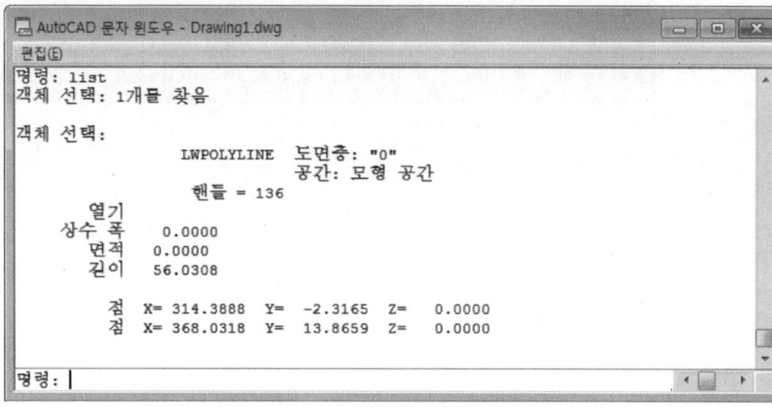

【그림 4-97】 도면 요소 조회하기

List 명령을 실행하고 도면요소를 선택하면 Graphic 화면에서 Text 화면으로 전환이 된다. 다시 Graphic 화면으로 전환은 [F2] Key를 누르거나 List 창을 닫으면 된다.

2.22 DIST(길이 및 각도 측정)

사용자가 지정한 두 점 사이의 거리(길이)와 각도를 측정하여, 명령행에 나타나게 한다.

명령 실행 방법

- 풀다운 메뉴 : 도구 ▷ 조회 ▷ 거리
- 아이콘 :
- 명령어 : Dist or 'Dist

명령 : Dist Enter
첫 번째 점 지정: P1점 선택
두 번째 점 또는 [다중 점(M)] 지정: P2점 선택
거리 = 149.4268, XY 평면에서의 각도 = 21, XY 평면으로부터의 각도 = 0
X증분 = 139.6743, Y증분 = 53.0985, Z증분 = 0.0000

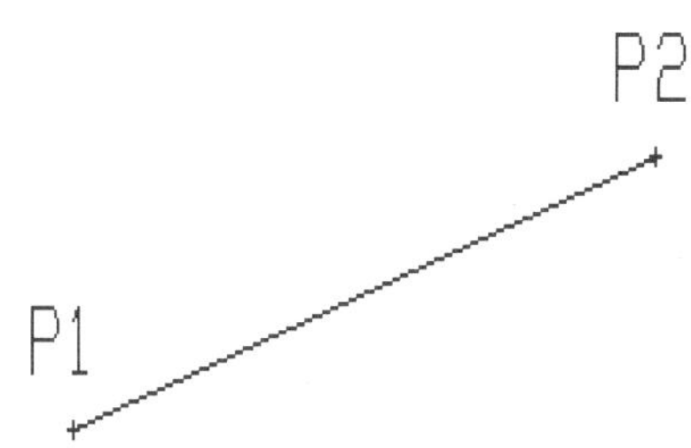

【그림 4-98】 거리

2.23 AREA(영역의 넓이 계산)

어떤 점들을 지정하거나 원, 폴리선과 같은 닫힌 영역을 선택하면 그 영역의 면적과 둘레의 길이를 계산한다.

명령 실행 방법

- 리본메뉴 : 홈 ▷ 유틸리티 패널 ▷ 길이분할 드롭다운 ▷ 면적
- 풀다운 메뉴 : 도구 ▷ 조회 ▷ 면적
- 아이콘 :
- 명령어 : Area

명령 : Area Enter
첫 번째 구석점 지정 또는 [객체(O)/면적 추가(A)/면적 빼기(S)]
〈객체(O)〉: 첫 번째 점 지정
다음 점 또는 [호(A)/길이(L)/명령 취소(U)] 지정: 다음 점 지정
다음 점 또는 [호(A)/길이(L)/명령 취소(U)] 지정: 다음 점을 지정
하거나 Enter 키를 누른다.

옵션

- 객체(O) : 원이나, 폴리선으로 작성된 닫힌 영역을 선택하면 면적과 둘레를 계산한다.
- 면적 추가(A): 여러 개의 도면 요소를 선택하여 전체적인 면적의 누계를 계산한다.
- 면적 빼기(S) : 전체적인 면적에서 해당 면적의 빼기를 계산한다.

다른 방법으로는 면적을 구하고자 하는 부분을 해칭을 한 후 해치 객체를 선택하면 쉽게 면적을 구할 수 있다.

2.24 ID(좌표를 표시)

도면의 요소를 선택하여 한 점을 지정하면 그 점의 절대 좌표 값을 표시한다.

명령 실행 방법

- 풀다운 메뉴 : 도구 ▷ 조회 ▷ ID 점
- 아이콘 :
- 명령어 : Id or 'Id

명령 : Id Enter
점 지정: (해당 위치의 좌표 점 지정)
X = 102.0559 Y = 256.8822 Z = 0.0000

2.25 RENAME(이름 변경)

블록(Block), 도면층(Layer), 라인종류(Line type), 문자 유형(Text style), 사용자 정의 좌표계 (UCS), 뷰 포트(View port), 뷰(View)들의 이름을 바꾸어준다.

명령 실행 방법

•풀다운 메뉴 : 형식 ▷ 이름 바꾸기
•명령어 : Rename

•명령 : Rename Enter

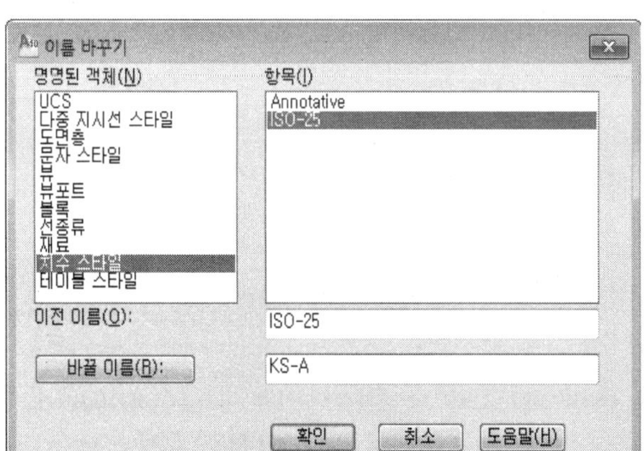

【그림 4-99】 이름 변경

옵션

- 명명된 객체 : 변경하고자 하는 요소를 선택하면 설정되어 있는 항목이 나타난다.
- 항목 : 선택할 요소를 선택하면 항목이 나타난다.
- 이전 이름 : 선택된 항목의 이름이 나타난다.
- 바꿀 이름 : 이전이름을 새 이름으로 변경한다.

2.26 PURGE(제거)

현재 도면에 쓰이지 않는 Block, Dim style, Layer, Line type, Shapes 및 Style들을 삭제하는 명령이다.

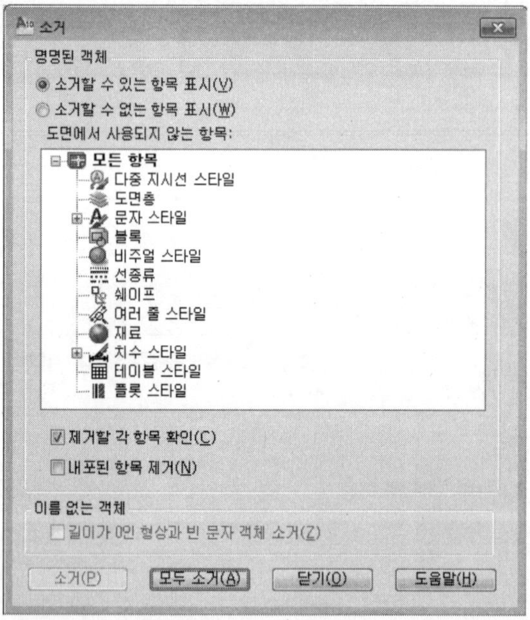

【그림 4-100】 이름 변경

Purge를 실행할 때 명령 앞에 -부호를 붙이면 대화상자 없이 명령행에서 바로 실행이 가능하다.

명령 실행 방법

•풀다운 메뉴 : 파일 ▷ 도면 유틸리티 ▷ 소거
•명령어 : Purge

명령 : -Purge Enter
소거할 사용되지 않은 객체의 유형 입력 [블록(B)/치수 스타일(D)/도면층(LA)/선종류(LT)/재료(MA)/다중 지시선 스타일(MU)/플롯스타일(P)/쉐이프(SH)/문자 스타일(ST)/여러 줄 스타일(M)/테이블 스타일(T)/비주얼 스타일(V)/응용프로그램 등록(R)/길이가 0인 형상(Z)/빈 문자 객체(E)/모두(A)]:

옵션

옵션의 명령에 따라 설정만 되어 있고 현재 도면에는 사용하지 않는 아래의 대상물이 제거된다.

- 블록(B)
- 치수스타일(D)
- 선 종류(LT)
- 쉐이프(SH)
- 문자스타일(ST)
- 여러 줄 스타일(M)
- 모두(A)

2.27 EXPLODE(분해)

폴리선, 치수, 해치, 블록 등 여러 객체가 하나의 그룹으로 취급되는 것을 각각의 객체로 분해한다. 경우에 따라서는 분해전의 색상, 선 종류, 선의 폭 등의 특성이 사라질 수 있으며 블록과 외부참조 파일은 원래 블록으로 만들기 전의 객체로 변한다.

명령 실행 방법

- 리본메뉴 : 홈 ▷ 수정 패널 ▷ 분해
- 풀다운 메뉴 : 수정 ▷ 분해
- 아이콘 : 
- 명령어 : Explode

Chapter 5.

2차원 도면 작성하기 Ⅱ

Chapter 5. 2차원 도면 작성하기 II

1. 문자 입력

1.1 TEXT STYLE(문자 유형 설정)

Style 명령은 AutoCAD에서 제공되는 다양한 문자 유형을 지정하여 기존의 문자 유형을 변경한다. 작업에서 특별히 문자를 지정하지 않으면 기본적으로 제공되는 Standard 문자를 사용한다.

명령 실행 방법

- 리본메뉴 : 홈 ▷ 주석 패널 ▷ 문자 스타일
- 풀다운 메뉴 : 형식 ▷ 문자 스타일
- 아이콘 :
- 명령어 : Style

- 명령 : Style Enter

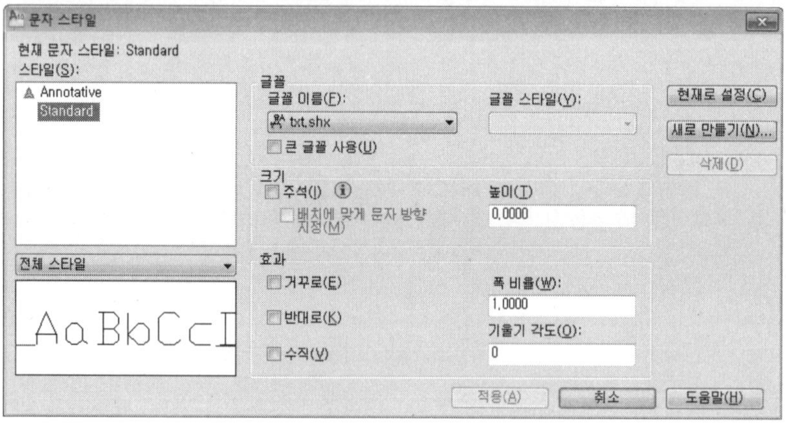

【그림 5-1】 문자 스타일

옵션

- 스타일
  - 현재로 설정 : 선택된 Style을 현재 유형으로 변경한다.
  - 새로 만들기 : 이 단추를 클릭하면 새 문자 스타일의 대화상자가 나타난다. 대화상자에서 새로운 문자 유형을 정의할 이름을 입력한다.
  - Delete : 정의된 문자유형의 이름을 삭제한다.
- 글꼴

- 글꼴이름 : Style Name 에서 정의한 유형이 사용할 폰트이름을 정한다.
- 큰 글꼴 사용 : 이 항목을 check한 후 Font style에서 whgtxt.shx와 같은 폰트를 선택하면 한글, 영문자 그리고 특수문자를 동시에 하나의 style로 사용할 수 있다.

♦ 크기

- 주석 : 주석문자 처리 여부를 결정한다.
- 높이 : 문자의 높이를 지정한다.

♦ 효과

- 거꾸로 : 체크 표시를 하면 문자를 수평으로 대칭 되게 뒤집어 쓸 수 있다.
- 반대로 : 체크 표시를 하면 문자를 수직으로 거울처럼 대칭되게 쓸 수 있다.
- 수직 : 체크표시를 하면 문자를 세로쓰기를 할 수 있다.
- 폭 비율 : 문자의 높이에 대한 폭의 비율을 지정할 수 있다.
- 기울기 각도 : 문자의 기울기를 지정한다.

♦ 기타

- 적용 : 새로 지정한 내용을 적용시킨다.
- 닫기 : 적용시킨 후 대화상자를 빠져나간다.

♦ 한글의 사용

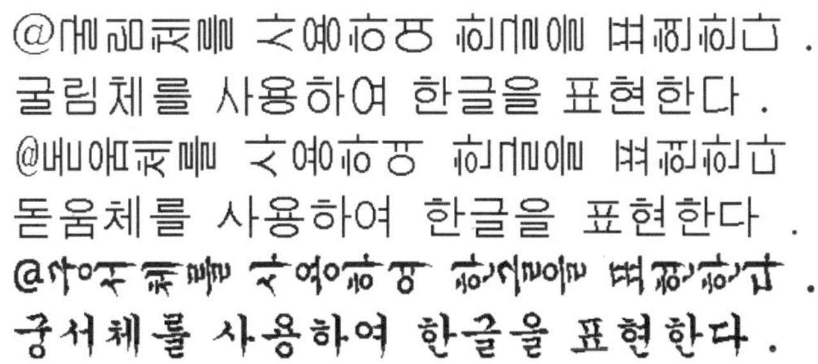

1.2 TEXT(문자기입)

도면에 다양한 종류의 문자를 입력할 때 사용하는 명령이다. Dtext 명령은 도면에 입력되는 문자를 줄을 바꿔서 여러 줄로 나타낼 수 있고, 문자를 입력할 때마다 화면에 바로 나타나므로 확인을 할 수 있다.

명령 실행 방법

- 리본메뉴 : 홈 ▷ 주석 패널 ▷ 단일행
- 풀다운 메뉴 : 그리기 ▷ 문자 ▷ 단일행 문자
- 아이콘 : A
- 명령어 : Text

명령 : Text Enter
현재 문자 스타일: "Standard" 문자 높이: 2.5000 주석: 아니오
문자의 시작점 지정 또는 [자리맞추기(J)/스타일(S)]: P1점 지정
높이 지정 <2.5000>: 10 Enter (문자의 높이 지정)
문자의 회전 각도 지정 <0>: Enter (15° 경사각 입력)
문자 : I LOVE CAD Enter
문자 : DTEXT SAMPLE Enter
문자 : Enter

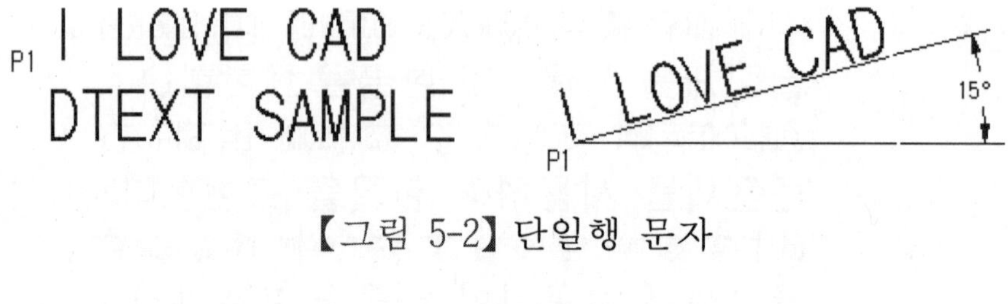

【그림 5-2】 단일행 문자

옵션

- 자리맞춤 : 입력하는 문자의 정렬을 정의한다.
  - 정렬(A):지정한 양 끝점 사이에서 문자의 크기와 폭이 결정된다.
  - 맞춤(F):양 끝점과 높이를 지정하면 두 점 사이에서 문자의 폭이 결정된다.

【ALIGN 지정】 【FIT 지정】

【그림 5-3】 단일행 문자-옵션

- 중심(C):지정한 점을 문자의 하단 중심으로 하고 정렬한다.

[그림 5-4】 단일행 문자-CENTER

- 중간(M):지정한 점을 문자의 중간으로 하고 정렬한다.

【그림 5-5】 단일행 문자-Middle

- 오른쪽(R):지정한 점을 문자의 오른쪽 하단 점으로 하고 정렬한다.

【그림 5-6】 단일행 문자-Right

- TL:지정한 점을 문자의 위 왼쪽 점으로 하고 정렬한다.
- TC:지정한 점을 문자의 위 중앙 점으로 하고 정렬한다.
- TR:지정한 점을 문자의 위 오른쪽 점으로 하고 정렬한다.
- ML:지정한 점을 문자의 중앙 왼쪽 점으로 하고 정렬한다.
- MC:지정한 점을 문자의 중앙 점으로 하고 정렬한다.
- MR:지정한 점을 문자의 중앙 오른쪽 점으로 하고 정렬한다.
- BL:지정한 점을 문자의 아래 왼쪽 점으로 하고 정렬한다.
- BC:지정한 점을 문자의 아래 중앙 점으로 하고 정렬한다.
- BR:지정한 점을 문자의 아래 오른쪽 점으로 하고 정렬한다.

【그림 5-7】 단일행 문자-위치정렬

- 스타일 : 앞서 설명한 Style 명령에 의해 설정된 유형을 선택할 수 있다.

명령 : Style Enter

대화상자에서 새로 만들기를 클릭 하여 스타일 이름을 Hangul로 입력하고 글꼴 이름을 궁서체로 변경한다.

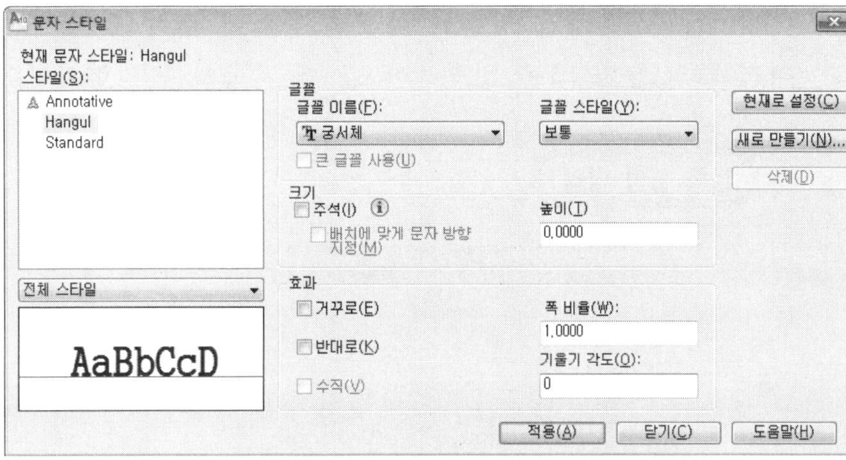

【그림 5-8】 단일행 문자-style

명령 : Text Enter
현재 문자 스타일: "Standard" 문자 높이: 2.5000 주석: 아니오
문자의 시작점 지정 또는 [자리맞추기(J)/스타일(S)]: S Enter
스타일 이름 또는 [?] 입력 <Hangul>: hangul Enter
현재 문자 스타일: "Hangul" 문자 높이: 2.5000 주석: 아니오
문자의 시작점 지정 또는 [자리맞추기(J)/스타일(S)]: P1점 지정
높이 지정 <2.5000>: 10 Enter
문자의 회전 각도 지정 <0>: Enter

문자: I LOVE CAD Enter
문자 : 한글을 사랑하자 Enter
문자 : Enter

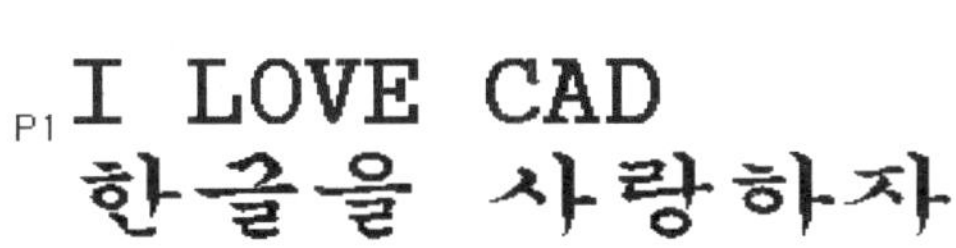

【그림 5-9】 단일행 문자실행 결과

1.3 MTEXT(여러 줄 문자기입)

Mtext는 사용자가 지정한 특정한 영역에 대화상자를 통하여 작성된 여러 줄의 문자 행을 입력해야 할 때 사용하는 명령어이다.

명령 실행 방법

- 리본메뉴 : 홈 ▷ 주석 패널 ▷ 여러줄 문자
- 풀다운 메뉴 : 그리기 ▷ 문자 ▷ 여러줄 문자
- 아이콘 : A
- 명령어 : Mtext

명령 : Mtext
현재 문자 스타일: "Standard" 문자 높이: 32.1491 주석: 아니오
첫 번째 구석 지정: (첫 번째 점 지정)
반대 구석 지정 또는 [높이(H)/자리맞추기(J)/선 간격두기(L)/회전(R)/스타일(S)/폭(W)/열(C)]: (두 번째 점 지정)

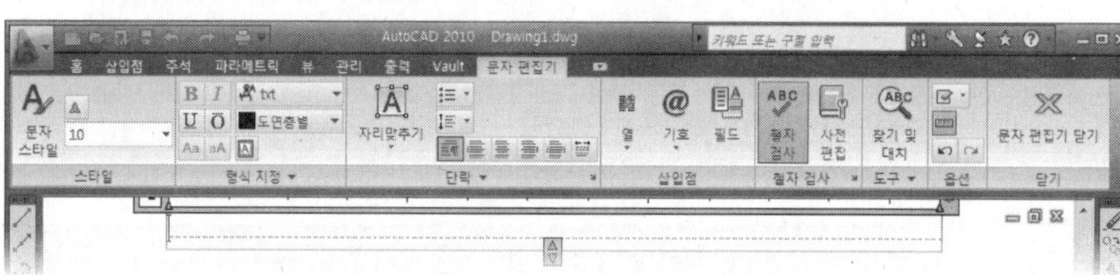

【그림 5-10】 다중행 문자

옵션

1 문자

- 문자의 모양 선택

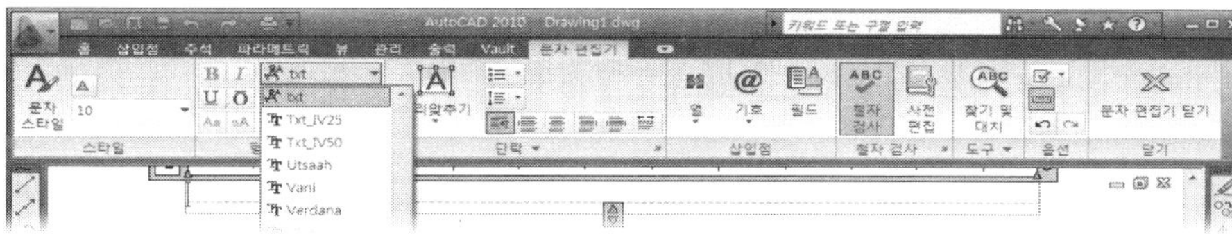

【그림 5-11】 다중행 문자-문자의 모양 선택

- **B** : 문자의 굵기를 조절한다.
- *I* : 작성된 문자를 기울어지게 나타낸다.
- U : 작성된 문자에 밑줄을 친다.
- Ō : 작성된 문자에 윗줄을 친다.
- a/b : 분수형으로 표시한다. (분자와 분모사이 특수문자 ^를 넣은 뒤 블록으로 묶으면 활성화된다.)
- 도면층별 : 문자 색상을 선택한다.
- 기호의 표시
  - 도 : 각도를 표시하는 기호
  - +/- : 공차를 적용할 때 ±표시하는 기호
  - 지름 : 원의 지름을 표시하는 기호
  - 비중단 공백 : 공백을 삽입한다.
  - 기타 : 트루타입 글꼴에 대한 유니코드 문자를 삽입한다.

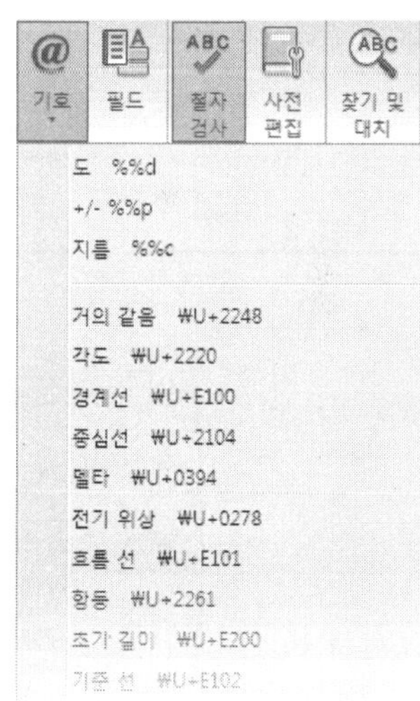

- 스타일 : 문자에 사용할 스타일을 지정한다.
- 자리맞춤 : 문자의 정렬 상태를 나타낸다.(Style의 설명 참조)
- 폭 : 문장의 폭을 지정한다.
- 회전 : 문장의 각도를 설정한다.

1.4 특수문자 기입하기

도면을 작성할 때 자판에 없는 기호, 밑줄, 각도표시 등과 같은 특수문자를 삽입해야 할 경우에 사용한다. 단 특수 문자 사용에서 주의할 점은 한글 폰트를 선택하면 φ기호가 깨져버리므로 폰트선택에 주의하여야 한다.

【표 5-1】 특수문자

기호	내용	비고
%%O	윗줄 그리기 켜기/끄기	%%OAutoCAD ⇒ AutoCAD
%%U	밑줄 그리기 켜기/끄기	%%UAutoCAD ⇒ AutoCAD
%%D	각도 표시	45%%P ⇒ 45°
%%P	플러스/마이너스 기호	%%O9.5 ⇒ ±9.5
%%C	원의 지름 기호	%%C20 ⇒ Ø20

```
명령 : Text [Enter]
현재 문자 스타일: "Standard" 문자 높이: 2.5000 주석: 아니오
문자의 시작점 지정 또는 [자리맞추기(J)/스타일(S)]: 문자 위치 지정
높이 지정 <2.5000>: 10 [Enter]
문자의 회전 각도 지정 <0>: [Enter] (15° 경사각 입력)
문자 : %%C20    %%P10    45%%D [Enter]
문자 : [Enter]
```

Ø20 ±10 45°

【그림 5-13】 문자 입력 결과

1.5 SPELL(철자 검색)

도면 내에 Text, Dtext 그리고 Mtext 명령으로 작성된 문자 또는 문자열에 사용된 철자의 오류를 검색하여 수정한다.

명령 실행 방법

- 리본메뉴 : 주석 탭 ▷ 문자 패널 ▷ 철자검색
- 풀다운 메뉴 : 도구 ▷ 철자 검색
- 아이콘 : 
- 명령어 : Spell

명령 : Spell Enter
객체 선택: 1 found(요소선택)
객체 선택: Enter

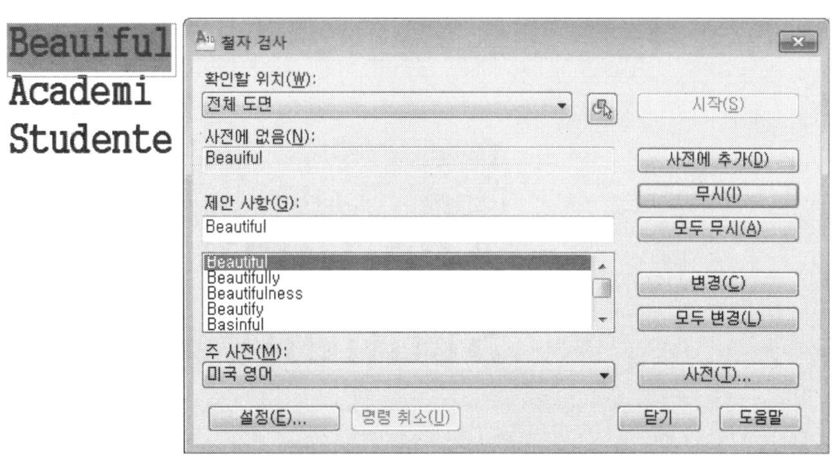

【그림 5-14】 철자검색

1.6 DDEDIT(입력한 문자수정)

도면 내에 기입된 문자(Text)와 속성(Attribute)을 수정하거나 편집하기 위해 사용되는 명령어이다. 단일 문자로 작성되었을 경우 도면영역에서 바로 수정이 가능하며 여러 줄 문자로 작성되었을 경우 다중 문자 편집 대화상자에서 수정을 할 수 있다.

명령 실행 방법

- 풀다운 메뉴 : 수정 ▷ 객체 ▷ 문자 ▷ 편집
- 아이콘 :
- 명령어 : Ddedit

명령 : Ddedit
주석 객체 선택 또는 [명령 취소(U)]: (문자나 속성을 선택)
다음과 같은 다중 문자 대화상자가 나타나면 문자 또는 속성을 수정한다.

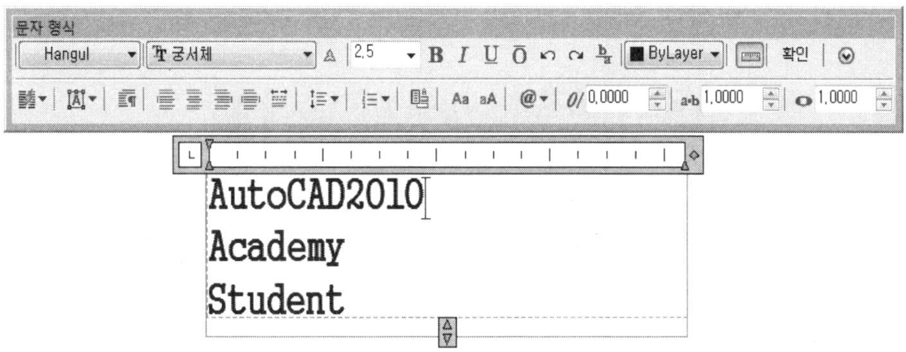

【그림 5-15】 문자수정

문자 및 문자속성의 편집은 change 또는 Properties명령에서도 할 수 있다.

2. 해치 작업

2.1 HATCH(해치)

Hatch 명령은 대화상자를 이용하여 도면 작업에서 복잡한 부분을 절단하여 내부를 표시하거나 또는 재료의 종류를 표시하는 등 여러 목적으로 일정한 영역을 acad.pat 파일에 저장되어 있는 해치 선의 패턴으로 채우고자 할 때 사용한다.

명령 실행 방법

- 리본메뉴 : 홈 ▷ 그리기 패널 ▷ 해치
- 풀다운 메뉴 : 그리기 ▷ 해치
- 아이콘 : 
- 명령어 : Hatch or Bhatch

- 명령 : Hatch Enter

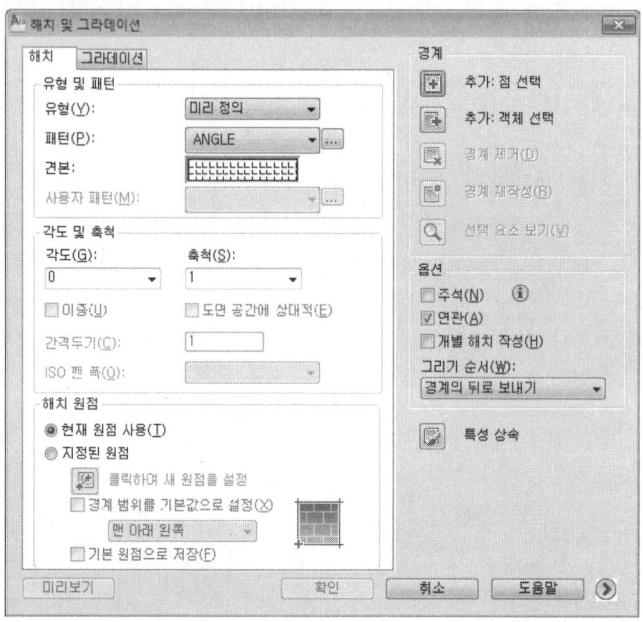

【그림 5-16】 해치

옵션

- 유형 및 패턴
  - 미리 정의 : 이 항목을 선택하면 acad.pat 파일에 저장되어 있는 해치의 형태를 선택하여 사용할 수 있다.

- 사용자 정의 : 사용자 정의에 따라 현재 설정되어 있는 선의 종류를 사용한다.
- 사용자 : acad.pat 파일에 저장되어 있는 것 외 사용자가 작성한 패턴을 사용한다.

♦ 패턴 : 목록에서 해치 패턴을 선택한다.

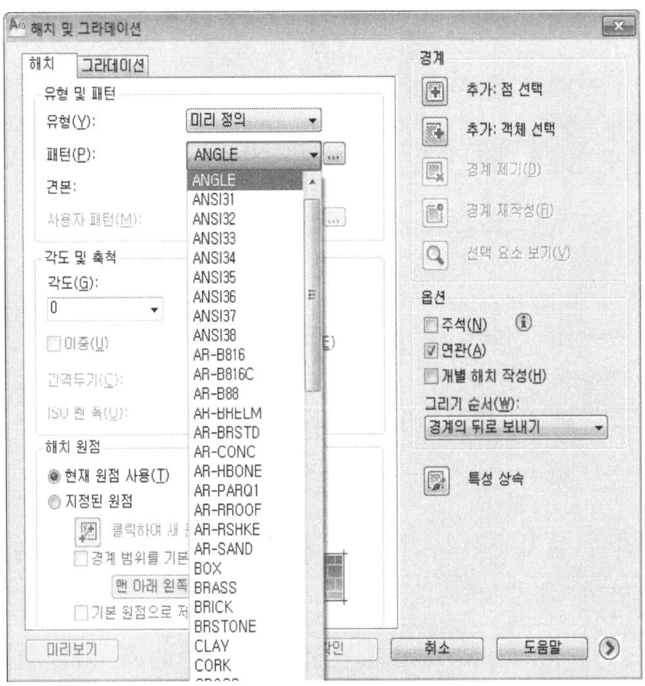

【그림 5-17】 해치-패턴

♦ 견본 : ANSI, ISO 등 미리 정의된 해치 패턴을 확인하며 선택할 수 있다.

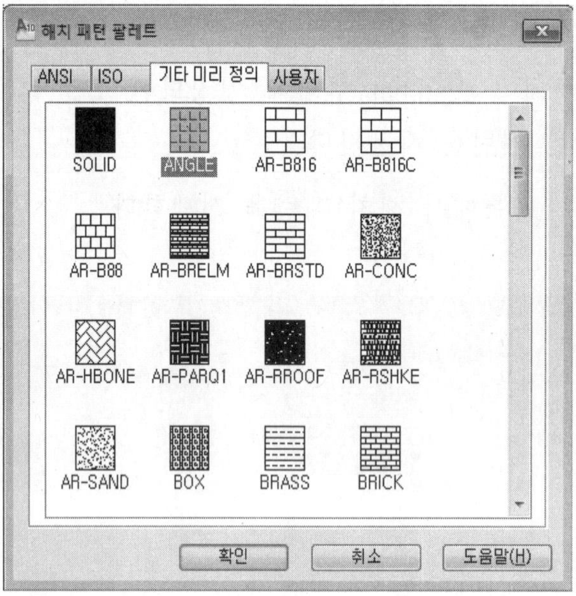

【그림 5-18】 해치-견본

- 각도 : 해치 패턴의 각도를 지정한다.
- 축척 : 해치 패턴의 축척을 지정한다.
- 간격 : 해치 선의 간격을 지정한다.(유형에서 사용자 정의가 설정되면 활성화)
- ISO 펜 폭 : Pattern에서 ISO관련 특성을 선택하면 펜의 폭 지정이 활성화된다.
- 추가 : 점 선택 : 닫힌 영역의 안쪽을 지정하면 선택된 영역의 경계선이 생성된다.
- 추가 : 객체 선택: 닫혀있는 영역의 경계선을 선택하는 방법으로 해치 영역을 지정한다.
- 경계제거 : 선택된 해치 경계선 내부에 닫힌 영역이 있을 경우 특정 부분을 제외하거나 포함하여 해치 할 때 사용한다.
- 경계 재작성 : 해치를 실행하기 전에 다시 한 번 경계선을 보여준다.

- 선택 요소 보기 : 기존 해치 영역을 선택하여, 그 특성을 현재 설정한 영역에 계속하여 사용할 수 있다.

2.2 HATCHEDIT(해치 편집)

기존의 도면에 표시된 해치의 패턴, 축척, 각도 등을 편집할 때 사용한다. Hatchedit 명령을 실행하여 수정할 부분을 선택하면 아래와 같이 대화 상자가 나타난다.

명령 실행 방법

- 리본메뉴 : 홈 ▷ 수정 패널 ▷ 해치 편집
- 풀다운 메뉴 : 수정 ▷ Hatch
- 아이콘 : 
- 명령어 : Hatchedit

명령 : Hatchedit [Enter]
해치 객체 선택: (편집하고자 하는 해치 영역 선택)

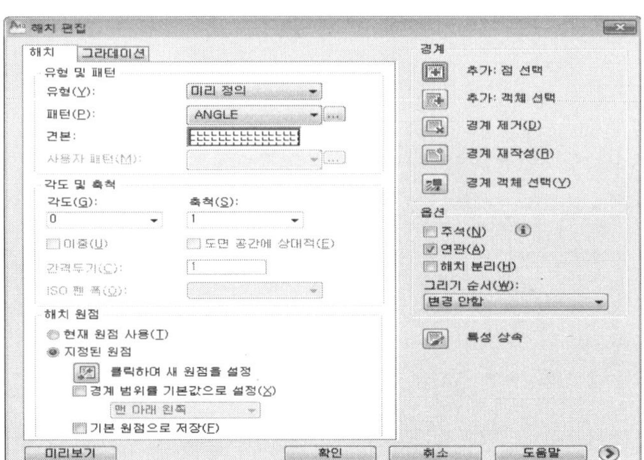

【그림 5-19】 해치 편집

대화상자의 사용은 Hatch 명령과 동일하게 사용하면 된다.

Chapter 6.

치수도입

Chapter 6. 치수도입

1. 치수기입

1.1 치수요소

AutoCAD는 그려진 객체에 대한 정확한 치수를 표시할 수 있으며 다양한 형태의 치수 기입을 가능하게 한다.

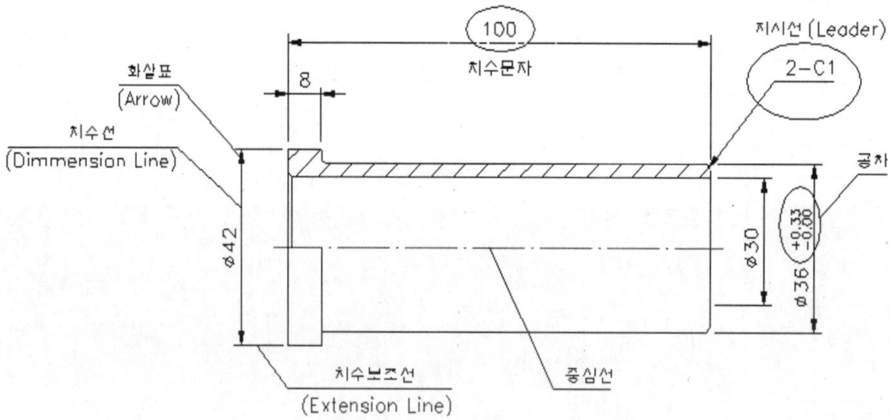

【그림 6-1】 치수 기입 예

≪치수 요소≫

- **치수선(Dimension line)** : 기입할 거리나 각도를 나타내는 선으로 양끝에 끝단(화살, 티크, 원)표시가 있는 선을 말한다. 도면 요소의 외형선에서 10~15mm의 간격을 유지하고, 치수선과 치수선 사이는 10mm를 유지하도록 한다.
- **치수보조선(Extension line)** : 도면요소의 외형선에서 치수선까지 그려진 보조선을 말한다.
- **치수문자(Dimension text)** : 실제 치수값이나 기호 등의 문자를 말한다.
- **중심선(Center line)** : 도면요소의 대칭 되는 중심이나 원 또는 호의 중심부를 나타내는 일점쇄선을 말한다.
- **지시선(Leader)** : 치수 또는 가공법 등을 기입할 공간이 부족할 때 지시선을 사용하여 적당한 위치로 끌어내어 표시한다.
- **공차(Tolerance)** : 주로 기계도면에서 사용되는 것으로 제작하는 부품을 최소 치수에서 최대치수를 지정하는 것이다. 예) $12^{+0.02}_{-0.03}$

1.2 DIMLINEAR(선형 치수기입)

Dimlinear 명령을 실행한 후 치수를 기입하면 수직, 수평방향의 치수를 기입해준다.

명령 실행 방법

- 리본메뉴 : 주석 탭 ▷ 치수 패널 ▷ 선형
- 풀다운 메뉴 : 치수 ▷ 선형
- 아이콘 : 
- 명령어 : Dimlinear

1-2-1 두 점에 의한 치수기입

명령 : Dimlinear Enter
첫 번째 치수보조선 원점 지정 또는 <객체 선택>: P1점 지정(첫 번째 치수 보조선의 기준점)
두 번째 치수보조선 원점 지정: P2점 지정(두 번째 치수 보조선의 기준점)
치수선의 위치 지정 또는
[여러 줄 문자(M)/문자(T)/각도(A)/수평(H)/수직(V)/회전(R)]: P3점 지정(치수선의 위치)
치수 문자 = 39.72 (기입된 치수가 나타난다.)

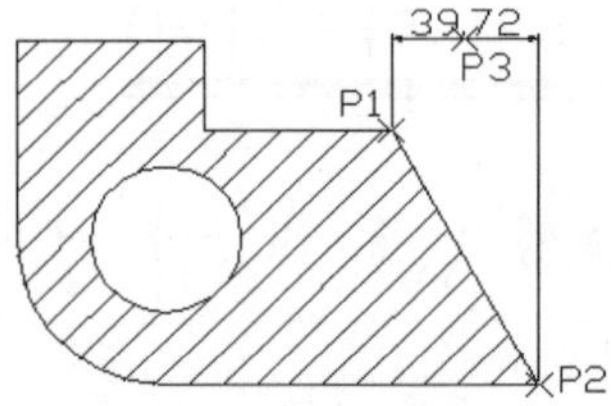

【그림 6-2】 치수-두 점에 의한 치수기입

1-2-2 객체선택에 의한 치수기입

명령 : Dimlinear [Enter]
첫 번째 치수보조선 원점 지정 또는 <객체 선택>: [Enter]
치수기입할 객체 선택: 객체 P1선택(치수 기입할 객체선택)
치수선의 위치 지정 또는
[여러 줄 문자(M)/문자(T)/각도(A)/수평(H)/수직(V)/회전(R)]:
P2점 지정(치수선의 위치)
치수 문자 = 39.72 (기입된 치수가 나타난다.)

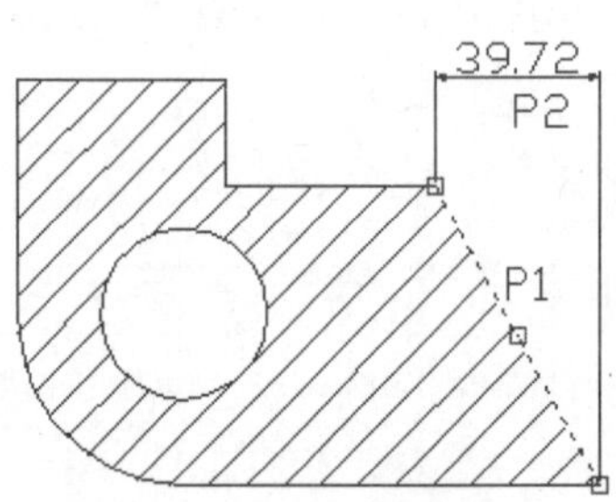

【그림 6-3】 치수-객체선택에 의한 치수기입

옵션

- 여러 줄 문자(M) : 여러 줄 문자 편집 대화상자를 이용하여 원래 치수문자 대신 새로운 문자열 입력한다.

명령 : Dimlinear [Enter]
첫 번째 치수보조선 원점 지정 또는 <객체 선택>: P1점 지정(첫 번째 치수 보조선의 기준점)
두 번째 치수보조선 원점 지정: P2점 지정(두 번째 치수 보조선의 기준점)
치수선의 위치 지정 또는
[여러 줄 문자(M)/문자(T)/각도(A)/수평(H)/수직(V)/회전(R)]: M [Enter]

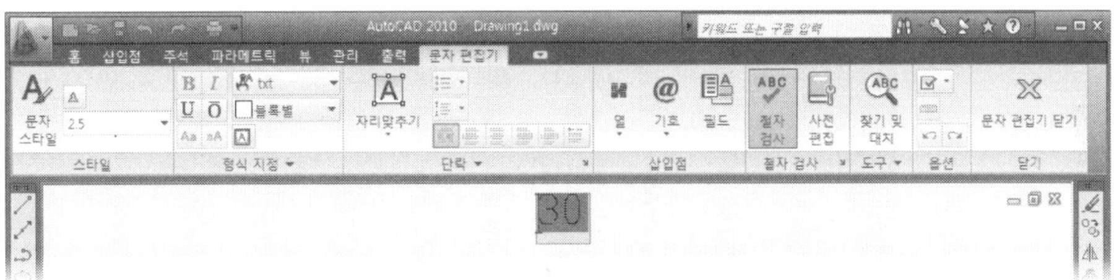

【그림 6-4】 치수-문자

위의 Mtext 대화상자에서 <>를 지우고 새로운 문자열(100으로 변경)을 입력한다.

치수선의 위치 지정 또는
[여러 줄 문자(M)/문자(T)/각도(A)/수평(H)/수직(V)/회전(R)]:
P3점 지정(치수선의 위치)
치수 문자 = 39.72 (원래 치수가 나타난다.)

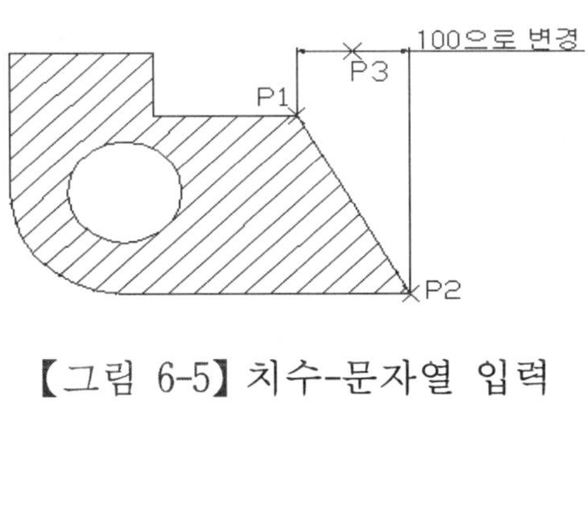

【그림 6-5】 치수-문자열 입력

- 문자(T) : 원래 치수문자를 변경할 수 있다.

```
명령 : Dimlinear Enter
첫 번째 치수보조선 원점 지정 또는 <객체 선택>: P1점 지정(첫 번째 치수 보조선의 기준점)
두 번째 치수보조선 원점 지정: P2점 지정(두 번째 치수 보조선의 기준점)
치수선의 위치 지정 또는
[여러 줄 문자(M)/문자(T)/각도(A)/수평(H)/수직(V)/회전(R)]: T Enter
새 치수 문자를 입력 <30>: 50 Enter (변경할 치수문자)
치수선의 위치 지정 또는
[여러 줄 문자(M)/문자(T)/각도(A)/수평(H)/수직(V)/회전(R)]: P3점 지정(치수선의 위치)
치수 문자 = 50
```

- 각도(A) : 치수 문자의 각도를 변경한다.

```
명령 : Dimlinear Enter
첫 번째 치수보조선 원점 지정 또는 <객체 선택>: P1점 지정(첫 번째 치수 보조선의 기준점)
두 번째 치수보조선 원점 지정: P2점 지정(두 번째 치수 보조선의 기준점)
치수선의 위치 지정 또는
[여러 줄 문자(M)/문자(T)/각도(A)/수평(H)/수직(V)/회전(R)]: A Enter
치수 문자의 각도를 지정: 20 Enter (치수문자의 각도)
[여러 줄 문자(M)/문자(T)/각도(A)/수평(H)/수직(V)/회전(R)]: P3점 지정(치수선의 위치)
치수 문자 = 39.72 (원래 치수가 나타난다.)
```

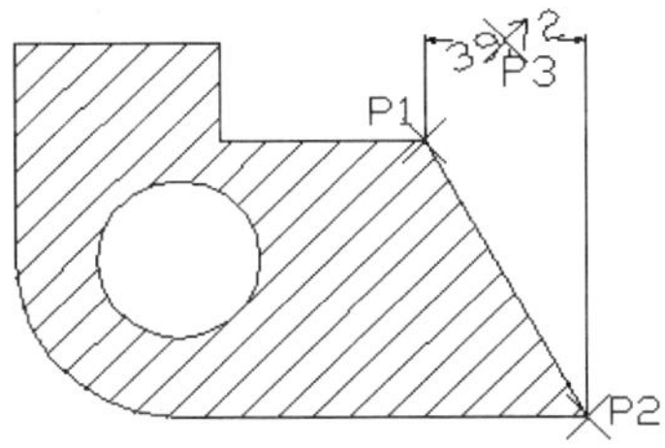

【그림 6-6】 치수-문자 각도

- 수평(H) : 도면에 수평으로 선형치수를 기입한다.

명령 : Dimlinear [Enter]
첫 번째 치수보조선 원점 지정 또는 <객체 선택>: P1점 지정(첫 번째 치수 보조선의 기준점)
두 번째 치수보조선 원점 지정: P2점 지정(두 번째 치수 보조선의 기준점)
치수선의 위치 지정 또는
[여러 줄 문자(M)/문자(T)/각도(A)/수평(H)/수직(V)/회전(R)]: H [Enter]
치수선의 위치 지정 또는 [여러 줄 문자(M)/문자(T)/각도(A)]: P3점 지정(치수선의 위치)
치수 문자 = 39.72

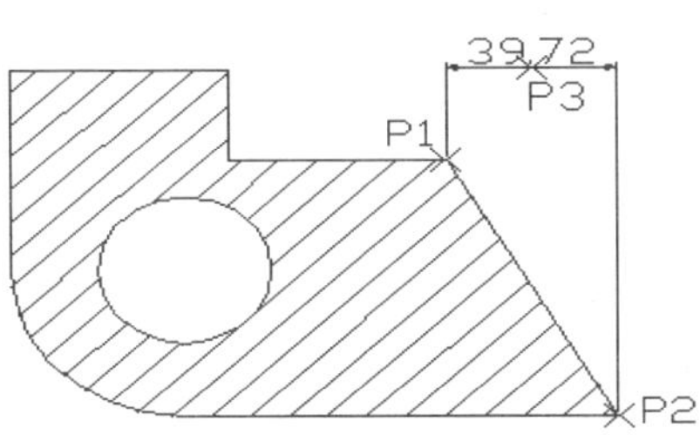

【그림 6-7】 치수-수평 치수

- 수직(V) : 도면에 수직으로 선형치수를 기입한다.

명령 : Dimlinear [Enter]
첫 번째 치수보조선 원점 지정 또는 〈객체 선택〉: P1점 지정(첫 번째 치수 보조선의 기준점)
두 번째 치수보조선 원점 지정: P2점 지정(두 번째 치수 보조선의 기준점)
치수선의 위치 지정 또는
[여러 줄 문자(M)/문자(T)/각도(A)/수평(H)/수직(V)/회전(R)]: V [Enter]
치수선의 위치 지정 또는 [여러 줄 문자(M)/문자(T)/각도(A)]: P3점 지정(치수선의 위치)
치수 문자 = 70

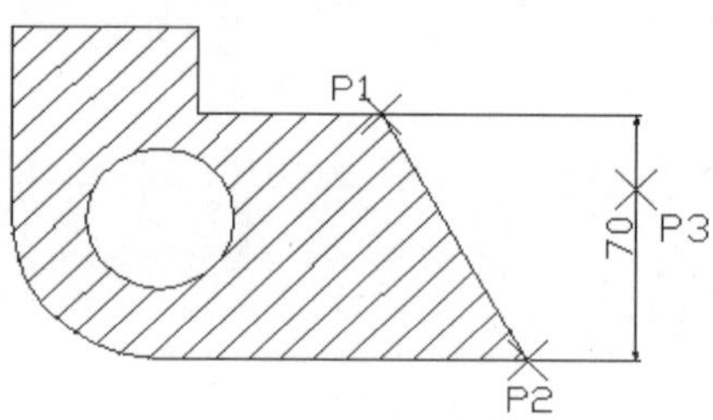

【그림 6-8】치수-수직 치수

- 회전(R) : 지정한 각도만큼 회전하여 선형치수를 기입한다.

명령 : Dimlinear [Enter]
첫 번째 치수보조선 원점 지정 또는 〈객체 선택〉: P1점 지정(첫 번째 치수 보조선의 기준점)
두 번째 치수보조선 원점 지정: P2점 지정(두 번째 치수 보조선의 기준점)
치수선의 위치 지정 또는
[여러 줄 문자(M)/문자(T)/각도(A)/수평(H)/수직(V)/회전(R)]: R [Enter]
치수선의 각도를 지정 〈0〉: 70 [Enter]
[여러 줄 문자(M)/문자(T)/각도(A)/수평(H)/수직(V)/회전(R)]: P3점 지정(치수선의 위치)
치수 문자 = 61.26

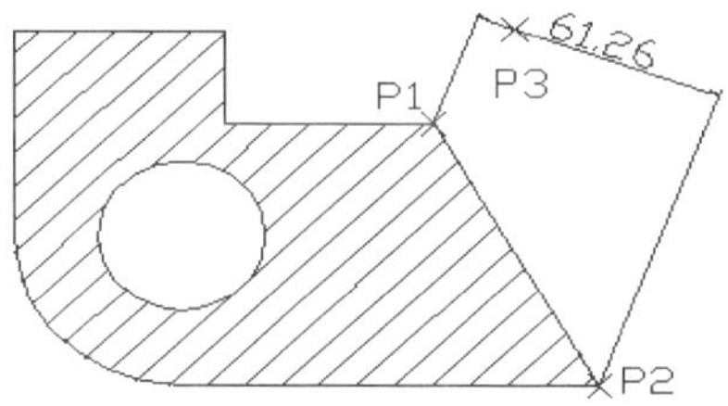

【그림 6-9】 치수-회전 치수

1.3 DIMALIGNED(경사면 치수기입)

경사진 객체에 평행하기 치수를 기입하는 명령이다.

명령 실행 방법

- 리본메뉴 : 주석 탭 ▷ 치수 패널 ▷ 정렬
- 풀다운 메뉴 : 치수 ▷ 정렬
- 아이콘 : 
- 명령어 : Dimaligned

명령 : Dimaligned [Enter]첫 번째 치수보조선 원점 지정 또는 <객체 선택>: P1점 지정(첫 번째 치수 보조선의 기준점)
두 번째 치수보조선 원점 지정: P2점 지정(두 번째 치수 보조선의 기준점)
치수선의 위치 지정 또는
[여러 줄 문자(M)/문자(T)/각도(A)]:P3점 지정(치수선의 위치)
치수 문자 = 80.48

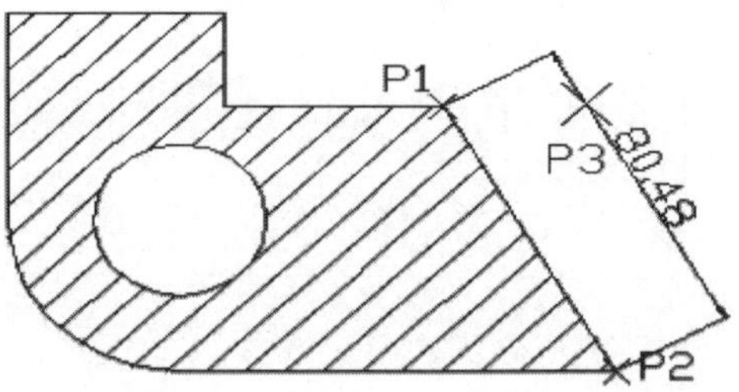

【그림 6-10】 치수-경사면 치수

옵션

- 여러 줄 문자(M)/문자(T)/각도(A) : 앞의 Dimliner 명령을 참조하라.

1.4 DIMORDINATE(세로좌표 치수기입)

현재의 UCS의 원점을 기준으로 X 또는 Y축까지의 치수를 기입한다.

명령 실행 방법

- 리본메뉴 : 주석 탭 ▷ 치수 패널 ▷ 세로좌표
- 풀다운 메뉴 : 치수 ▷ 세로좌표
- 아이콘 :
- 명령어 : Dimordinate

명령 : Dimordinate Enter
피쳐 위치를 지정: P1점 지정
지시선 끝점을 지정 또는 [X데이텀(X)/Y데이텀(Y)/여러 줄 문자(M)/문자(T)/각도(A)]: P2점 지정(치수선의 위치)
치수 문자 =154.73(UCS 원점에서 Y축 방향의 길이를 측정한 값)

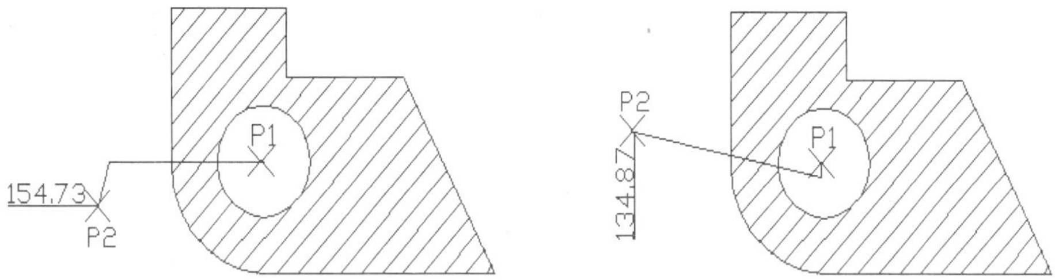

【Xdatum 옵션을 이용한 치수기입】 【Ydatum옵션을 이용한 치수기입】

【그림 6-11】 치수-세로좌표 치수

옵션

- 여러 줄 문자(M)/문자(T)/각도(A) : 앞의 Dimliner 명령을 참조하라.
- X데이텀(X) : UCS 원점에서 X축 방향의 좌표값을 측정한다.
- Y데이텀(Y) : UCS 원점에서 Y축 방향의 좌표값을 측정한다.

1.5 DIMRADIUS(반지름 치수기입하기)

원이나 호의 반지름 치수를 기입한다.

명령 실행 방법

- 리본메뉴 : 주석 탭 ▷ 치수 패널 ▷ 반지름
- 풀다운 메뉴 : 치수 ▷ 반지름
- 아이콘 :
- 명령어 : Dimradius

명령 : Dimradius Enter
호 또는 원 선택: 객체 P1선택(치수 기입할 객체선택)
치수 문자 = 50
치수선의 위치 지정 또는 [여러 줄 문자(M)/문자(T)/각도(A)] :
P2점 지정(치수선의 위치)

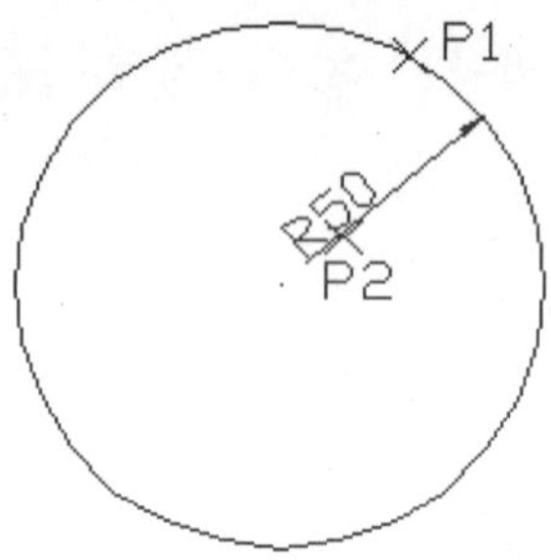

【그림 6-12】치수-반지름 치수

옵션

- 여러 줄 문자(M)/문자(T)/각도(A) : 앞의 Dimliner 명령을 참조하라.

1.6 DIMDIAMETER(지름 치수기입하기)

원이나 호의 직경 치수를 기입한다.

명령 실행 방법

- 리본메뉴 : 주석 탭 ▷ 치수 패널 ▷ 지름
- 풀다운 메뉴 : 치수 ▷ 지름
- 아이콘 : 
- 명령어 : Dimdiameter

명령 : Dimdiameter [Enter]
호 또는 원 선택 : 객체 P1선택(치수 기입할 객체선택)
치수 문자 = 100
치수선의 위치 지정 또는 [여러 줄 문자(M)/문자(T)/각도(A)]
: P2점 지정(치수선의 위치)

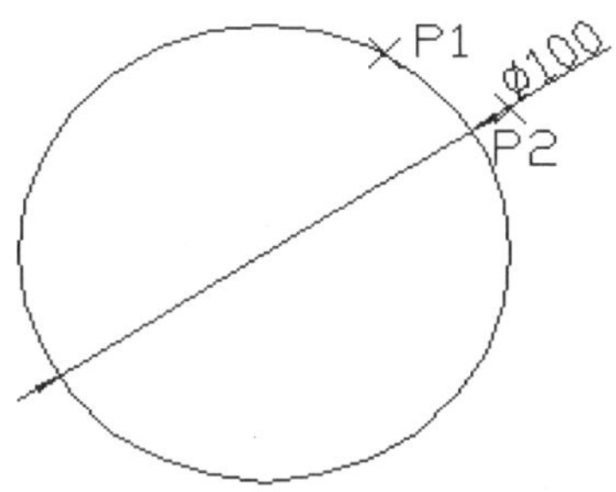

【그림 6-13】 치수-지름 치수

1.7 DIMANGULAR(각도 치수기입하기)

평행하지 않은 두 선분 사이의 각도 또는 호의 각도를 표시한다.

명령 실행 방법

- 리본메뉴 : 주석 탭 ▷ 치수 패널 ▷ 각도
- 풀다운 메뉴 : 치수 ▷ 각도
- 아이콘 : 
- 명령어 : Dimangular

1-7-1 객체선택에 의한 치수기입

명령 : Dimangular Enter
호, 원, 선을 선택하거나 <정점 지정>: 객체 P1선택(객체선택)
치수 호 선의 위치 지정 또는 [여러 줄 문자(M)/문자(T)/각도(A)/사분점(Q)]: P2점 지정(치수선의 위치)
치수 문자 = 111

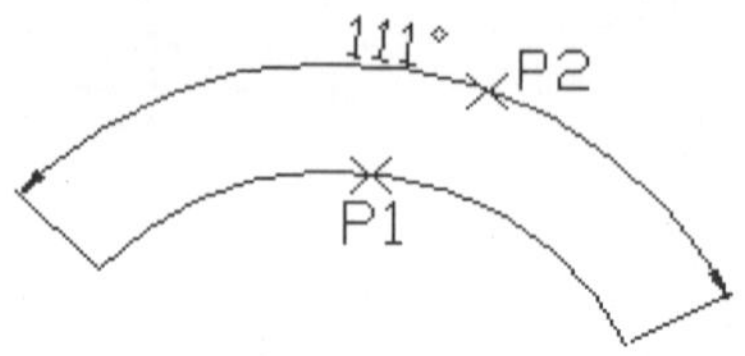

【그림 6-14】 치수-각도 치수

1-7-2 두 선의 선택에 의한 치수기입

명령 : Dimangular Enter
호, 원, 선을 선택하거나 <정점 지정>: P1선택(객체선택)
두 번째 선 선택: P2선택(객체선택)
치수 호 선의 위치 지정 또는 [여러 줄 문자(M)/문자(T)/각도(A)/사분점(Q)]: P3점 지정(치수선의 위치)
치수 문자 = 30

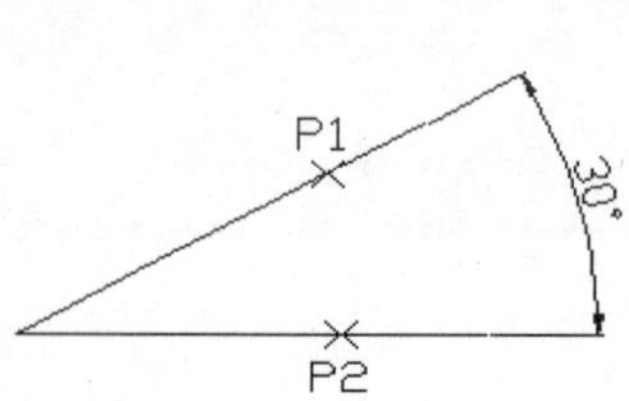

【그림 6-15】 치수-두 선을 선택한 경우

1-7-3 두 점에 의한 치수기입

명령: Dimangular Enter
호, 원, 선을 선택하거나 〈정점 지정〉: Enter
각도 정점 지정: P1점 선택
첫 번째 각도 끝점 지정: P2점 선택
두 번째 각도 끝점 지정: P3점 선택
치수 호 선의 위치 지정 또는 [여러 줄 문자(M)/문자(T)/각도(A)/사분점(Q)]: P4점 지정(치수선의 위치)
치수 문자 = 78

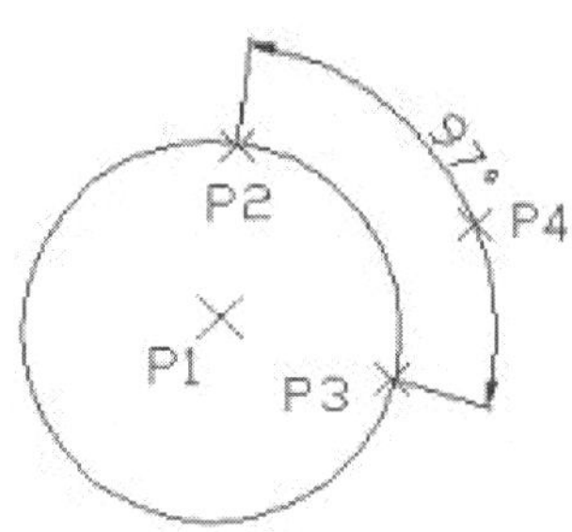

【그림 6-16】 치수-원에서 두 점을 선택한 경우

1.8 DIMBASELINE(기준 치수기입)

기준면을 중심으로 아래 그림과 같이 기준 치수선을 그려야 할 때, 첫 번째 치수 보조선을 기준선으로 선형 및 각도를 연속적으로 그릴 때 사용된다.

명령 실행 방법

- 리본메뉴 : 주석 탭 ▷ 치수 패널 ▷ 기준선
- 풀다운 메뉴 : 치수 ▷ 기준선
- 아이콘 :
- 명령어 : Dimbaseline

명령 : Dimlinear Enter
첫 번째 치수보조선 원점 지정 또는 〈객체 선택〉: P1점 지정
(첫 번째 치수 보조선의 기준점)
두 번째 치수보조선 원점 지정: P2점 지정(두 번째 치수 보조선
의 기준점)
치수선의 위치 지정 또는
[여러 줄 문자(M)/문자(T)/각도(A)/수평(H)/수직(V)/회전(R)]: P3
점 지정(치수선의 위치)
치수 문자 = 50 (기입된 치수가 나타난다.)
명령 : Dimbaseline Enter
두 번째 치수보조선 원점 지정 또는 [명령 취소(U)/선택(S)]
〈선택(S)〉: P4점 선택
치수 문자 = 90
두 번째 치수보조선 원점 지정 또는 [명령 취소(U)/선택(S)]
〈선택(S)〉: P5점 선택
치수 문자 = 140
두 번째 치수보조선 원점 지정 또는 [명령 취소(U)/선택(S)]
〈선택(S)〉: Enter
기준 치수 선택: Enter

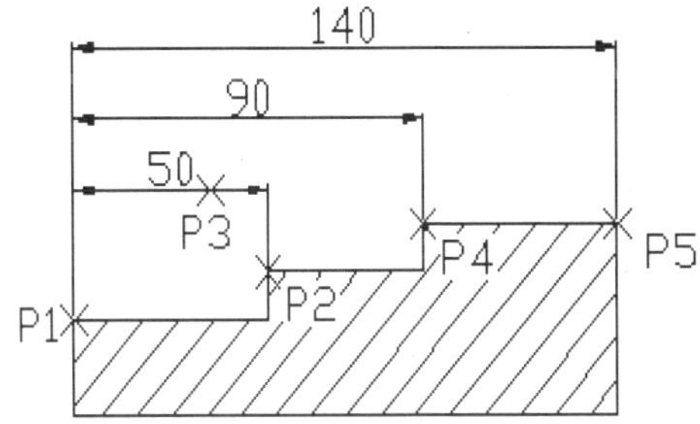

【그림 6-17】 치수-기준 치수

1.9 DIMCONTINUE(연속 치수기입)

Dimcontinue 명령은 연속되는 치수를 기입해야 할 때 사용하며, 바로 앞 명령의 두 번째 치수 보조선에서 시작하므로 반드시 선행된 치수 기입이 있어야 한다.

명령 실행 방법

- 리본메뉴 : 주석 탭 ▷ 치수 패널 ▷ 연속
- 풀다운 메뉴 : 치수 ▷ 연속
- 아이콘 : 
- 명령어 : Dimcontinue

명령 : Dimlinear Enter
첫 번째 치수보조선 원점 지정 또는 〈객체 선택〉: P1점 지정(첫 번째 치수 보조선의 기준점)
두 번째 치수보조선 원점 지정: P2점 지정(두 번째 치수 보조선의 기준점)
치수선의 위치 지정 또는
[여러 줄 문자(M)/문자(T)/각도(A)/수평(H)/수직(V)/회전(R)]: P3점 지정(치수선의 위치)
치수 문자 = 50(기입된 치수가 나타난다.)

명령 : Dimcontinue Enter
두 번째 치수보조선 원점 지정 또는 [명령 취소(U)/선택(S)]
〈선택(S)〉: P4점 지정
치수 문자 = 40
두 번째 치수보조선 원점 지정 또는 [명령 취소(U)/선택(S)]
〈선택(S)〉: P5점 지정
치수 문자 = 50
두 번째 치수보조선 원점 지정 또는 [명령 취소(U)/선택(S)]
〈선택(S)〉: Enter
연속된 치수 선택: Enter

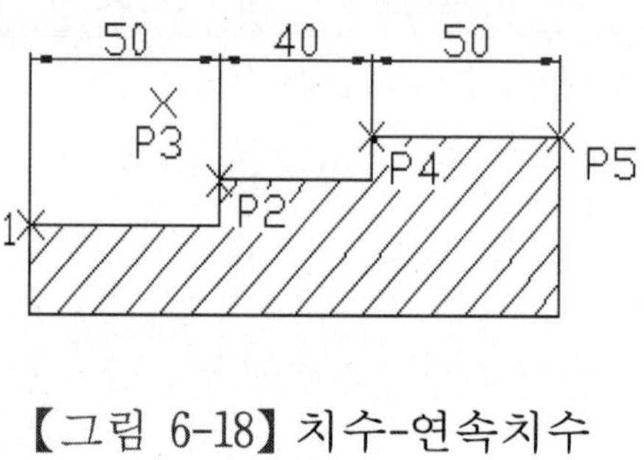

【그림 6-18】 치수-연속치수

1.10 QDIM(신속 치수)

치수기입 할 요소의 형상이 복잡할 경우 한 번에 신속히 치수 기입을 할 수 있다.

명령 실행 방법

- 리본메뉴 : 주석 탭 ▷ 치수 패널 ▷ 신속치수
- 풀다운 메뉴 : 치수 ▷ 신속치수
- 아이콘 :
- 명령어 : Qdim

명령 : Qdim Enter
연관 치수 우선순위 = 끝점(E)
치수 기입할 형상 선택: P1점 지정
반대 구석 지정: P2점 지정

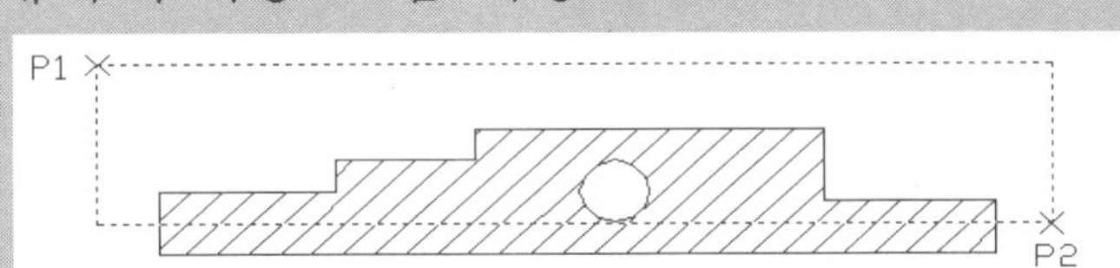

10개를 찾음
치수 기입할 형상 선택: Enter
치수선의 위치 지정 또는 [연속(C)/다중(S)/기준선(B)/세로좌표(O)/반지름(R)/지름(D)/데이텀 점(P)/편집(E)/설정(T)] <연속(C)>:
P3점 지정(치수선의 위치)

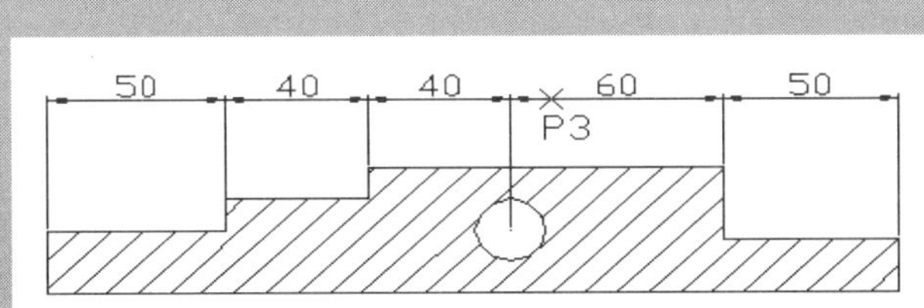

옵션

- 연속(C) : 한번에 연속 치수를 기입한다.
- 다중(S) : 한번에 맞물림 치수를 기입한다.
- 기준선(B) : 한번에 기준 치수를 기입한다.
- 세로좌표(O) : 한번에 세로 좌표치수를 기입한다.
- 반지름 치수/지름 치수 : 지름/반지름 치수를 기입한다.
- 데이텀 점(P) : 기준치수와 세로 좌표치수의 경우, 새로운 기준 점을 지정한다.
- 편집(E) : Qdim 명령에 의해 작성된 치수를 편집한다.

1.11 DIMCENTER(원, 호의 치수 중심)

원이나 호의 중심점에 중심표시를 한다. 치수 유형 관리자 대화상자의 설정에 의해 중심마크만 혹은 중심선과 동시에 표시할 수 있다.

명령 실행 방법

- 리본메뉴 : 주석 탭 ▷ 치수 패널 ▷ 중심표식
- 풀다운 메뉴 : 치수 ▷ 중심표식
- 아이콘 : 
- 명령어 : Dimcenter

명령 : Dimcenter Enter
호 또는 원 선택: 객체(원, 호) 선택

【중심마크만 표시】 【중심마크와 중심선표시】

【그림 6-19】 치수-원, 호치수 중심

1.12 QLEADER(지시선 치수기입)

어떤 특정한 부분에 지시 사항을 기입하거나 또는 치수를 기입하고자 하는 곳의 폭이 좁거나, 복잡할 경우에 사용한다. 지시선은 외형선에서 45° 혹은 60° 의 각도로 하는 것이 좋다.

명령 실행 방법

•명령 : Qleader

명령 : Qleader Enter
첫 번째 지시선 지정, 또는 [설정(S)]<설정>: P1점 지정(첫 번째 점)
다음점 지정: P2점 선택
다음점 지정: P3점 선택
문자 폭 지정 <0>: 100(문장의 폭을 지정)
주석 문자의 첫 번째 행 입력 또는 <여러 줄 문자>: AutoCAD2010
주석 문자의 다음 행을 입력: Qlead
주석 문자의 다음 행을 입력: Enter

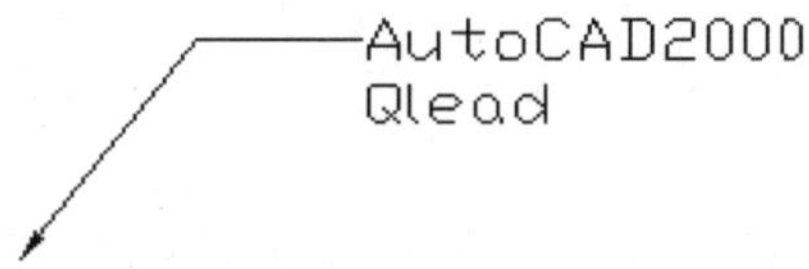

【그림 6-20】 치수-지시선 치수

옵션

- 설정

```
명령 : Qleader Enter
첫 번째 지시선 지정, 또는 [설정(S)]<설정>: Enter
```

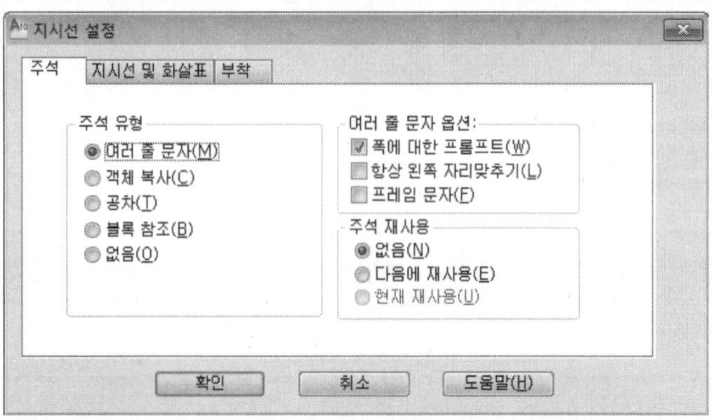

【그림 6-21】 치수-지시선 설정값(주석)

- 주석 유형 : 지시선 주석의 형식을 설정한다.
  - 여러 줄 문자 : 주석을 다중행 문자로 사용한다.
  - 객체 복사 : 새로 주석을 작성하지 않고 주석으로 사용할 문자열을 복사한다.
  - 공차 : 주석대신 기하학적 공차를 넣을 수 있다.
  - 블록 참조 : 주석에 블록 참조를 삽입한다.

- 없음 : 주석 없는 지시선을 작성한다.

♦ 지시선 및 화살표 : 지시선과 화살표에 대한 설정을 나타낸다.

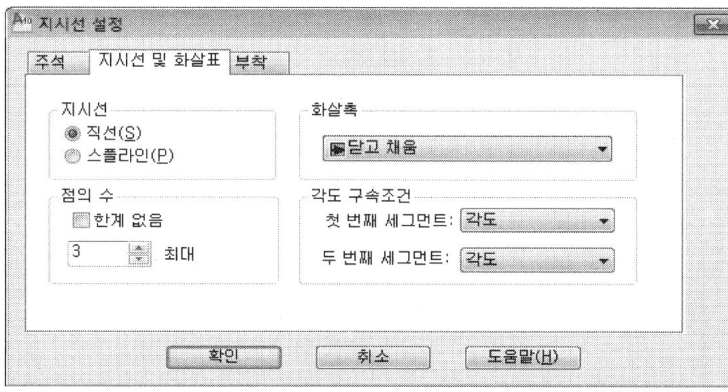

【그림 6-22】 치수-지시선 설정값(지시선 및 화살표)

- 지시선 : 지시선의 형태를 직선 또는 스플라인으로 설정한다.
- 점의 수 : 지시선의 선분의 수를 설정한다.
- 화살촉 : 지시선의 화살표 모양을 설정한다.
- 각도 구속조건 : 첫 번째와 두 번째 선분에 대한 각도를 구속한다.

♦ 부착 : 다중행 문자를 지시선에 부착하는 위치를 설정한다.
이 탭은 주석 유형을 여러 줄 문자로 설정해야 나타난다.

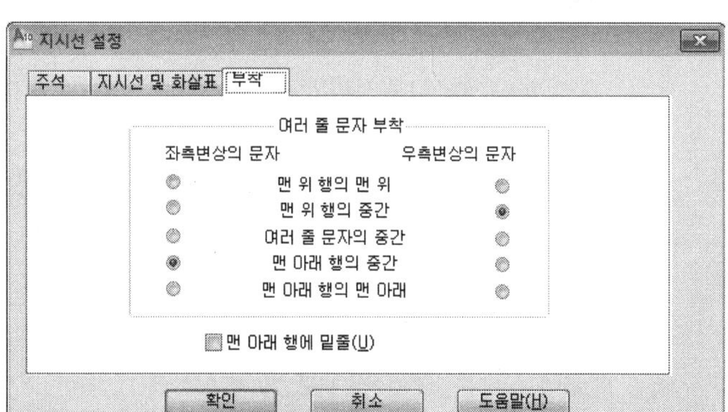

【그림 6-23】 치수-지시선 설정값(부착)

1.13 TOLERANCE(공차 기입)

기하학적 공차(Geometric tolerance)는 어떤 도면요소의 특성에 관한 정보를 도면에 넣을 수 있게 해준다. 예를 들면 가공과 맞춤에 필요한 정확도 등을 나타낸다.

명령 실행 방법

- •리본메뉴 : 주석 탭 ▷ 치수 패널 ▷ 공차
- •풀다운 메뉴 : 치수 ▷ 공차
- •아이콘 :
- •명령어 : Tolerance

•명령 : Tolerance Enter

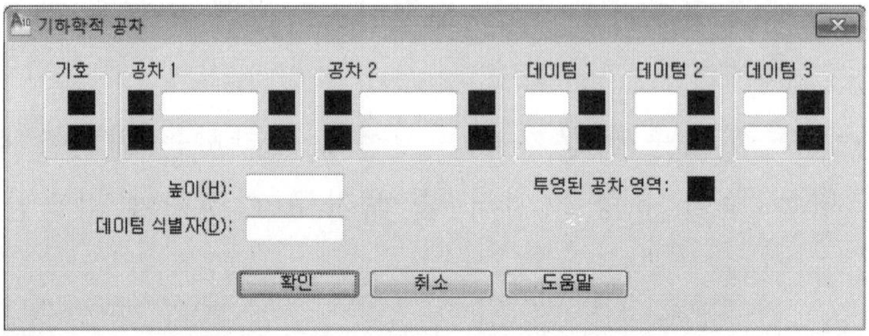

【그림 6-24】 치수-기하학적 공차

- 기호 : 기호의 입력 박스를 마우스로 누르면 다음과 같은 기호 대화상자가 나온다.

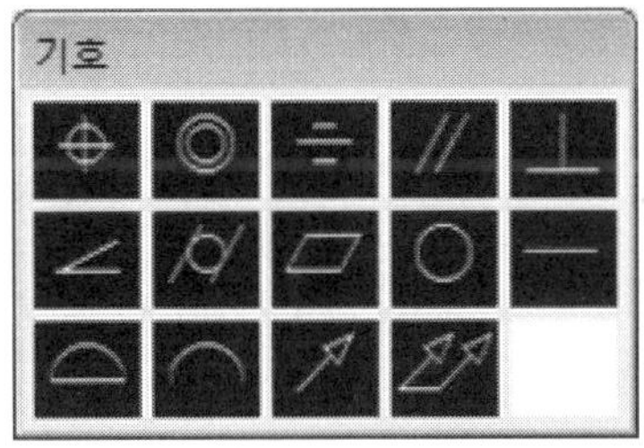

【그림 6-25】 치수-기호

원하는 기하학적 공차기호를 선택한다.

- 공차 : 지름 기호, 공차값, 재질의 상태 기호를 입력한다.

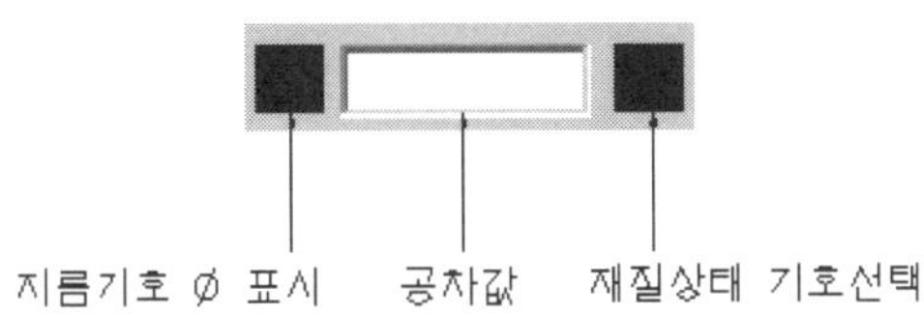

【그림 6-26】 치수-공차

재질상태 기호 선택창을 마우스로 클릭하면 Material Condition 대화상자가 나타나며 원하는 기호를 선택한다.

【그림 6-27】 치수-재질 상태

(ⓜ : 최대 재질조건 ⓛ : 최소 재질상태 ⓢ : 특성 크기와 무관함)

- 데이텀 : 기하학적 공차의 기준이 되는 선 혹은 면에 해당하는 문자를 입력한다.
- 높이 : 투영 공차의 영역값을 지정한다.
- 투영된 공차 영역 : 투영된 공차 영역값 뒷부분에 투영 공차 영역 기호 ⓟ를 표시한다.

- 데이텀 식별자 : 기준 식별 기호를 지정한다.

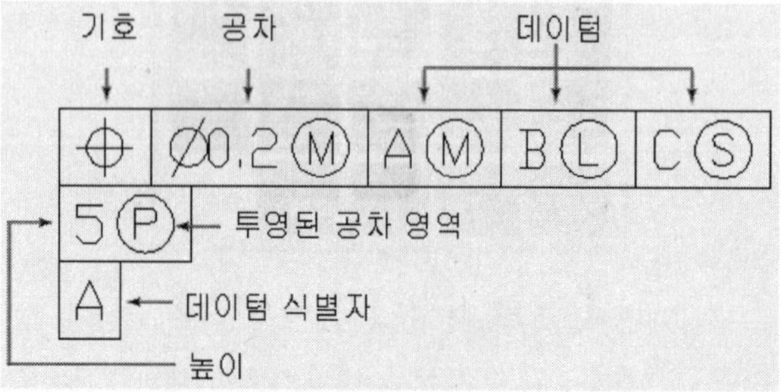

[그림 6-28] 치수-공차 예

2. 치수유형 설정하기

2.1 DIMENSION STYLE MANAGER(치수 유형 설정 관리자)

치수 기입에 있어 유형의 설정은 가능한 일관성 있게 해야 한다. 따라서 작업자는 치수 기입에 관련된 모든 시스템 변수를 쉽고, 빠르게 설정할 수 있어 작업 시간을 단축할 수 있다.

명령 실행 방법

- 리본메뉴 : 주석 탭 ▷ 치수 패널 ▷ ↘
- 풀다운 메뉴 : 형식 ▷ 치수 스타일
- 아이콘 :
- 명령어 : Dimstyle or Ddim

- 명령 : Dimstyle Enter

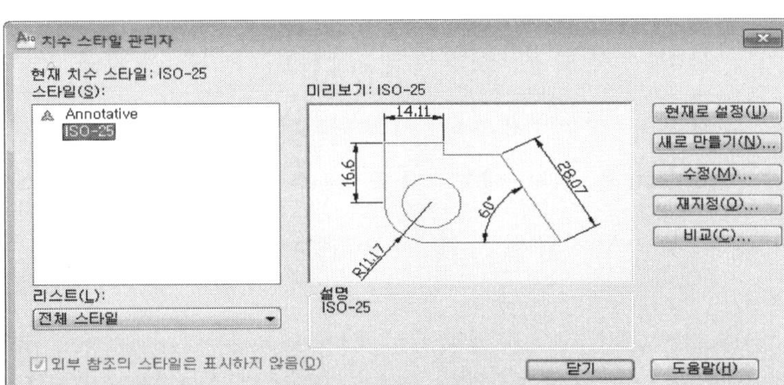

【그림 6-29】 치수설정하기

옵션

- 현재로 설정 : 선택된 치수 유형을 현재 사용할 유형으로 설정한다.
- 새로 만들기 : 새로운 치수 유형을 작성한다.
- 수정 : 기존의 치수 유형을 수정한다.
- 재지정 : 특정 치수 설정 값에 대해 임시적으로 재지정을 작성한다.
- 비교 : 치수 유형 비교 대화상자를 표시한다.

≪새로운 치수 유형 설정방법≫

1 새로 만들기

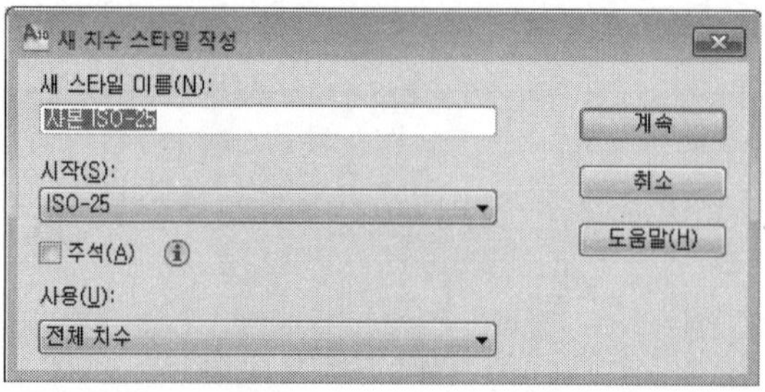

【그림 6-30】 치수설정하기-새 치수 스타일 작성

- 새 스타일 이름 : 새로운 스타일 이름을 입력한다.(예-Test)
- 시작 : 새로운 스타일의 기본이 되는 유형을 선택한다.
- 사용 : 어떤 치수에 사용할 것인지를 결정한다. 모든 치수, 선형, 지름, 각, 세로 기준 치수 등에서 선택할 수 있다.

2 선 : 치수선, 치수 보조선에 대한 설정을 한다.

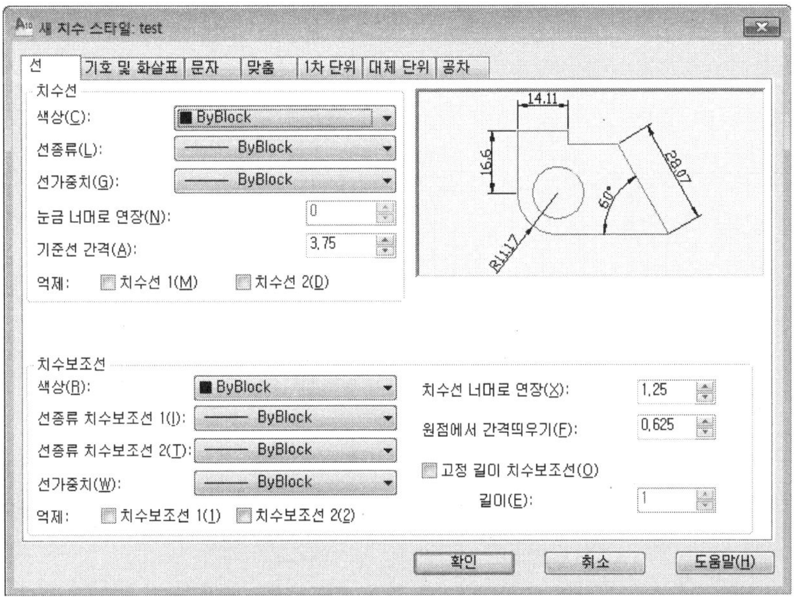

【그림 6-31】 치수설정하기-선

- 치수선 : 치수선의 모양과 특성을 설정한다.
  - 색상 : 치수선에 대한 색상을 설정한다.
  - 선종류 : 치수선에 대한 선종류를 지정한다.
  - 선가중치 : 치수선에 대한 가중치를 지정한다.
  - 눈금 너머로 연장 : 화살표의 모양이 건축눈금, 기울기, 점, 정수 중 하나로 지정된 경우 치수 보조선을 지나는 치수선의 길이를 지정한다.

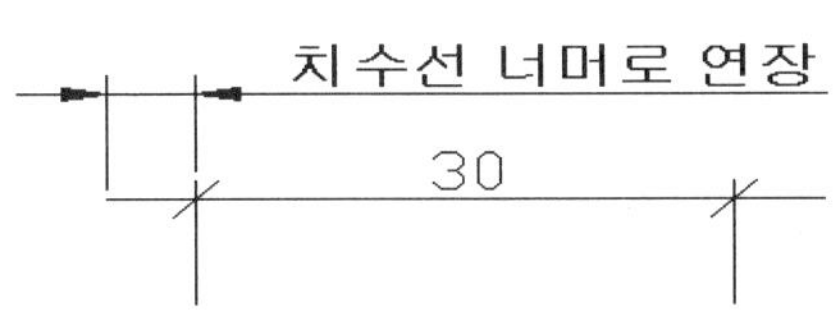

【그림 6-32】 치수설정하기-치수선

  - 기준선 간격 : 기준치수로 치수를 기입할 경우 치수선 사이의

간격을 지정한다.

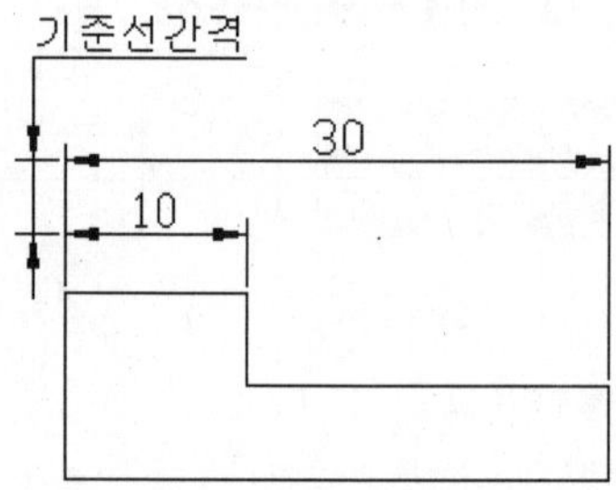

【그림 6-33】 치수설정하기-기준치수

- 억제 : 치수선의 표시를 억제한다. 치수선 1에 체크하면 첫 번째 치수선을 억제하고, 치수선 2에 체크하면 두 번째 치수선을 억제한다.

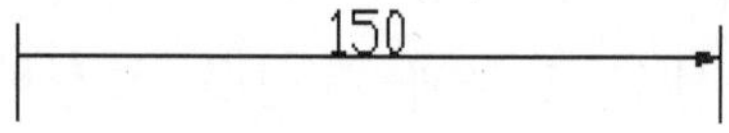

[치수선 1에 체크한 경우]

【그림 6-34】 치수설정하기-억제

- 치수 보조선 : 치수 보조선의 모양과 특성을 설정한다.
  - 색상 : 치수 보조선에 대한 색상을 설정한다.
  - 선종류 치수보조선 1 : 치수 보조선1에 대한 선종류를 지정한다.
  - 선종류 치수보조선 2 : 치수 보조선2에 대한 선종류를 지정한다.
  - 선가중치 : 치수 보조선에 대한 가중치를 지정한다.

- 치수선 너머로 연장 : 치수선 위로 치수 보조선을 연장한다.

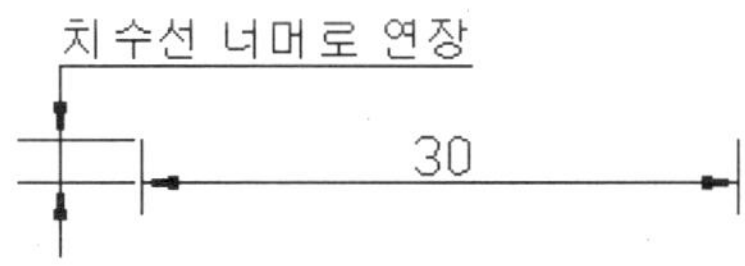

【그림 6-35】 치수설정하기-치수보조선

- 원점에서 간격 띄우기 : 치수의 기입원점으로부터 치수 보조선 사이 간격을 띄운다.

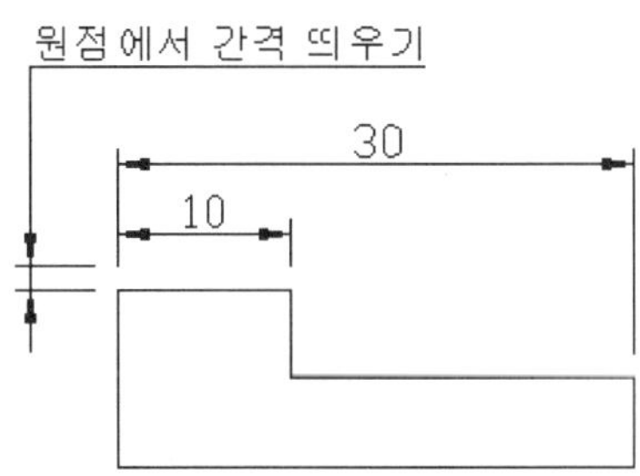

【그림 6-36】 치수설정하기-간격 띄우기

- 억제 : 치수 보조선의 억제한다. 치수보조선 1에 체크하면 첫 번째 치수보조선을 생략하고, 치수보조선 2에 체크하면 두 번째 치수보조선을 생략한다.

[치수보조선 1에 체크한 경우]

【그림 6-37】 치수설정하기-억제

3 기호 및 화살표

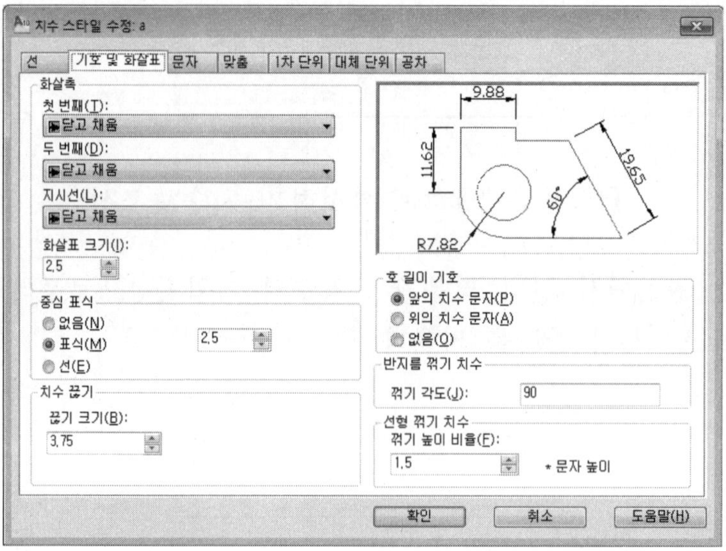

【그림 6-38】 치수설정하기-기호 및 화살표

- 화살표 : 화살표에 대한 모양과 크기를 설정한다.
  - 첫 번째 : 첫 번째 화살표의 모양을 설정한다.
  - 두 번째 : 두 번째 화살표의 모양을 설정한다.
  - 지시선 : 지시선에서 화살표의 모양을 설정한다.
  - 화살표 크기 : 화살표의 크기를 설정한다.
- 중심 표식
  - 형태 : 없음, 표식, 선 중 하나를 선택한다. 선을 선택하면 중심표식과 중심선이 동시에 그려진다.
  - 크기 : 중심표식의 크기를 설정한다.

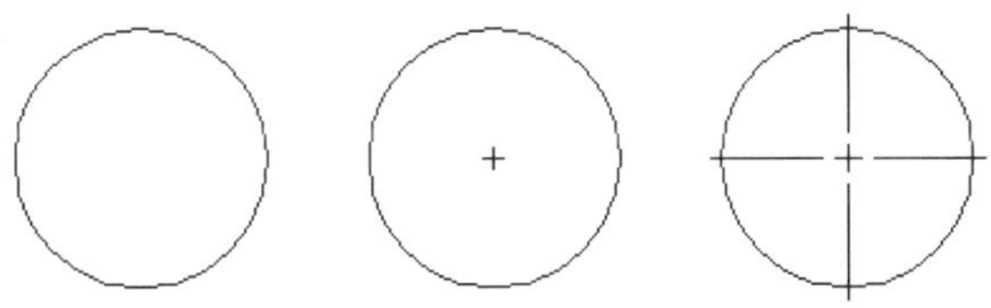

【없음】 【표식】 【선】

【그림 6-39】 치수설정하기-중심표시

④ 문자 : 치수 문자의 모양, 배치, 정렬방식에 대해 설정한다.

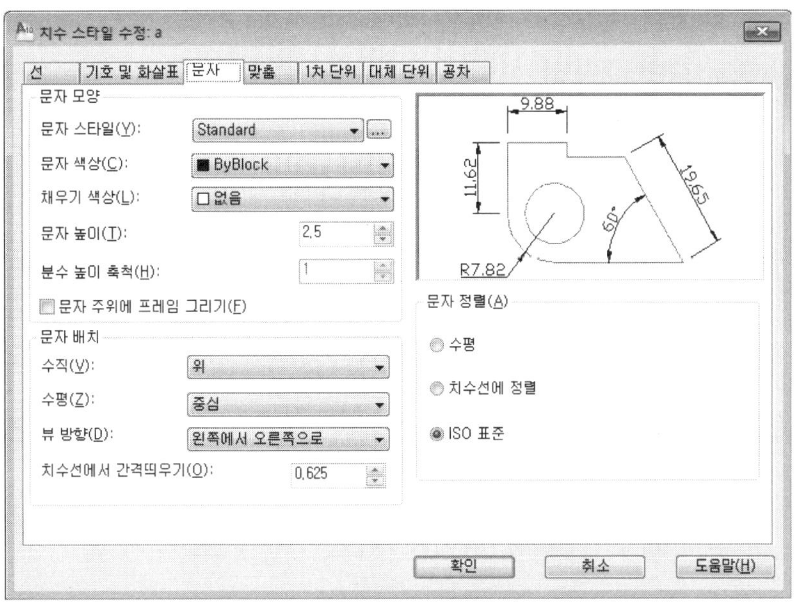

【그림 6-40】 치수설정하기-문자

- 문자 모양 : 문자 모양에 관한 설정을 한다.
  - 문자 스타일 : 치수 문자에 사용할 유형을 선택한다. 새로운 문자 유형을 설정하려면 [...] 버튼을 누르면 된다.
  - 문자 색상 : 치수문자의 색상을 설정한다.
  - 채우기 색상 : 치수문자의 배경 색상을 설정한다.
  - 문자 높이 : 치수문자의 높이를 설정한다.

- 분수 높이 축척 : 1차 단위 탭에서 단위 형식을 분수로 설정했을 경우 분수 높이의 척도를 설정한다.

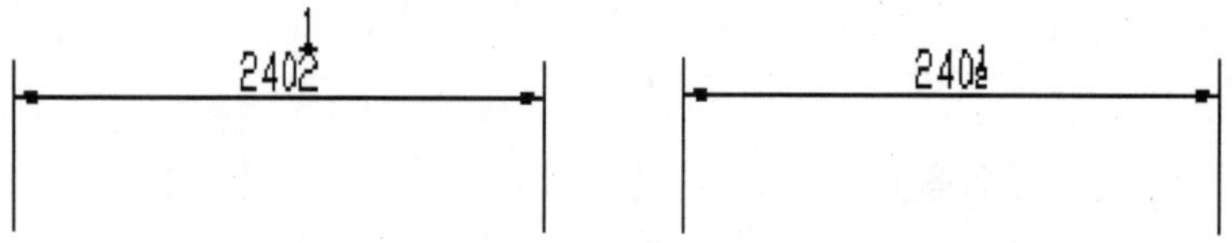

【scale : 1】 【scale : 0.5】

【그림 6-41】 치수설정하기-분수

- 문자 주위에 프레임 그리기 : 치수 문자 주위에 사각형 틀을 그린다.

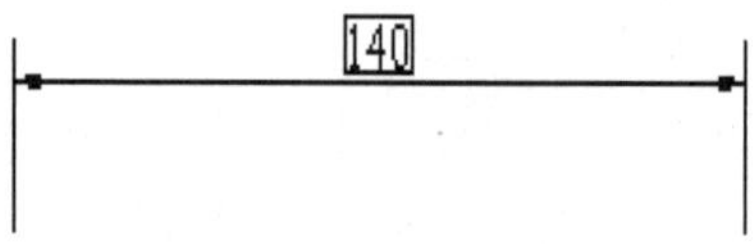

【그림 6-42】 치수설정하기-문자 주위에 프레임 그리기

- 문자 배치 : 치수 문자의 위치를 설정한다.
  - 수직 : 수직 방향에 대해 위치를 설정한다.
  - 위 : 치수선 위에 위치시킨다.
  - 중앙 : 치수선 중앙에 위치시킨다.
  - 바깥 : 치수선 바깥쪽에 위치시킨다.
  - Jis : 일본 공업 규격에 맞추어 문자를 위치시킨다.

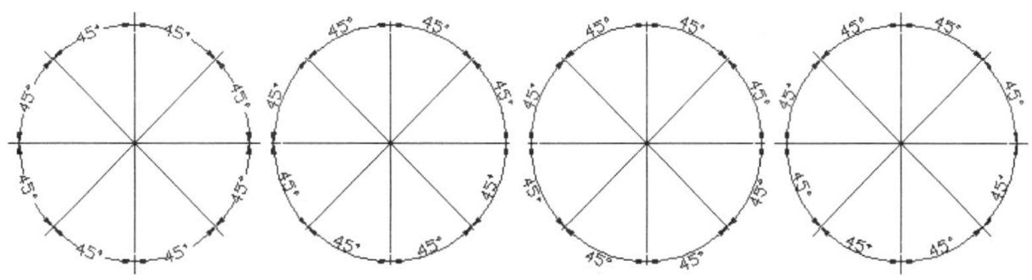

【Center】 【Above】 【Outside】 【Jis】

【그림 6-43] 치수설정하기-문자 위치

- 수평 : 수평방향에 대해 위치를 설정한다.
- 중심 : 치수선 중앙에 위치시킨다.
- 치수보조선 1에 : 첫 번째 치수 보조선 쪽에 위치시킨다.
- 치수보조선 1에 : 두 번째 치수 보조선 쪽에 위치시킨다.
- 치수보조선 1너머 : 첫 번째 치수 보조선 위에 위치시킨다.
- 치수보조선 2너머 : 두 번째 치수 보조선 위에 치수 문자를 위치시킨다.

【중심】 【치수보조선 1에】 【치수보조선 2에】

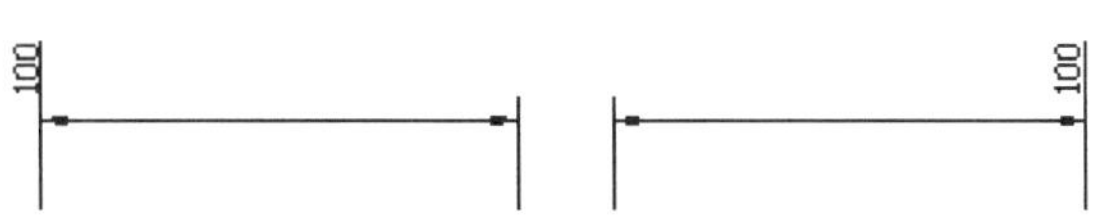

【치수보조선 1너머】 【치수보조선 2너머】

【그림 6-44】 치수설정하기-문자 위치

• 문자 정렬 : 치수선의 위치에 따른 문자의 방향을 설정한다.
- 수평 : 치수선의 각도에 관계없이 항상 수평으로 정렬한다.

- 치수선에 정렬 : 치수선을 따라 정렬한다.
- ISO 표준 : 치수 문자가 치수 보조선 안에 있을 때는 치수선을 따라 정렬하고 밖에 있을 때는 수평으로 정렬한다.

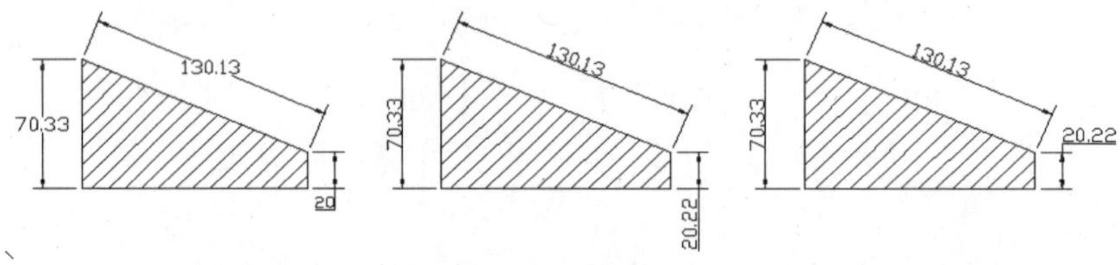

【수평】　　　　【치수선에 정렬】　　　　【ISO 표준】

【그림 6-45】 치수설정하기-문자 정렬

5 맞춤 : 치수선, 치수 보조선, 치수문자의 위치와 척도를 설정한다.

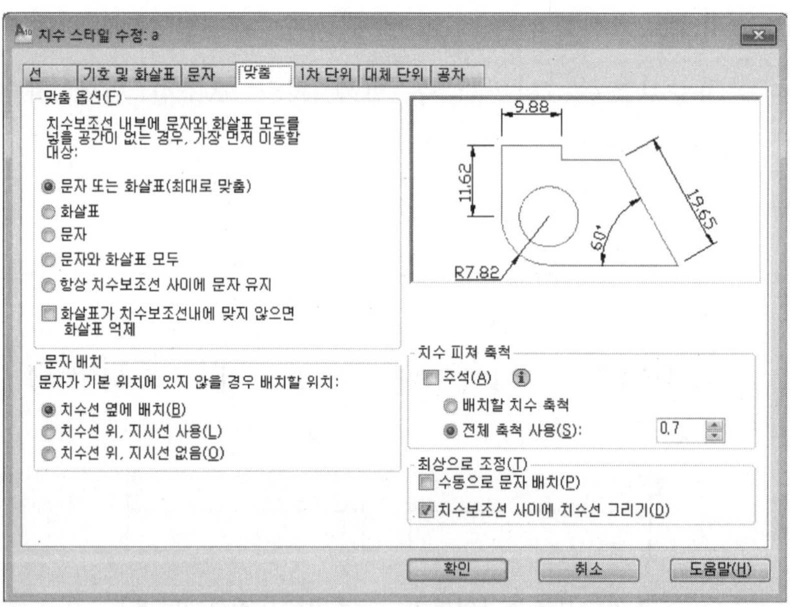

【그림 6-46】 치수설정하기-맞춤

• 맞춤 옵션 : 치수 보조선 내부에 문자와 화살표 모두를 배치할 공간에 없을 경우는 다음 옵션에 따른다.

- 문자 또는 화살표 : 문자 또는 화살표를 공간에 따라 최상으

로 맞춘다.

- 화살표 : 공간이 부족할 경우 화살표만 치수 보조선 밖에 위치시킨다.
- 문자 : 공간이 부족할 경우 문자만 치수 보조선 밖에 위치시킨다.
- 문자와 화살표 모두 : 공간이 부족할 경우 문자와 화살표를 치수 보조선 밖에 위치시킨다.
- 항상 치수보조선 사이에 문자 유지 : 항상 치수 보조선 사이에 문자를 위치시킨다.
- 화살표가 치수보조선내에... : 치수 보조선 사이에 공간에 충분하지 않으면 화살표를 표시하지 않는다.

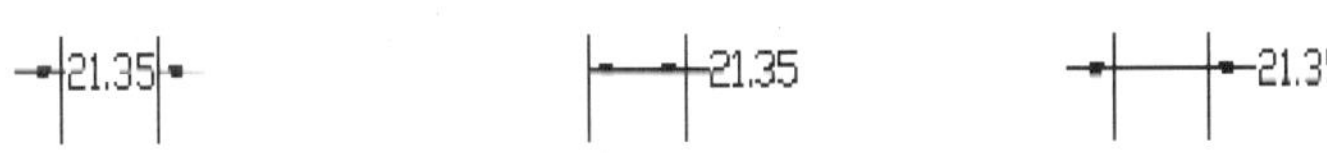

【화살표】 【문자】 【문자와 화살표 모두】

【항상치수보조선 사이에 문자 유지】 【화살표가 치수 보조선 내에...】

【그림 6-47】 치수설정하기-맞춤 옵션

- 문자 배치 : 문자가 정해진 위치에 있지 않는 경우에 위치는 다음 옵션에 따른다.
  - 치수선 옆에 배치 : 문자를 치수선 옆에 위치시킨다.
  - 치수선 위, 지시선 사용 : 치수선 위에 지시선을 넣어 문자를 위치시킨다.
  - 치수선 위, 지시선 없음 : 치수선 위에 문자를 지시선 없이 위치시킨다.

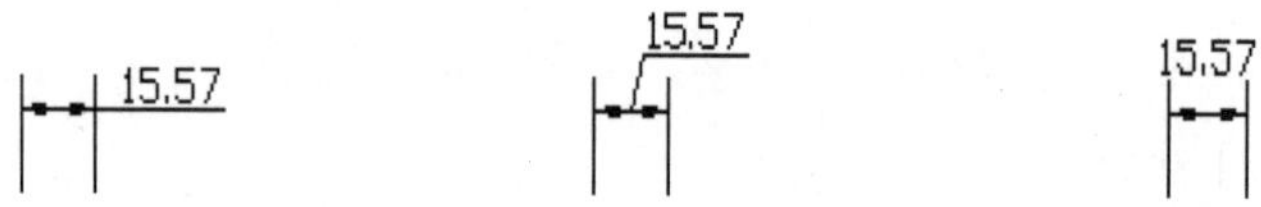

【치수선 옆에 배치】 【치수선 위, 지시선 사용】 【치수선 위, 지시선 없음】

【그림 6-48】 치수설정하기-문자 위치

- 치수 피쳐 축척 : 전체적인 치수의 축척을 설정한다.
  - 배치할 치수 축척 : 전체적인 축척값을 설정한다.
  - 전체 축척 사용 : 도면공간에서 배치할 치수 척도
- 최상으로 조정 : 기타 최적의 설정을 한다.
  - 수동으로 문자 배치 : 치수 기입할 때 수동으로 치수문자를 배치한다.
  - 치수보조선 사이에 치수선 그리기 : 화살표가 치수 보조선 외부에 있을 때 항상 치수선을 그린다.

【실행 전】 【실행 후】

【그림 6-49】 치수설정하기-최적 조정

⑥ 1차 단위 : 선형치수 및 각도의 단위와 정밀도를 설정한다.

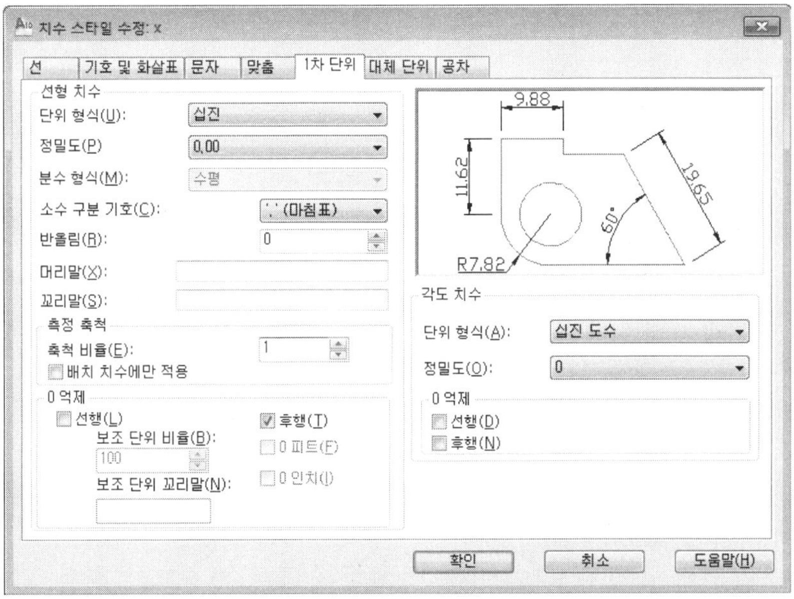

【그림 6-50】 치수설정하기-1차 단위

- 선형 치수 : 선형 치수의 단위 형식, 정밀도, 접두사, 접미사 등을 설정한다.
  - 단위 형식 : 선형 치수의 단위 형식 과학, 십진, 공학, 건축, 분수 중에서 선택한다.
  - 정밀도 : 치수의 소수점 이하 자리수를 설정한다.
  - 소수점 구분 기호 : 소수점의 형태를 설정한다.
  - 반올림 : 치수값의 반올림을 설정한다.
  - 머리말 : 머리말을 입력하면 치수문자 앞에 나타난다. 예를 들어 지름을 표시하는 %%C를 입력하면 아래 그림과 같이 나타난다.
  - 꼬리말 : 꼬리말을 입력하면 치수문자 뒤에 나타난다. 예를 들어 길이의 단위 mm를 입력하면 아래 그림과 같이 나타난다.

【머리말 : %%C】 【꼬리말 : mm】

【그림 6-51】치수설정하기-머리, 꼬리말

- 측정 축척 : 측정된 치수값의 축척일 설정한다.
- 배치치수에만 적용 : 치수의 축척값을 배치에서 생성된 치수에만 적용한다.
- 0 억제 : 선형 치수에서 소수점 이하 0의 처리방법을 설정한다.
- 선행 : 소수 앞의 0을 억제한다.(0.2000 → .2000)
- 후행 : 소수 위의 0을 억제한다.(1.2000 → 1.2)
- 0 피트 : 치수가 1피트보다 작을 때 피트 및 인치 치수에서 피트 부분을 억제한다.(0 ‘-5 1/2 “ → 5 1/2 “)
- 0 인치 : 치수에서 인치 부분이 0일 때 인치 부분을 억제한다.(2 ‘-0 “ → 2’)

♦ 각도 치수 : 각도 치수의 단위 형식, 정밀도 등을 설정한다.

- 단위 형식 : 각도 치수의 단위 형식 십진각도, 도/분/초, 그래드, 라디안 중에서 선택한다.
- 정밀도 : 각도 치수의 소수점 이하 자리수를 설정한다.
- 0 억제 : 각도 치수에서 소수점 이하 0의 처리방법을 설정한다.
- 선행 : 소수 앞의 0을 억제한다.(0.5000° → .5000°)
- 후행 : 소수 위의 0을 억제한다.(60.0000° → 60°)

7 대체 단위 : 대체 단위의 형식, 정밀도 등을 설정한다.

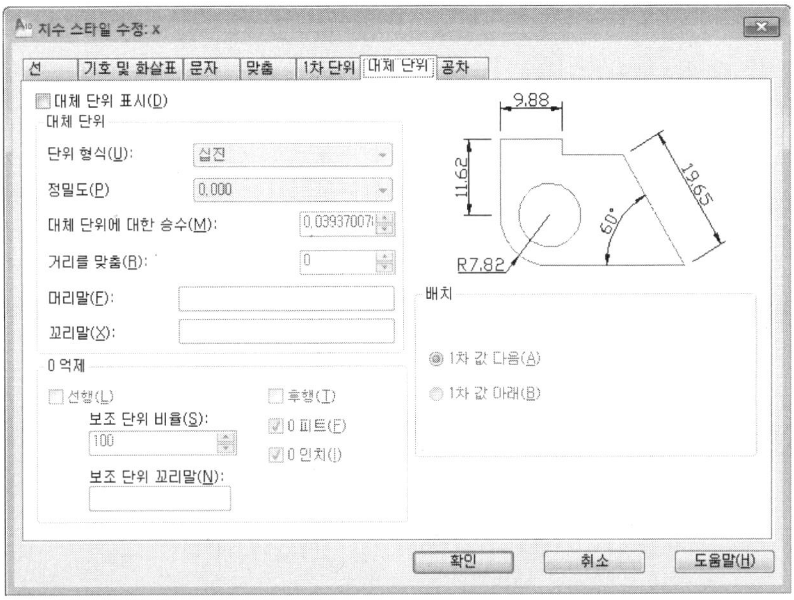

【그림 6-52】 치수설정하기-대체단위

• 대체 단위 표시 : 대체 단위를 표시할 것인지를 설정한다.

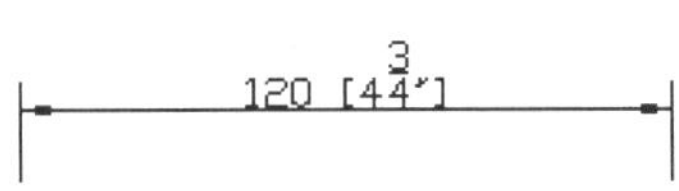

【그림 6-53】 치수설정하기-대체단위 표시

• 단위 형식 : 주 단위로 측정한 치수 외에 추가로 다른 형식의 단위로 측정한 치수를 주 단위 옆에 대괄호 [ ]안에 표시한다.

- 대체 단위에 대한 승수 : 설정한 값을 주 단위에 의해 측정된 치수에 곱하여 대체 단위를 생성한다.(기본값은 25.4로 인치를 밀리미터로 변환하기 위해 곱하는 값이다.)

8 공차 : 치수문자의 공차의 형식과 정밀도 등을 설정한다.

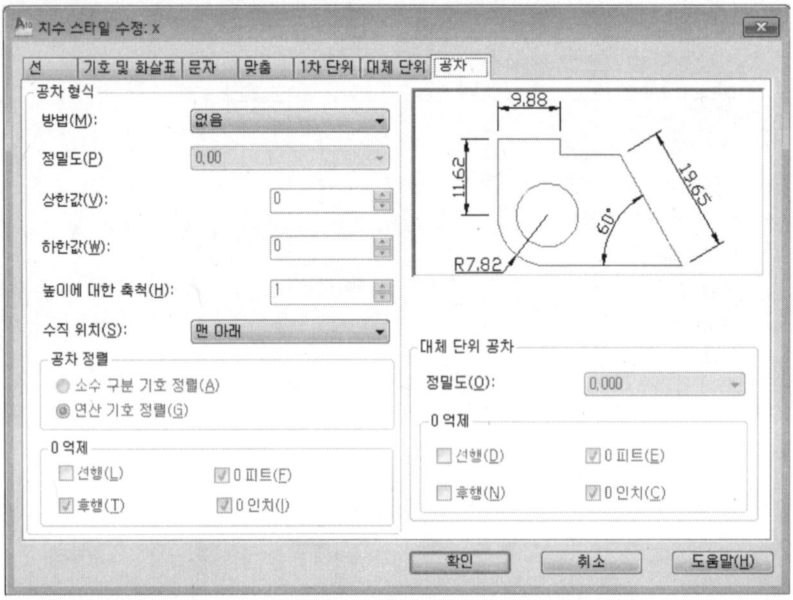

【그림 6-54】 치수설정하기-공차

- 공차 형식 : 공차의 형식을 설정한다.
  - 방법 : 공차의 표시 방법을 설정한다.
  - 없음 : 공차를 표시하지 않는다.
  - 대칭 : 허용오차가 -0.01에서 +0.01일 과 같을 경우 공차 앞에 ±기호를 넣어 ±0.01과 같이 표시한다.
  - 편차 : 허용오차가 +0.01과 -0.02의 값으로 다르게 발생할 경우 양수부 +와 음수부 -의 공차를 각각 표시한다.
  - 한계 : 치수의 허용 최대값과 최소값을 나타낸다.
  - 기본 : 사각형 박스 안에 기본치수를 표시한다.

【대칭】 【편차】 【한계】 【기본】

【그림 6-55】 치수설정하기-공차형식

- 상한값 : 공차의 상한값을 입력한다.
- 하한값 : 공차의 하한값을 입력한다.
- 높이에 대한 축척 : 주 단위의 높이에 대한 비율로 공차 문자의 높이를 설정한다.
- 수직 위치 : 공차의 수직방향의 위치를 설정한다.

♦ 대체 단위 공차 : 대체 단위를 사용할 경우 대체 단위의 공차를 설정한다.

3. 치수기입

3.1 DIMEDIT(치수 편집)

이미 작성된 치수문자의 위치와 각도 등을 편집하는 명령으로 치수 문자와 치수 보조선의 편집에 영향을 미친다.

명령 실행 방법

•아이콘 :
•명령어 : Dimedit

옵션

◆ 홈(H) : 변경된 상태의 치수 문자를 처음 위치로 이동한다.

명령 : Dimedit Enter
치수 편집의 유형 입력 [홈(H)/새로 만들기(N)/회전(R)/기울기(O)] <홈(H)>: H Enter
객체 선택: 1개를 찾음(편집할 객체 선택)
객체 선택: Enter

【실행 전】 【실행 후】

【그림 6-56】 치수설정하기-치수 편집

- 새로 만들기(N) : 다중행 문자 편집기를 이용하여 치수문자를 변경한다.

> 명령 : Dimedit Enter
> 치수 편집의 유형 입력 [홈(H)/새로 만들기(N)/회전(R)/기울기(O)] <홈(H)>: N Enter
> 다중행 문자 편집기를 이용해 치수문자 수정
> 객체 선택: 1개를 찾음(편집할 객체 선택)
> 객체 선택: Enter

【실행 전】 【실행 후】

【그림 6-57】 치수설정하기-치수 편집(신규)

- 회전(R) : 치수 문자를 설정한 각도만큼 회전시킨다.

> 명령 : Dimedit Enter
> 치수 편집의 유형 입력 [홈(H)/새로 만들기(N)/회전(R)/기울기(O)] <홈(H)>: R Enter
> 치수 문자에 대한 각도를 지정: 30 Enter(문자의 회전 각도 입력)
> 객체 선택: 1개를 찾음(편집할 객체 선택)
> 객체 선택: Enter

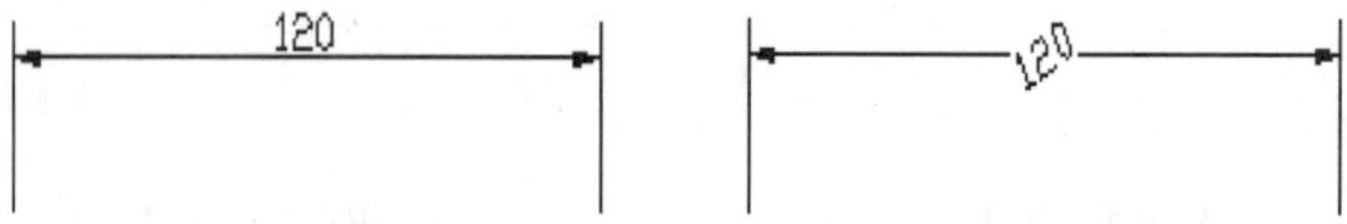

【실행 전】 【실행 후】

【그림 6-58】 치수설정하기-치수 편집(회전)

- 기울기(O) : 치수선에 대해 치수 보조선의 경사각을 조절한다.

명령 : Dimedit Enter
치수 편집의 유형 입력 [홈(H)/새로 만들기(N)/회전(R)/기울기(O)] <홈(H)>: O Enter
객체 선택: 1개를 찾음(편집할 객체 선택)
객체 선택: Enter
기울기 각도 입력 (없는 경우 ENTER 키): 60 Enter(치수 보조선의 경사각 입력)

【실행 전】 【실행 후】

【그림 6-59】 치수설정하기-치수 편집(기울기)

3.2 DIMTEDIT(치수 문자 편집)

도면요소에 기입된 치수문자를 사용자가 지정한 위치로 이동 및 회전시킨다.

명령 실행 방법

- 아이콘 :
- 명령어 : Dimtedit

명령 : Dimtedit Enter
치수 선택: 편집할 치수선 선택
치수 문자에 대한 새 위치 또는 다음을 지정 [왼쪽(L)/오른쪽(R)/중심(C)/홈(H)/각도(A)]: 치수 문자의 위치를 마우스로 지정

옵션

- 오른쪽(R) : 치수문자를 치수선의 오른쪽에 위치시킨다.
- 중심(C) : 치수문자를 치수선의 중심에 위치시킨다.
- 홈(H) : 치수문자가 기입된 본래의 위치로 이동시킨다.
- 각도(A) : 치수문자를 지정된 각도만큼 회전시킨다.

3.3 DIMOVERRIDE(변수값 수정)

작성된 치수 중에서 화살촉, 문자크기 등 특정 부분의 변수 값을 수정한다. 이 명령은 치수 유형에는 영향을 주지 않기 때문에 새로 작성되는 치수에는 적용되지 않는다.

명령 실행 방법

- 리본메뉴 : 주석 탭 ▷ 치수 패널 ▷ 재지정
- 풀다운 메뉴 : 치수 ▷ 재지정
- 아이콘 : 
- 명령어 : Dimoverride

명령 : Dimoverride Enter
재지정할 치수 변수 이름 입력 또는 [재지정 지우기(C)]: Dimtxt Enter
(재지정할 치수 변수의 이름을 입력하거나 C를 입력하여 재지정 값을 기본값으로 복구한다. 여기서 Dimtxt는 치수문자의 크기를 변경하는 치수 변수이다.)
치수 변수에 대한 새 값 입력 <2.5000>: 10 Enter
재지정할 치수 변수 이름을 입력: Enter
객체 선택: 1개를 찾음(편집할 객체를 선택)
객체 선택: Enter

【실행 전】 【실행 후】

【그림 6-60】 치수설정하기-변수값 수정

3.4 UPDATE(업데이트)

현재 치수 유형을 변경했거나 일부내용을 수정하고, 새로 변경된 내용을 이미 기입된 치수에 대하여 적용하기를 원할 때 사용하는 명령어이다.

명령 실행 방법

- •풀다운 메뉴 : 치수 ▷ 업데이트
- •아이콘 :
- •명령어 : Dim Enter ▷ Update

Dimstyle(치수 스타일) 명령을 이용하여 치수 유형의 설정값을 바꾼 후 Update 명령을 이용하여 이전에 기입한 치수를 변경된 치수 유형으로 변경한다.

3-4-1 명령어 입력의 경우

명령 : Dim Enter
Dim : Update Enter
객체 선택: 1개를 찾음(편집할 객체 선택)
객체 선택: Enter

3-4-2 아이콘 또는 풀다운 메뉴 선택의 경우

명령 : -dimstyle
현재 치수 스타일: ISO-25   주석: 아니오
치수 스타일 옵션 입력
[주석(AN)/저장(S)/복원(R)/상태(ST)/변수(V)/적용(A)/?] <복원(R)>: a
객체 선택: 1개를 찾음(편집할 객체 선택)
객체 선택: Enter

Chapter 7.

화면조절

Chapter 7. 화면조절

1. 화면조절 명령

1.1 ZOOM(화면의 확대/축소)

작업 도면의 일부 또는 전체를 확대하거나 축소해서 화면상에 표시하고자 할 때 사용하는 명령이다. 이것은 도면요소의 실제 크기를 변화시키는 것은 아니고, 단지 화면상에서 도면 영역을 많이 선택하여 축소하고, 적게 선택하여 확대되어 보이게 한다.

명령 실행 방법

•리본메뉴 : 뷰 탭 ▷ 탐색 패널 ▷ 줌 드롭다운
•풀다운 메뉴 : 뷰 ▷ 줌
•아이콘 : 
•명령어 : Zoom

명령 : Zoom Enter
윈도우 구석을 지정, 축척 비율 (nX 또는 nXP)을 입력, 또는
[전체(A)/중심(C)/동적(D)/범위(E)/이전(P)/축척(S)/윈도우(W)/
객체(O)] <실시간>:

옵션

- 실시간 : 마우스 왼쪽 버튼을 누른 상태에서 마우스를 위, 아래 이동하면 화면의 크기가 확대 및 축소가 된다. 마우스 사용하여 화면이 적당한 크기가 되면 Esc를 눌러 줌 명령을 끝내거나 Enter를 입력하여 Zoom 명령을 종료한다.
- 전체(A) : 사용자가 설정한 도면의 한계(Limits)를 표시하거나 도면의 한계(Limits)를 넘어서 작업 중인 경우에는 모든 객체들을 화면에 표시한다.
- 중심점(C) : 도면상에서 특정한 위치를 선택하여 화면 중앙에 위치시키고, 도면용지의 세로 크기를 입력함으로써 확대 또는 축소된다.
- 동적(D) : 현재 도면의 전체를 보여주고 이중보기를 원하는 부분을 View 상자를 이용하여 확대, 축소시킬 수 있다.
- 뷰 상자(View Box) 사용방법

① 마우스의 왼쪽 버튼을 누르면 중심의 X 표시가 →로 바뀐다.
② 마우스를 이동하면 View Box의 크기가 변한다.
③ 적당한 크기로 조절한 후 다시 왼쪽 버튼을 누른다.
④ → 표시가 X표시로 바뀌면서 크기가 고정된다.
⑤ 작업자가 원하는 부분에 마우스를 이동한 후 Enter

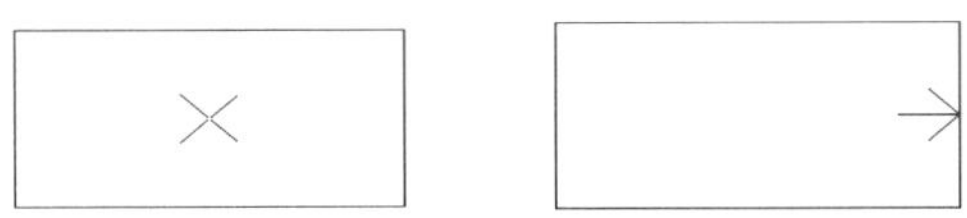

【위치설정】 【크기조절】

【그림 7-1】 뷰 상자 사용 방법

- 범위(E) : 도면한계(Limits)에 관계없이 모든 객체를 화면에 꽉 차게 나타난다.
- 이전(P) : Zoom명령을 여러 번 실행했을 경우 바로 앞의 Zoom 상태로 돌아간다.
- 축척(nX/nXP)
  - 축척에서 숫자만 입력하면 설정된 Limits를 기준으로 지정한 숫자만큼 확대, 축소되어 나타난다.
  - 숫자다음에 X가 있는 형태(1.5X, 0.5X)는 현재 화면을 기준으로 확대, 축소되어 나타난다.
  - 숫자다음에 XP가 뒤에 오는 경우는 모형 공간 단위를 배치 공간 단위에 상대적으로 축척이 지정된다.
- 윈도우(W) : 현재 화면상에서 임의의 두 점을 지정하여 사각형을 만들면, 사각형 내부의 도면요소를 크게 확대하여 볼 수 있다.
- 확대 : 현재화면의 크기에서 2배 확대
- 축소 : 현재화면의 크기에서 1/2로 축소

- sample\Mechanical Sample\Mechanical - Multileaders.dwg 파일을 Open한다.

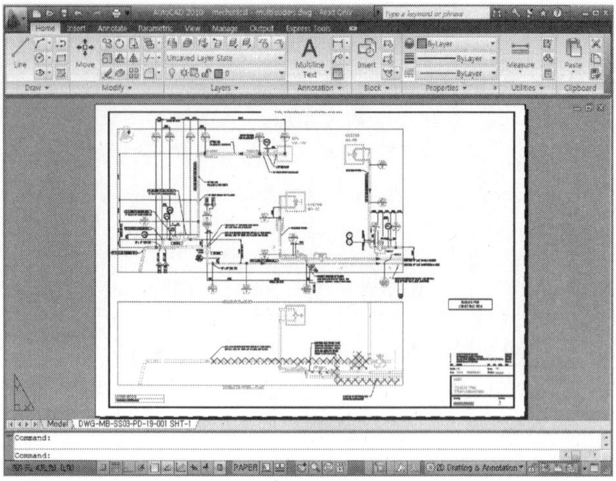

▶ **명령 : Zoom** Enter

윈도우 구석을 지정, 축척 비율 (nX 또는 nXP)을 입력, 또는 [전체(A)/중심(C)/동적(D)/범위(E)/이전(P)/축척(S)/윈도우(W)/객체(O)] <실시간>: Enter ESC 또는 ENTER 키를 눌러 종료하거나 오른쪽 클릭하여 바로 가기 메뉴를 표시하십시오.

또는 아이콘을 클릭한 후 마우스 왼쪽 버튼을 누른 상태에서 마우스를 위, 아래로 이동하여 실시간으로 확대, 축소해본다.

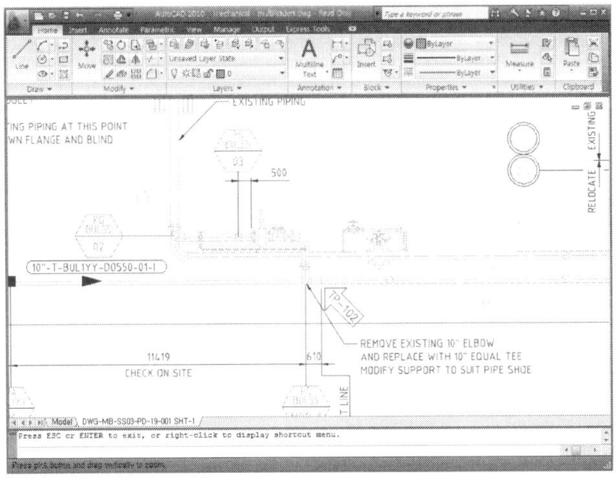

【마우스를 위로 이동하여 확대】

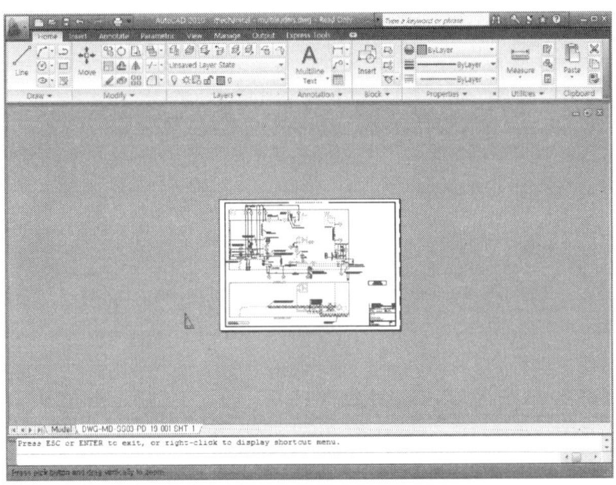

【마우스를 아래로 이동하여 축소】

▸ **명령 : Zoom** [Enter]

윈도우 구석을 지정, 축척 비율 (nX 또는 nXP)을 입력, 또는 [전체(A)/중심(C)/동적(D)/범위(E)/이전(P)/축척(S)/윈도우(W)/객체(O)] <실시간>: A [Enter]

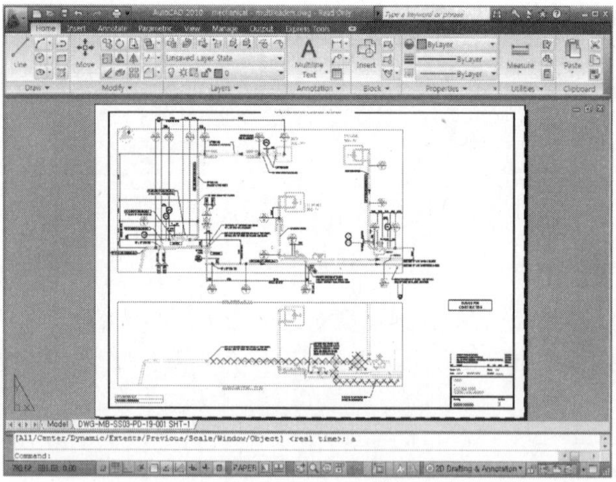

【전체 화면 표시】

▶ **명령 : Zoom** Enter

> 윈도우 구석을 지정, 축척 비율 (nX 또는 nXP)을 입력, 또는 [전체(A)/중심(C)/동적(D)/범위(E)/이전(P)/축척(S)/윈도우(W)/객체(O)] <실시간>:C Enter
> 중심점 지정: (화면상에 보고 싶은 중심점을 선택한다.)
> 배율 또는 높이 입력 <404.7306> : 80

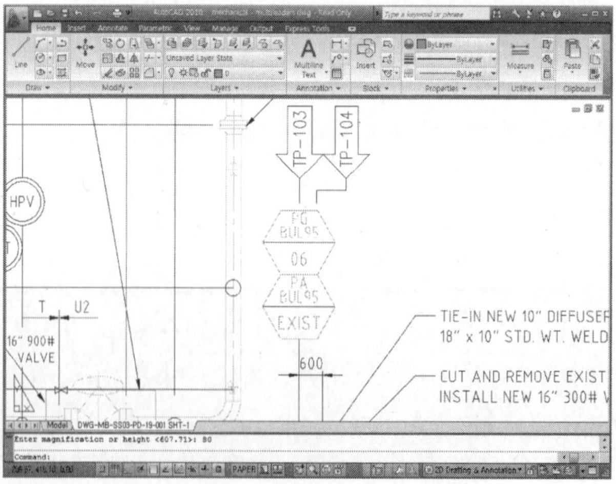

【Center 옵션에 의한 줌】

▶ 명령 : Zoom Enter

윈도우 구석을 지정, 축척 비율 (nX 또는 nXP)을 입력, 또는 [전체(A)/중심(C)/동적(D)/범위(E)/이전(P)/축척(S)/윈도우(W)/객체(O)] <실시간>: D Enter

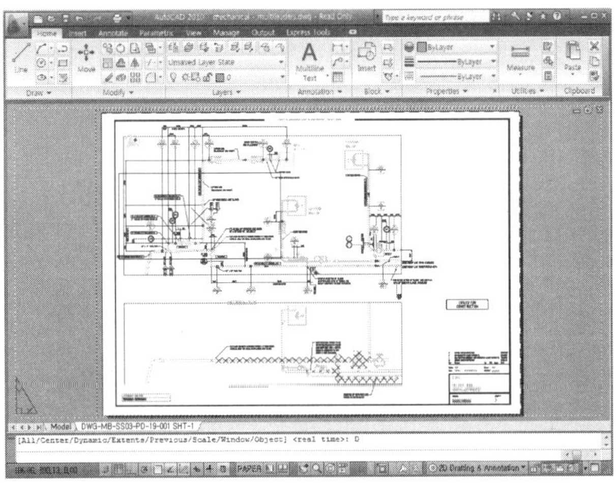

【전체 화면상태】

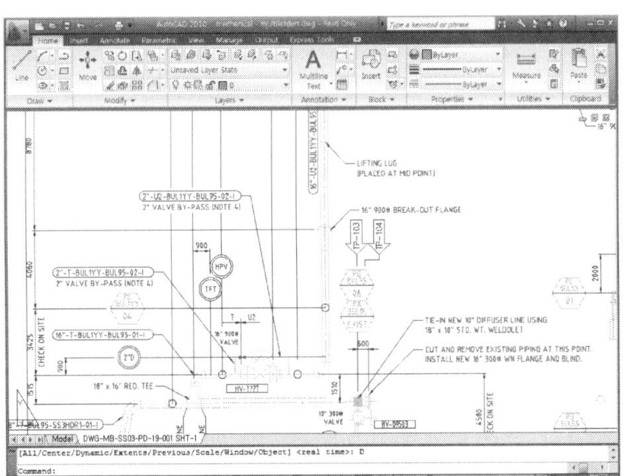

【Dynamic 옵션에 의한 줌】

▶ 명령 : Zoom [Enter]

윈도우 구석을 지정, 축척 비율 (nX 또는 nXP)을 입력, 또는 [전체(A)/중심(C)/동적(D)/범위(E)/이전(P)/축척(S)/윈도우(W)/객체(O)] <실시간>: P [Enter]

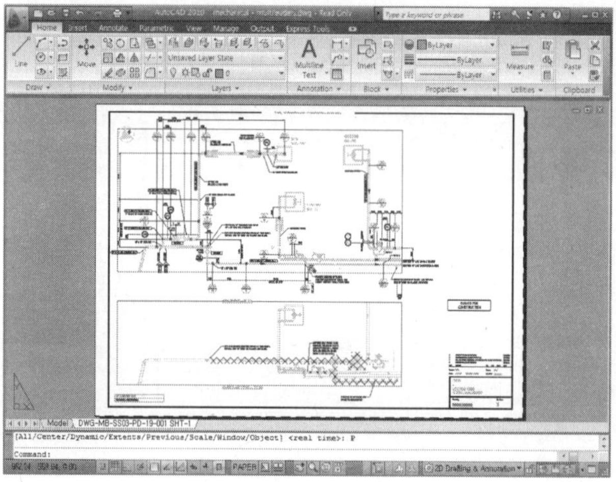

【이전 View화면으로 돌아간다.】

▶ 명령 : Zoom [Enter]

윈도우 구석을 지정, 축척 비율 (nX 또는 nXP)을 입력, 또는 [전체(A)/중심(C)/동적(D)/범위(E)/이전(P)/축척(S)/윈도우(W)/객체(O)] <실시간>: S [Enter] 축척 비율 입력 (nX 또는 nXP): 1.5

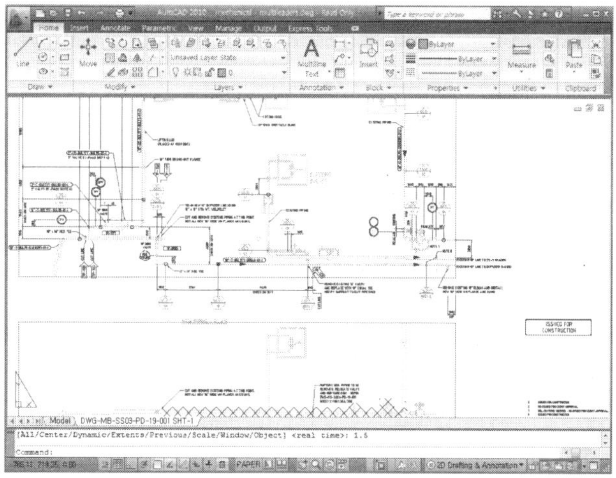

【화면이 1.5배 확대된다.】

▶ 명령 : Zoom [Enter]

> 윈도우 구석을 지정, 축척 비율 (nX 또는 nXP)을 입력, 또는 [전체(A)/중심(C)/동적(D)/범위(E)/이전(P)/축척(S)/윈도우(W)/객체(O)] <실시간>: P1점 클릭
> 반대 구석 지정: P2점 클릭

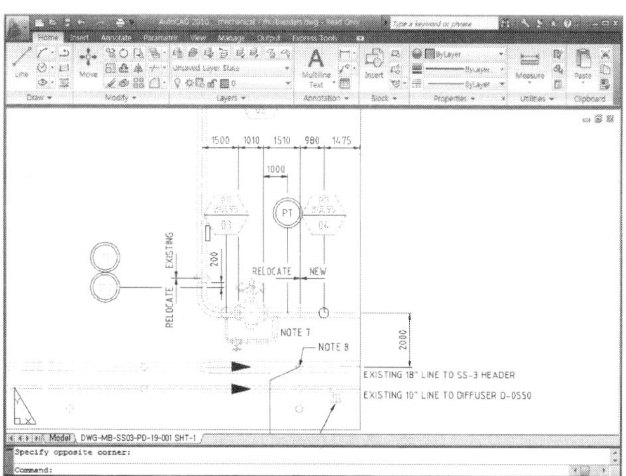

【P1점에서 P2점 사이의 화면을 확대】

1.2 PAN(화면 이동)

PAN명령은 작업도면을 확대 및 축소하지 않고 화면만 일정 거리만큼 이동시켜 화면 밖의 도면요소를 화면 안으로 끌어 들여 편집한다.

명령 실행 방법

- 풀다운 메뉴 : 뷰 ▷ 초점이동
- 아이콘 :
- 명령어 : Pan

명령 : Pan Enter

ESC 또는 ENTER 키를 눌러 종료하거나 오른쪽 클릭하여 바로 가기 메뉴를 표시하십시오.

(화면상에 아이콘이 나타나면 마우스 왼쪽 버튼을 계속 누르고 위치 이동을 한다)

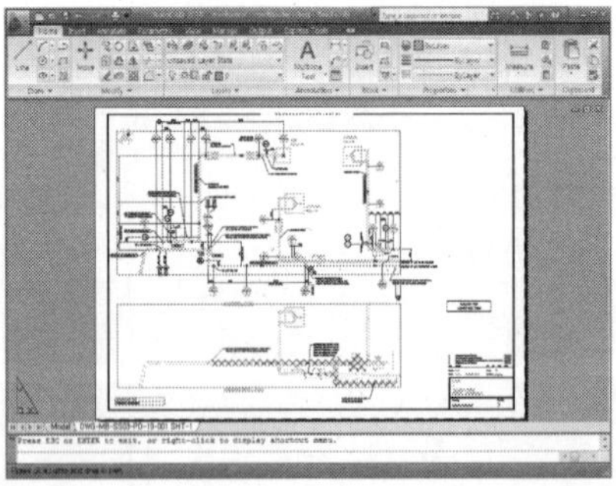

【Pan 명령 실행 전】

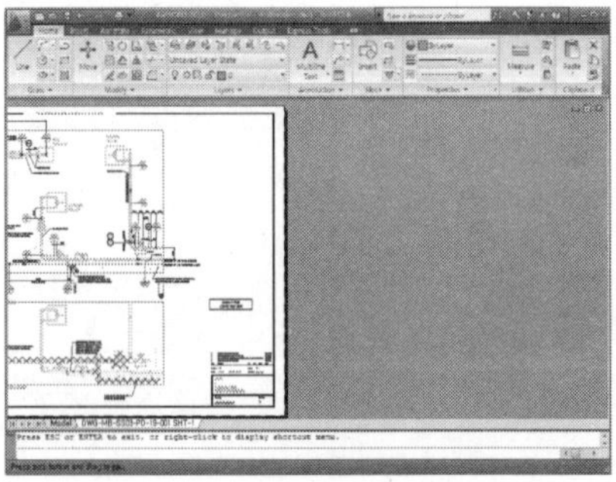

【Pan 명령 실행 후】

【그림 7-2】 Pan 실행

1.3 REGEN/REGENALL(재생성)

Regen/Regenall 명령은 Redraw 기능뿐만 아니라 전체 도면 요소들의 정보와 특성을 내부에서 다시 계산하여 재생성 한다.

명령 실행 방법

•풀다운 메뉴 : 뷰 ▷ 전체 재생성
•명령어 : Regen

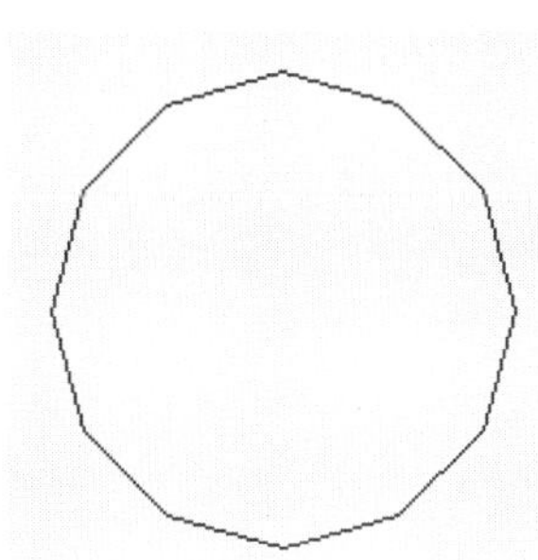

【Regen 실행 전】

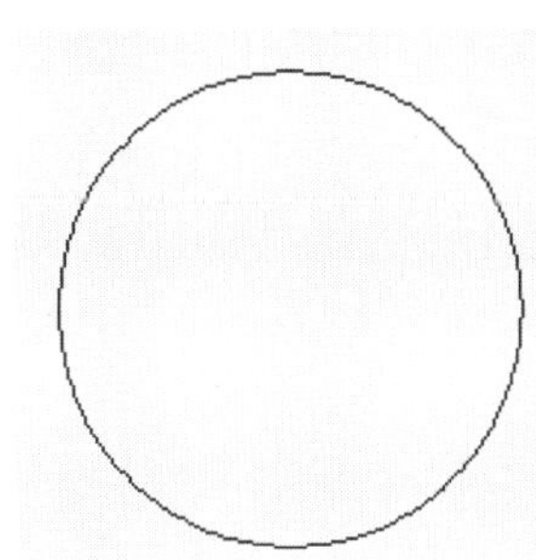

【Regen 실행 후】

【그림 7-3】 재생성

1.4 VIEWRES(뷰 해상도)

화면상에 표시되는 원, 원호, 타원 등의 곡선들의 해상도를 설정하는 명령이다. 이 명령에 의해 해상도를 높이면 화면상에서 곡선이 아닌 직선으로 나타나는 왜곡현상을 해결할 수 있다. 하지만 View, Zoom, Pan, Regen과 같은 명령을 실행하면 화면을 재 생성하는데 시간이 증가하므로 빠른 작업을 원할 때에는 해상도는 낮추는 것이 좋다.

명령 : Viewres [Enter]
고속 줌을 원하십니까? [예(Y)/아니오(N)] <Y>: [Enter]
원 줌 퍼센트 입력 (1-20000) <1000>: 20 [Enter]
(기본 값은 1000이고 값을 크게 하면 해상도는 좋아지나 속도가 늦어진다.)

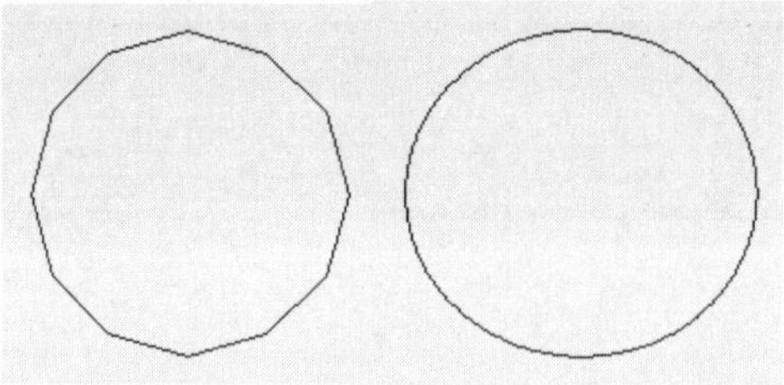

【Viewres : 20】 【Viewres : 1000】

【그림 7-4】 뷰 해상도

Chapter 8.

블록 및 외부파일 참조하기

Chapter 8. 블록 및 외부파일 참조하기

1. 블록 작성 및 삽입

1.1 BLOCK(블록)

이미 작성된 도면요소의 일부분 또는 전체를 선택하여 블록화 한다. 반복적으로 자주 작성해야 하는 가공기호, 표제란, 볼트 등을 블록으로 지정하면 필요시에 언제든지 불러서 삽입할 수 있다. 블록으로 만들어진 도면요소들은 블록을 만든 도면 안에서만 삽입할 수 있다.

명령 실행 방법

- 리본메뉴 : 삽입점 ▷ 블록 패널 ▷ 작성
- 풀다운 메뉴 : 그리기 ▷ 블록 ▷ 만들기
- 아이콘 :
- 명령어 : Block

- 명령 : Block Enter

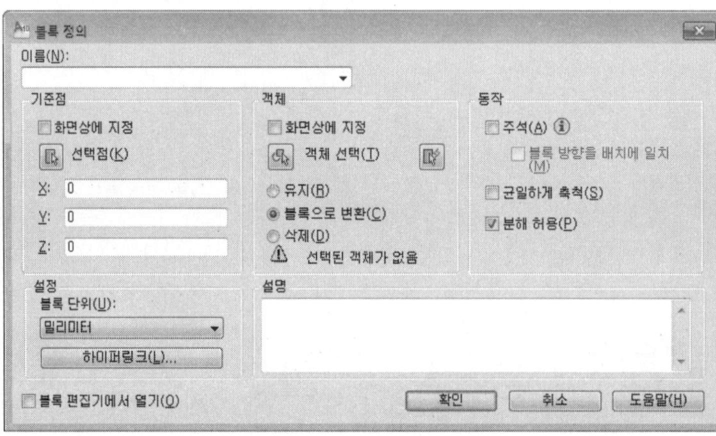

【그림 8-1】 블록 정의

- 이름 : 블록의 이름을 입력한다.
- 기준점 : 블록의 기준점을 지정한다. 선택점 을 이용하면 편리하다.
- 객체 : 객체선택 , 신속선택 버튼을 이용하여 블록으로 지정할 객체를 선택한다.
  - 유지 : 선택된 객체를 원래상태로 유지한다.
  - 블록으로 변환 : 선택된 객체를 블록으로 변환시킨다.
  - 삭제 : 블록으로 지정한 후 선택된 객체를 삭제한다.

- 블록 단위 : 삽입 단위를 선택한다.
- 설명 : 블록에 대한 요약을 기록한다.

1.2 WBLOCK(블록 쓰기)

Block(블록) 명령에 의해 만들어진 블록은 현재 작업중인 도면에서만 삽입이 가능 하지만, Wblock 명령에 의해 만들어진 블록은 도면을 저장하는 것과 같이 *.dwg 파일로 저장되기 때문에 다른 도면에서도 사용할 수 있다. 따라서 블록으로 작성되지 않았더라도 *.dwg 파일로 저장된 도면은 다른 도면에서 삽입하여 참조할 수 있다.

• 명령 : Wblock [Enter]

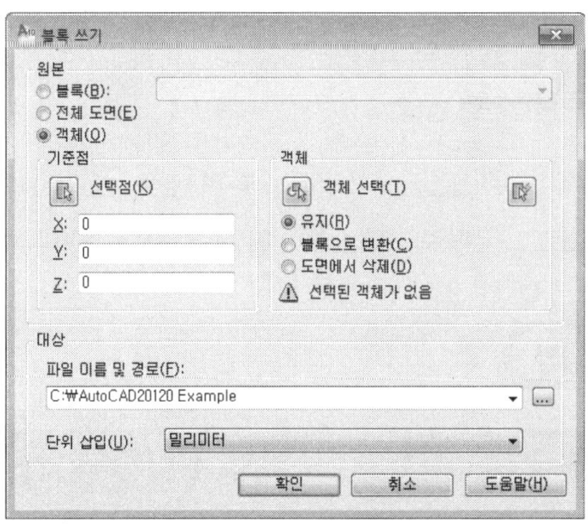

【그림 8-2】 블록 쓰기

- 원본 : 블록, 전체도면, 객체 중 한가지를 파일지정블록으로 정의할 수 있다.
  - 블록 : 이미 도면에서 정의된 블록을 파일로 저장
  - 전체 도면 : 사용자 정의한 정보들 중 사용된 정보들만 파일로 저장

- 객체 : 선택된 객체만 파일로 저장

- 기준점 : 블록의 기준점을 지정한다. Pick point 을 이용하면 편리하다.
- 객체 : 객체선택 , 신속선택 버튼을 이용하여 블록으로 지정할 객체를 선택한다.
  - 유지 : 선택된 객체를 원래상태로 유지한다.
  - 블록으로 변환 : 선택된 객체를 블록으로 변환시킨다.
  - 도면에서 삭제 : 블록으로 지정한 후 선택된 객체를 삭제한다.
- 대상 : 블록으로 저장될 파일명, 위치 그리고 단위를 지정한다.
  - 파일 이름 및 경로 : 블록으로 저장될 파일명을 입력한다.
  - 단위 삽입 : 삽입단위를 지정한다.

1.3 INSERT(삽입)

블록(Block, Wblock)으로 지정한 도면요소 또는 다른 도면의 파일을 불러 현재의 작업 도면의 필요한 위치에 삽입한다.

명령 실행 방법

•리본메뉴 : 삽입점 ▷ 블록 패널 ▷ Insert
•풀다운 메뉴 : Insert ▷ Block
•아이콘 :
•명령어 : Insert

•명령 : Insert Enter

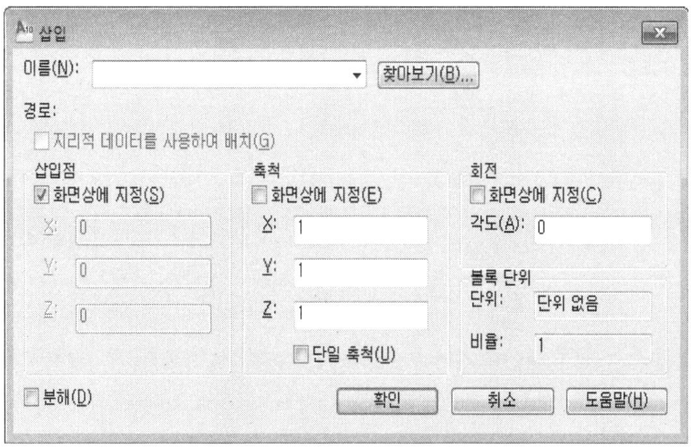

【그림 8-3】삽입

- 이름 : 현재 도면에서 정의된 블록명을 확인하고 선택할 수 있다. 파일지정 블록을 삽입하거나 다른 도면을 삽입할 경우에는 [찾아보기(B)...] 버튼을 이용하여 파일을 찾는다.
- 삽입점 : 블록이 삽입될 기준점을 지정한다. Specify On-screen을 체크하여 마우스로 블록 삽입점을 지정하는 것이 편리하다.
- 축척 : 블록을 삽입할 때 축적값을 지정한다. 이때 X, Y, Z값에 -(음수)값을 입력하면 대칭형상으로 삽입할 수 있다.
- 회전 : 블록을 삽입할 때 회전각을 지정한다.
- 분해 : 블록을 삽입할 때 원래 객체 상태로 분해하여 삽입한다.

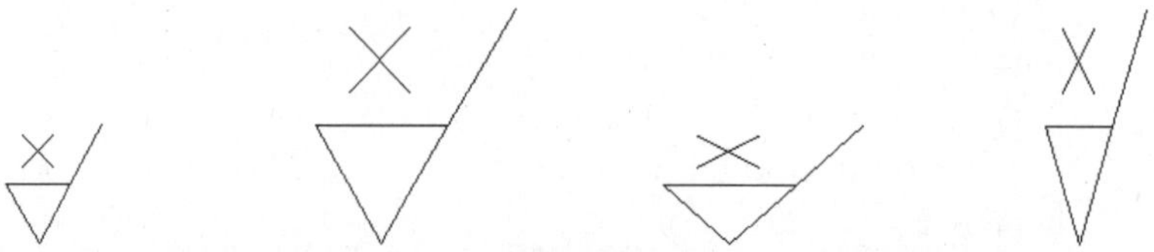

【기본값】 【축척:2】 【X축척:2,Y축척:1】 【X축척:1,Y축척:2】

【X축척:-1】 【Y축척:-1】 【회전:90°】

【그림 8-4】 삽입 결과

1.4 MINSERT(다중 삽입)

블록을 삽입할 때 Array 명령과 같이 행과 열을 지정된 개수와 간격으로 삽입한다. Insert명령과 Array명령을 복합하여 사용하는 것이라 할 수 있다. Minsert실행 시 block이름을 물어볼 때 ~를 입력하면 파일 선택 대화상자가 나타난다.

명령 : Minsert Enter

옵션

- 축척(S) : 블록의 X, Y, Z축의 축척을 지정한다.
- X/Y/Z : 각각의 X, Y, Z축에 대한 축척을 지정한다.
- 회전(R) : 삽입시 블록의 회전각을 지정한다.

≪연습≫

명령 : Minsert Enter

블록 이름 또는 [?] <Cross Pt Flathead Screw - 10 mm top> : Enter(삽입할 블록명을 입력한다. 블록명을 모를 시에는 ?를 입력하여 현재 도면에 정의된 블록명 들을 확인한다.)

단위: 밀리미터　　변환:　　1.0000

삽입점 지정 또는 [기준점(B)/축척(S)/X/Y/Z/회전(R)]: P1점 지정 (삽입점을 지정한다.)

X축척 비율 입력, 반대구석 지정, 또는 [구석(C)/XYZ(XYZ)] <1>: Enter (X축 방향의 축적지정)

Y 축척 비율 입력 <X 축척 비율 사용>: Enter(Y축 방향의 축적지정)

회전 각도 지정 <0>: (회전각도 지정)

행 수 입력(---) <1>: 4 Enter (행으로 삽입될 개수 지정)

열 수 입력 (|||) <1>: 5 Enter (열로 삽입될 개수 지정)

행 사이의 단위 셀 또는 거리 (---): 50 Enter (행과 행사이의 간격 지정)

열 사이의 거리를 지정 (|||): 50 Enter (열과 열사이의 간격지정)

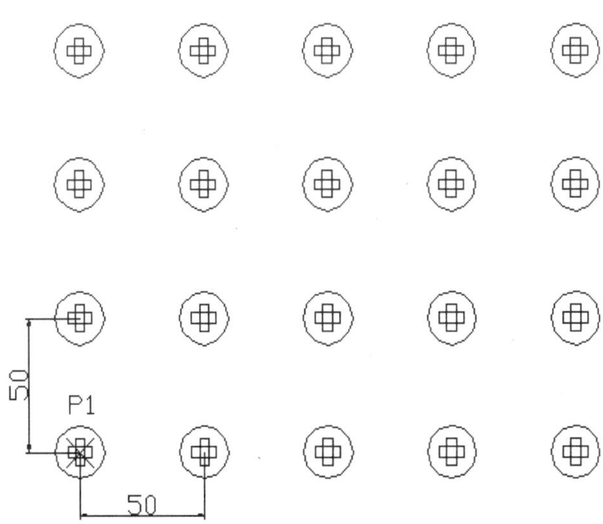

2. 외부파일 참조하기

2.1 XREF(외부 참조)

Insert 명령은 현재의 작업도면에 외부도면을 영구적으로 삽입하므로 삽입 후 원본의 도면을 수정해도 삽입된 도면에는 아무런 변화가 없다. 그러나 Xref 명령에 의해 외부도면을 연결한 불러 현재의 작업도면에 부착하게 되면 화면에는 부착된 것처럼 나타나지만, 실제는 참조하는 외부도면의 경로와 파일 이름으로 연결된다. 따라서 외부도면을 수정하면 현재 부착된 도면에도 똑같이 수정되어 나타난다.

2-1-1 Xref manager(외부 참조 관리자)

명령 실행 방법

- 풀다운 메뉴 : 삽입 ▷ 외부참조
- 아이콘 :
- 명령어 : Xref

- 명령 : Xref Enter

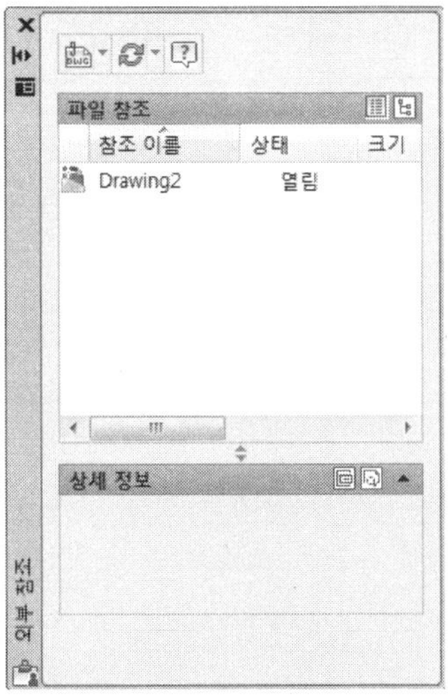

【그림 8-5】 외부 참조 관리자

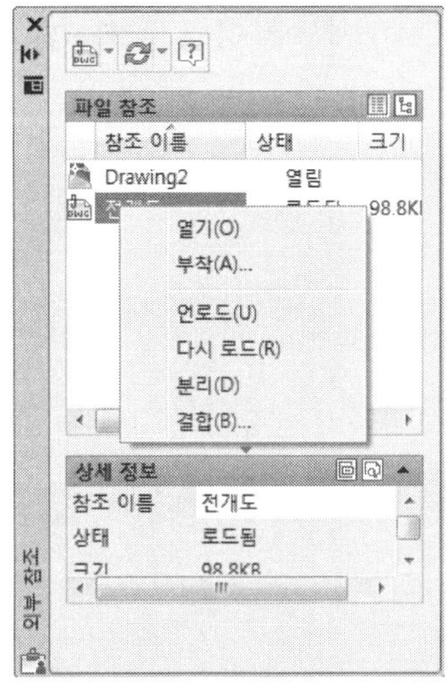

【그림 8-6】 외부 참조 관리자-트리뷰

- 부착 : 현재 작업 중인 도면에 외부참조 도면을 부착한다.
- 분리 : 현재 도면에 연결된 외부참조 도면의 경로를 분리하고, 화면에서 지운다.
- 다시 로드 : Unload된 외부 참조 파일을 다시 불러들인다.
- 언로드 : Attach되어 있는 외부 참조 파일을 화면에서 지운다.
- 결합 : 외부참조 도면을 현재 도면의 일부분으로 만든다.

2-1-2 Attach(부착)

현재 작업 중인 도면에 외부참조 도면을 부착한다.

명령 실행 방법

•리본메뉴 : 삽입점 탭 ▷ 참조 패널 ▷ 부착
•풀다운 메뉴 : 삽입 ▷ 외부 참조
•아이콘 :
•명령어 : Xattach or Xref▷Attach

•명령 : Xattach or Xref ▷ Attach Enter

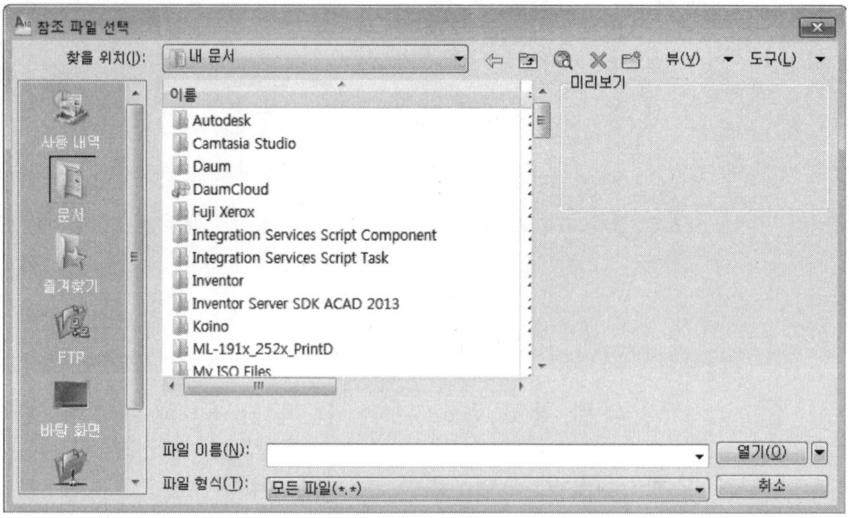

【그림 8-7】 외부 참조 파일 선택

참조할 도면을 선택한 후 열기(O) 버튼을 누른다.

외부 참조 대화상자가 나타난다.

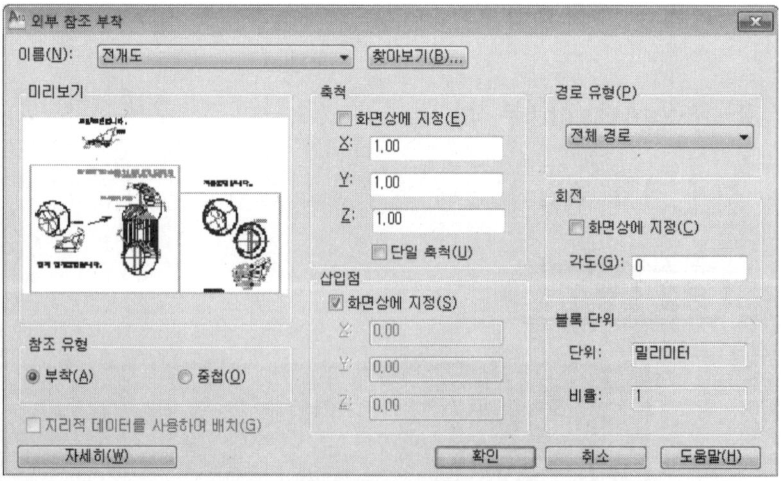

【그림 8-8】 외부 참조

옵션

- 이름 : 선택된 파일의 이름이 나타난다.
- 참조 유형 : 참조형태를 선택한다.
  - 부착 : 외부의 참조 도면을 현재 도면에 부착하여 연결해 준다.
  - 중첩 : 외부의 참조 도면을 현재 도면에 중첩해 준다.(외부 참조 도면에 부착된 참조 도면은 볼 수 없다.)
- 삽입점 : 참조 도면이 삽입될 기준점을 지정한다. 화면상에 지정을 체크하여 마우스로 삽입점을 지정하는 것이 편리하다.
- 축척 : 참조 도면을 삽입할 때 축적값을 지정한다. 이때 X, Y, Z값에 -(음수)값을 입력하면 대칭형상으로 삽입할 수 있다.
- 회전 : 참조 도면을 삽입할 때 회전각을 지정한다.

2-1-3 Bind(결합)

외부참조 도면을 연결을 끊고 현재 도면에서 하나의 블록으로 만든다.

명령 실행 방법

- 풀다운 메뉴 : 삽입 ▷ 외부 참조
- 아이콘 : 
- 명령어 : Xbind or XrefBind

[Xbind 명령으로 결합한 경우]

Xref 명령의 Bind 옵션은 외부 참조 도면의 모든 정보를 현재 도면에 블록으로 삽입하지만 Xbind 명령을 사용하면 작업자가 원하는 객체의 정보만을 선택하여 삽입시킬 수 있다.

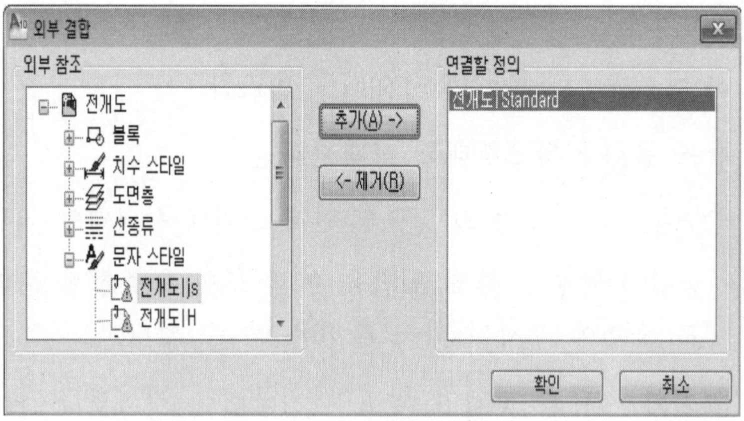

【그림 8-9】 결합

3 WINDOWS 클립 보드 사용하기

클립보드는 공유된 기억 구조로서 Windows 프로그램의 데이터 공유에 쓰여진다. 한 도면 내에서 자료를 복사할 때는 Copy 명령이나, 다양한 자동 편집 기능을 사용한다. 하지만, 다른 도면 또는 Window 응용프로그램(Ms word, Power point, 그림판 등)으로 자료를 이동시킬 때는 클립보드를 이용하는 편이 훨씬 편리하다.

3.1 COPYCLIP(복사하기)

명령 실행 방법

- 리본메뉴 : 홈 ▷ 클립보드 패널 ▷ 클립 복사
- 풀다운 메뉴 : 편집 ▷ 복사
- 아이콘 : 
- 명령어 : Copyclip
- 복사할 대상을 선택한 후 마우스 오른쪽 버튼 클릭 ▷ 단축메뉴에서 복사 선택

풀다운 메뉴에서 Copy with base point를 선택하면 붙여놓기 할 때 기준점을 지정하여 붙여놓기 할 수 있다.

3.2 CUTCLIP(잘라내기)

Copyclip 명령은 명령 실행 후 복사 원본이 그대로 존재하지만 Cutclip을 선택할 경우는 도면에서 선택한 대상물이 사라진다.

명령 실행 방법

- 리본메뉴 : 홈 ▷ 클립보드 패널 ▷ 잘라내기
- 풀다운 메뉴 : 편집 ▷ 잘라내기
- 아이콘 : 
- 명령어 : Cutclip
- 자르기할 대상을 선택한 후 마우스 오른쪽 버튼 클릭 ▷ 잘라내기 선택

3.3 PASTECLIP(붙여놓기)

Copyclip 또는 Cutclip 명령에 의해 복사된 도면 요소들을 붙여놓기 한다.

명령 실행 방법

- 리본메뉴 : 홈 ▷ 클립보드 패널 ▷ 붙여넣기
- 풀다운 메뉴 : 편집 ▷ 붙여넣기
- 아이콘 :
- 명령어 : Pasteclip
- 마우스 오른쪽 버튼 클릭 ▷ 붙여넣기 선택

풀다운 메뉴에서 Paste as Block을 선택하면 복사된 객체를 붙여놓기 할 때 블록형태로 된다.

3.4 AutoCAD DESIGN CENTER

AutoCAD DesignCenter는 Windows의 탐색기와 유사한 도구로 데스크탑, 네트워크 및 웹에 있는 파일 및 검색과 단축키 작성, 도면 Open기능 등을 수행할 수 있다.

명령 실행 방법

- 리본메뉴 : 삽입 탭 ▷ 컨텐츠 패널 ▷ DesignCenter
- 풀다운 메뉴 : 도구 ▷ 팔레트 ▷ DesignCenter
- 아이콘 :
- 명령어 : Adcenter

•명령 : Adcenter Enter

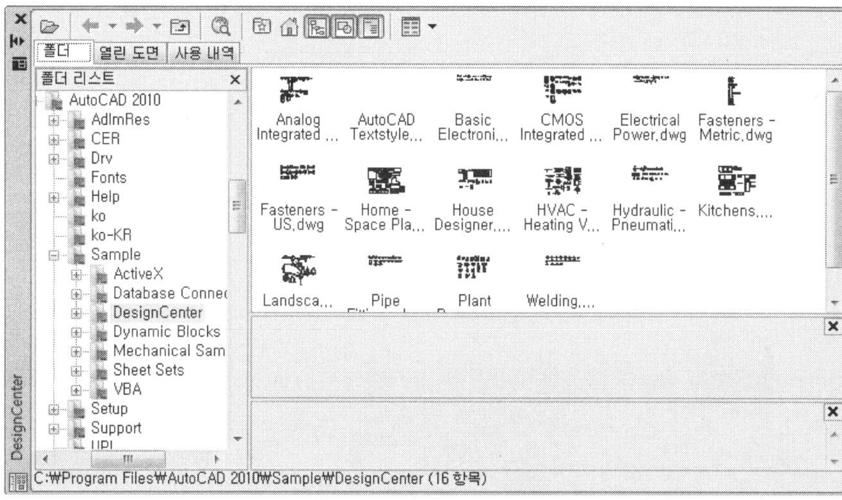

【그림 8-10】 AutoCAD DesignCenter

Chapter 9.

배치와 플롯

Chapter 9. 배치와 플롯

1. 배치

AutoCAD2010은 Model(모형)과 Layout(배치) 두 가지의 작업공간이 있다. Model 공간에는 주로 객체에 대한 작성과 편집을 하며 Layout 공간에서는 주로 설계된 도면의 출력을 위한 양식 지정과 배치 등을 할 수 있다.

1.1 LAYOUT(배치)

Model 공간에서도 도면의 출력이 가능하나 Vport(뷰포트) 명령을 이용하여 Layout 공간으로 필요한 부분만 보이도록 배치시키거나 여러 개의 다른 형식과 크기로 도면을 배치할 수도 있다.

명령 실행 방법

- 풀다운 메뉴 : 삽입 ▷ 배치 ▷ 템플릿으로부터 배치
- 아이콘 : 
- 명령어 : Layout
- 모형/배치 Tab에서 단축 메뉴를 이용한다.

1-1-1 명령어를 이용하는 방법

명령 : Layout Enter
배치 옵션 입력 [복사(C)/삭제(D)/새로 만들기(N)/템플릿(T)/이름바꾸기(R)/저장(SA)/설정(S)/?] <설정>: 옵션 선택

옵션

- 복사(C) : 현재 작업중인 Layout Page와 동일한 설정값으로 새로운 Layout을 만든다.
- 삭제(D) : 기존의 Layout을 삭제한다.
- 새로 만들기(N) : 새로운 Layout을 생성한다.
- 템플릿(T) : 이미 만들어진 Template 파일을 삽입시켜 새로운 Layout을 만든다.
- 이름바꾸기(R) : 기존 Layout의 이름을 새로운 이름으로 바꾼다.
- 저장(SA) : 현재 선택된 Layout을 새로운 Template 파일로 저장한다.
- 설정(S) : Layout의 이름을 입력하여 현재 Layout으로 설정한다.
- ? : 현재 설정된 Layout의 이름을 모두 보여준다.

1-1-2 단축 메뉴를 이용하는 방법

모형/배치 Tab에서 마우스 오른쪽 버튼을 누르면 다음과 같은 단축 메뉴가 나온다.

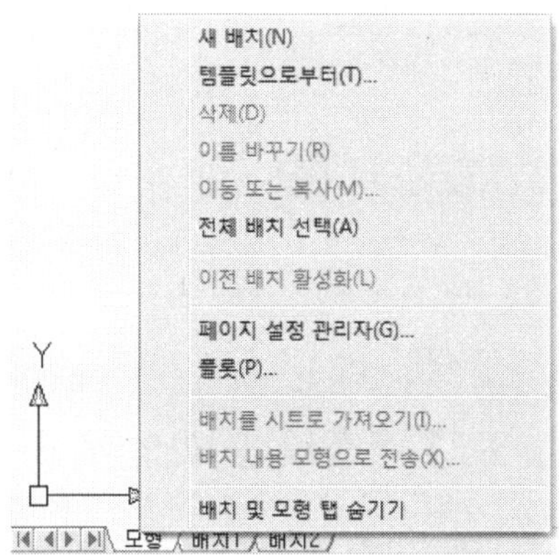

【그림 9-1】 레이 아웃

- 새 배치(N) : 새로운 Layout을 생성한다.

다음과 같이 Layout3라는 이름의 새로운 Layout이 생성된다.

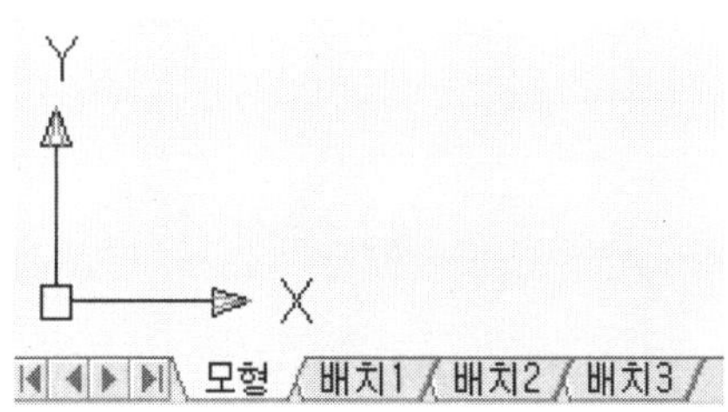

【그림 9-2】 새 레이 아웃

- 템플릿으로부터(T) : 이미 만들어진 Template 파일을 삽입시켜 새로운 Layout을 만든다.

다음과 같은 파일 선택 대화상자에서 삽입할 Template 파일을 선택한다.(Tutorial-iMfg.dwt 선택)

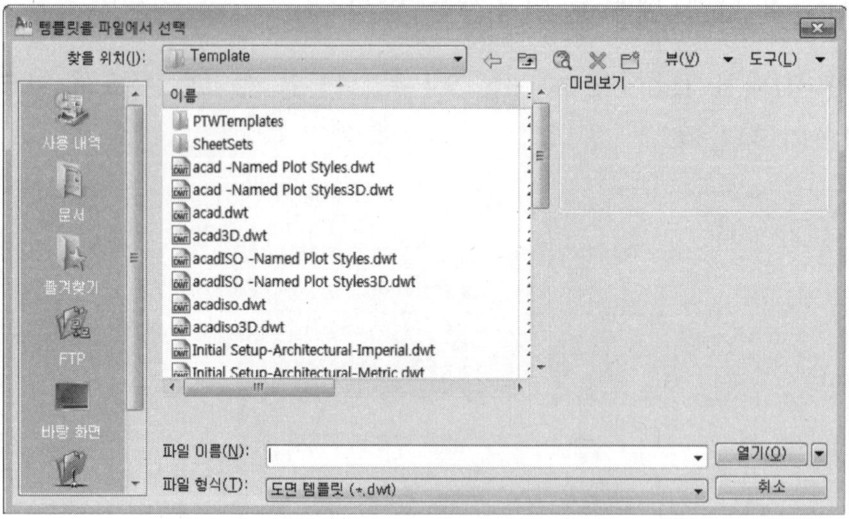

【그림 9-3】 템플릿을 파일에서 선택

다음과 같은 배치 삽입 대화상자가 나오면 확인 버튼을 누른다.

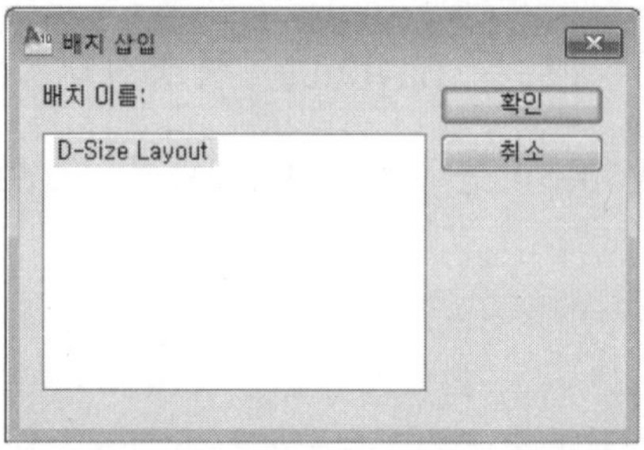

【그림 9-4】 배치 삽입

선택한 Template 파일과 동일한 이름의 D-Size Layout 탭이 생성되며 그 탭을 선택하면 다음 그림과 같이 Template 파일이 삽입되어 있다.

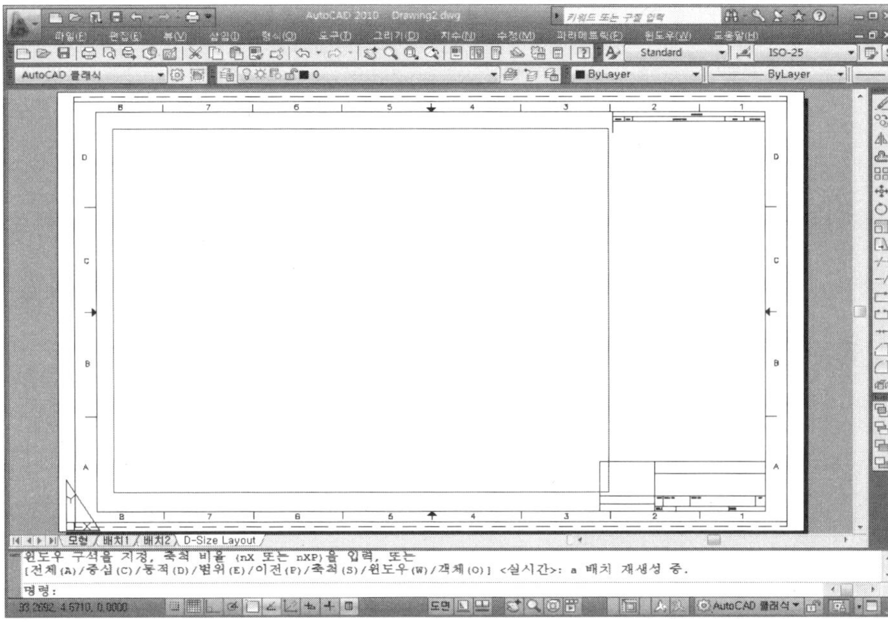

【그림 9-5】 템플릿 삽입

- 이름 변경(R) : 선택된 Layout의 이름을 Rename Layout 대화상자를 이용하여 새로운 이름으로 바꾼다.
- 삭제(D) : 선택한 Layout을 삭제한다.
- 이동 또는 복사(M) : 선택한 Layout을 복사하거나 이동시킨다.

1.2 LAYOUT WIZARD(배치 마법사)

Layout에 대한 출력장치, 용지 크기, 출력방향, Template File사용, 뷰포트의 정의 등에 대한 사항을 마법사 기능을 이용하여 설정한다.

명령 실행 방법

- 풀다운 메뉴 : 삽입 ▷ 배치 ▷ 배치작성 마법사
- 명령어 : Layoutwizard

1-2-1 시작

새로운 배치의 이름을 입력한다.

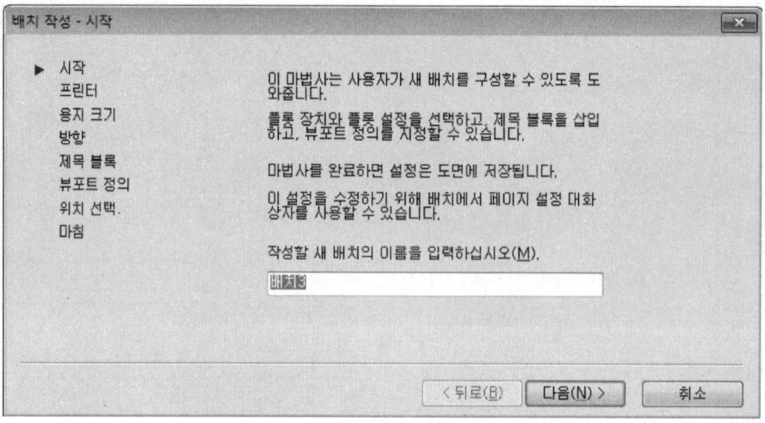

【그림 9-7】 배치 마법사-시작

1-2-2 프린터

사용할 프린터를 선택한다.

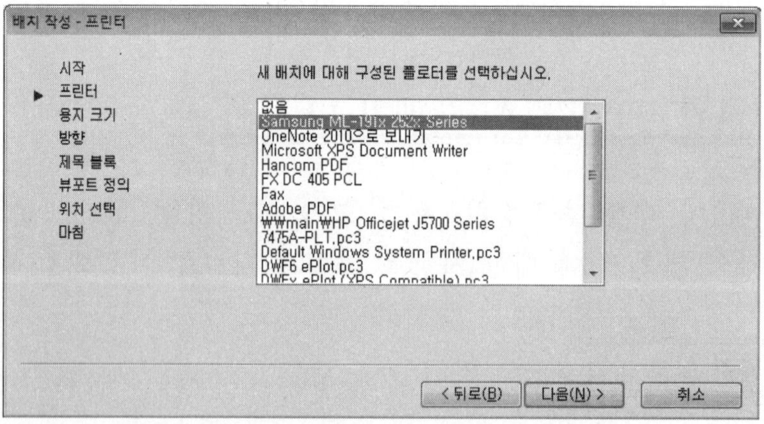

【그림 9-8】 배치 마법사-프린터

1-2-3 용지 크기

프린터에서 사용할 수 있는 용지 중 새로 생성할 Layout에서 사용할 용지의 크기와 단위를 선택한다.

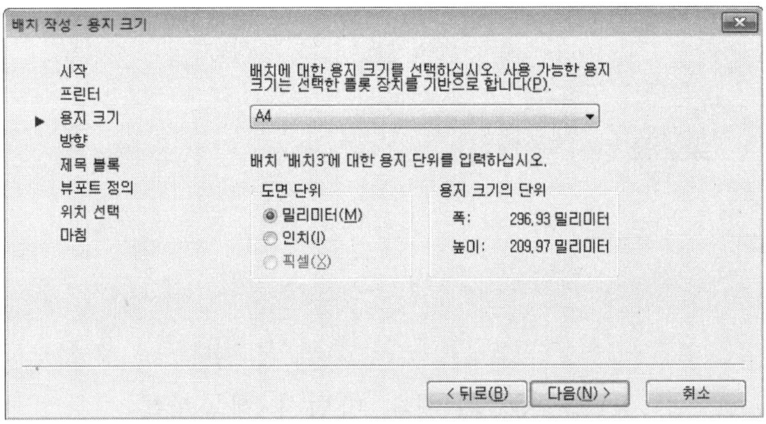

【그림 9-9】 배치 마법사-용지크기

1-2-4 방향

용지의 출력 방향을 선택한다.

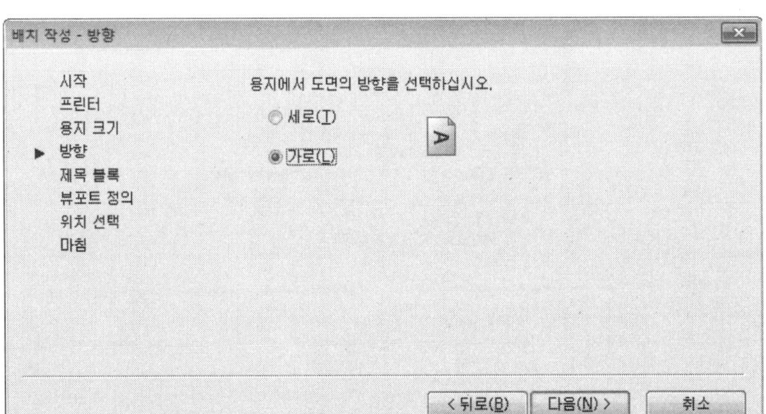

【그림 9-10】 배치 마법사-방향

1-2-5 제목 블록

사용될 Template 파일을 선택하여 블록으로 삽입할지 외부 참조 파일로 부착할지를 설정한다.

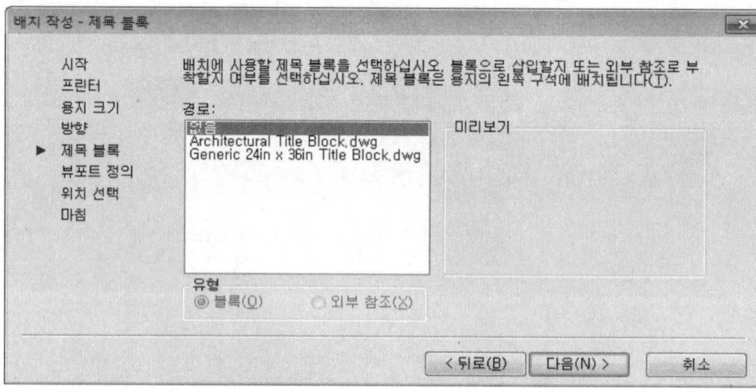

【그림 9-11】 배치 마법사-제목블록

- 블록 : 블록으로 삽입
- 외부참조 : 외부 참조 파일로 삽입

1-2-6 뷰포트 정의

배치에 적용할 뷰포트의 개수와 축척을 설정한다.

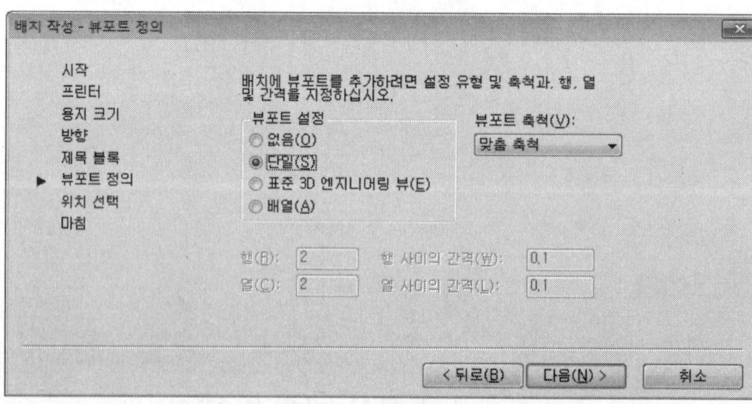

【그림 9-12】 배치 마법사-뷰포트 정의

- 뷰포트 설정
  - 없음 : 뷰포트를 설정하지 않는다.
  - 단일 : 하나의 뷰포트를 설정한다.
  - 표준 3D 엔지니어링 뷰 : 평면도, 정면도, 측면도 및 3차원 모형도를 표현할 수 있는 등각뷰를 설정할 수 있다.
  - 배열 : 가로와 세로 방향의 뷰포트의 수를 설정한다.
  - 간격 : 뷰포트 사이 간격을 설정한다.
- 뷰포트 축척 : 모형공간에 비례한 뷰포트의 축척을 설정한다.

1-2-7 Pick Location(위치 지정)

설정된 뷰포트의 위치를 설정한다. 위치선택 버튼을 누르면 생성된 배치 창에서 뷰포트의 위치를 직접 설정할 수 있다.

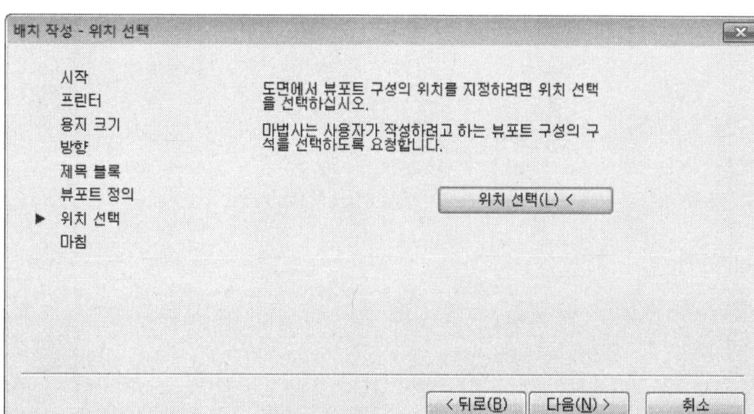

【그림 9-13】 배치 마법사-위치선택

1-2-8 마침

배치 마법사의 종료와 변경방법을 표시한다.

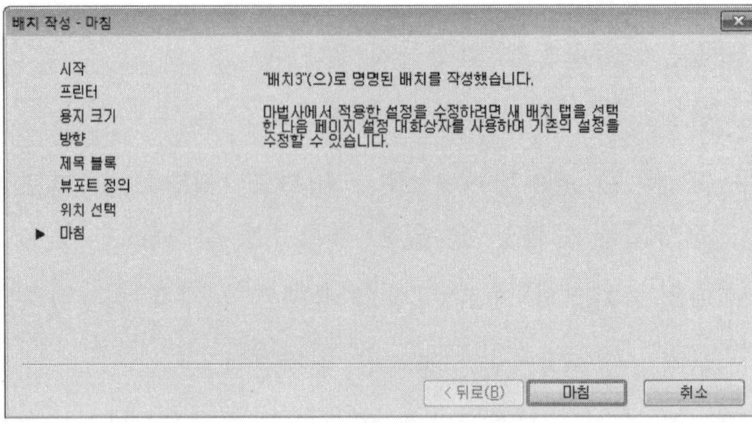

【그림 9-14】 배치 마법사-마침

아래와 같이 새로운 Layout이 삽입된다.

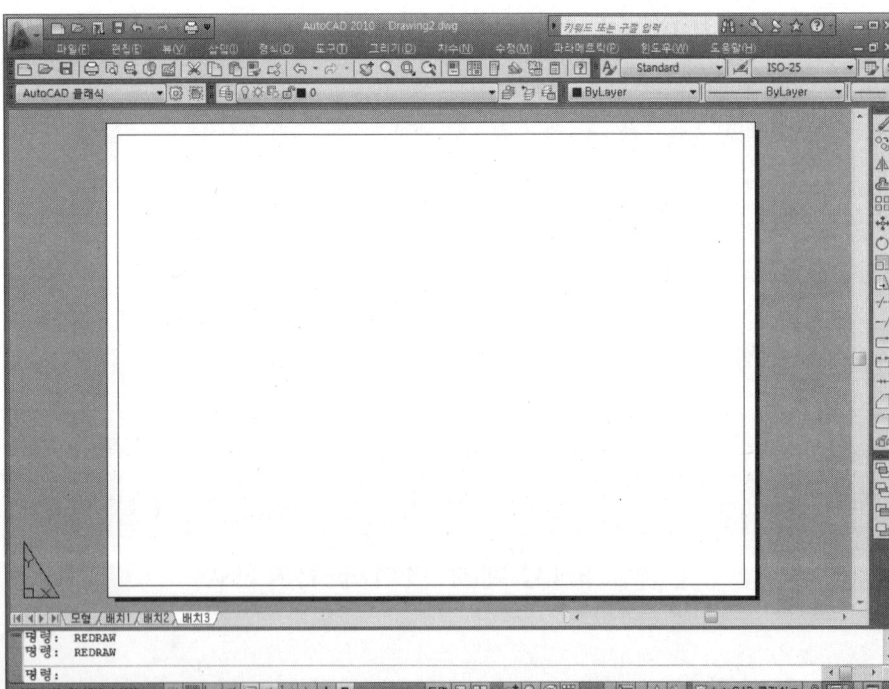

【그림 9-15】 배치 마법사-레이아웃 생성

1.3 페이지 설정

Layout에 대한 플롯 장치, 플롯 유형, 출력 용지, 출력 방향, 축척 등의 환경을 설정한다.

명령 실행 방법

- 리본메뉴 : 출력 탭 ▷ 플롯 패널 ▷ 페이지 설정 관리자
- 풀다운 메뉴 : 응용프로그램 메뉴 ▷ 인쇄 ▷ 페이지 설정
- 아이콘 :
- 명령어 : Pagesetup

- 명령 : Pagesetup Enter

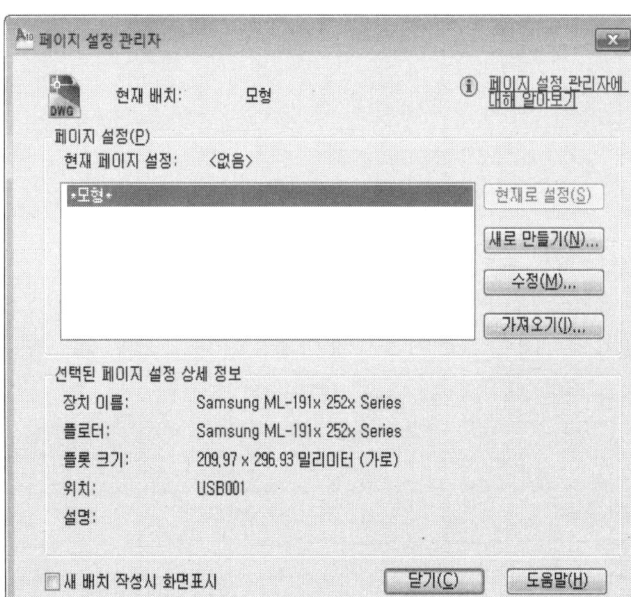

【그림 9-16】 페이지 설정 관리자

- 현재 배치 : 현재 배치상태를 나타낸다.
- 현재로 설정 : 현재 적용되어 있는 설정을 표시한다.
- 새로 만들기 : 새로운 페이지 설정을 생성한다.
- 수정 : 선택된 페이지 설정값을 수정한다.
- 가져오기 : 외부의 파일에서 페이지 설정값을 가져온다.

1-3-1 새로 만들기

- 새로운 페이지를 설정한다.

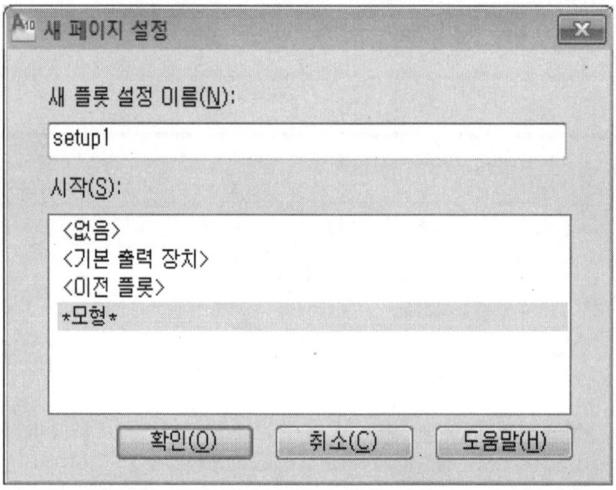

【그림 9-17】 새로운 페이지 설정

- Setup1에 대한 페이지 설정을 한다. 프린터 종류나 용지크기, 펜종류 및 선 굵기 등을 조정한다.

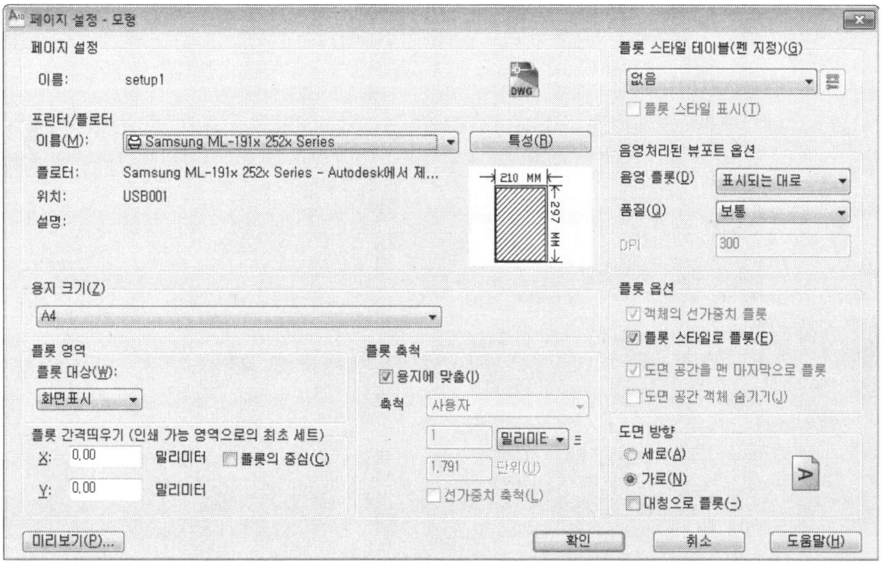

【그림 9-18】 출력 유형 편집

- 유형을 편집 후 페이지 설정으로 돌아온다.

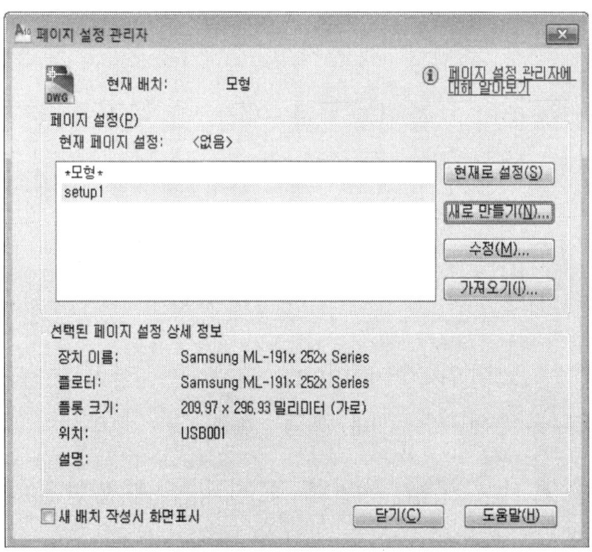

【그림 9-19】 등록된 페이지 설정

1-3-2 Layout Settings(배치 설정)

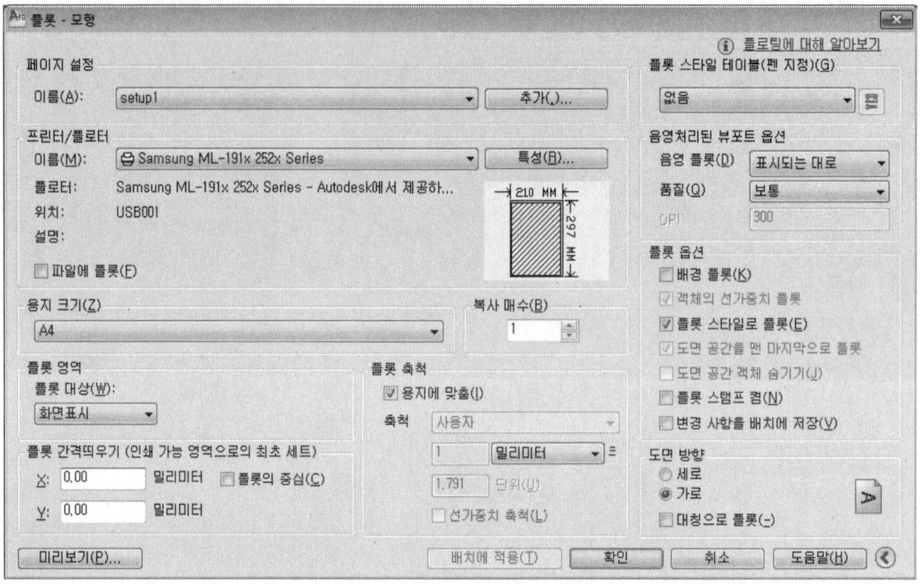

【그림 9-20】 플롯 옵션

- 페이지 설정 : 현재 페이지 설정 이름을 표시한다.
- 프린터/플로터 : 출력장치를 지정 및 특성을 설정한다.
- 용지크기 : 출력에 사용할 용지의 크기를 설정한다.
- 플롯 영역 : 플롯할 용지의 영역을 선택한다.
  - 배치 : Layout에 설정된 모든 형상을 플롯 한다.
  - 범위 : 도면의 한계(Limits)를 넘는 객체를 포함하여 모든 형상을 용지에 꽉 차게 플롯 한다.
  - 화면 표시 : 현재 화면에 표시되는 부분만을 플롯 한다.
  - 뷰 : 도면에 정의된 뷰가 있을 경우 저장된 뷰를 플롯 한다.
  - 윈도우 : Window 버튼을 클릭 하여 사용자에 의해 선택되는 영역만 플롯 한다.

- 플롯 간격 띄우기 : 플롯 영역에서 원점의 위치를 변경시킨다.
  - 플롯의 중심 : 플롯의 중심에 맞추어 출력한다.
  - X/Y : 플롯 원점이동의 크기
- 플롯 축척 : 도면을 플롯 할 때 축척을 설정한다.
  - 축척 : 이미 정의된 축척값을 리스트에서 선택한다.
  - 사용자화/도면 단위 : 사용자가 직접 축척값을 입력한다.
  - 선 가중치 축척 : 선가중치를 플롯 축척에 비례하여 출력할 수 있다.
- 플롯 스타일 테이블 : 플롯 스타일 테이블을 설정하거나 플롯 스타일 테이블을 편집하며 미리 설정되어 있는 펜스타일을 지정할 수 있다.
- 음영처리된 뷰포트 옵션 : 3D작업된 객체를 인쇄할 때 은선가리기 또는 개념, 실제와 같이 재실이 적용된 상태에서의 인쇄 등을 지정한다.
- 플롯 옵션 : 선가중치, 투명도, 플롯 스타일, 음영처리 등을 지정한다.
- 도면 방향 : 출력할 용지의 방향을 설정한다.
  - 세로 방향
  - 가로 방향
  - 대칭으로 플롯 : 용지를 180° 회전시킨다.

1.4 VPORTS(뷰포트)

Vports 명령은 모형공간과 배치공간에서 하나 이상의 뷰포트를 생성하여 출력할 수 있으며 배치공간에서 작성한 뷰포트는 서로 다른 축척이나 플롯 유형을 적용할 수도 있다.

명령 실행 방법

- 리본메뉴 : 뷰 탭 ▷ 뷰포트 패널 ▷ 명명된 뷰포트
- 풀다운 메뉴 : 뷰 ▷ 뷰포트 ▷ 명명된 뷰포트
- 아이콘 :
- 명령어 : Vports

- 명령 : Vports Enter

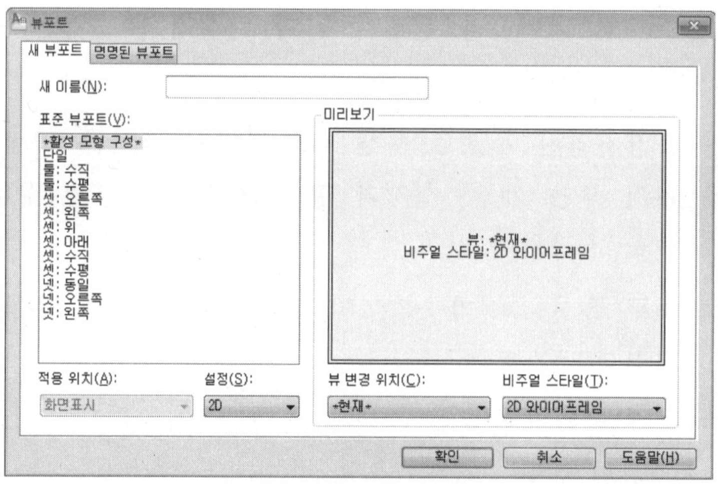

【그림 9-21】 뷰포트

1-4-1 새 뷰포트

- 새 이름 : Model 공간에서는 새로운 뷰포트의 이름을 입력하여 현재 설정한 뷰포트를 저장할 수 있다.
- 표준 뷰포트 : 이미 정의 된 뷰포트 중에서 선택한다.
- 설정 : 2D(2차원), 3D(3차원)중에서 선택할 수 있다.
- 뷰 변경 위치 : 미리보기 창에서 변경할 뷰를 선택한 후 리스트

박스에 있는 뷰를 선택하여 선택한 뷰를 변경한다.

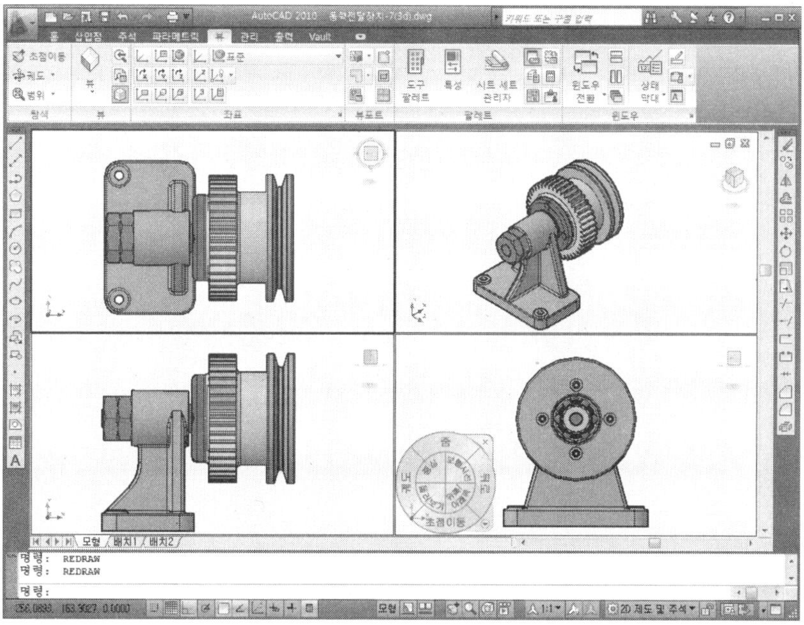

【그림 9-22】 뷰포트명령을 이용하여 4개의 뷰포트로 설정한 예

1-4-2 명명된 뷰포트

기존에 설정된 뷰포트를 가져와 사용할 수 있다.

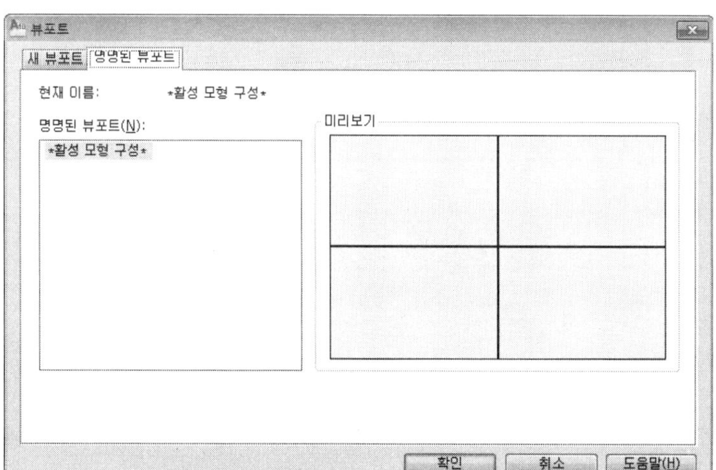

【그림 9-23】 명명된 뷰 포트

1.5 MVIEW

Layout 공간에서 사용자의 환경에 맞는 출력 형태 또는 뷰포트를 설정할 수 있다.

명령 : Mview [Enter]
뷰포트 구석 지정 또는
[켜기(ON)/끄기(OFF)/맞춤(F)/음영플롯(S)/잠금(L)/객체(O)/다각형(P)/복원(R)/도면층(LA)/2/3/4] <맞춤(F)>: 뷰포트의 위치지정 또는 옵션선택 [Enter]

옵션

- 켜기(ON) : 뷰포트 내의 객체를 화면에 나타낸다.

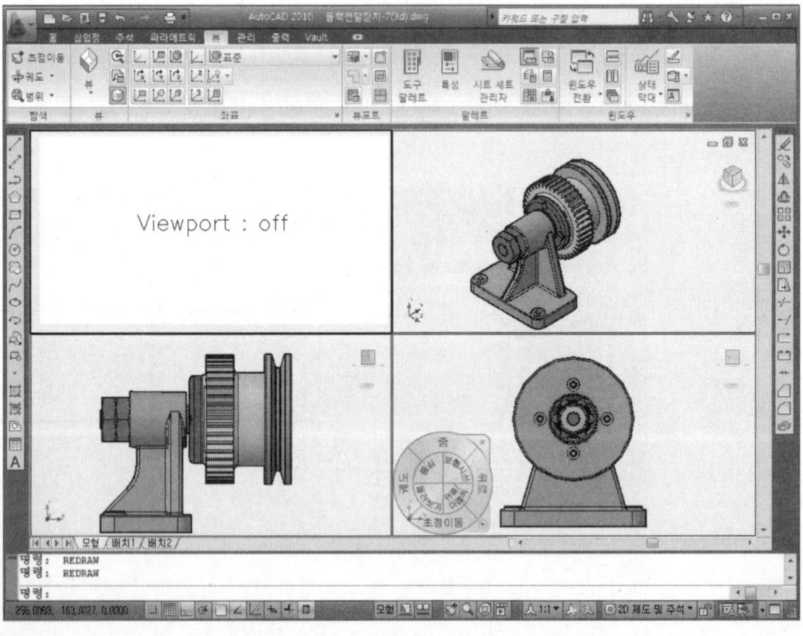

【그림 9-24】 뷰 포트 옵션

- 끄기(OFF) : 뷰포트 내의 객체를 화면에 나타내지 않는다.
- 맞춤(F) : 뷰포트를 인쇄가능 영역에 꽉 차게 축척을 설정한다.
- 음영플롯(S) : 뷰포트 내에서 은선은 제거하고 플롯 한다.
- 잠금(L) : 뷰포트의 축척을 변경할 수 없다.
- 객체(O) : 사용자가 임의로 작성한 객체를 선택하여 뷰포트의 모양을 바꿀 수 있다. 단, 객체는 닫혀진 폴리라인 형태여야 한다.
- 다각형(P) : 뷰포트의 모양을 Line과 Arc를 이용하여 임의로 작성할 수 있다.

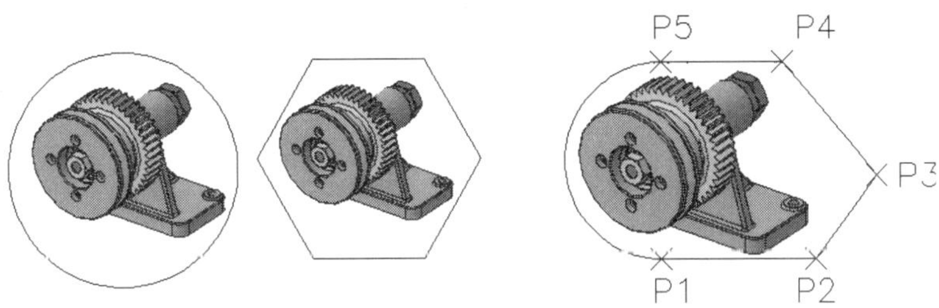

【객체 옵션을 이용】 【다각형 옵션을 이용】

【그림 9-25】 뷰 포트 옵션 이용

- 복원(R) : 모형 공간에서 설정한 뷰포트를 이용하여 현재 배치의 뷰포트를 구성한다.
- 2/3/4 : 2, 3 및 4개의 뷰포트를 작성한다.

1.6 MSPACE/PSPACE(VIEW 전환)

Layout 공간에서만 실행되는 명령으로 Mspace는 Model 공간으로 전환하지 않고 객체의 편집이나 Viewports의 특성을 변경할 수 있다. Pspace는 Mspace 명령에 의해 편집모드로 된 상태를 원래의 상태로 되돌린다. Mspace 명령을 실행하면 뷰포트의 테두리가 굵게 되며 뷰포트가 여러 개일 경우에는 마우스로 전환될 뷰포트를 선택할 수 있다.

명령 실행 방법

- Layout 공간에서 상태라인의 배치1 버튼을 모형 클릭 하여 이 되도록 한다.(Mspace)
- 명령 : Mspace/Pspace Enter

【Pspace 상태】

【Mspace 상태】

【그림 9-26】뷰 전환

1.7 VPCLIP(뷰포트 자르기)

설정된 뷰포트의 경계를 자르거나 재정의 할 수 있다.

명령 실행 방법

- 리본메뉴 : 뷰 탭 ▷ 뷰포트 패널 ▷ 자르기
- 아이콘 :
- 명령어 : Vpclip

명령 : Vpclip [Enter]
자르기할 뷰포트 선택: 재정의 할 뷰포트 선택
자르기 객체 선택 또는 [다각형(P)] <다각형>: [Enter]
잘못된 계산식 P1점 지정
다음점 지정 또는 [호(A)/길이(L)/명령 취소(U)]: P2점 지정
다음점 지정 또는 [호(A)/닫기(C)/길이(L)/명령 취소(U)]: P3점 지정
다음점 지정 또는 [호(A)/닫기(C)/길이(L)/명령 취소(U)]: C [Enter] (Close)

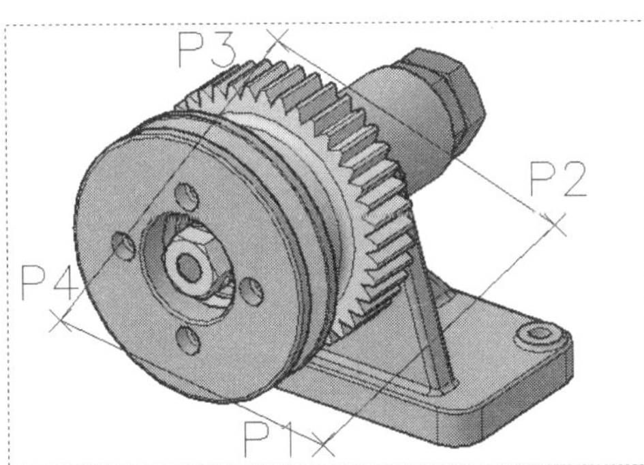

【뷰포트의 재정의를 위한 점 선택】

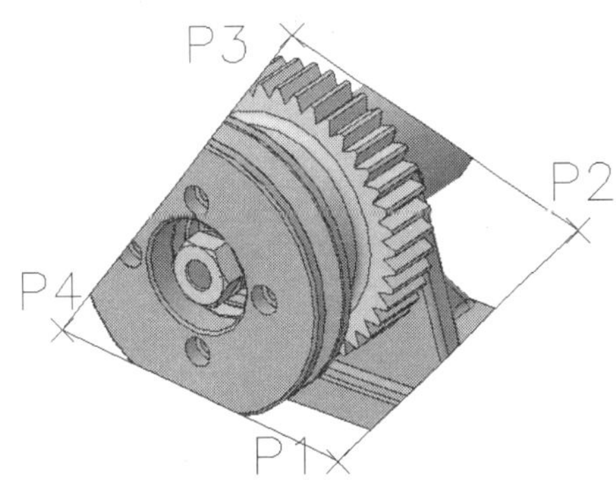

【재정의 결과】

[그림 9-27】 뷰포트 자르기

명령 : Vpclip [Enter]
자르기할 뷰포트 선택: 재정의 할 뷰포트 선택
자르기 객체 선택 또는 [다각형(P)/삭제(D)] <다각형>: D [Enter]

불규칙적인 뷰포트의 경계를 직사각형 모양의 뷰포트로 만든다.

【그림 9-28】Delete 옵션에 의한 재정의

2. 플롯

2.1 PLOTTER MANAGER(플로터 관리자)

AutoCAD2010에서 플롯하기 위해서는 플로터 관리자를 이용하여 필요한 플로터 드라이버를 구성해야 한다.

명령 실행 방법

- 리본메뉴 : 출력 탭 ▷ 플롯 패널 ▷ 플로터 관리자
- 풀다운 메뉴 : 파일 ▷ 플로터 관리자
- 아이콘 : 
- 명령어 : Plottermanager

•명령 : Plottermanager Enter

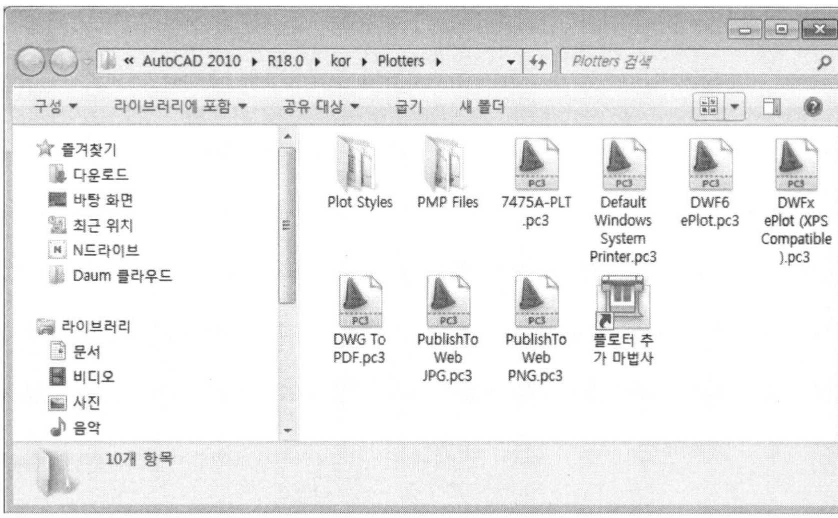

【그림 9-29】 플로터 관리자

Plotters 창에서 플로터 추가 마법사를 더블 클릭 하여 플로터 추가 마법사를 실행시킨 후 지역 플로터, 네트워크 플로터 또는 시스템 프린터 중 구성할 항목을 선택한다.

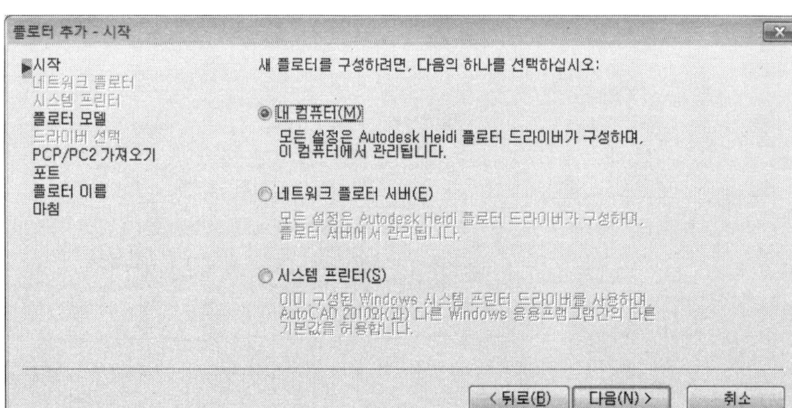

【그림 9-30】 플로터 추가 마법사-시작

- 내 컴퓨터 : 플로터 제조회사와 모델명을 선택하거나 플로터 드라이버를 가지고 있는 경우 플로터의 드라이버를 설치한다.
- 네트워크 플로터 서버 : 서버에 연결된 컴퓨터에 네트워크 플롯이 공유되어 있을 때 있을 때 사용할 네트워크 플롯을 탐색하여 선택한다.
- 시스템 프린터 : 현재 Window에서 설정된 프린터 중 사용하고자 하는 프린터는 선택한다.

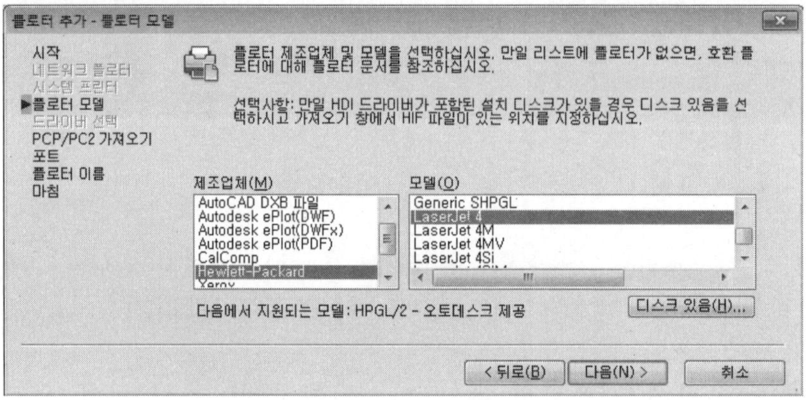

【그림 9-31】 프린터 추가

- 제조업체 : 프린터 제조업체를 지정한다.
- 모델 : 선택된 업체의 프린터 모델을 지정한다.

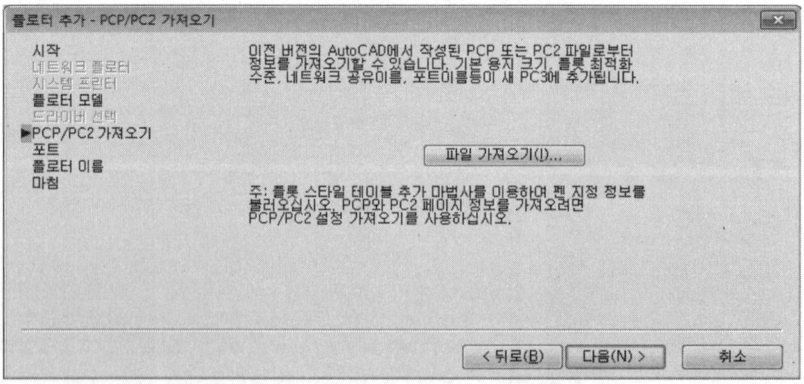

【그림 9-32】 플로터 추가 마법사-PCP/PC2 파일 가져오기

- 파일 가져오기 : 이전 버전에서 작성한 PCP나 PC2 파일이 있는 경우 그 설정을 가져와 사용할 수 있다(PCP, PC2 파일에는 팬 최적화, 플롯 구성, 용지의 크기와 방향, 해상도, 장치 이름 등의 정보가 있다).

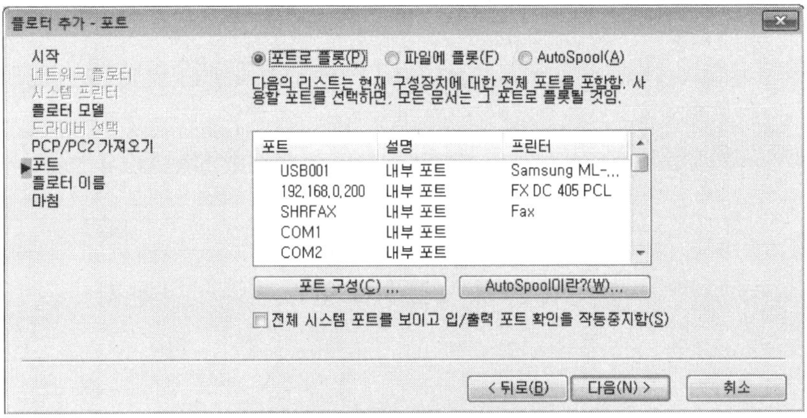

【그림 9-33】 프린터 포터 설정

- 포트로 플롯 : 프린터 포터를 통해 인쇄를 할 수 있도록 설정한다.
- 파일에 플롯 : 프린터 내용을 파일로 저장한다.(*.plt)
- AutoSpool : 자동적으로 파일 이름을 작성하여 AutoSpool디렉토리에 출력을 한다.

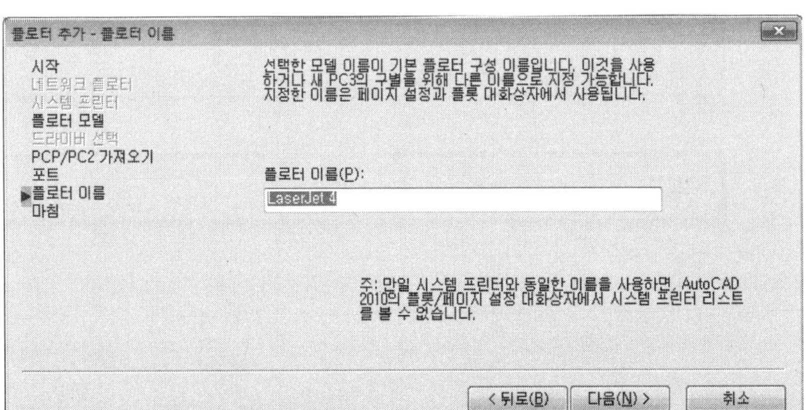

【그림 9-34】 프린터 이름 설정

• 플로터 이름 : 프린터 이름을 설정한다.

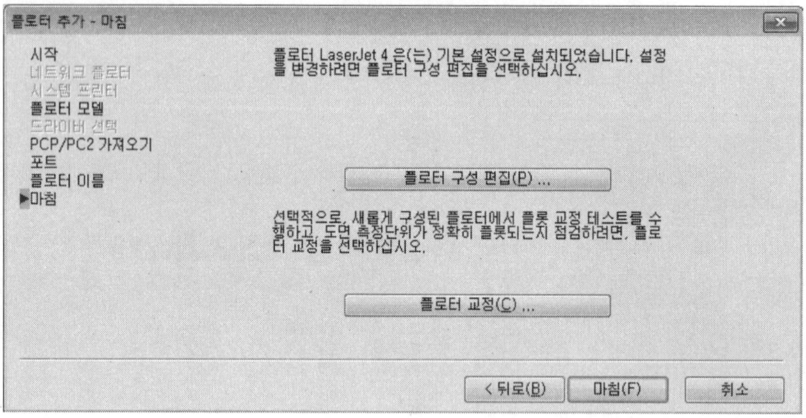

【그림 9-35】 프린터 설정 마무리

2.2 PLOT STYLE MANAGER(플롯 스타일 관리자)

플롯 유형을 플롯 스타일 관리자를 이용하여 설정할 수 있다.

명령 실행 방법

•풀다운 메뉴 : 응용프로그램 메뉴 ▷ 인쇄 ▷ 플롯 스타일 관리자
•명령어 : Stylesmanager

•명령 : Stylesmanager Enter

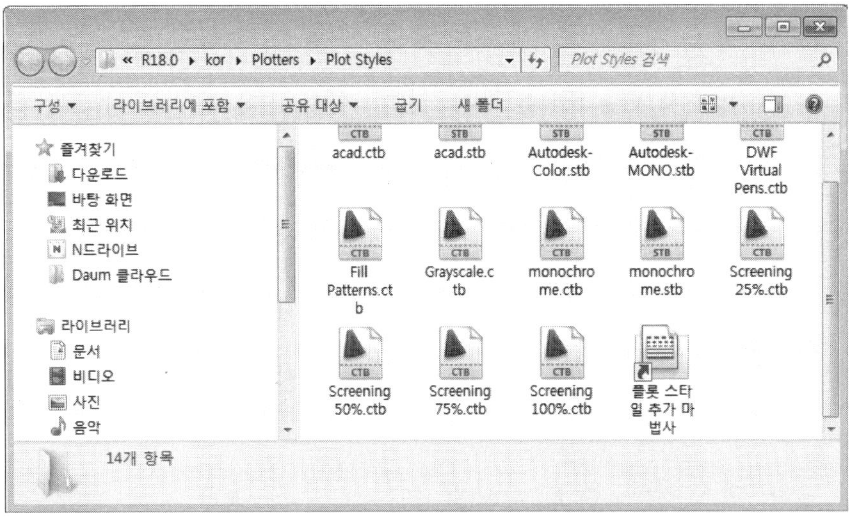

【그림 9-36】 플로터 스타일 관리자

위의 Plot styles 창에서 플롯 유형 추가 마법사를 더블 클릭 하여 플롯 유형 추가 마법사 창을 신행시킨다.

2-2-1 시작

플롯 유형을 작성하는 방법을 선택한다.

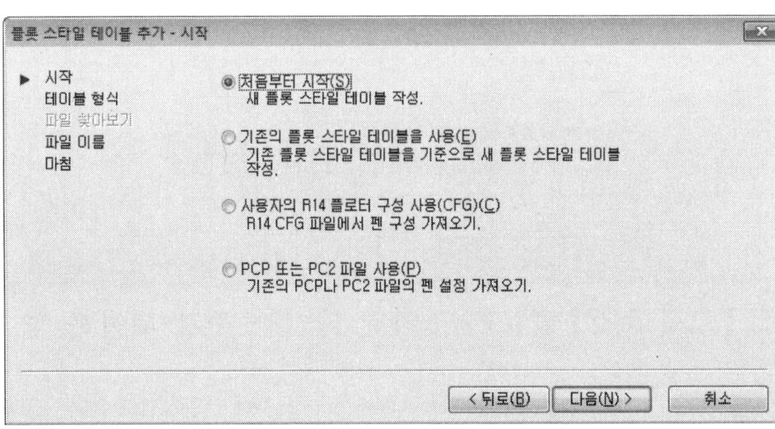

【그림 9-37】 플로터 스타일 테이블 추가-시작

- 처음부터 시작 : 새로운 플롯 유형을 작성한다.

- 기존 플롯 스타일 테이블을 사용 : 기존에 있는 플롯 유형 테이블을 기본으로 새로운 플롯 유형을 작성한다.
- 사용자의 R14 플로터 구성 사용 : AutoCAD R14의 구성 파일(Acadr14.cfg)에 저장된 펜 지정값을 기본으로 새로운 플롯 유형을 작성한다.
- PCP 또는 PC2 파일 사용 : PCP 또는 PC2 파일에 저장된 펜 설정값을 기본으로 새로운 유형을 작성한다.

2-2-2 플롯 스타일 테이블 선택

- 색상-종속 플롯 스타일 테이블 : 255개의 플롯 유형이 작성되며, 작성 정보는 플롯 유형 테이블 파일(*.CTB)파일에 저장된다.
- 명명된 플롯 유형 테이블 : '일반' 이름을 가진 플롯 유형을 포함한 플롯 유형 테이블을 작성하며, 새로운 플롯 유형은 플롯 유형 테이블 편집기에서 추가할 수 있다.

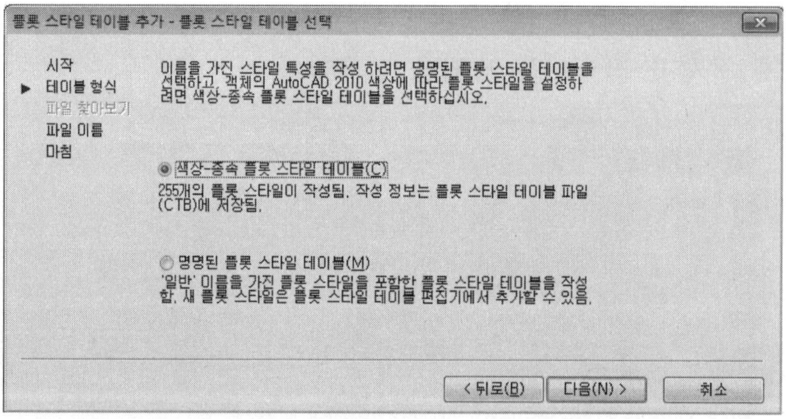

【그림 9-38】 플로터 스타일 테이블 추가-테이블 형식

2-2-3 파일 이름

플롯 유형 테이블에 대한 파일 이름을 지정한다.

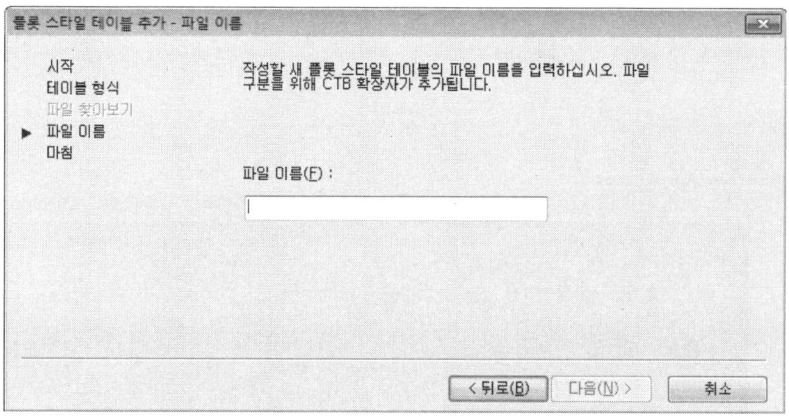

【그림 9-39】 플로터 스타일 테이블 추가-파일 이름

2-2-4 마침

플롯 유형 관리자를 종료한다. [플롯 스타일 테이블 편집기(S) ...] 버튼을 클릭 하여 플롯 유형 테이블을 편집할 수도 있다.

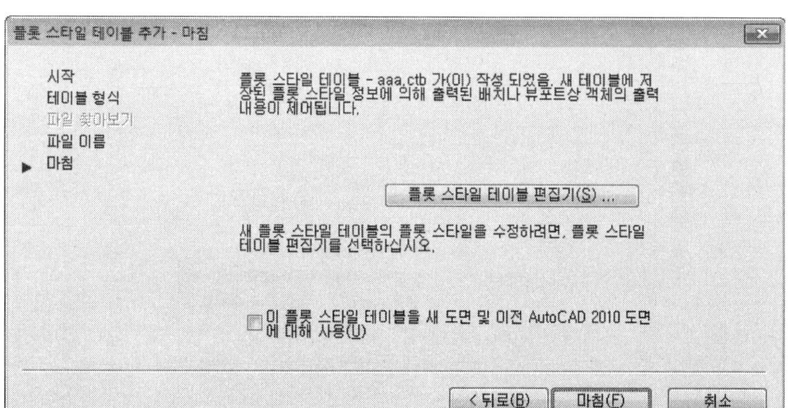

【그림 9-40】 플로터 스타일 테이블 추가-마침

2.3 플롯 스타일 테이블 편집하기

만들어진 플롯 유형을 편집할 수 있다. 단 플롯 유형에서 Color-Dependent Plot Style Table(색상-종속 플롯 유형 테이블)을 선택한 경우에는 유형을 추가하거나 삭제할 수 없다.

명령 실행 방법

- 플롯 스타일 관리자를 실행시킨 후 Plot styles 창에서 편집할 플롯 유형을 더블 클릭 한다.
- Page setup 또는 Plot 명령을 실행시킨 후 대화상자에서 플롯 스타일 테이블에서 편집할 플롯 유형을 선택한 후 편집 버튼을 클릭 한다.

앞에서 생성한 플롯 유형을 선택하여 플롯 유형 테이블 편집기를 실행시키면 다음과 같은 대화상자가 나타난다.

2-3-1 형식 보기

【그림 9-37】 플롯 스타일 테이블 편집기-형식보기

- 스타일 추가 : 새로운 플롯 유형 테이블을 추가할 수 있다.
- 선 가중치 편집 : 선가중치를 편집할 수 있다.

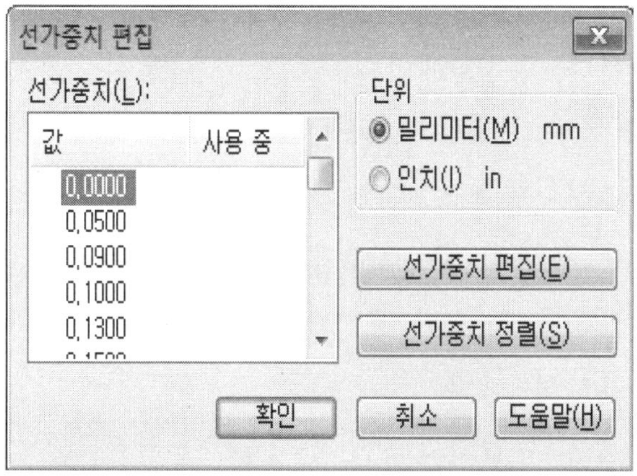

【그림 9-38】 플롯 스타일 테이블 편집기-선가중치

- 단위 : 선가중치의 단위를 Millimeters 또는 Inches중에 선택하다.
- 선가중치 편집 : 선가중치 값을 변경한다.
- 선가중치 정렬 : 편집된 선가중치의 값이 작은 순서대로 정렬시킨다.

- 다른 이름으로 저장 : 플롯 유형 테이블에 설정된 새로운 플롯 유형을 다른 이름으로 저장한다.
- 특성
  - 색상 : 여기서 색상을 지정하면 플롯할 때 모든 객체의 색상을 재지정하며, 기본값은 객체 색상 사용이다.
  - 디더링 사용 : 두 가지 색상의 경계를 표현할 때, 두 색상을 섞어 경계를 부드럽게 표현한다.
  - 회색조 : 그레이스케일을 지원하는 플로터의 경우 객체의 색상이 그레이스케일로 변환된다.
  - 펜 # : 플롯에 사용할 유형의 펜 번호를 지정한다.

- 가상 펜 # : 잉크젯 혹은 레이저 프린터의 경우 펜 플로터의 실행을 시뮬레이터 할 수 있다. 1~255사이의 값을 사용할 수 있다.
- 스크리닝 : 플롯할 때의 잉크의 양을 결정하는 색상 농도를 설정한다. 0~100사이의 값을 사용할 수 있으며, 0에 가까울수록 흰색에 가깝고 100에 가까울수록 검은색에 가까워진다.
- 선종류 : 선 종류를 변경할 수 있으며, 여기서 선 종류를 변경하면 플롯할 때 객체의 선 종류는 무시된다.
- 가변성 : 선의 축척을 조정하여 가장 보기 좋은 선의 모양이 나타나도록 한다.
- 선가중치 : 선가중치를 변경할 수 있으며, 여기서 선 종류를 변경하면 플롯할 때 객체의 선가중치는 무시된다.
- 선 끝 스타일 : 선 끝의 유형을 붓, 사각형, 원형 및 다이아몬드 중에서 선택할 수 있다.
- 선 결합 스타일 : 선 결합 유형을 연귀, 베벨, 원형 및 다이아몬드 중에서 선택할 수 있다.
- 채움 스타일 : 선 채우기 유형을 선택할 수 있다.

2-3-2 테이블 뷰

앞의 형식 보기의 항목을 테이블 유형으로 나타내며, 행과 열의 각 항목을 선택하여 다른 유형에 복사할 수도 있다.

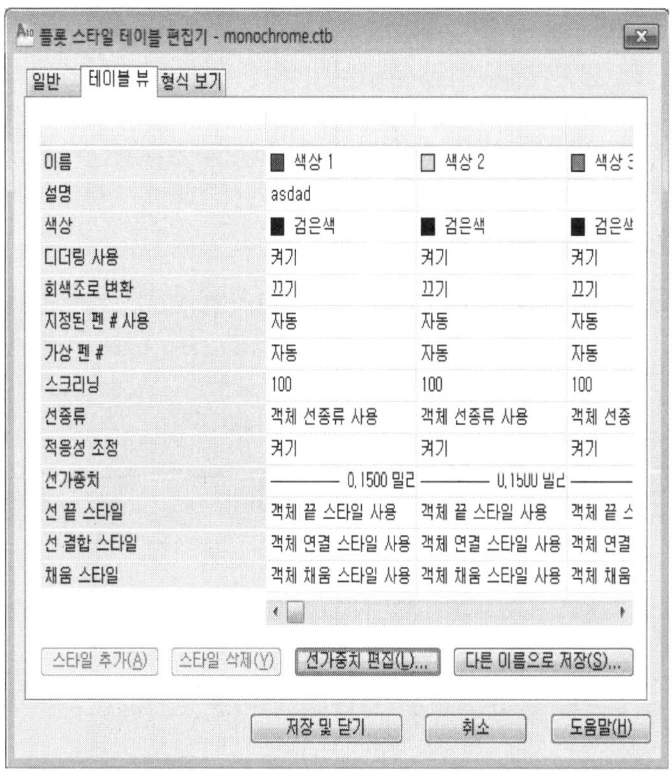

【그림 9-39】 플롯 스타일 테이블 편집기-테이블 뷰

2-3-3 일반

플롯 유형 테이블에 대한 일반적인 정보를 표시하며, 설명란에 설정한 유형에 대한 설명을 입력할 수 있고 비 ISO 선 종류에 축척도 설정할 수 있다.

【그림 9-40】 플롯 스타일 테이블 편집기-일반

Chapter 10.

사용자 좌표계와 3차원 뷰

Chapter 10. 사용자 좌표계와 3차원 뷰

1. UCS(사용자 좌표계)

1.1 UCS(사용자 좌표계)

UCS(User Coordinate System)는 사용자 좌표계로 3차원 객체의 작성은 XY평면을 기준으로 작성하기 때문에 관측점, 좌표입력 등을 위하여 이동 또는 회전할 수 있는 좌표계가 필요하다.

명령 실행 방법

- •리본메뉴 : 뷰 탭 ▷ 좌표 패널 ▷ 표준
- •풀다운 메뉴 : 도구 ▷ 새 UCS ▷ 표준
- •아이콘 :
- •명령어 : Ucs

명령 : Ucs Enter
현재 UCS 이름: *표준*
UCS의 원점 지정 또는
[면(F)/이름(NA)/객체(OB)/이전(P)/뷰(V)/표준(W)/X(X)/Y(Y)/Z(Z)/Z축(ZA)] 〈표준〉: 옵션선택

옵션

- UCS의 원점 지정 : 현재 UCS의 원점 또는 2점, 3점을 이용하여 UCS를 배치한다.

명령 : Ucs Enter
현재 UCS 이름: *이름 없음*
UCS의 원점 지정 또는
[면(F)/이름(NA)/객체(OB)/이전(P)/뷰(V)/표준(W)/X(X)/Y(Y)/Z(Z)/Z축(ZA)] 〈표준〉: P1점 지정
X축에서 점 지정 또는 〈수락(A)〉: Enter
(새로운 UCS 원점 지정)

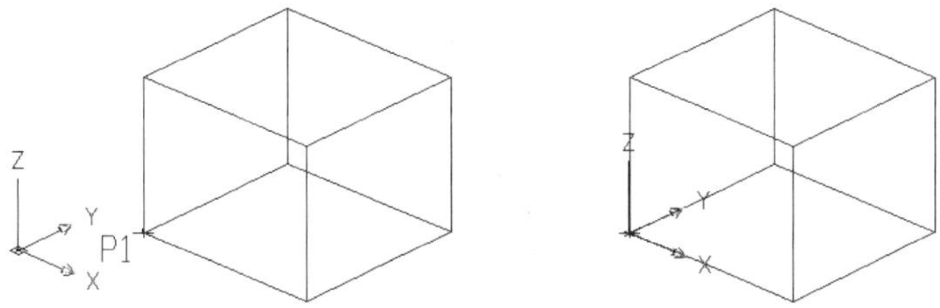

【원점 이동 전】 【원점 이동 후】

【그림 10-1】 UCS-원점이동

```
명령 : Ucs [Enter]
현재 UCS 이름: *이름 없음*
UCS의 원점 지정 또는
[면(F)/이름(NA)/객체(OB)/이전(P)/뷰(V)/표준
(W)/X(X)/Y(Y)/Z(Z)/Z축(ZA)] <표준>: P1점 지정
X축에서 점 지정 또는 <수락(A)>: P2점 지정
XY 평면에서 점 지정 또는 <수락(A)>: [Enter]
(새로운 UCS 지정)
```

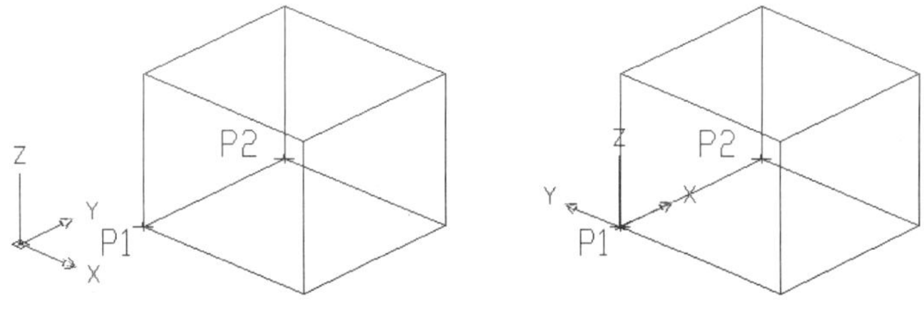

【WCS 상태】 【두 점을 이용한 UCS이동】

【그림 10-2】 UCS-두 점을 이용한 UCS이동

명령 : Ucs Enter
현재 UCS 이름: *이름 없음*
UCS의 원점 지정 또는
[면(F)/이름(NA)/객체(OB)/이전(P)/뷰(V)/표준(W)/X(X)/Y(Y)/Z(Z)/Z축(ZA)] 〈표준〉: P1점 지정
X축에서 점 지정 또는 〈수락(A)〉: P2점 지정
XY 평면에서 점 지정 또는 〈수락(A)〉: P3점 지정
(새로운 UCS 지정)

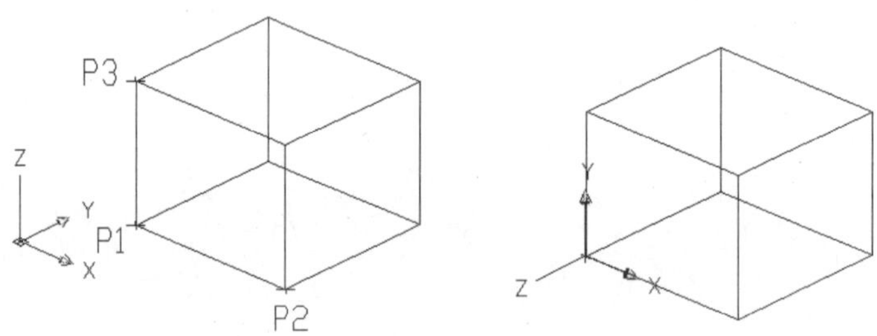

【WCS 상태】 【세 점을 이용한 UCS이동】

【그림 10-3】 UCS-두 점을 이용한 UCS이동

- 면(F) : 3차원 Solid 물체의 면 혹은 면을 이루는 선을 선택하여 새로운 UCS를 설정한다.

Command: UCS Enter
현재 UCS 이름: *표준*
UCS의 원점 지정 또는
[면(F)/이름(NA)/객체(OB)/이전(P)/뷰(V)/표준(W)/X(X)/Y(Y)/Z(Z)/Z축(ZA)] 〈표준〉: F
솔리드 객체의 면 선택:
옵션 입력 [다음(N)/X반전(X)/Y반전(Y)] 〈승인〉: Enter

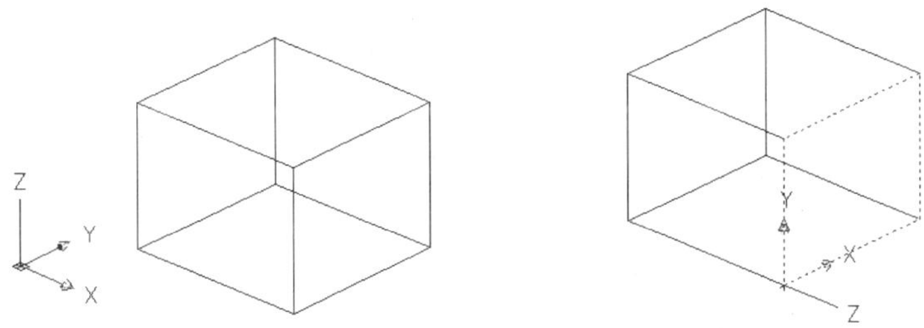

【WCS 상태】 【Face 옵션 실행 후】

【그림 10-4】 UCS-면

- 이름(NA) : 현재 UCS상태를 저장 삭제 및 복원할 때 사용한다.
- 객체(OB) : 객체를 선택할 때 선택한 점을 기준으로 객체에 따라 이미 정의된 UCS의 원점과 X축 방향에 의해 새로운 UCS를 설정한다.

> 명령 : Ucs Enter
> 현재 UCS 이름: *이름 없음*
> UCS의 원점 지정 또는
> [면(F)/이름(NA)/객체(OB)/이전(P)/뷰(V)/표준(W)/X(X)/Y(Y)/Z(Z)/Z축(ZA)] <표준>: OB Enter
> UCS를 정렬할 객체 선택: 객체 선택

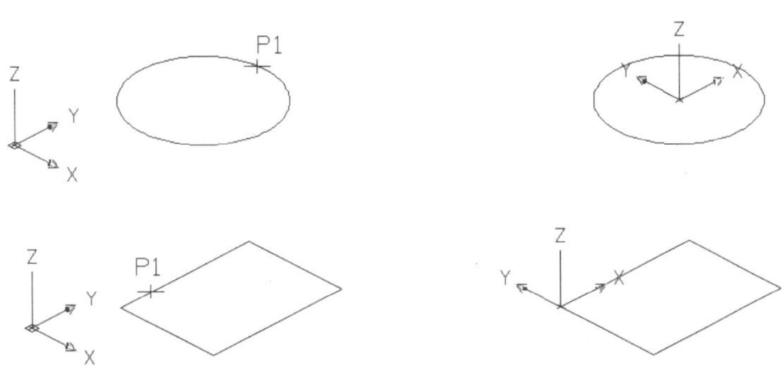

【객체 선택】 【Object 옵션 실행 후】

【그림 10-5】 UCS-객체

- 이전(P) : 앞에 설정했던 UCS로 되돌아간다.
- 뷰(V) : 현재의 원점에서 관측자의 화면을 XY평면으로 하는 새로운 UCS를 설정한다.

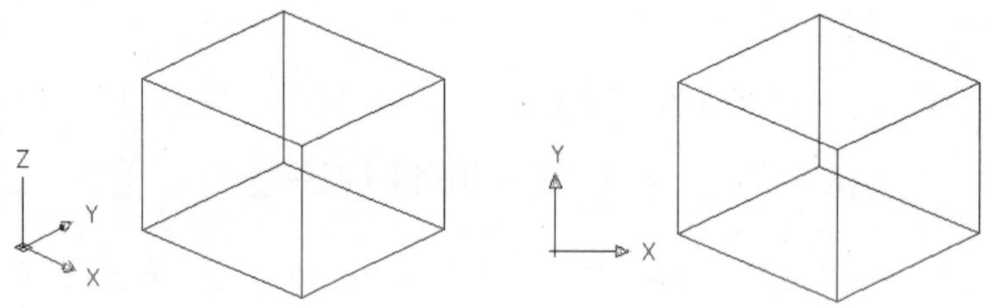

【WCS 상태】 【View 옵션 실행 후】

【그림 10-6】 UCS-뷰

- X/Y/Z : X/Y/Z 축을 기준으로 UCS를 회전시켜 새로운 UCS를 설정한다.

```
Command: UCS Enter
현재 UCS 이름: *이름 없음*
UCS의 원점 지정 또는
[면(F)/이름(NA)/객체(OB)/이전(P)/뷰(V)/표준
(W)/X(X)/Y(Y)/Z(Z)/Z축(ZA)] <표준>: X Enter
X축에 관한 회전 각도 지정 <90>: Enter
```

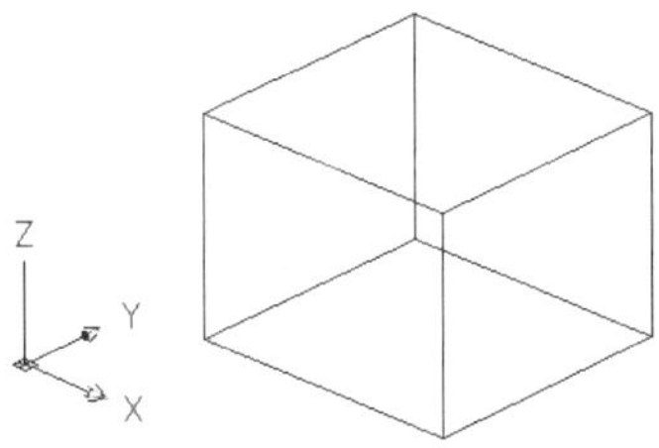

【WCS 상태】

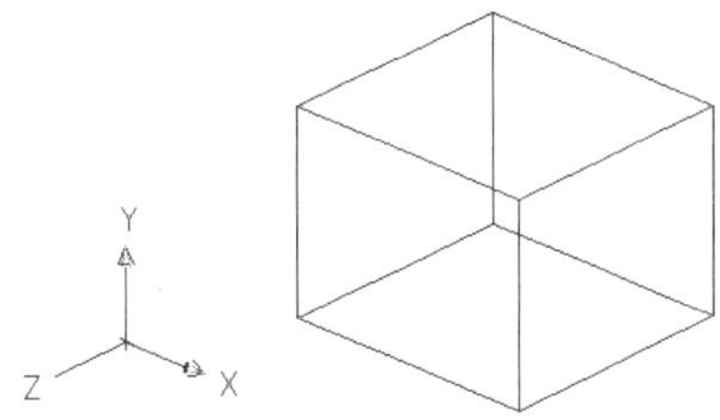

【X축 방향으로 90° 회전】

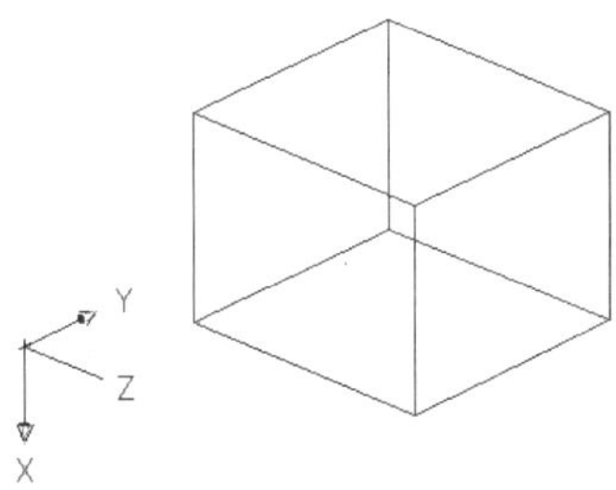

【Y축 방향으로 90° 회전 후】

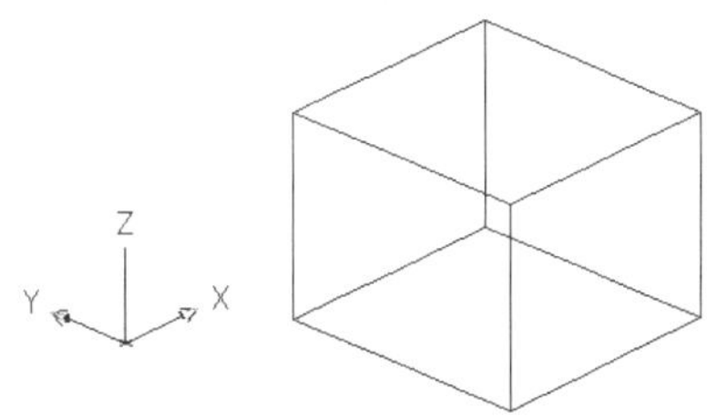

【Z축 방향으로 90° 회전 후】

【그림 10-7】UCS-XYZ축

- Z축(ZA) : UCS의 원점과 Z축의 방향을 지정하여 새로운 UCS를 설정한다.

명령 : Ucs [Enter]
현재 UCS 이름: *이름 없음*
UCS의 원점 지정 또는 [면(F)/이름(NA)/객체(OB)/이전(P)/뷰(V)/표준(W)/X(X)/Y(Y)/Z(Z)/Z축(ZA)] <표준>: ZA [Enter]
새 원점 지정 또는 [객체(O)] <0,0,0>: P1점 지정(새로운 UCS의 원점)
Z-축 양의 구간에 있는 점 지정<0.0000,0.0000,1.0000>:P2점 지정

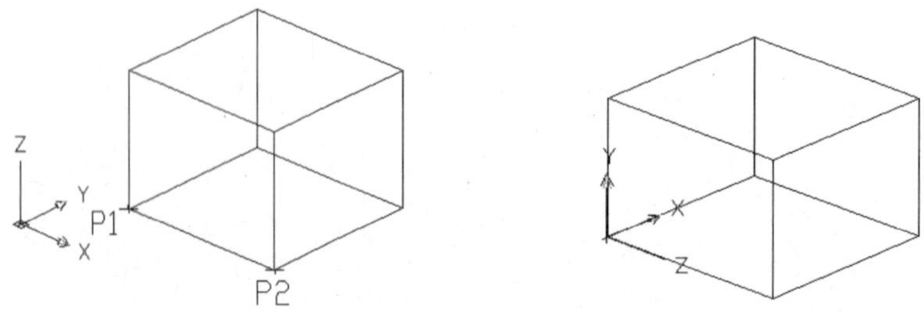

【WCS 상태】　　　　　　　　【ZAxis 옵션 실행 후】

【그림 10-8】UCS-ZAxis

1.2 명명된 UCS

명령 실행 방법

- •리본메뉴 : 뷰 탭 ▷ 좌표 패널 ▷ 명명된
- •풀다운 메뉴 : 도구 ▷ 명명된 UCS
- •아이콘 :
- •명령어 : Ucsman

•명령 : Ucsman Enter

다음과 같은 대화상자가 나타난다.

1-2-1 명명된 UCS들

현재 도면상에 설정된 UCS에 대한 정보를 보여준다. 여러 UCS가 저장되어 있다면 리스트 박스에서 사용할 UCS를 선택한 후 [현재로 설정(C)] 버튼을 클릭 하면 된다.

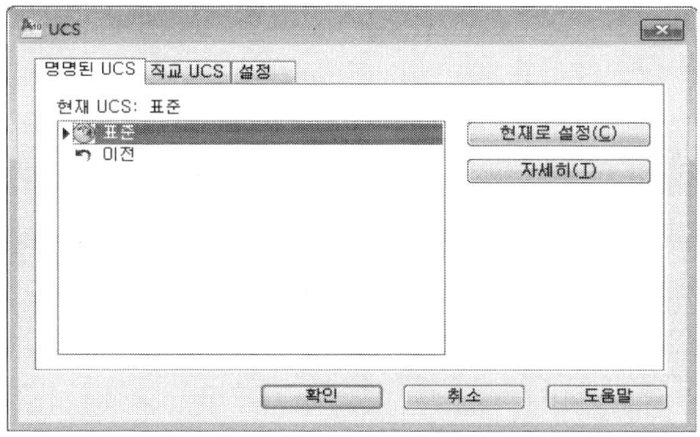

【그림 10-9】 명명된 UCS

1-2-2 직교 UCS

현재의 UCS를 직교 UCS들 중 하나로 변경할 수 있다.

- 기준 : 선택된 UCS가 어떤 UCS를 기준으로 방향을 표시하는지를 나타낸다.

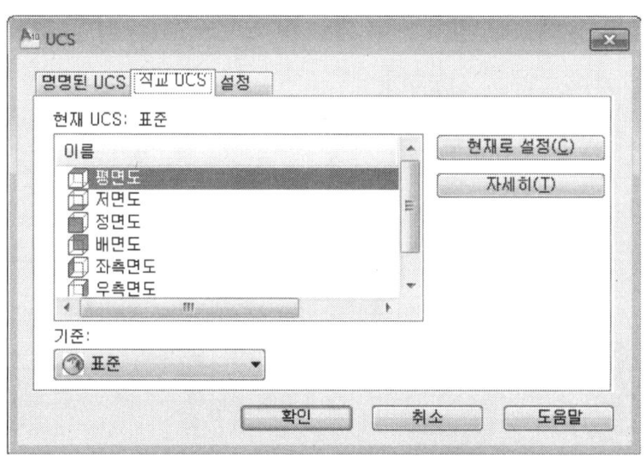

【그림 10-10】 직교 UCS

- 깊이 : 오른쪽 버튼을 클릭 하면 깊이를 설정할 수 있다.

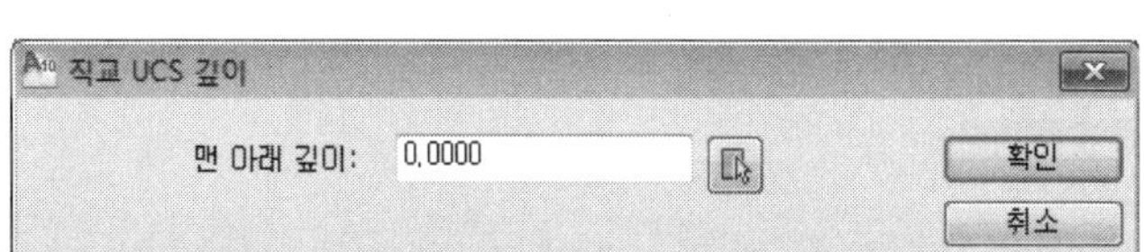

【그림 10-11】 UCS-깊이

1-2-3 설정

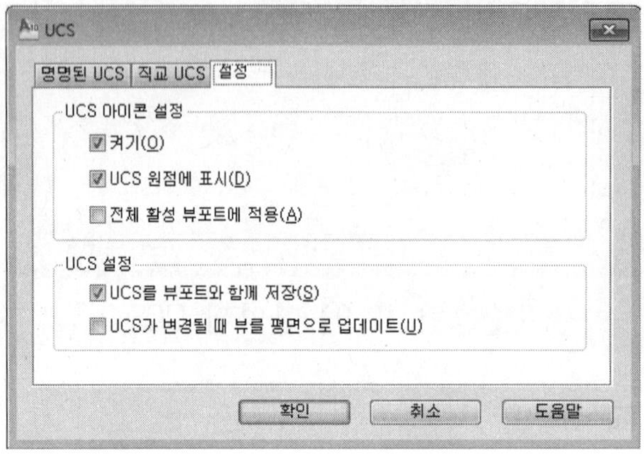

【그림 10-12】 설정

- UCS 아이콘 설정
  - 켜기 : UCS 아이콘을 보여준다.
  - UCS원점에 표시 : 현재 뷰포트에서 좌표계의 원점에 UCS의 아이콘을 위치시킨다.
  - 전체 활성 뷰포트에 적용 : 현재 뷰포트의 설정 값을 현재 도면의 모든 뷰포트에 적용시킨다.
- UCS 설정
  - UCS를 뷰포트와 함께 저장 : 뷰포트와 함께 설정된 UCS를 저장한다.
  - UCS가 변경될 때 뷰를 평면으로 업데이트 : 뷰포트에서 UCS가 변경될 때 평면뷰로 복원한다.

1.3 UCSICON

UCS 아이콘의 켜짐과 꺼짐 그리고 위치를 설정할 수 있다.

명령 실행 방법

•리본메뉴 : 뷰 탭 ▷ 좌표 패널 ▷ UCS icon특성
•풀다운 메뉴 : 뷰 ▷ 화면표시 ▷UCS 아이콘
•명령어 : Ucsicon

명령 : Ucsicon Enter
옵션 입력 [켜기(ON)/끄기(OFF)/전체(A)/원점없음(N)/원점(OR)/특성(P)] <켜기>: 옵션선택

옵션

- 켜짐(ON) : UCS 아이콘을 화면에 켠다.
- 꺼짐(OFF) : UCS 아이콘을 화면에서 끈다.
- 전체(A) : 모든 뷰포트에 아이콘의 변경을 적용시킨다.
- 원점 없음(N) : 현재 UCS의 원점의 위치에 관계없이 뷰포트의 왼쪽 아래에 아이콘을 위치시킨다.
- 원점(OR) : 뷰포트에서 UCS의 원점의 위치에 아이콘을 위치시킨다. 단 뷰포트의 내에 위치시킬 수 없는 경우에는 왼쪽 아래에 위치시킨다.
- 특성(P) : UCSICON의 크기와 모양, 색상을 변경한다.

2. 3차원 뷰

3차원 객체를 작성하기 위해서는 관측점을 Z축이 아닌 다른 관측점으로 변경시키는 것이 필요하다.

2.1 3D ORBIT(3차원 궤도)

마우스의 이동에 의해 3차원 물체의 관측점을 자유롭게 이동, 회전시킬 수 있다.

명령 실행 방법

- 리본메뉴 : 뷰 탭 ▷ 탐색 패널 ▷ 궤도
- 풀다운 메뉴 : 뷰 ▷ 궤도 ▷ 제한된 궤도
- 아이콘 : 
- 명령어 : 3Dorbit

- 명령 : 3Dorbit Enter

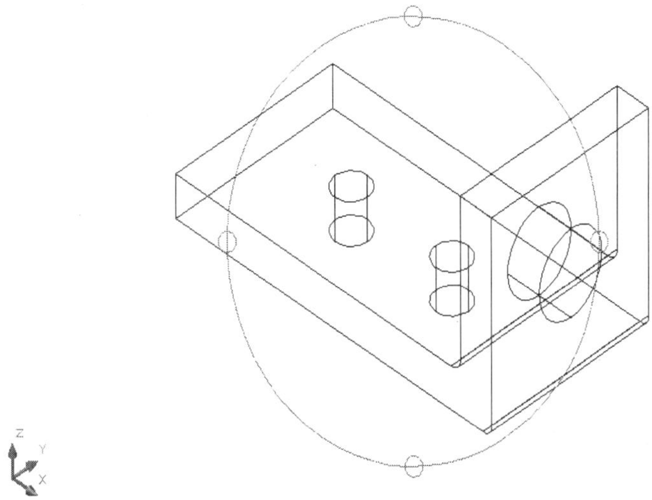

【그림 10-13】 3DOrbit 명령 후 화면표시

3DOrbit 명령을 실행시키면 위와 같은 4개의 원을 가진 아크볼이 나타난다. 아크볼의 내부, 외부 혹은 작은 4개의 원에 마우스를 위치시키고 드래그 하면 커서의 모양이 각각 변하면서 관측점의 각도를 변경시킬 수 있다. 또한 3D Orbit 명령의 실행 중에 마우스 오른쪽 버튼을 클릭 하여 단축메뉴를 이용하면 초점이동, 줌 등의 기능을 이용할 수 있다.

- 커서가 아크볼 내부에 있을 때 : 3차원 공간상에서 뷰를 자유롭게 회전시킬 수 있다.
- 커서가 아크볼 외부에 있을 때 : 아크볼 중심을 기준으로 뷰를 회전시킨다.
- 커서가 아크볼의 좌, 우에 있는 작은 원 위에 있을 때 : 아크볼의 중심을 기준으로 뷰를 좌우로 회전시킨다.
- 커서가 아크볼의 상, 하에 있는 작은 원 위에 있을 때 : 아크볼의 중심을 기준으로 뷰를 상하로 회전시킨다.

2.2 VPOINT

3차원 도면의 작성에 있어서 관측점을 설정하는 명령으로 마우스 혹은 X, Y, Z축 좌표의 입력에 의해 설정할 수 있다.

명령 실행 방법

- 풀다운 메뉴 : 뷰 ▷ 3D 뷰 ▷ 관측점
- 명령어 : Vpoint

명령 : Vpoint Enter
현재 뷰 방향: VIEWDIR=0.0000,0.0000,1.0000
관측점 지정 또는 [회전(R)] <나침판과 삼각대 표시>: 좌표입력 혹은 옵션선택

옵션

- 좌표입력 : 관측점의 위치를 좌표값으로 입력한다.

명령 : Vpoint Enter
현재 뷰 방향: VIEWDIR=0.0000,0.0000,1.0000
관측점 지정 또는 [회전(R)] <나침판과 삼각대 표시>: 1, -1, 1 Enter

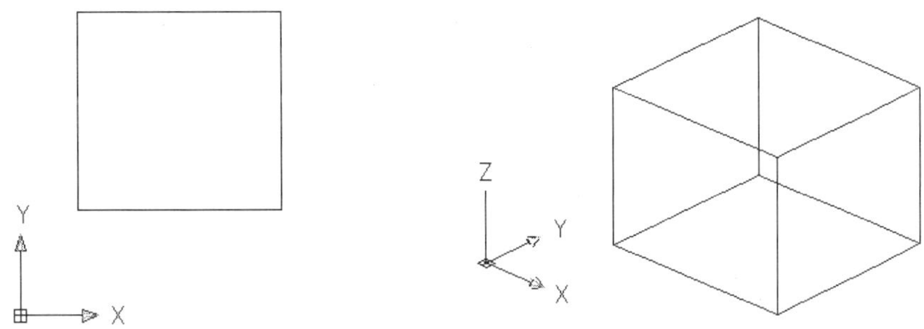

【변경 전 , Vpoint : 0,0,1】 【변경 후, Vpoint : 1,-1,1】

【그림 10-14】 Vpoint

- 회전(R) : X축으로부터 XY 평면의 각도와 XY 평면으로부터 각도를 입력한다.
- 나침반과 삼각대 표시 : 아래의 그림과 같이 나침반에 마우스를 이동시켜 관측점을 지정하며, 그때의 관측점은 삼각대의 좌표 모양에 의해 알 수 있다.

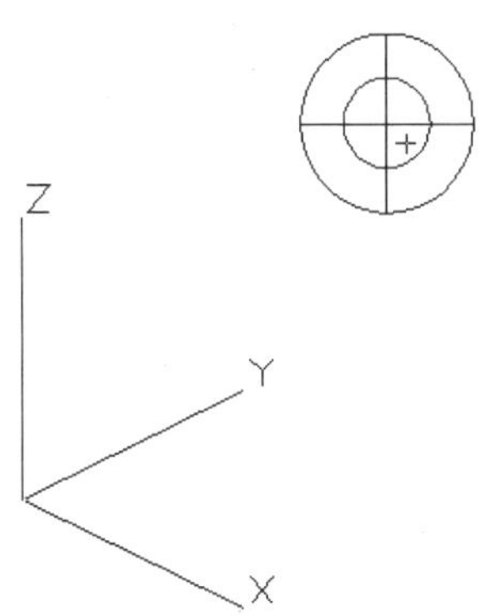

【그림 10-15】 나침반과 삼각대의 표시

2.3 관측점 미리 설정

3차원 도면의 작성에 있어서 관측점을 설정하는 명령으로 Viewpoint Presets(관측점 사전설정) 대화상자를 이용한다.

명령 실행 방법

- 풀다운 메뉴 : 뷰 ▷ 3D 뷰 ▷ 관측점 사전 설정
- 명령어 : Ddvpoint

- 명령 : Ddvpoint Enter

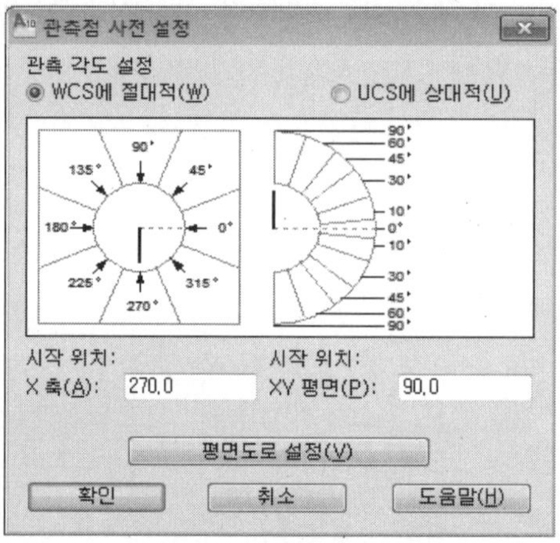

【그림 10-16】관측점 미리 설정

- 관측각도 설정
  - WCS에 절대적 : WCS의 절대 각도가 기준이 된다.
  - UCS에 상대적 : UCS를 기준으로 상대각도로 지정된다.
- 시작위치
  - X축 : X축에 대한 각도를 설정한다.

- XY 평명 : XY 평면에 대한 각을 설정한다.

♦ 평면도로 설정 : 관측점이 (0, 0, 1)인 평면뷰로 설정한다.

2.4 명령된 뷰

AutoCAD에서 이미 정의된 직교뷰와 등각뷰를 이용해 관측점의 위치를 변경할 수 있다.

명령 실행 방법

- 리본메뉴 : 뷰 탭 ▷ 뷰 패널 ▷ 명명된 뷰
- 풀다운 메뉴 : 뷰 ▷ 명명된 뷰
- 아이콘 : 
- 명령어 : View

- 명령 : View Enter

2-4-1 명명된 뷰

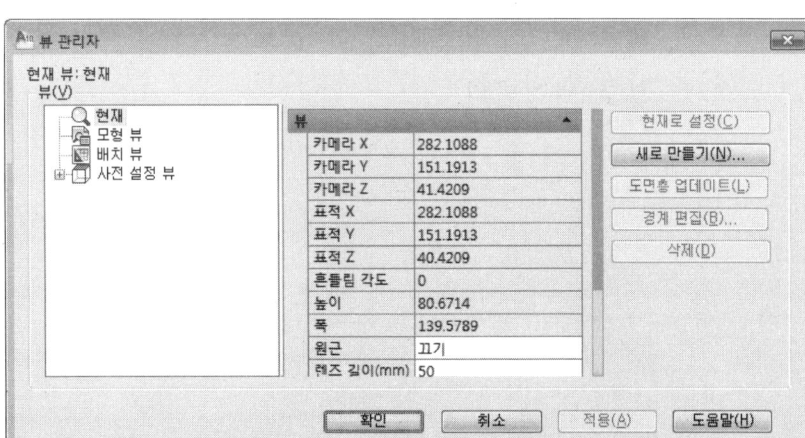

【그림 10-17】 명명된 뷰

- 새로 만들기 : 새로 만들기 대화상자를 이용하여 현재 뷰 상태 혹은 마우스를 이용하여 창을 정의하여 임의의 뷰를 만들 수 있다.

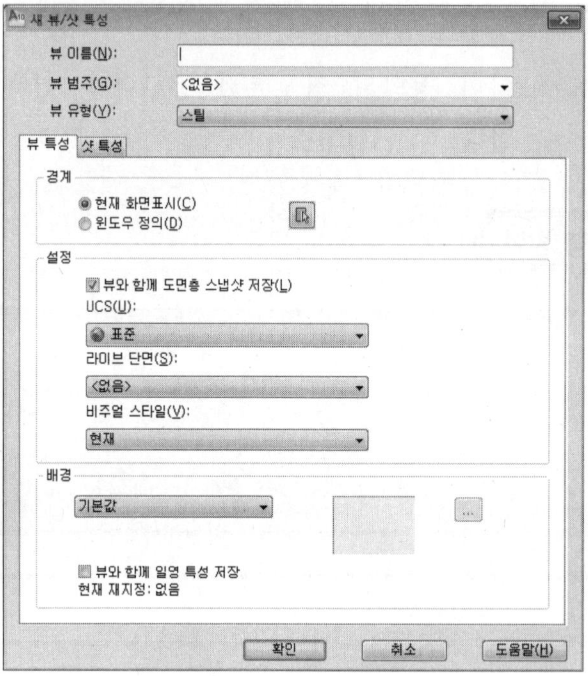

【그림 10-18】 명명된 뷰-신규

- 현재로 설정 : 여러 뷰가 저장되어 있는 경우 사용할 뷰를 선택한 후 [현재로 설정(C)] 버튼을 클릭 하면 현재 뷰가 선택된 뷰로 변경된다.

2-4-2 직교 UCS

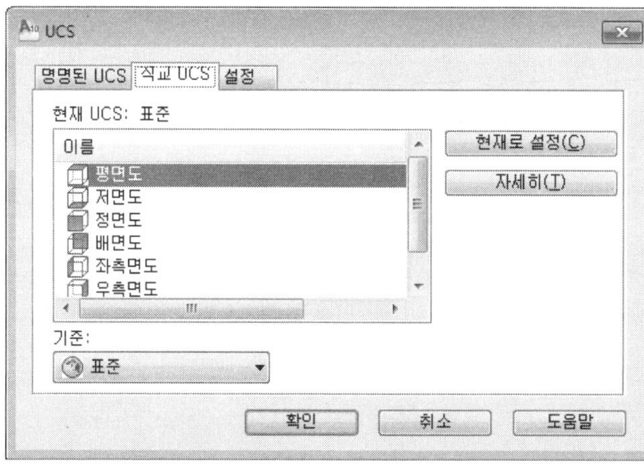

【그림 10-19】 직교 & 등각투영 뷰

- 평면도 : 관측점이 (0,0,1)의 좌표값을 가지는 뷰
- 저면도 : 관측점이 (0,0,-1)의 좌표값을 가지는 뷰
- 정면도 : 관측점이 (0,-1,0)의 좌표값을 가지는 뷰
- 배면도 : 관측점이 (0,1,0)의 좌표값을 가지는 뷰
- 좌측면도 : 관측점이 (0,0,0)의 좌표값을 가지는 뷰
- 우측면도 : 관측점이 (1,0,0)의 좌표값을 가지는 뷰
- 남서 등각 투영도 : 관측점이 (-1,-1,-1)의 좌표값을 가지는 뷰
- 남동 등각 투영도 : 관측점이 (1,-1,1)의 좌표값을 가지는 뷰
- 북동 등각 투영도 : 관측점이 (1,1,1)의 좌표값을 가지는 뷰
- 북서 등각 투영도 : 관측점이 (-1,1,1)의 좌표값을 가지는 뷰

Chapter 11.

3차원 도면 작성하기

Chapter 11. 3차원 도면 작성하기

1. 솔리드 객체의 표현 설정

1.1 ISOLINES

3차원 솔리들 객체에 있어서 곡선부분을 나타내는 와이어 프레임의 수를 설정한다.

명령 : Isolines
ISOLINES에 대한 새 값 입력 <4> : 8 Enter

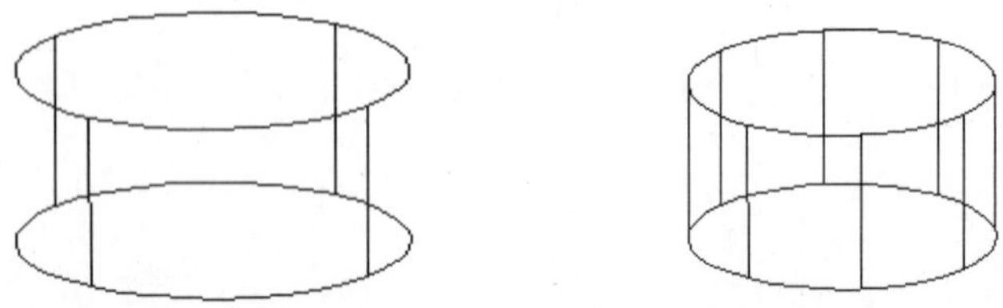

【ISOLINES : 4】 【ISOLINES : 8】

【그림 11-1】 ISOLINES

1.2 HIDE(숨기기)

3D 객체에 있어서 보이지 않는 면을 제거한다.

명령 실행 방법

- 풀다운 메뉴 : 뷰 ▷ 숨기기
- 아이콘 : 
- 명령어 : 숨기기

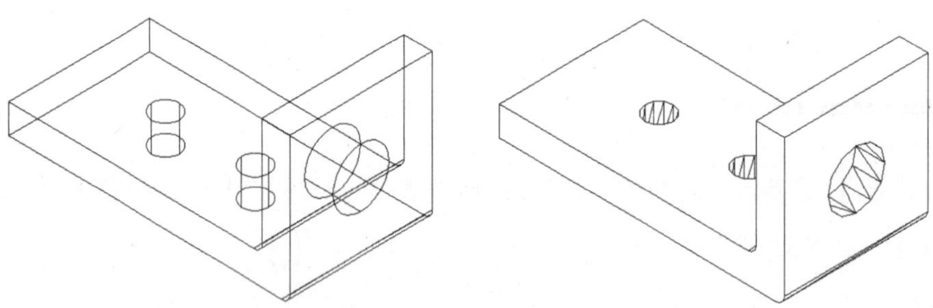

【Hide 실행 전】 【Hide 실행 후】】

【그림 11-2】 숨기기

1.3 FACETRES

3차원 솔리드 객체에 있어서 Hide(은선 제거) 혹은 Shade(음영) 명령이 실행되었을 때 객체의 부드러움을 설정하는 것으로 플롯의 해상도에 영향을 미친다.

> 명령 : Facetres Enter
> FACETRES에 대한 새 값 입력 <0.5000> : 0.01~10 사이 값을 입력 Enter

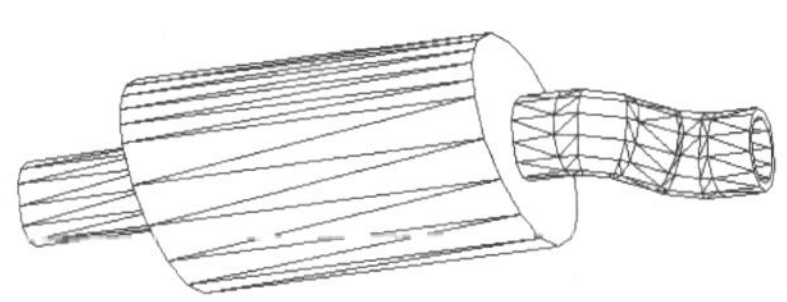

【FACETRES : 0.5】

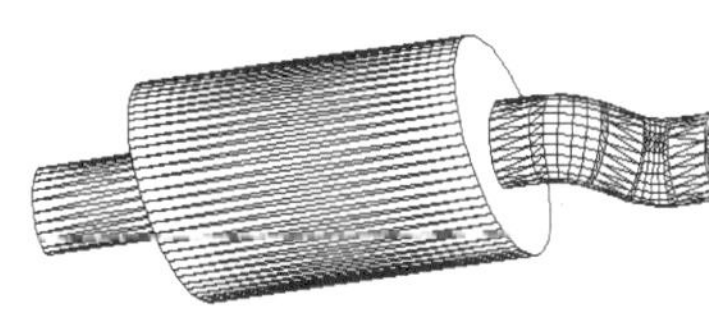

【FACETRES : 5】

【그림 11-3】 IFACETRES

1.4 DISPSILH

Hide 명령이 실행되었을 때 실루엣 커브를 숨겨 윤곽선만 나타나게 할 수 있다.

> 명령 : Dispsilh
> DISPSILH에 대한 새 값 입력 <0> : 1 Enter

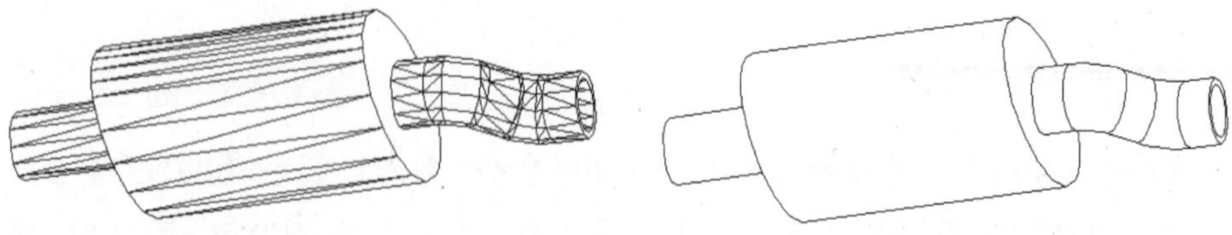

【DISPSLIH : 0】 【DISPSLIH : 1】

【그림 11-4】 DISPSILH

2. 3차원 솔리드 작성하기

2.1 BOX(상자)

육면체 형상의 솔리드 객체를 작성한다.

명령 실행 방법

•풀다운 메뉴 : 그리기 ▷ 모델링 ▷ 상자
•아이콘 :
•명령어 : Box

명령 : Box Enter
첫 번째 구석 지정 또는 [중심(C)]: P1점 지정
반대 구석 지정 또는 [정육면체(C)/길이(L)]: P2점 지정
높이 지정 또는 [2점(2P)]: 상자의 높이 지정

옵션

- 정육면체(C) : 한 변의 길이를 입력하여 정육면체를 작성한다.
- 길이(L) : 가로, 세로 및 높이를 입력하여 육면체를 작성한다.
- 높이(H) : 육면체의 높이를 입력한다.
- 2점(2P) : 두 점을 선택하여 육면체의 높이를 지정한다.

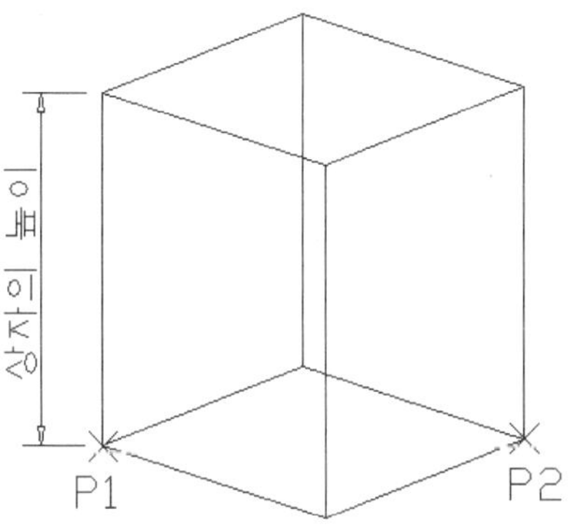

【그림 11-5】박스

2.2 SPHERE(구)

구 형상의 솔리드 객체를 작성한다.

명령 실행 방법

•풀다운 메뉴 : 그리기 ▷ 모델링 ▷ 구
•아이콘 : 
•명령어 : Sphere

```
명령 : Sphere [Enter]
중심점 지정 또는 [3점(3P)/2점(2P)/Ttr-접선 접선 반지름(T)]:
P1점 지정
반지름 지정 또는 [지름(D)]: 구의 반지름 지정
```

옵션

- 3점(3P) : 세 점을 통과 또는 세 변에 접하는 구를 작성한다.
- 2점(2P) : 두 점을 통과 또는 각을 가진 두 변에 접하는 구를 작성한다.
- 접점(T) : 두 변에 접하면서 반지름을 가지는 구를 작성한다.

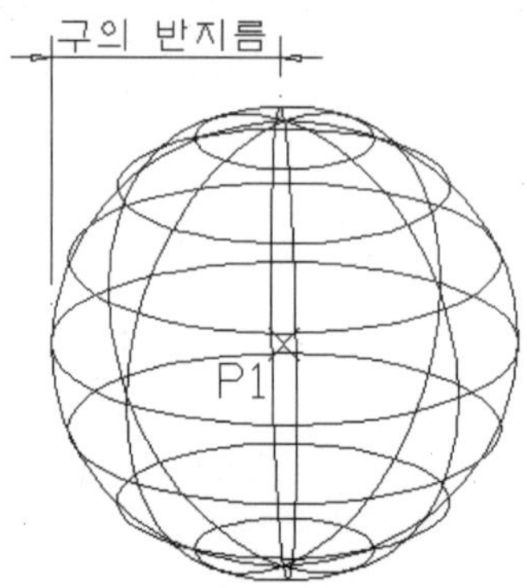

【그림 11-6】 구

2.3 CYLINDER(원통)

원 또는 타원 형상의 솔리드 원통을 작성한다.

명령 실행 방법

- 풀다운 메뉴 : 그리기 ▷ 모델링 ▷ Cylinder
- 아이콘 :
- 명령어 : 명령 : Cylinder

명령 : Cylinder
기준 중심점 지정 또는 [3P(3P)/2P(2P)/Ttr-접선 접선 반지름(T)/타원형(E)]: P1점 지정(원통의 중심점)
기준 반지름 지정 또는 [지름(D)] <0.0000>: 원통의 반지름 지정
높이 지정 또는 [2점(2P)/축 끝점(A)] <0.0000>: 원통의 높이 지정

옵션

- 3점(3P) : 세 점을 통과 또는 세 변에 접하는 원통을 작성한다.
- 2점(2P) : 두 점을 통과 또는 각을 가진 두 변에 접하는 원통을 작성한다.
- 접점(T) : 두 변에 접하면서 반지름을 가지는 원통을 작성한다.
- 타원(E) : 타원 형상의 원통을 만든다.
- 2점(2P) : 두 점을 선택하여 원통의 높이를 지정한다.
- 축 끝점(A) : 원통의 밑면에서 높이와 방향을 지정하여 원통을 작성한다.

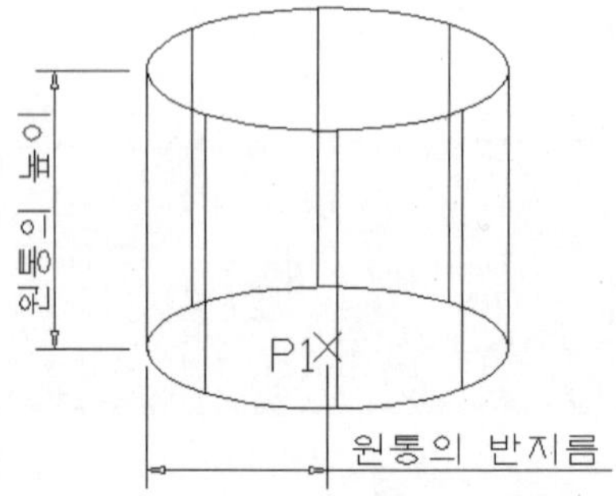

【그림 11-7】원통

2.4 CONE(원추)

원 또는 타원 형상의 솔리드 원추를 작성한다.

명령 실행 방법

•풀다운 메뉴 : 그리기 ▷ 모델링 ▷ Cone
•아이콘 :
•명령어 : Cone

명령 : Cone Enter
기준 중심점 지정 또는 [3P(3P)/2P(2P)/Ttr-접선 접선 반지름(T)/타원형(E)]: P1점 지정(원추의 중심점)
기준 반지름 지정 또는 [지름(D)] <0.0000>: 원추의 반지름 지정
높이 지정 또는 [2점(2P)/축 끝점(A)/상단 반지름(T)] <0.0000>: 원추의 높이 지정

옵션

- 3점(3P) : 세 점을 통과 또는 세 변에 접하는 원추를 작성한다.

- 2점(2P) : 두 점을 통과 또는 각을 가진 두 변에 접하는 원추를 작성한다.
- 접점(T) : 두 변에 접하면서 반지름을 가지는 원추를 작성한다.
- 2점(2P) : 두 점을 선택하여 원추의 높이를 지정한다.
- 타원(E) : 타원 형상의 원추를 만든다.
- 축 끝점(A) : 원추의 밑면에서 높이와 방향을 지정하여 원추를 작성한다.
- 상단 반지름(T) : 원추 상단의 반지름을 지정한다.

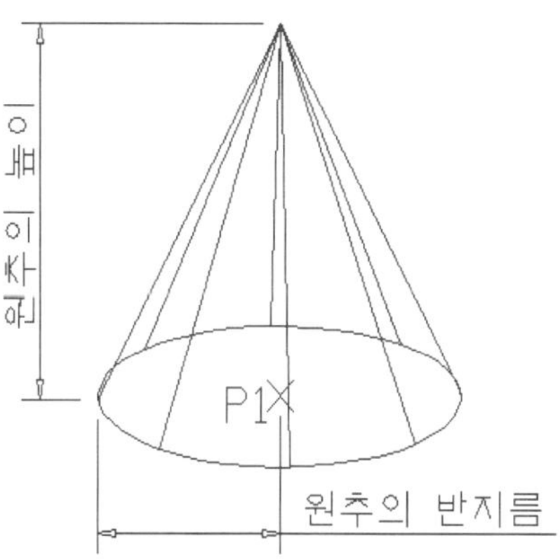

【그림 11-8】 원추

2.5 WEDGE(쐐기)

쐐기 형상의 솔리드 객체를 작성한다.

명령 실행 방법

- 풀다운 메뉴 : 그리기 ▷ 모델링 ▷ 쐐기
- 아이콘 :
- 명령어 : Wedge

명령 : Wedge [Enter]
첫 번째 구석 지정 또는 [중심(C)]: P1점 지정
반대 구석 지정 또는 [정육면체(C)/길이(L)]: P2점 지정
높이 지정 또는 [2점(2P)] <0.0000>: 쐐기의 높이 지정

옵션

- 중심(C) : 쐐기 밑면의 중심점을 입력
- 정육면체(C) : 한 변의 길이를 입력하여 가로, 세로 및 높이가 동일한 쐐기를 작성한다.
- 길이(L) : 가로, 세로 및 높이를 입력하여 쐐기를 작성한다.
- 2점(2P) : 두 점을 선택하여 쐐기의 높이를 지정한다.

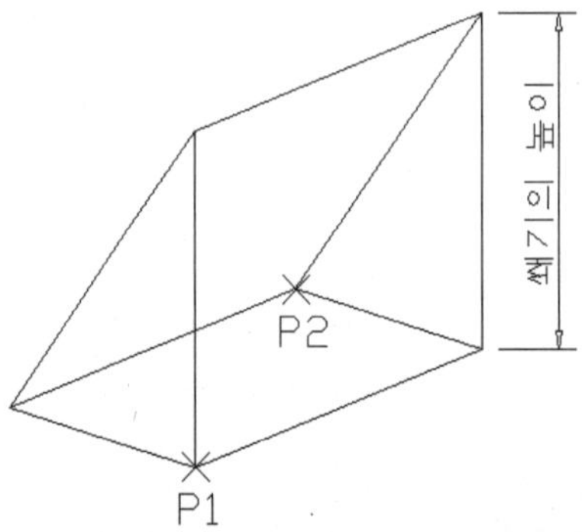

【그림 11-9】 쐐기

2.6 TORUS(원환)

도넛 형상의 솔리드 객체를 작성한다.

명령 실행 방법

•풀다운 메뉴 : 그리기 ▷ 모델링 ▷ Torus
•아이콘 :
•명령어 : Torus

명령 : Torus Enter
중심점 지정 또는 [3점(3P)/2점(2P)/Ttr-접선 접선 반지름(T)]: P1점 지정
반지름 지정 또는 [지름(D)] <0.0000>: 원환의 반지름 지정
튜브 반지름 지정 또는 [2점(2P)/지름(D)]: 튜브의 반지름 지정

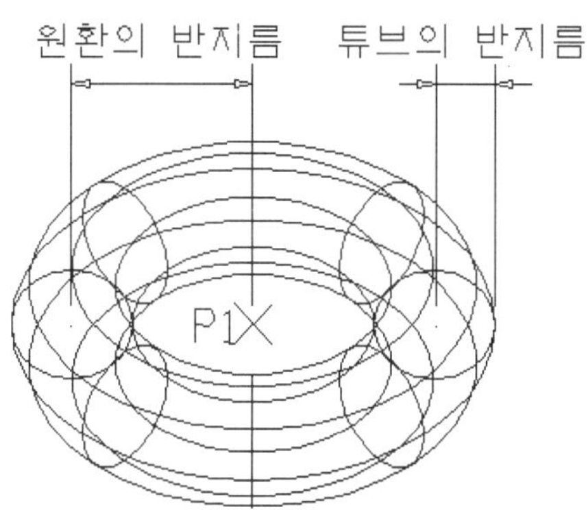

【그림 11-10】 원환

2.7 EXTRUDE(돌출)

닫혀진 2차원 객체를 돌출 시켜 3차원 솔리드를 작성한다.

명령 실행 방법

•풀다운 메뉴 : 그리기 ▷ 모델링 ▷ 돌출
•아이콘 :
•명령어 : Extrude

2-7-1 돌출할 높이와 각도 지정

명령 : Extrude Enter
현재 와이어프레임 밀도: ISOLINES=8
돌출할 객체 선택: 닫혀진 2차원 객체 선택
객체 선택: Enter
돌출의 높이 지정 또는 [방향(D)/경로(P)/테이퍼 각도(T)]
<0.0000>: 돌출할 높이 지정 Enter

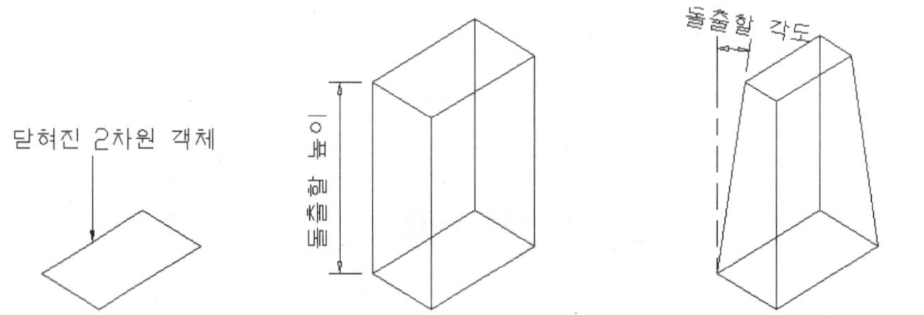

【2차원 객체 선택】 【Extrude 실행 후 : 0˚】【Extrude 실행 후 : 5˚】

【그림 11-11】 돌출-높이와 각도 지정

2-7-2 돌출할 경로 지정

명령 : Extrude Enter
현재 와이어프레임 밀도: ISOLINES=8
객체 선택: 닫혀진 2차원 객체 선택

객체 선택: Enter
돌출의 높이 지정 또는 [방향(D)/경로(P)/테이퍼 각도(T)]
<0.0000>: P Enter
돌출 경로 선택 또는 [테이퍼 각도(T)]: 경로선택

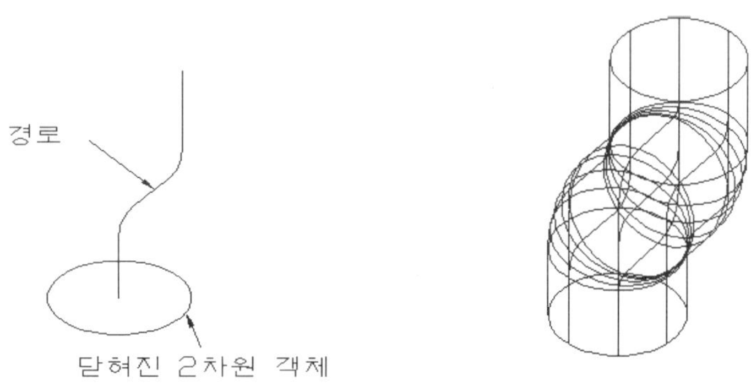

【2차원 객체 선택】 【Path 옵션으로 Extrude 후】

【그림 11-12】 돌출-경로지정

2.8 REVOLVE(회전)

닫혀진 2차원 객체를 회전시켜 3차원 솔리드를 작성한다.

명령 실행 방법

- 풀다운 메뉴 : 그리기 ▷ 모델링 ▷ ㅎ
- 아이콘 : 
- 명령어 : Revolve

명령 : Revolve [Enter]
현재 와이어프레임 밀도: ISOLINES=8
회전할 객체 선택: 닫혀진 2차원 객체 선택
회전할 객체 선택: [Enter]
축 시작점 지정 또는 다음에 의해 축 지정 [객체(O)/X/Y/Z] 〈객체(O)〉: P1점 지정(회전을 위한 축의 시작점을 지정)
축 끝점 지정: P2점 지정(축의 끝점을 지정)
회전 각도 지정 또는 [시작 각도(ST)] 〈360〉 : 270 [Enter](회전각을 입력한다.)

옵션

- 객체(O) : 객체를 축으로 하여 회전시킨다.
- X/Y/Z : X축/Y축/Z축을 회전축으로 하여 회전시킨다.

【두 점을 기준으로 회전】【객체를 기준으로 회전】【Revolve 실행후:270˚】

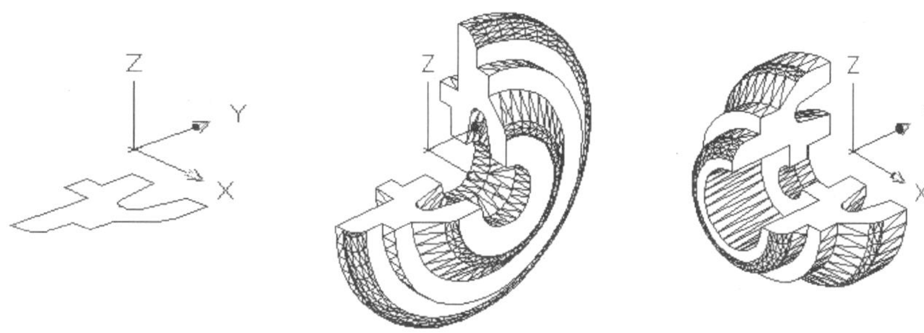

【UCS를 기준으로이동】 【X축을 기준 : 270˚】 【Y축을 기준 : 270˚】

【그림 11-13】 회전

2.9 SLICE(슬라이스)

3차원 솔리드 객체를 지정된 점 또는 축 등에 의해 자를 수 있다.

명령 실행 방법

- 풀다운 메뉴 : 수정 ▷ 3D 작업 ▷ 슬라이스
- 아이콘 :
- 명령어 : Slice

> 명령 : Slice Enter
> 슬라이스할 객체 선택: 3차원 솔리드 객체를 선택
> 슬라이스할 객체 선택: Enter

> 슬라이싱 평면의 시작점 지정 또는
> [평면 객체(O)/표면(S)/Z축(Z)/뷰(V)/XY(XY)/YZ(YZ)/ZX(ZX)/3점(3)] 〈3점〉: Enter
> 평면 위의 첫 번째 점 지정: P1점 지정(3점을 이용하여 자를 단면을 지정한다.)
> 평면 위의 두 번째 점 지정: P2점 지정
> 평면 위의 세 번째 점 지정: P3점 지정
> S원하는 면 위의 점 지정 또는 [양쪽 면 유지(B)] 〈양쪽(B)〉: 자른 후 남길 부분을 지정하거나 Both(B)를 입력하여 둘 다 남김을 선택한다.

옵션

- 객체(O) : 닫힌 2차원의 폴리선을 자를 면으로 선택하여 자르기 한다.
- Z축(Z) : 자르기 할 평면의 기준점과 Z축의 위치를 지정하여 자르기 한다.
- 뷰(V) : UCS의 옵션을 View로 하여 자르기 할 기준점을 지정하여 자르기 한다.
- XY/YZ/ZX : XY/YZ/ZX 평면을 기준으로 자르기 한다.

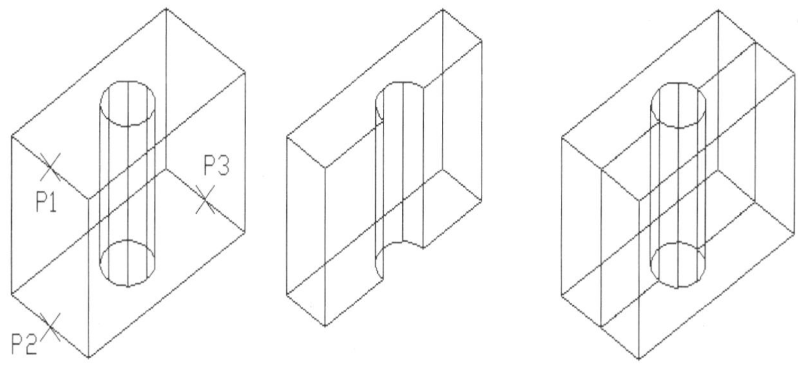

【세 점을 지정】【Silce후 한 면만 남김】 【Slice 후 양쪽 면 남김】

【그림 11-14】 슬라이스

2.10 SECTION(단면)

3차원 솔리드 객체의 단면을 하나의 블록으로 작성한다.

명령 실행 방법

- 아이콘 :
- 명령어 : Section

명령 : Section [Enter]
객체 선택: 3차원 솔리드 객체를 선택
객체 선택: [Enter]
다음을 사용하여 단면 평면위에 첫 번째 점 지정
[객체(O)/Z축(Z)/뷰(V)/XY(XY)/YZ(YZ)/ZX(ZX)/3점(3)] <3점(3)>: P1점 지정(3점을 이용하여 단면을 지정한다.)
평면 위의 두 번째 점 지정: P2점 지정
평면 위의 세 번째 점 지정: P3점 지정

옵션

옵션은 Slice 명령과 동일하다.

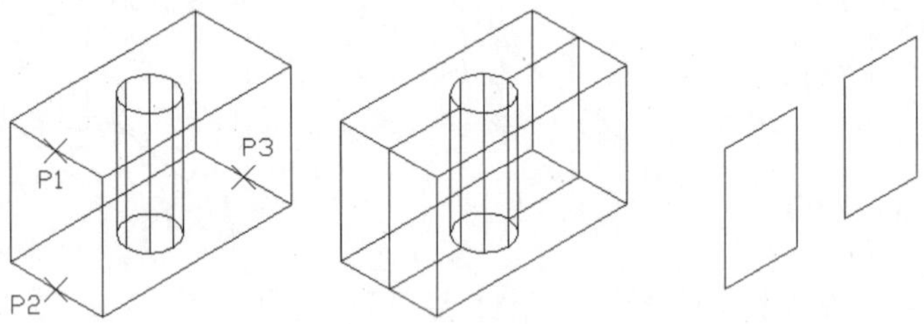

【세 점을 지정】 【Section 실행 후】 【단면을 분리한 결과】

【그림 11-15】 단면

3. 솔리드 편집하기

3.1 UNION(합집합)

둘 이상의 객체를 하나의 객체로 만든다.

명령 실행 방법

- 풀다운 메뉴 : 수정 ▷ 솔리드 편집 ▷ 합집합
- 아이콘 : 
- 명령어 : Union

명령 : Union [Enter]
객체 선택: 합칠 객체를 모두 선택한다.
객체 선택: [Enter]

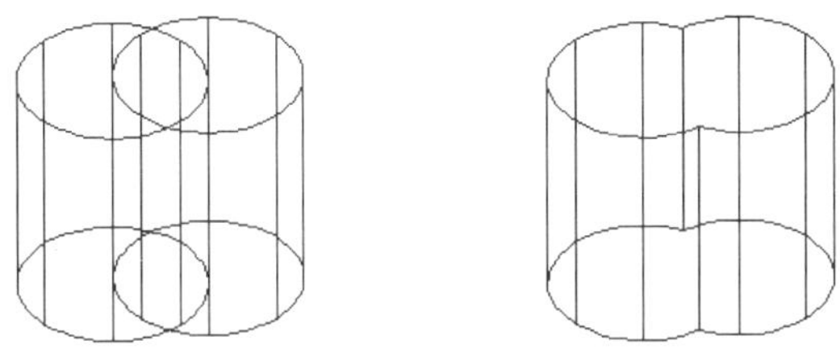

【Union 실행 전】　【Union 실행 후】

【그림 11-16】 합집합

3.2 SUBTRACT(차집합)

둘 이상의 솔리드 객체가 서로 중첩된 경우 한 솔리드 객체에서 다른 솔리드 객체를 제거한다.

명령 실행 방법

- 풀다운 메뉴 : 수정 ▷ 솔리드 편집 ▷ 차집합
- 아이콘 : 
- 명령어 : Substract

명령 : Substract [Enter]
제거 대상인 솔리드, 표면 및 영역을 선택 ..
객체 선택: 뺄 대상의 객체를 선택한다.
객체 선택: [Enter]
제거할 솔리드, 표면 및 영역을 선택 ..
객체 선택: 뺄 객체를 선택한다.

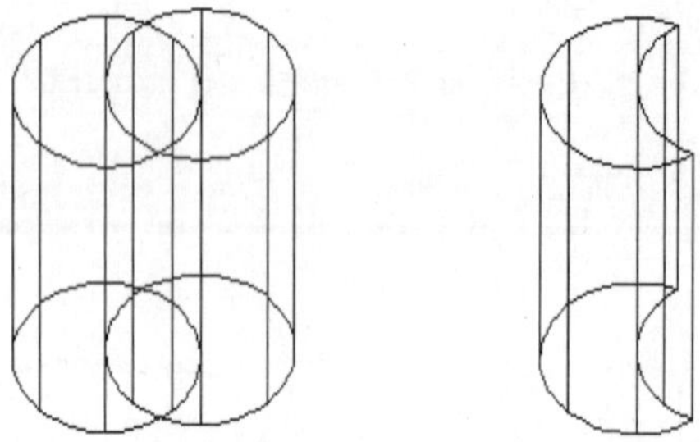

【Substract 실행 전】 【Substract 실행 후】

【그림 11-17】 차집합

3.3 INTERSECT(교집합)

두 개 이상의 솔리드 객체들의 공통 영역만 남기고 나머지는 제거한다.

명령 실행 방법

- 풀다운 메뉴 : 수정 ▷ 솔리드 편집 ▷ 교집합
- 아이콘 : 
- 명령어 : Intersect

명령 : Intersect Enter
객체 선택: 교집합 할 객체를 모두 선택한다.
객체 선택: Enter

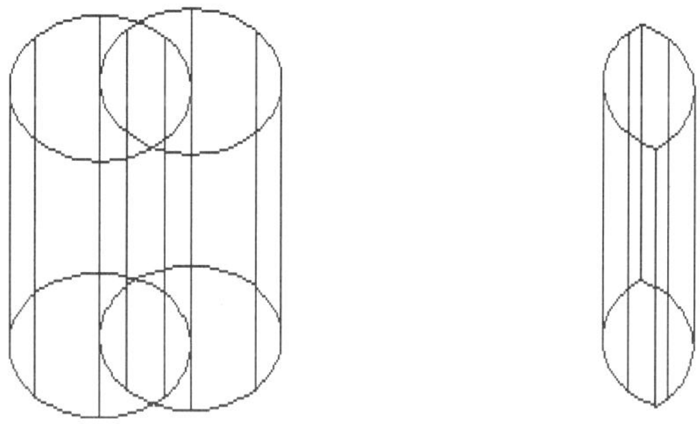

【Intersect 실행 전】 【Intersect 실행 후】

【그림 11-18】 교집합

3.4 EXTRUDE FACES(면 돌출)

3차원 솔리드에서 선택된 면을 돌출 시킬 수 있다.

명령 실행 방법

- 풀다운 메뉴 : 수정 ▷ 솔리드 편집 ▷ 돌출
- 아이콘 :
- 명령어 : Solidedit ▷ Face ▷ Extrude

3-4-1 돌출할 높이와 각도 지정

명령 : Solidedit Enter
솔리드 편집 자동 점검: SOLIDCHECK=1
솔리드 편집 옵션 [면(F)/모서리(E)/본체(B)/명령 취소(U)/종료(X)] <종료>: F Enter
면 편집 옵션 입력
[돌출(E)/이동(M)/회전(R)/간격띄우기(O)/테이퍼(T)/삭제(D)/복사(C)/색상(L)/재료(A)/명령 취소(U)/종료(X)] E Enter
면 선택 또는 [명령 취소(U)/제거(R)]: 솔리드 객체의 돌출 면을 선택한다.
면 선택 또는 [명령 취소(U)/제거(R)/전체(ALL)]: Enter
돌출 높이 지정 또는 [경로(P)]: 돌출할 높이 지정
돌출에 대한 테이퍼 각도 지정 <0>: 돌출 시킬 때의 테이퍼 각을 입력한다.

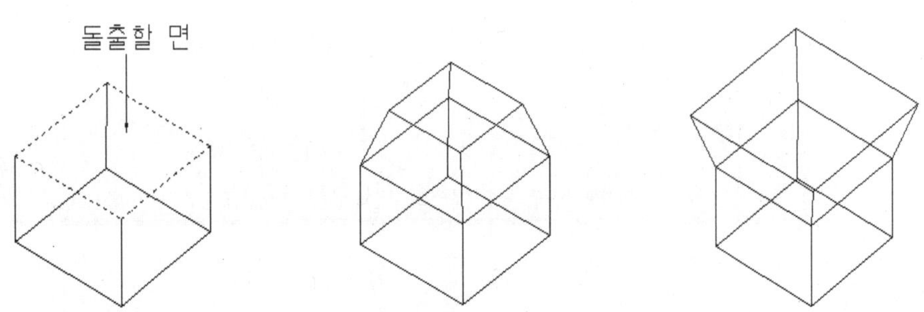

【돌출할 면을 선택】 【Extrude 실행 후 : 20˚】 【Extrude 실행 후 : -20˚】

【그림 11-19】 면돌출-높이와 각도 지정

3-4-2 돌출할 경로 지정

명령 : Solidedit Enter
솔리드 편집 자동 점검: SOLIDCHECK=1
솔리드 편집 옵션 [면(F)/모서리(E)/본체(B)/명령 취소(U)/종료(X)] <종료>: F Enter
면 편집 옵션 입력
[돌출(E)/이동(M)/회전(R)/간격띄우기(O)/테이퍼(T)/삭제(D)/복사(C)/색상(L)/재료(A)/명령 취소(U)/종료(X)] E Enter
면 선택 또는 [명령 취소(U)/제거(R)]: 솔리드 객체의 돌출 면을 선택한다.
면 선택 또는 [명령 취소(U)/제거(R)/전체(ALL)]: Enter
돌출 높이 지정 또는 [경로(P)]: P
돌출 경로 선택: 경로선택

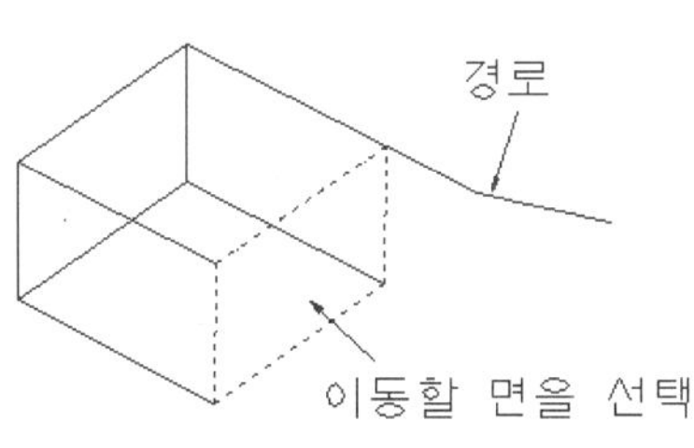

【돌출할 면과 경로 선택】

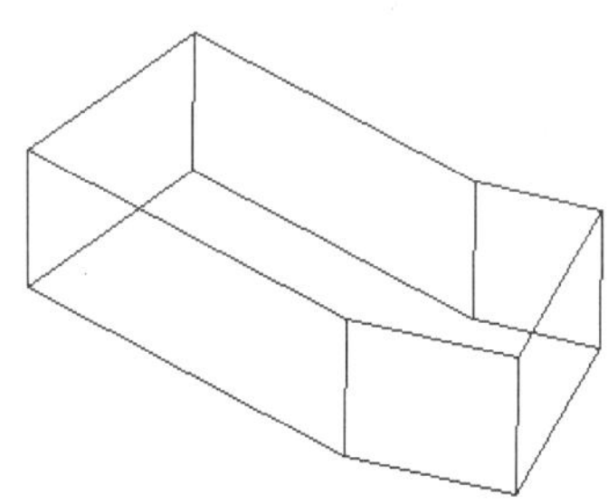

【Extrude 실행 후】

【그림 11-20】 면돌출-경로지정

3.5 MOVE FACES(면 이동)

3차원 솔리드에서 선택된 면을 이동시킬 수 있다.

명령 실행 방법

•풀다운 메뉴 : 수정 ▷ 솔리드 편집 ▷ 면이동
•아이콘 :
•명령어 : Solidedit ▷ Face ▷ Move

명령 : Solidedit Enter
S솔리드 편집 자동 점검: SOLIDCHECK=1

솔리드 편집 옵션 [면(F)/모서리(E)/본체(B)/명령 취소(U)/종료(X)] <종료>: F Enter
면 편집 옵션 입력
[돌출(E)/이동(M)/회전(R)/간격띄우기(O)/테이퍼(T)/삭제(D)/복사(C)/색상(L)/재료(A)/명령 취소(U)/종료(X)] M Enter
면 선택 또는 [명령 취소(U)/제거(R)]: 이동할 면을 선택
면 선택 또는 [명령 취소(U)/제거(R)/전체(ALL)]: Enter
기준점 또는 변위 지정: P1점 지정(기준점을 지정한다.)
변위의 두 번째 점 지정: P2점 지정(이동될 점을 지정한다.)

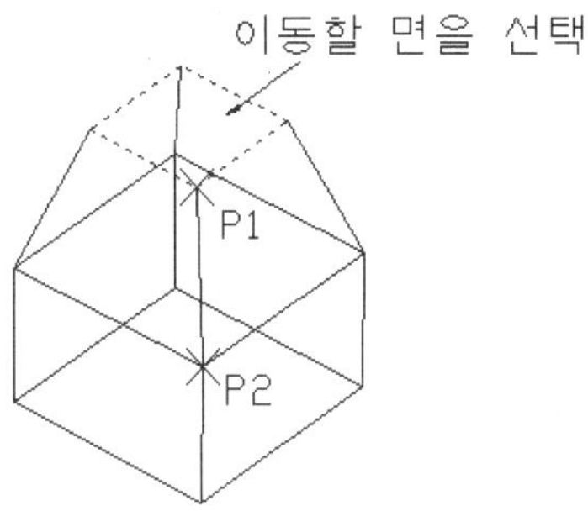

【이동시킬 면과 위치 지정】

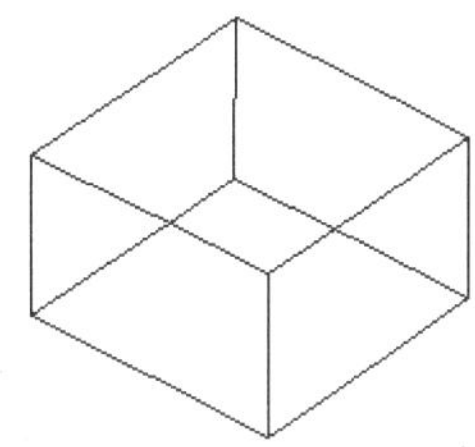

【이동 후】

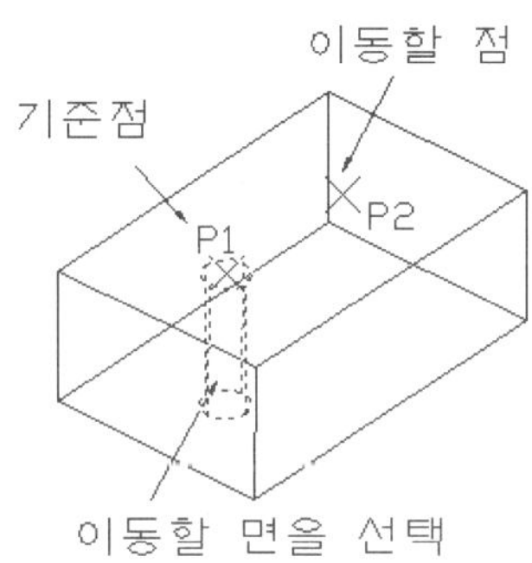

【이동시킬 면과 위치 지정】

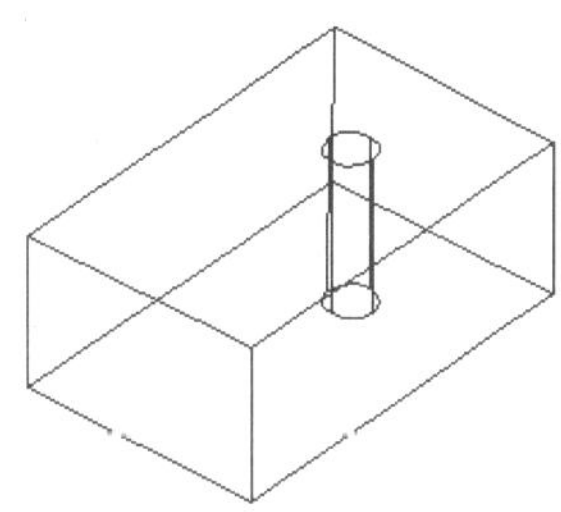

【이동 후】

【그림 11-21】 면이동

3.6 ROTATE FACES(면 회전)

3차원 솔리드에서 선택된 면을 이동시킬 수 있다.

명령 실행 방법

- •풀다운 메뉴 : 수정 ▷ 솔리드 편집 ▷ 면 회전
- •아이콘 :
- •명령어 : Solidedit ▷ Face ▷ Rotate

명령 : Solidedit Enter
솔리드 편집 자동 점검: SOLIDCHECK=1
솔리드 편집 옵션 [면(F)/모서리(E)/본체(B)/명령 취소(U)/종료(X)] <종료>: F Enter
면 편집 옵션 입력
[돌출(E)/이동(M)/회전(R)/간격띄우기(O)/테이퍼(T)/삭제(D)/복사(C)/색상(L)/재료(A)/명령 취소(U)/종료(X)] R Enter
면 선택 또는 [명령 취소(U)/제거(R)]: 회전할 면을 선택
면 선택 또는 [명령 취소(U)/제거(R)/전체(ALL)]: Enter
축 점 지정 또는 [객체의 축(A)/뷰(V)/X축(X)/Y축(Y)/Z축(Z)] <2점>: Z Enter
(회전할 축을 지정한다.
회전 원점 지정 <0,0,0>: P1점 지정(회전 중심점 지정)
회전 각도 지정 또는 [참조(R)]: 회전각 지정

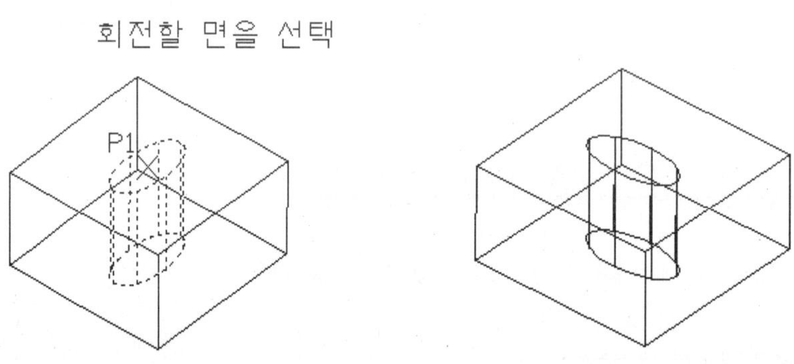

【회전시킬 면과 위치 지정】 【회전 후 : Z축 90˚】

【그림 11-22】 면회전

3.7 OFFSET FACES(면 간격 띄우기)

3차원 솔리드에서 선택된 면을 간격 띄우기 할 수 있다.

명령 실행 방법

•풀다운 메뉴 : 수정 ▷ 솔리드 편집 ▷ 면 간격띄우기
•아이콘 :
•명령어 : Solidedit ▷ Face ▷ Offset

명령 : Solidedit [Enter]
솔리드 편집 자동 점검: SOLIDCHECK=1
솔리드 편집 옵션 [면(F)/모서리(E)/본체(B)/명령 취소(U)/종료(X)] <종료>: F [Enter]
면 편집 옵션 입력
[돌출(E)/이동(M)/회전(R)/간격띄우기(O)/테이퍼(T)/삭제(D)/복사(C)/색상(L)/재료(A)/명령 취소(U)/종료(X)] O [Enter]
면 선택 또는 [명령 취소(U)/제거(R)]: 간격 띄우기할 면을 선택
면 선택 또는 [명령 취소(U)/제거(R)/전체(ALL)]: [Enter]
간격띄우기 거리 지정: 간격 띄우기 거리를 지정한다.

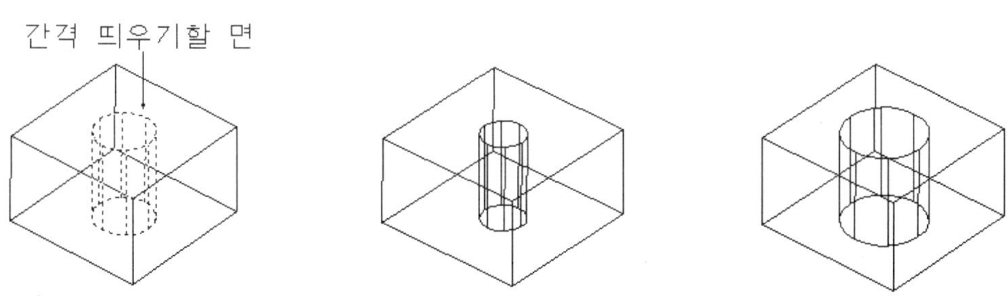

【Offset할 면 지정】 【Offset 실행 후 : +3】 【Offset 실행 후 : -3】

【그림 11-23】 면 간격 띄우기

3.8 TAPER FACES(면 테이퍼)

3차원 솔리드에서 선택된 면에 테이퍼를 줄 수 있다.

명령 실행 방법

•풀다운 메뉴 : 수정 ▷ 솔리드 편집 ▷ 면 테이퍼
•아이콘 :
•명령어 : Solidedit ▷ Face ▷ Taper

명령 : Solidedit Enter
솔리드 편집 자동 점검: SOLIDCHECK=1
솔리드 편집 옵션 [면(F)/모서리(E)/본체(B)/명령 취소(U)/종료(X)] <종료>: F Enter
면 편집 옵션 입력
[돌출(E)/이동(M)/회전(R)/간격띄우기(O)/테이퍼(T)/삭제(D)/복사(C)/색상(L)/재료(A)/명령 취소(U)/종료(X)] T Enter
면 선택 또는 [명령 취소(U)/제거(R)]: 테이퍼할 면을 선택
면 선택 또는 [명령 취소(U)/제거(R)/전체(ALL)]: Enter
기준점 지정: P1점 지정(기준점을 지정한다.)
테이퍼축을 따라 다른 점 지정: P2점 지정(테이퍼 축의 다른 한 점을 지정)
테이퍼 각도를 지정: 테이퍼 각도 입력

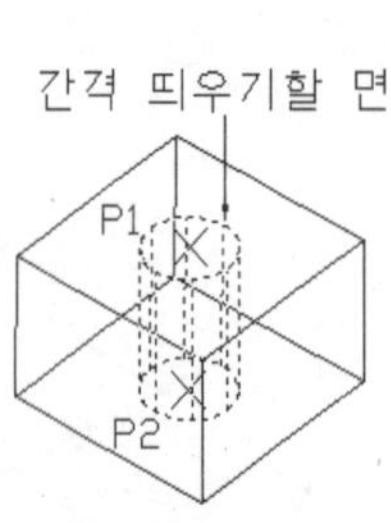

【테이퍼할 면과 위치 지정】

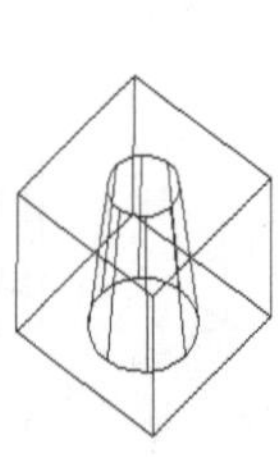

【테이퍼 후 : 20˚】

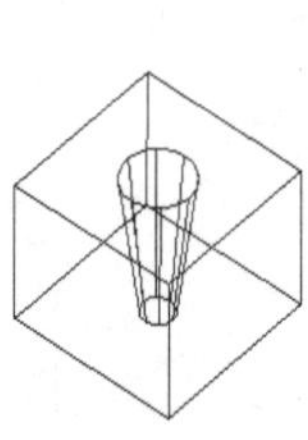

【테이퍼 후 : -20˚】

【그림 11-24】 면 테이퍼

3.9 DELETE FACES(면 삭제)

3차원 솔리드에서 선택된 면에 테이퍼를 줄 수 있다.

명령 실행 방법

•풀다운 메뉴 : 수정 ▷ 솔리드 편집 ▷ 면 삭제
•아이콘 :
•명령어 : Solidedit ▷ Face ▷ Delete

명령 : Solidedit Enter
솔리드 편집 자동 점검: SOLIDCHECK=1
솔리드 편집 옵션 [면(F)/모서리(E)/본체(B)/명령 취소(U)/종료(X)] 〈종료〉: F Enter
면 편집 옵션 입력
[돌출(E)/이동(M)/회전(R)/간격띄우기(O)/테이퍼(T)/삭제(D)/복사(C)/색상(L)/재료(A)/명령 취소(U)/종료(X)] D Enter
면 선택 또는 [명령 취소(U)/제거(R)]: 삭제할 면을 선택
면 선택 또는 [명령 취소(U)/제거(R)/전체(ALL)]: Enter

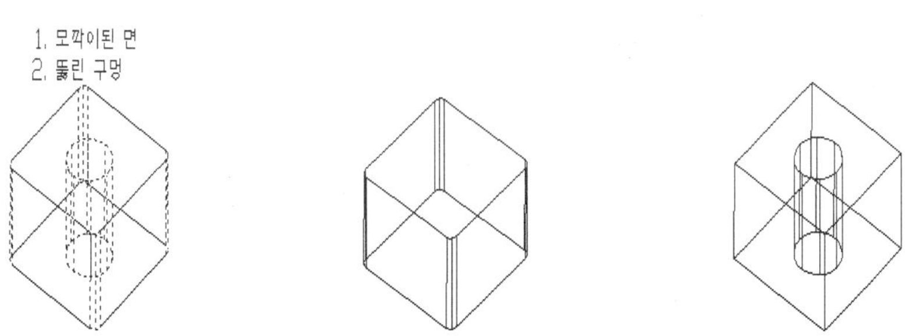

【삭제할 면 선택】 【삭제 후:1번 면】 【삭제 후:2번 면】

【그림 11-25】 면 삭제

3.10 COPY FACES(면 복사)

3차원 솔리드에서 선택된 면을 복사할 수 있다.

명령 실행 방법

•풀다운 메뉴 : 수정 ▷ 솔리드 편집 ▷ 면 복사
•아이콘 :
•명령어 : Solidedit ▷ Face ▷ Copy

명령 : Solidedit Enter
솔리드 편집 자동 점검: SOLIDCHECK=1
솔리드 편집 옵션 [면(F)/모서리(E)/본체(B)/명령 취소(U)/종료(X)] <종료>: F Enter
면 편집 옵션 입력
[돌출(E)/이동(M)/회전(R)/간격띄우기(O)/테이퍼(T)/삭제(D)/복사(C)/색상(L)/재료(A)/명령 취소(U)/종료(X)] C Enter
면 선택 또는 [명령 취소(U)/제거(R)]: 복사할 면을 선택
면 선택 또는 [명령 취소(U)/제거(R)/전체(ALL)]: Enter
기준점 또는 변위 지정: P1점을 지정(기준점을 지정한다.)
변위의 두 번째 점 지정: P2점을 지정(복사할 위치의 점을 지정한다.)

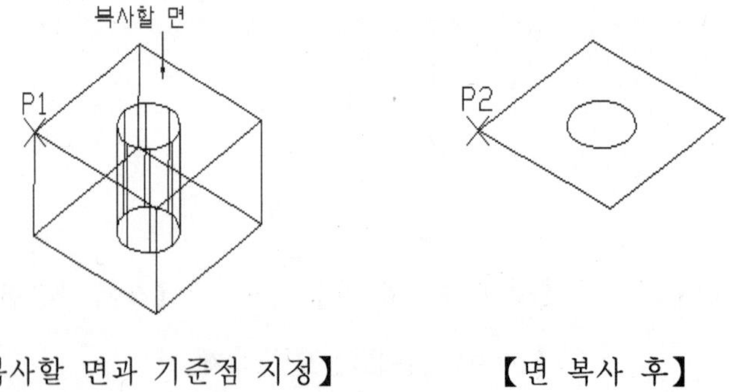

【복사할 면과 기준점 지정】 【면 복사 후】

【그림 11-26】 면 복사

3.11 COLOR FACES(면 색상)

3차원 솔리드에서 선택된 면에 색상을 지정할 수 있다.

명령 실행 방법

- 풀다운 메뉴 : 수정 ▷ 솔리드 편집 ▷ 면 색상입히기
- 아이콘 :
- 명령어 : Solidedit ▷ Face ▷ Color

명령 : Solidedit [Enter]
솔리드 편집 자동 점검: SOLIDCHECK=1
솔리드 편집 옵션 [면(F)/모서리(E)/본체(B)/명령 취소(U)/종료(X)] <종료>: F [Enter]
면 편집 옵션 입력
[돌출(E)/이동(M)/회전(R)/간격띄우기(O)/테이퍼(T)/삭제(D)/복사(C)/색상(L)/재료(A)/명령 취소(U)/종료(X)] L [Enter]
면 선택 또는 [명령 취소(U)/제거(R)]: 색상을 지정할 면을 선택
면 선택 또는 [명령 취소(U)/제거(R)/전체(ALL)]: [Enter]

Select Color 대화상자에서 색상을 선택하면 된다. 면의 색상을 확인하려면, Shade 또는 Render 명령을 실행하여야 하며 그렇지 않을 경우에는 선의 색상만 바뀐다.

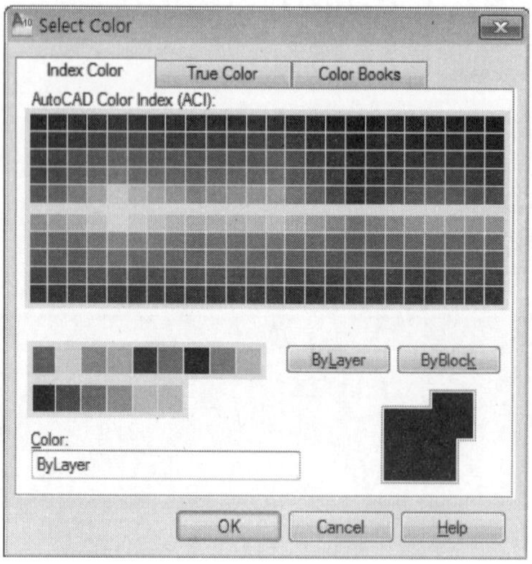

【그림 11-27】 면 색상

3.12 SHELL(쉘)

3차원 솔리드에서 속이 빈 일정한 두께의 객체를 작성하거나 선택된 면을 제거시킨 후 일정한 두께를 가진 객체를 작성할 수 있다.

명령 실행 방법

- 풀다운 메뉴 : 수정 ▷ 솔리드 편집 ▷ 쉘
- 아이콘 : 
- 명령어 : Solidedit ▷ Body ▷ Shell

명령 : Solidedit [Enter]
솔리드 편집 자동 점검: SOLIDCHECK=1
솔리드 편집 옵션 [면(F)/모서리(E)/본체(B)/명령 취소(U)/종료(X)] <종료>: B [Enter]
본체 편집 옵션 입력
[각인(I)/솔리드 분리(P)/쉘(S)/비우기(L)/점검(C)/명령 취소(U)/종료(X)] <종료>: S [Enter]
3D 솔리드 선택: 3차원 솔리드 객체를 선택
면 제거 또는 [명령 취소(U)/추가(A)/전체(ALL)]: 제거할 면을 선택 [Enter](면을 제거하지 않으려면 [Enter] 입력)
면 제거 또는 [명령 취소(U)/추가(A)/전체(ALL)]: [Enter]
쉘 간격띄우기 거리 입력: 간격 띄우기 값을 입력(쉘의 두께 입력)

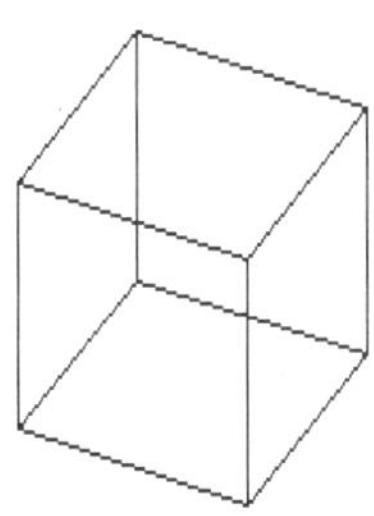

【Shell 명령 실행 전】

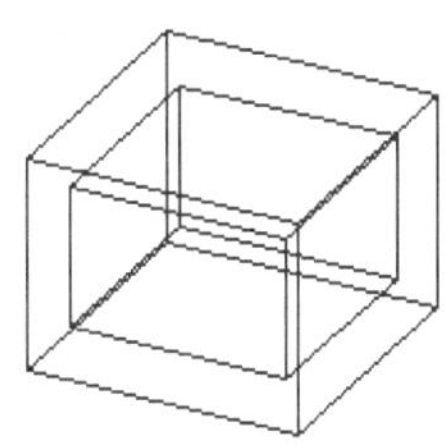

간격 띄우기 : 5
【Sell 실행 후 : 면 제거 안함】

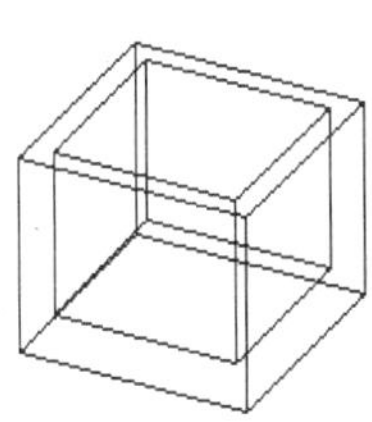

간격 띄우기 5
【Shell 실행 후 : 윗면 제거】

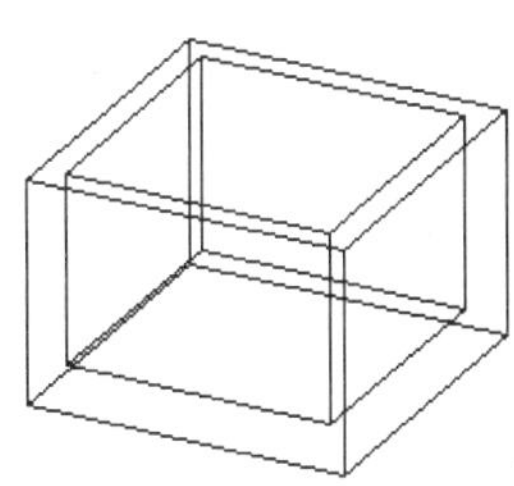

간격 띄우기 -5
【Shell 실행 후 : 윗면 제거】

【그림 11-28】 쉘

3.13 SOLPROF

Layout 영역에서 3차원 솔리드 객체의 윤곽선과 숨은선을 분리할 수 있다.

명령 실행 방법

- 풀다운 메뉴 : Draw ▷ Solids ▷ Setup ▷ Profile
- 아이콘 : 
- 명령어 : Solprop

명령 : Solprop Enter
객체 선택: 3차원 솔리드 객체 선택
객체 선택: Enter
분리된 도면층상에 가려진 윤곽선을 표시하겠습니까? [예(Y)/아니오(N)] 〈Y〉: Enter (윤곽선과 숨은선을 분리한다.)
평면상에 윤곽선을 투영하겠습니까? [예(Y)/아니오(N)] 〈Y〉: Enter (평면상에 윤곽선을 투영한다.)
접선 모서리를 삭제하겠습니까? [예(Y)/아니오(N)] 〈Y〉: Enter (접선의 모서리를 삭제한다.)
한 개의 솔리드가 선택됨.

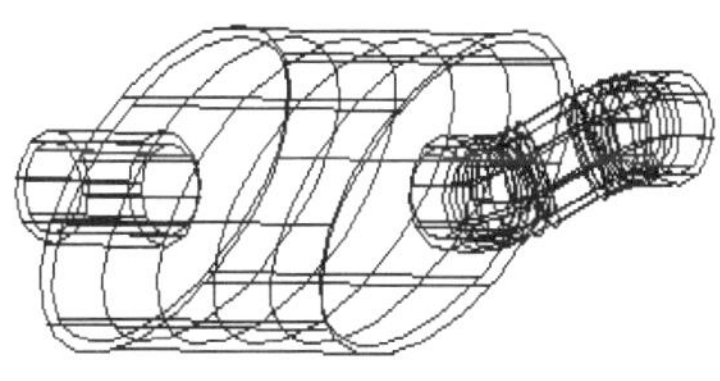

【3차원 솔리드 객체】

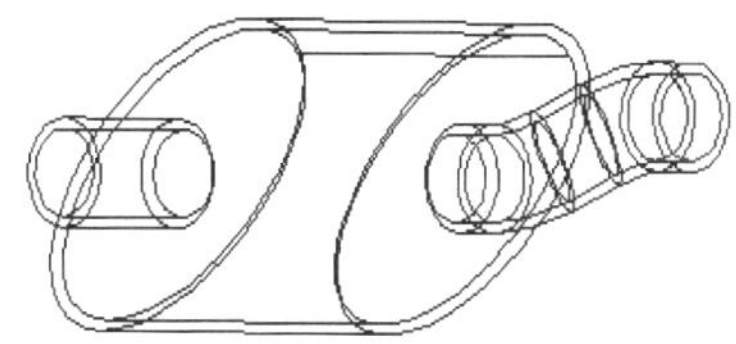

【평면상에 윤곽선을 투영】

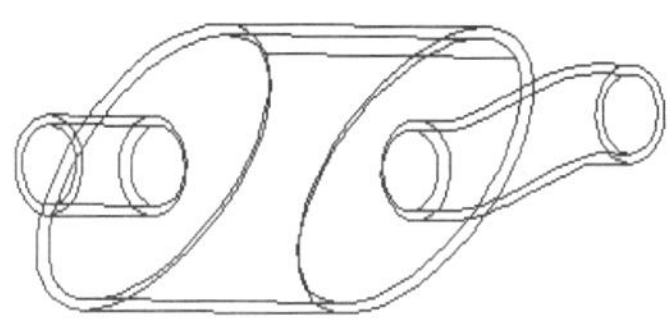

【접선의 모서리를 삭제】

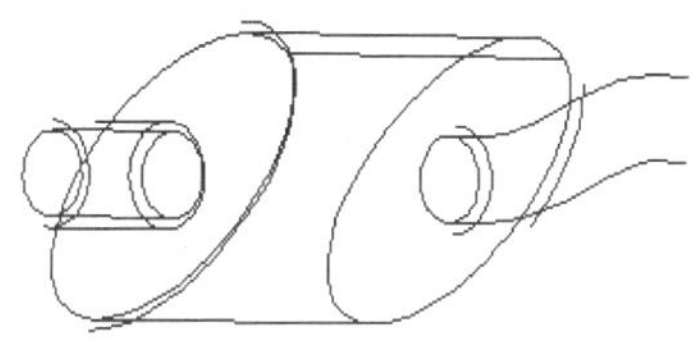

【접선 모서리 삭제 + 윤곽선 삭제】

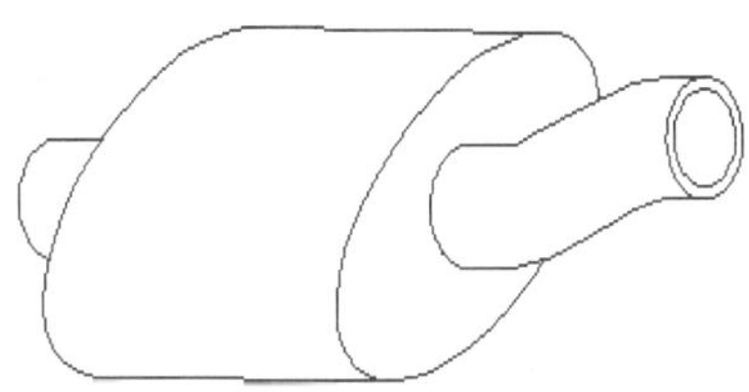

【접선 모서리 삭제 + 숨은선 삭제】

【그림 11-29】 SOLPROF

Chapter 12.

실습예제

Chapter 12. 실습 예제

1. 실습 예제

지금까지 배운 명령어를 이용하여 A4(297,210)용 기본 템플릿을 만들어 보자. 표제란은 산업인력공단에서 주관하는 자격증 중 CAD로 작성되는 실기시험에 사용되는 양식을 활용하도록 한다.

표제란의 기본 치수는 아래 그림과 같다.

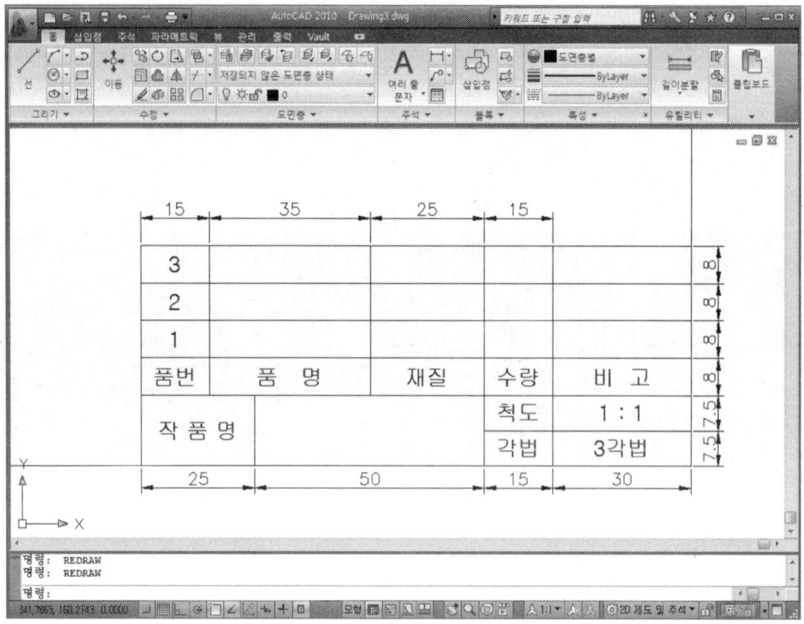

명령: limits (도면 한계 설정)
모형 공간 한계 재설정:
왼쪽 아래 구석 지정 또는 [켜기(ON)/끄기(OFF)] 〈0.0000,0.0000〉:
오른쪽 위 구석 지정 〈420.0000,297.0000〉: 297,210 (A4용지 설정)

명령: zoom
윈도우 구석을 지정, 축척 비율 (nX 또는 nXP)을 입력, 또는
[전체(A)/중심(C)/동적(D)/범위(E)/이전(P)/축척(S)/윈도우(W)/객체(O)] 〈실시간〉: a

명령 : rectang (A2~A4까지는 용지 크기에서 10㎜ 안쪽으로 공간을 띄운다)
첫 번째 구석점 지정 또는 [모따기(C)/고도(E)/모깎기(F)/두께(T)/폭(W)]: 10,10
다른 구석점 지정 또는 [영역(A)/치수(D)/회전(R)]: 287,200

윤곽선이 작성되고 나면 표제란을 만들기 위해 윤곽선을 분해한다. 만약 윤곽선을 분해지 하지 않고 간격띄우기(offset)를 했을 경우 윤곽선 전체가 선택되기 때문에 반드시 분해(explode)를 해주어야 한다. 윤곽선이 모두 선택되는 이유는 직사각형(rectangle)명령으로 작성된 객체는 폴리선(polyline)으로 작성되기 때문이다.

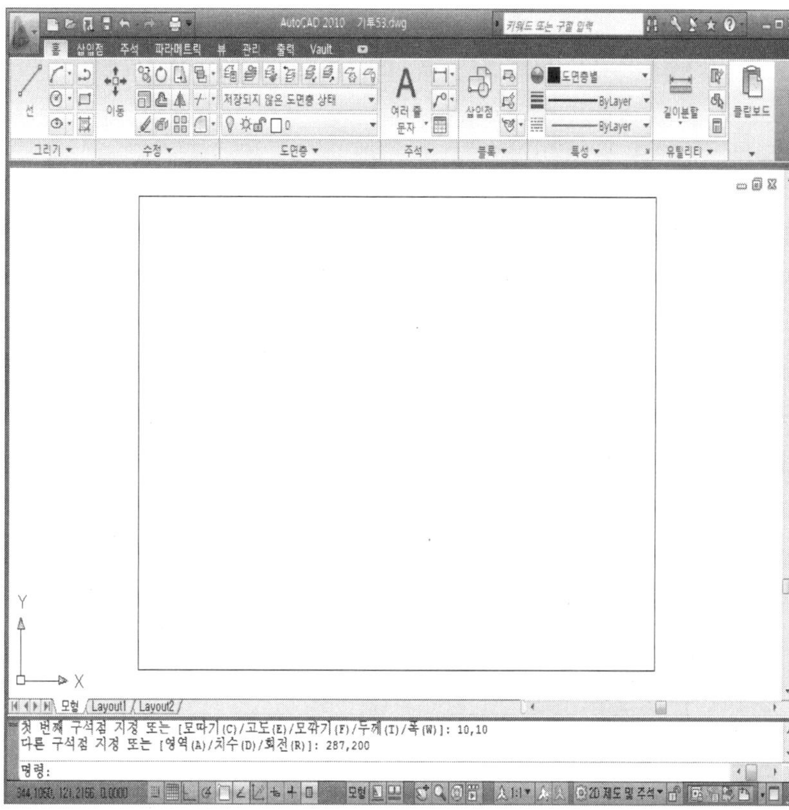

명령: explode (분해)
객체 선택: 1개를 찾음 (윤곽선을 선택한다.-간격띄우기를 하기 위함)

표제란의 크기를 설정하기 위해 오른 하단부의 객체 P1을 위쪽으로

7.5mm 2개와 8mm 1개를 간격띄우기를 한다. P2를 왼쪽으로 각 30, 15, 50, 25mm 만큼 간격띄우기를 한다.

```
명령: OFFSET
현재 설정: 원본 지우기=아니오  도면층=원본  OFFSETGAPTYPE=0
간격띄우기 거리 지정 또는 [통과점(T)/지우기(E)/도면층(L)]
〈7.0000〉: 7.5
간격띄우기할 객체 선택 또는 [종료(E)/명령 취소(U)] 〈종료〉:
(P1선택)
간격띄우기할 면의 점 지정 또는 [종료(E)/다중(M)/명령 취소
(U)] 〈종료〉:
간격띄우기할 객체 선택 또는 [종료(E)/명령 취소(U)] 〈종료〉:
간격띄우기할 면의 점 지정 또는 [종료(E)/다중(M)/명령 취소
(U)] 〈종료〉:
간격띄우기할 객체 선택 또는 [종료(E)/명령 취소(U)] 〈종료〉:

명령: OFFSET
현재 설정: 원본 지우기=아니오  도면층=원본  OFFSETGAPTYPE=0
간격띄우기 거리 지정 또는 [통과점(T)/지우기(E)/도면층(L)]
〈7.5000〉: 8
간격띄우기할 객체 선택 또는 [종료(E)/명령 취소(U)] 〈종료〉:
간격띄우기할 면의 점 지정 또는 [종료(E)/다중(M)/명령 취소
(U)] 〈종료〉:
간격띄우기할 객체 선택 또는 [종료(E)/명령 취소(U)] 〈종료〉:
```

명령: OFFSET
현재 설정: 원본 지우기=아니오 도면층=원본 OFFSETGAPTYPE=0
간격띄우기 거리 지정 또는 [통과점(T)/지우기(E)/도면층(L)] <8.0000>: 30
간격띄우기할 객체 선택 또는 [종료(E)/명령 취소(U)] <종료>: (P2선택)
간격띄우기할 면의 점 지정 또는 [종료(E)/다중(M)/명령 취소(U)] <종료>:

명령: OFFSET
현재 설정: 원본 지우기=아니오 도면층=원본 OFFSETGAPTYPE=0
간격띄우기 거리 지정 또는 [통과점(T)/지우기(E)/도면층(L)] <1.0000>: 15
간격띄우기할 객체 선택 또는 [종료(E)/명령 취소(U)] <종료>:
간격띄우기할 면의 점 지정 또는 [종료(E)/다중(M)/명령 취소(U)] <종료>:

명령: OFFSET
현재 설정: 원본 지우기=아니오 도면층=원본 OFFSETGAPTYPE=0
간격띄우기 거리 지정 또는 [통과점(T)/지우기(E)/도면층(L)] <15.0000>: 50
간격띄우기할 객체 선택 또는 [종료(E)/명령 취소(U)] <종료>:
간격띄우기할 면의 점 지정 또는 [종료(E)/다중(M)/명령 취소(U)] <종료>:

명령: OFFSET
현재 설정: 원본 지우기=아니오 도면층=원본 OFFSETGAPTYPE=0
간격띄우기 거리 지정 또는 [통과점(T)/지우기(E)/도면층(L)] <50.0000>: 25
간격띄우기할 객체 선택 또는 [종료(E)/명령 취소(U)] <종료>:
간격띄우기할 면의 점 지정 또는 [종료(E)/다중(M)/명령 취소(U)] <종료>:

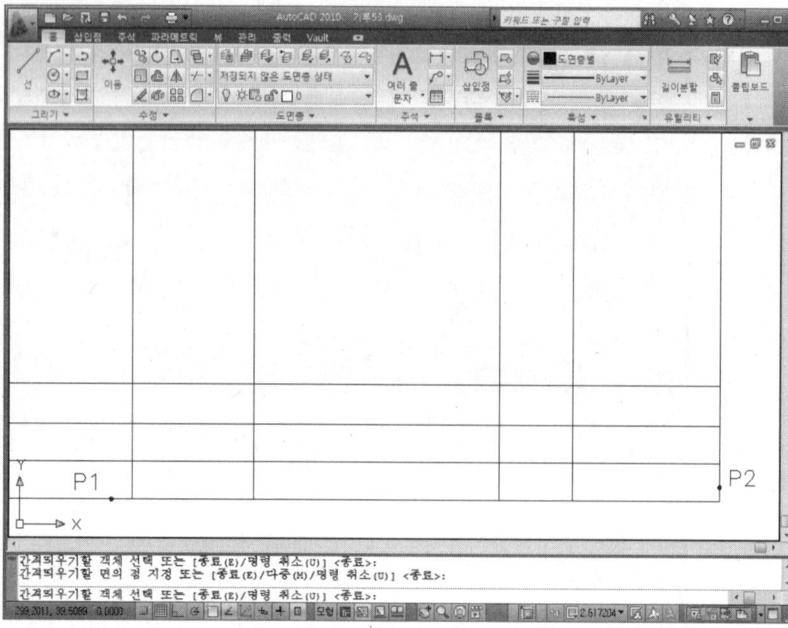

자르기(Trim)명령을 이용하여 표제란의 나머지 부분을 다음 그림과 같이 자르기를 한다.

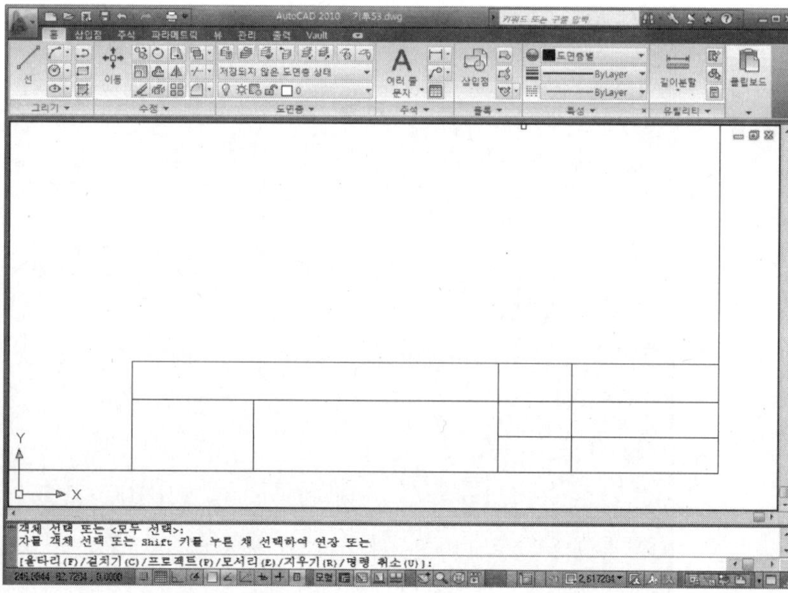

명령: offset
현재 설정: 원본 지우기=아니오 도면층=원본 OFFSETGAPTYPE=0
간격띄우기 거리 지정 또는 [통과점(T)/지우기(E)/도면층(L)] <25.0000>: 15
간격띄우기할 객체 선택 또는 [종료(E)/명령 취소(U)] <종료>: (P1선택)
간격띄우기할 면의 점 지정 또는 [종료(E)/다중(M)/명령 취소(U)] <종료>:
간격띄우기할 객체 선택 또는 [종료(E)/명령 취소(U)] <종료>:

명령: offset
현재 설정: 원본 지우기=아니오 도면층=원본 OFFSETGAPTYPE=0
간격띄우기 거리 지정 또는 [통과점(T)/지우기(E)/도면층(L)] <15.0000>: 35
간격띄우기할 객체 선택 또는 [종료(E)/명령 취소(U)] <종료>:
간격띄우기할 면의 점 지정 또는 [종료(E)/다중(M)/명령 취소(U)] <종료>:
간격띄우기할 객체 선택 또는 [종료(E)/명령 취소(U)] <종료>:

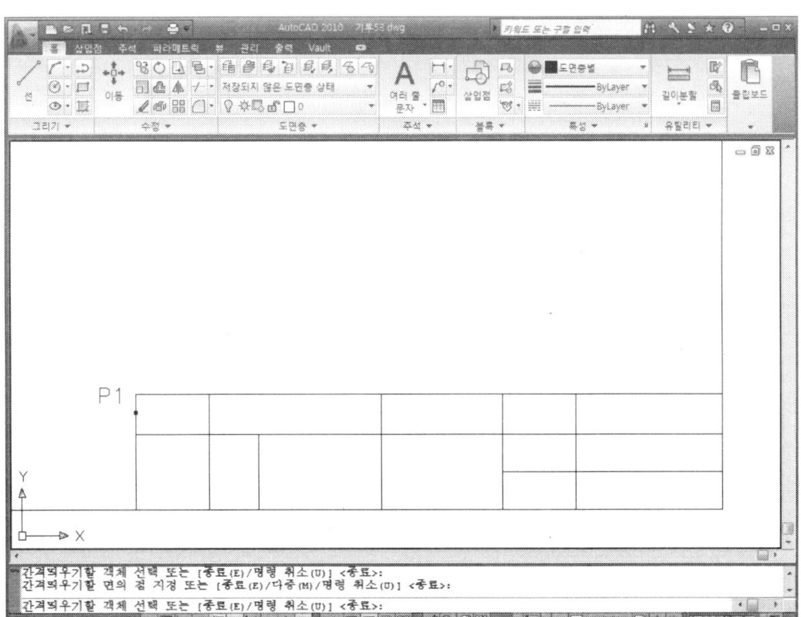

자르기(trim)명령을 이용하여 다음 그림과 같이 표제란의 윤곽을 완성한다.

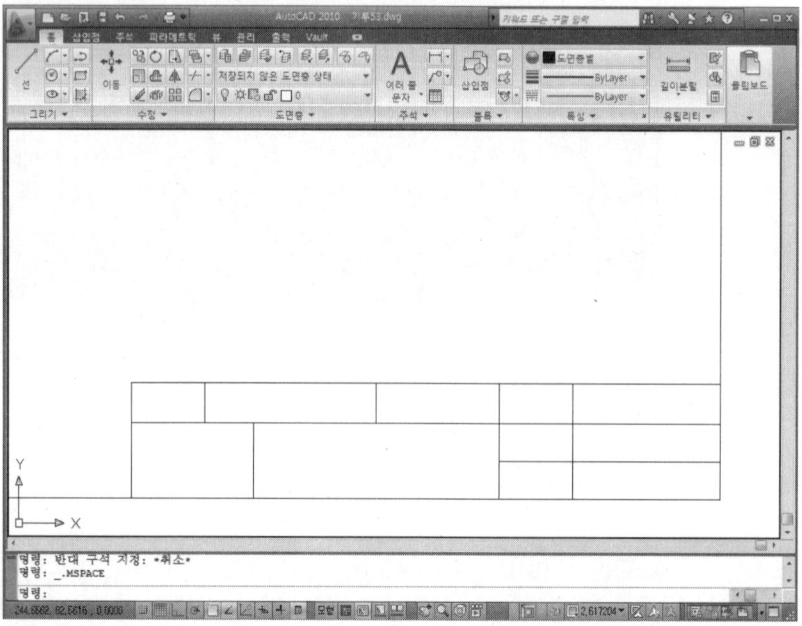

완성된 표제란에 필요한 문자를 입력해보도록 하자. 글자의 높이는 3.5, 글자의 유형은 굴림으로 단락문자(mtext)로 입력한다. 여기서는 품번과 작품명을 입력하는 방법에 대해서만 알아보도록 하자.

명령행에서 mtext명령을 실행한 후 점 q1과 점 q2를 선택한다. 문자 편집 대화상자에서 글자를 도표의 정중앙에 위치시키기 위해 자리맞추기를 중앙중심으로 설정한다.

명령: mtext
현재 문자 스타일: "dim" 문자 높이: 8 주석: 아니오
첫 번째 구석 지정: (점 q1선택)
반대 구석 지정 또는 [높이(H)/자리맞추기(J)/선 간격두기(L)/회전(R)/스타일(S)/폭(W)/열(C)]: (점 q2선택)

도표 안에 품번이라는 문자를 입력하여 문자가 원하는 위치에 들어갔는지를 확인하다.

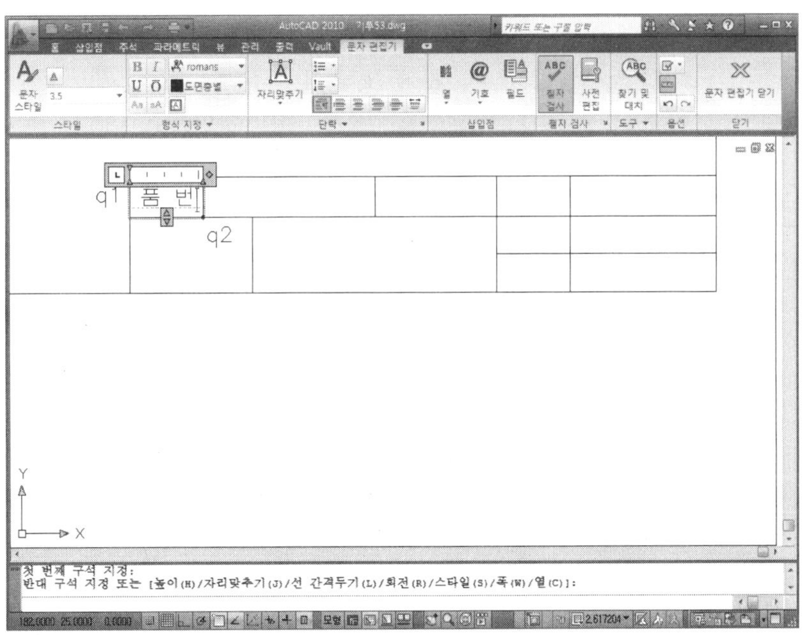

문자가 원하는 위치에 들어갔다면 문자편집기 오른쪽 문자편집 단

기 버튼을 클릭하여 문자작성을 종료한다.

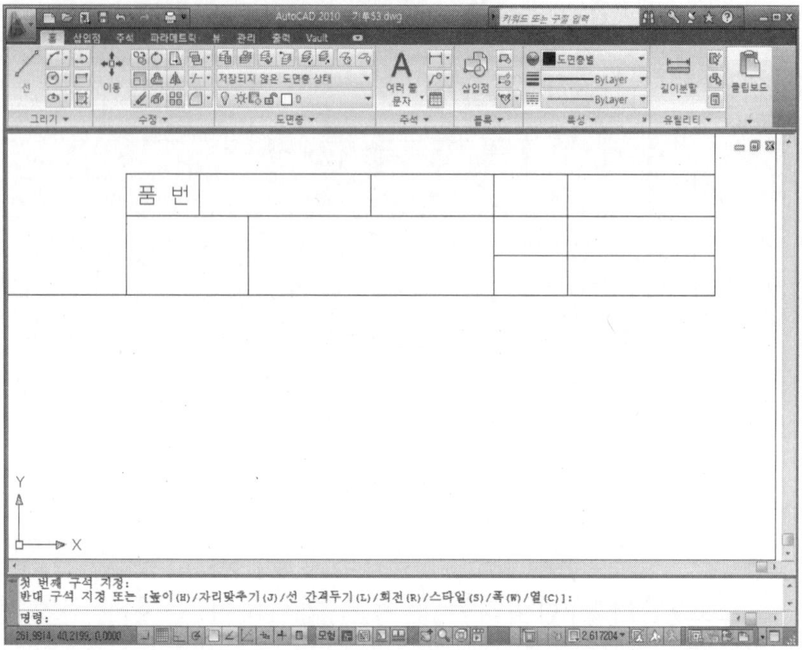

다음은 작품명을 입력하기 위해 명령행에서 mtext를 실행한 후 점 q1과 점 q2를 선택한다. 앞의 품번글자를 입력하던 것과 동일한 방법으로 환경을 설정한 후 작품명이라는 글자를 입력한다.

명령: mtext
현재 문자 스타일: "dim" 문자 높이: 8 주석: 아니오
첫 번째 구석 지정: (점 q1선택)
반대 구석 지정 또는 [높이(H)/자리맞추기(J)/선 간격두기(L)/회전(R)/스타일(S)/폭(W)/열(C)]: (점 q2선택)

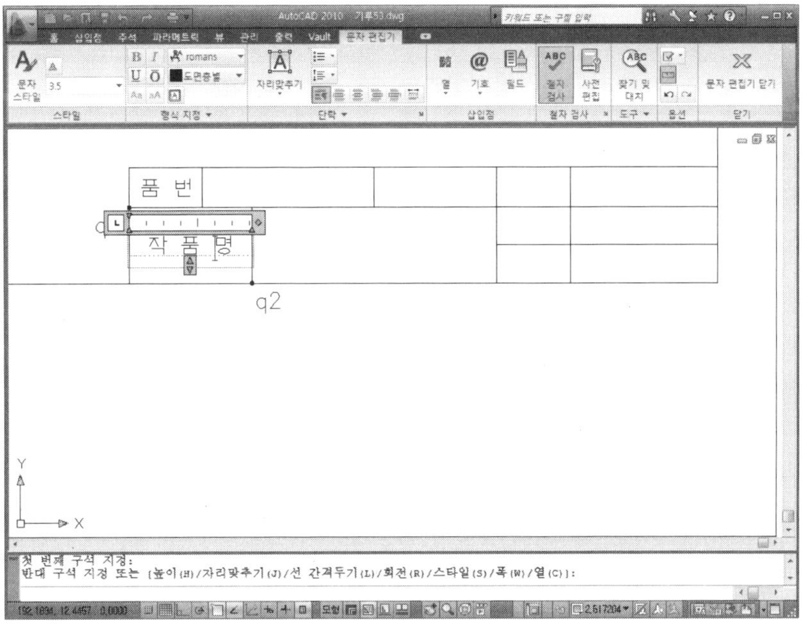

문자가 원하는 위치에 들어갔다면 문자편집기 오른쪽 문자편집 닫기 버튼을 클릭하여 문자작성을 종료한다. 위와 같은 방법을 이용하여 다음 그림과 같이 표제란을 완성한다.

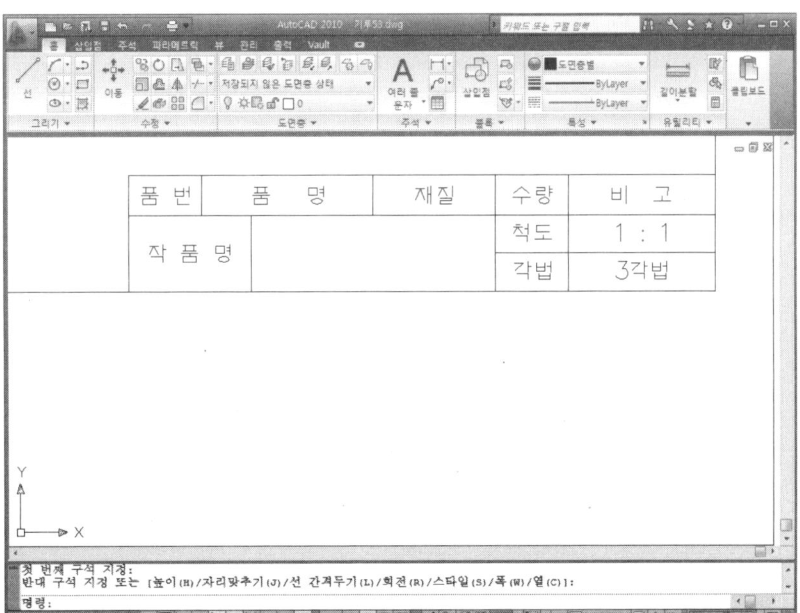

2. 실습 예제

위에서 배운 명령어들을 이용하여 아래와 같은 도면을 작성해보자.

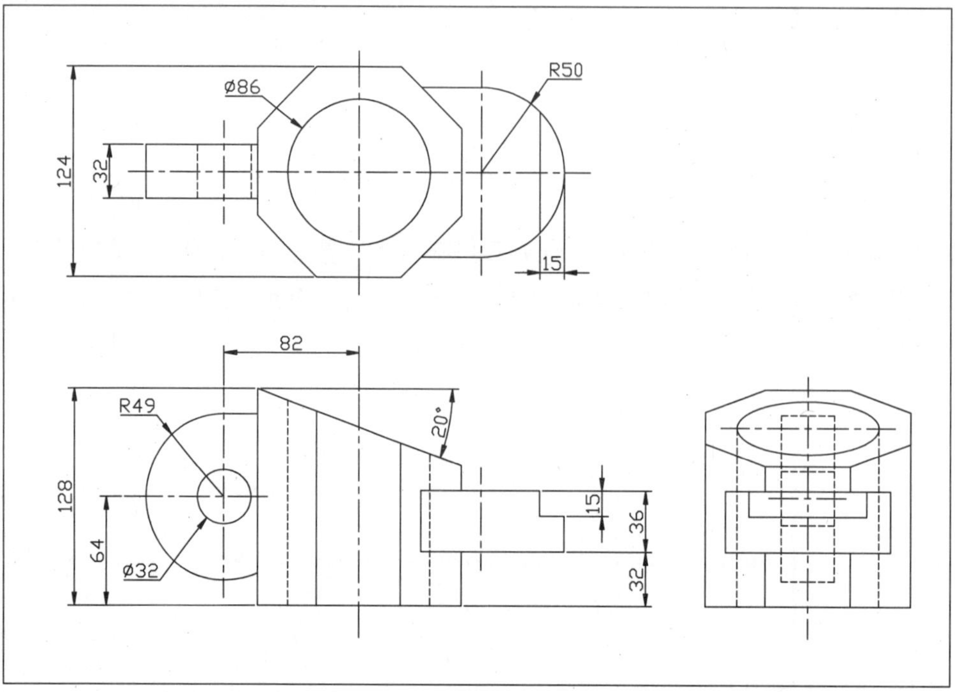

정면도 크기치수(254)와 측면도 크기치수(124)의 크기를 고려하여 A2(594,420)으로 설정한다.

```
명령: limits
모형 공간 한계 재설정:
왼쪽 아래 구석 지정 또는 [켜기(ON)/끄기(OFF)] <0.0000,0.0000>:
오른쪽 위 구석 지정 <297.0000,210.0000>: 594,420

명령: zoom
윈도우 구석을 지정, 축척 비율 (nX 또는 nXP)을 입력, 또는
[전체(A)/중심(C)/동적(D)/범위(E)/이전(P)/축척(S)/윈도우(W)/
객체(O)] <실시간>: a
```

도면을 작도할 경우 기본적으로 정면도를 먼저 작성하고 측면도나 평면도를 작성하지만 예제 도면 같은 경우 평면도를 먼저 작성하고 정면도와 측면도를 작성하는 것이 빠를 것 이다.

도면 작성에 필요한 도면층은 아래와 같이 생성한다.

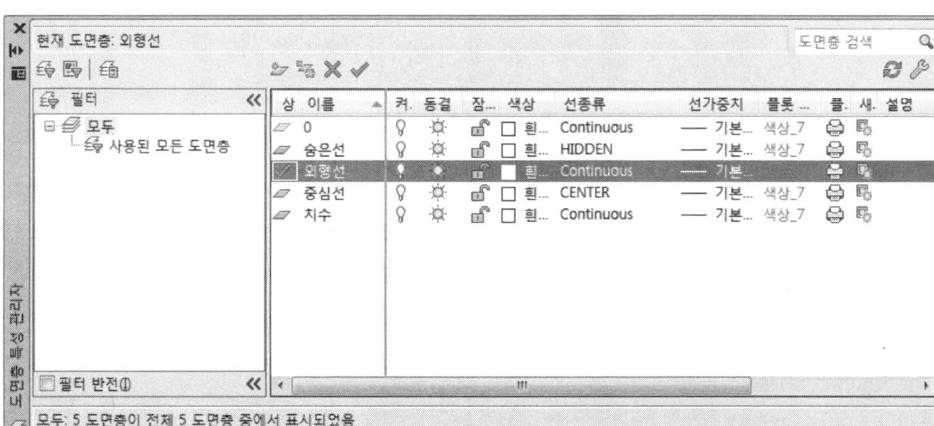

평면도를 주어진 조건에 맞게 작도하기 위해 도면층을 외형선으로 설정한 중심선 P1, P2를 작도한다. 그리고 P1, P2의 교차점 Q1에서 지름이 86인 원을 그린다. 다시 Q1에서 반지름이 62인 정팔각형을 그린다. 이때 정팔각형의 다각형 옵션은 C로 설정을 한다. 중심선 P2를

선택하여 왼쪽으로 82(P3), 오른쪽으로 74(P4)만큼 Offset을 한다.

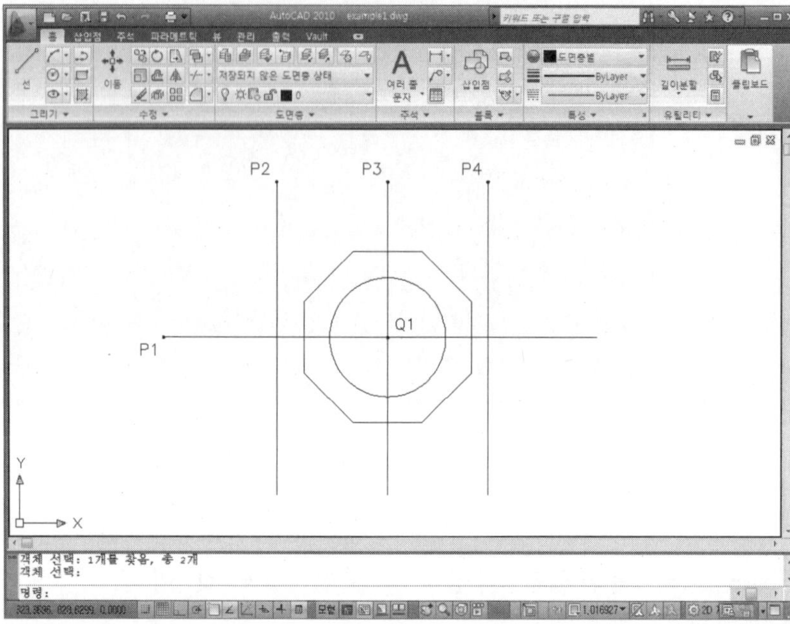

명령: line
첫 번째 점 지정:
다음 점 지정 또는 [명령 취소(U)]: (P1, P2작도)

명령: circle
원에 대한 중심점 지정 또는 [3점(3P)/2점(2P)/Ttr - 접선 접선 반지름(T)]: (Q1선택)
원의 반지름 지정 또는 [지름(D)] <16.0000>: d
원의 지름을 지정함 <32.0000>: 86

명령: polygon
면의 수 입력 <8>: 8
다각형의 중심을 지정 또는 [모서리(E)]: (Q1선택)
옵션을 입력 [원에 내접(I)/원에 외접(C)] <I>: c
원의 반지름 지정: 124/2

```
명령: offset
현재 설정: 원본 지우기=아니오 도면층=원본 OFFSETGAPTYPE=0
간격띄우기 거리 지정 또는 [통과점(T)/지우기(E)/도면층(L)]
<35.7071>: 74
간격띄우기할 객체 선택 또는 [종료(E)/명령 취소(U)] <종료>:
(P2 선택)
간격띄우기할 면의 점 지정 또는 [종료(E)/다중(M)/명령 취소
(U)] <종료>: (P2를 기준으로 오른쪽으로 Offset)

명령: offset
현재 설정: 원본 지우기=아니오 도면층=원본 OFFSETGAPTYPE=0
간격띄우기 거리 지정 또는 [통과점(T)/지우기(E)/도면층(L)]
<74.0000>: 82
간격띄우기할 객체 신대 또는 [종료(E)/명령 취소(U)] <종료>:
(P2 선택)
간격띄우기할 면의 점 지정 또는 [종료(E)/다중(M)/명령 취소
(U)] <종료>: (P2를 기준으로 왼쪽으로 Offset)
```

중심선 P1을 기준으로 P2와 P3를 Offset한다. 다시 중심선 P1을 기준으로 하여 P4와 P5를 Offset한 후 호를 그린다. P6을 기준으로 P7, P8, P9를 완성한다.

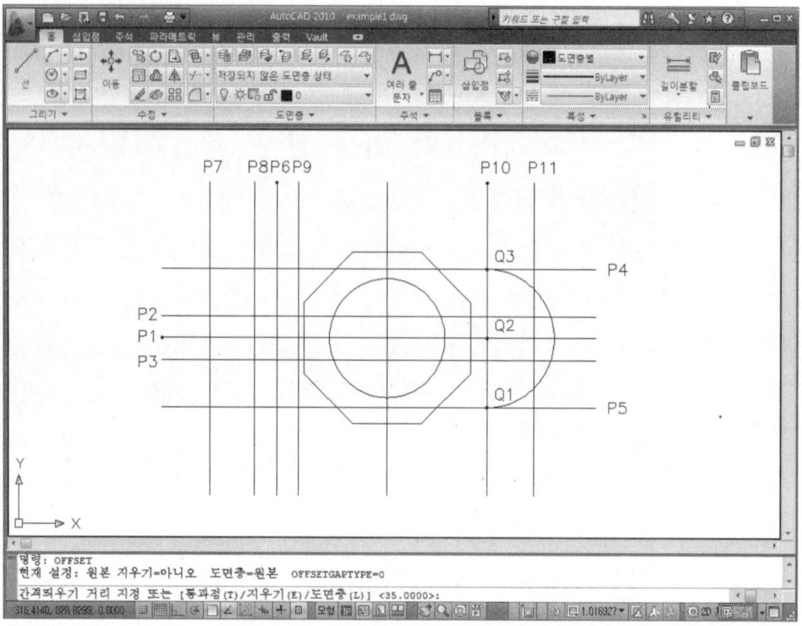

명령: offset
현재 설정: 원본 지우기=아니오 도면층=원본 OFFSETGAPTYPE=0
간격띄우기 거리 지정 또는 [통과점(T)/지우기(E)/도면층(L)] <82.0000>: 16
간격띄우기할 객체 선택 또는 [종료(E)/명령 취소(U)] <종료>: (P1 선택)
간격띄우기할 면의 점 지정 또는 [종료(E)/다중(M)/명령 취소(U)] <종료>:(P2와 P3작도)

명령: offset
현재 설정: 원본 지우기=아니오 도면층=원본 OFFSETGAPTYPE=0
간격띄우기 거리 지정 또는 [통과점(T)/지우기(E)/도면층(L)] 〈16.0000〉: 50
간격띄우기할 객체 선택 또는 [종료(E)/명령 취소(U)] 〈종료〉:(P1 선택)
간격띄우기할 면의 점 지정 또는 [종료(E)/다중(M)/명령 취소(U)] 〈종료〉:(P4와 P5작도)

명령: arc
호의 시작점 또는 [중심(C)] 지정:
호의 두 번째 점 또는 [중심(C)/끝(E)] 지정: c 호의 중심점 지정:
호의 끝점 지정 또는 [각도(A)/현의 길이(L)]:

명령: offset
현재 설정: 원본 지우기=아니오 도면층=원본 OFFSETGAPTYPE=0
간격띄우기 거리 지정 또는 [통과점(T)/지우기(E)/도면층(L)] 〈50.0000〉: 48
간격띄우기할 객체 선택 또는 [종료(E)/명령 취소(U)] 〈종료〉:(P6 선택)
간격띄우기할 면의 점 지정 또는 [종료(E)/다중(M)/명령 취소(U)] 〈종료〉:(P7작도)

명령: offset
현재 설정: 원본 지우기=아니오 도면층=원본 OFFSETGAPTYPE=0
간격띄우기 거리 지정 또는 [통과점(T)/지우기(E)/도면층(L)] 〈48.0000〉: 16
간격띄우기할 객체 선택 또는 [종료(E)/명령 취소(U)] 〈종료〉:(P6선택)
간격띄우기할 면의 점 지정 또는 [종료(E)/다중(M)/명령 취소(U)] 〈종료〉:(P8과 P9작도)

```
명령: offset
현재 설정: 원본 지우기=아니오 도면층=원본 OFFSETGAPTYPE=0
간격띄우기 거리 지정 또는 [통과점(T)/지우기(E)/도면층(L)]
<48.0000>: 35
간격띄우기할 객체 선택 또는 [종료(E)/명령 취소(U)] <종
료>:(P10선택)
간격띄우기할 면의 점 지정 또는 [종료(E)/다중(M)/명령 취소
(U)] <종료>:(P11작도)
```

여기까지 끝났으면 평면도에서 필요 없는 선들을 Trim명령어를 이용하여 정리를 하자. 주어진 치수와 같이 작도가 끝났으면 각 선들에 대한 도면층을 변경한 후 QSAVE명령으로 저장을 한다. 도면을 작성하면서 중간 중간 저장하는 습관을 가지는 것이 도면작성에 필요한 가장 중요한 하나의 요소가 된다.

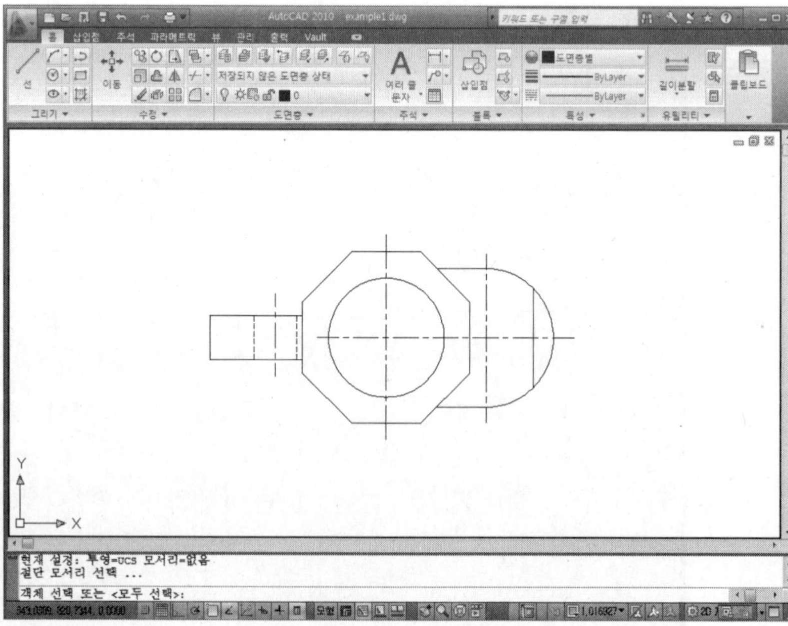

평면도 작성이 끝났으면 정면도를 작도해 보도록 하자. 정면도를 작도하기 위해 평면도에 그려져 있는 중심선들 복사한 후 아래 그림과 같이 정리를 한다.

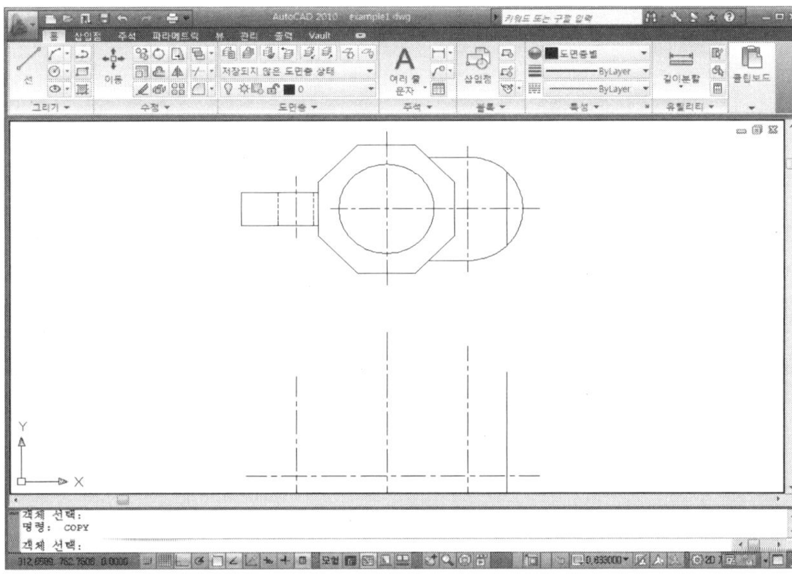

평면도에서 필요한 선들을 아래로 그어 정면도의 작도를 할 수 있도록 한다.

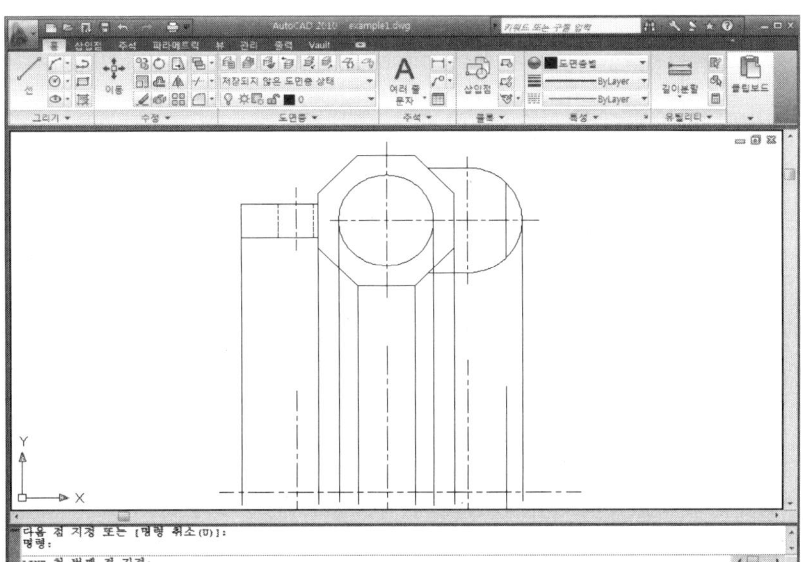

위 그림과 같이 작도가 되었다면 P1을 기준으로 P6번까지 Offset명령으로 아래 그림과 같이 완성한다. 조금 복잡한 면이 없지 않아 있지만 조금만 신경을 써서 도면 작업을 하다보면 도면을 보다 쉽게 작도를 할 수 있을 것이다.

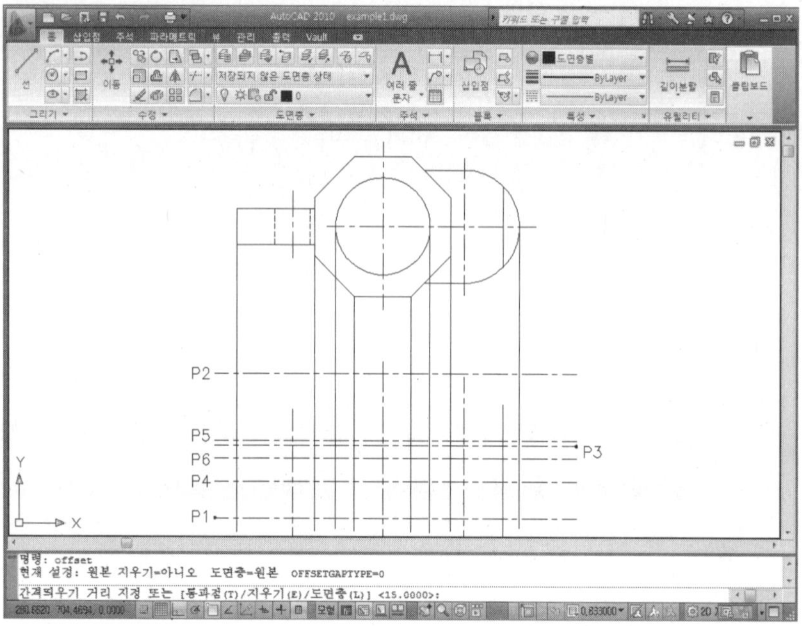

명령: offset
현재 설정: 원본 지우기=아니오 도면층=원본 OFFSETGAPTYPE=0
간격띄우기 거리 지정 또는 [통과점(T)/지우기(E)/도면층(L)] <35.0000>: 128
간격띄우기할 객체 선택 또는 [종료(E)/명령 취소(U)] <종료>:(P1 선택)
간격띄우기할 면의 점 지정 또는 [종료(E)/다중(M)/명령 취소(U)] <종료>:(P2작도)

명령: offset
현재 설정: 원본 지우기=아니오 도면층=원본 OFFSETGAPTYPE=0
간격띄우기 거리 지정 또는 [통과점(T)/지우기(E)/도면층(L)] <128.0000>: 64
간격띄우기할 객체 선택 또는 [종료(E)/명령 취소(U)] <종료>:(P1 선택)
간격띄우기할 면의 점 지정 또는 [종료(E)/다중(M)/명령 취소(U)] <종료>:(P3작도)

명령: offset
현재 설정: 원본 지우기=아니오 도면층=원본 OFFSETGAPTYPE=0
간격띄우기 거리 지정 또는 [통과점(T)/지우기(E)/도면층(L)] <64.0000>: 32
간격띄우기할 객체 선택 또는 [종료(E)/명령 취소(U)] <종료>:(P1 선택)
간격띄우기할 면의 점 지정 또는 [종료(E)/다중(M)/명령 취소(U)] <종료>:(P4작도)

명령: offset
현재 설정: 원본 지우기=아니오 도면층=원본 OFFSETGAPTYPE=0
간격띄우기 거리 지정 또는 [통과점(T)/지우기(E)/도면층(L)] <32.0000>: 36
간격띄우기할 객체 선택 또는 [종료(E)/명령 취소(U)] <종료>:(P1 선택)
간격띄우기할 면의 점 지정 또는 [종료(E)/다중(M)/명령 취소(U)] <종료>:(P5작도)

```
명령: offset
현재 설정: 원본 지우기=아니오 도면층=원본 OFFSETGAPTYPE=0
간격띄우기 거리 지정 또는 [통과점(T)/지우기(E)/도면층(L)]
<36.0000>: 15
간격띄우기할 객체 선택 또는 [종료(E)/명령 취소(U)] <종
료>:(P3선택)
간격띄우기할 면의 점 지정 또는 [종료(E)/다중(M)/명령 취소
(U)] <종료>:(P6작도)
```

그림과 작도가 끝났다면 정면도를 조금 다듬어 보도록 하자. 특히 P2는 위쪽 부분이 오른쪽 아래로 20° 기울어져 있다. 이 부분은 다시 그리는 것보다는 기울기가 시작되는 점을 기준으로 하여 -20° 만큼 "Rotate" 명령으로 회전을 시켜 작업하는 것이 훨씬 빠르며 또한 정확할 것이다. 우리가 평소에 많이 사용하고 있는 객체스냅이 끝점으로 설정이 되어 있을 때 극좌표나 상대 좌표를 사용할 때 여러분들이 원하지 않는 부분으로 직선이 그어지는 현상을 본적이 있다면 위의 내용이 무엇을 의미하는지를 잘 알 것이다. 그리고 단순히 두 개의 선이 교차를 하는 부분을 절단한다면 Trim명령보다는 Fillet명령으로 편집을 하는 것이 작업 효율을 높일 수가 있다. (Shift+객체 선택)

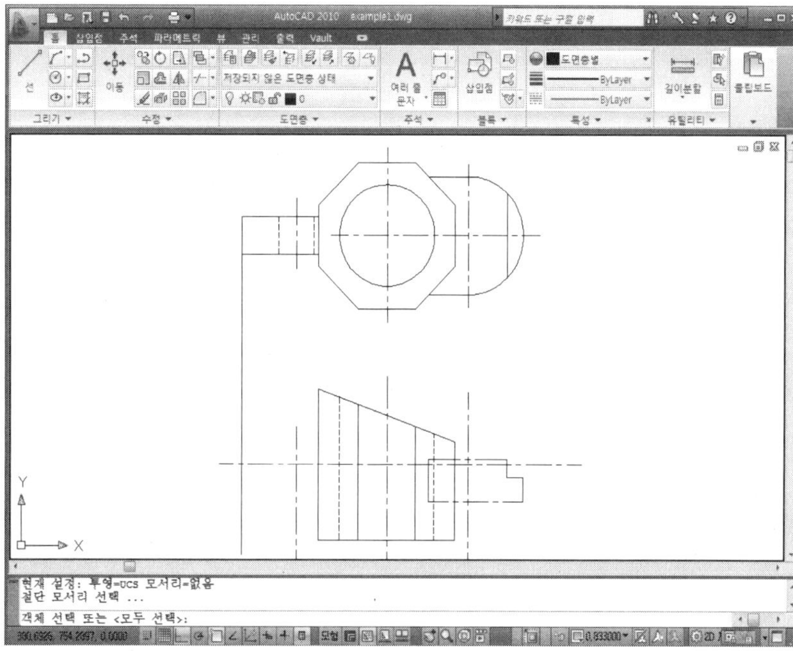

정면도의 마지막 작업으로 중심선인 P1을 기준으로 P2를 Offset한 후 원(ø32, R48)을 작도한다.

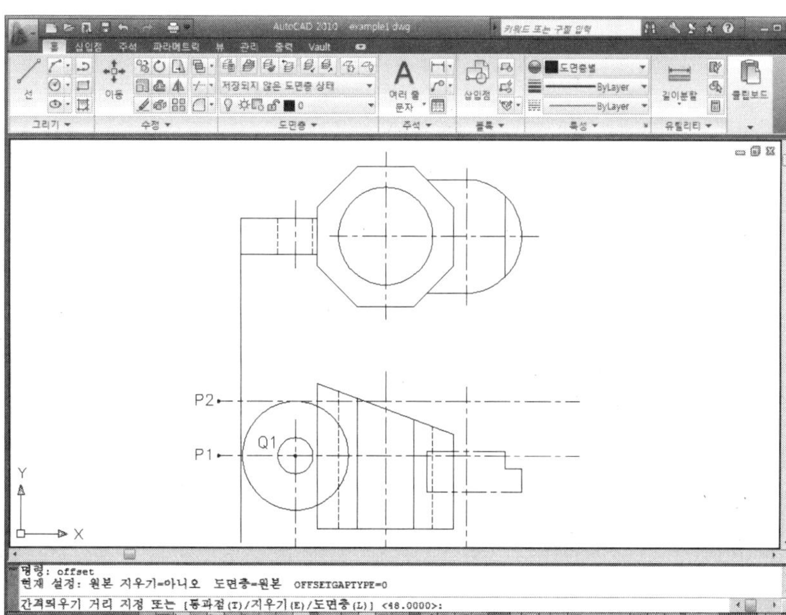

명령: circle
원에 대한 중심점 지정 또는 [3점(3P)/2점(2P)/Ttr - 접선 접선 반지름(T)]: (Q1선택)
원의 반지름 지정 또는 [지름(D)] <43.0000>: d
원의 지름을 지정함 <86.0000>: 32
명령: circle
원에 대한 중심점 지정 또는 [3점(3P)/2점(2P)/Ttr - 접선 접선 반지름(T)]: (Q1선택)
원의 반지름 지정 또는 [지름(D)] <16.0000>: 48

명령: offset
현재 설정: 원본 지우기=아니오 도면층=원본 OFFSETGAPTYPE=0
간격띄우기 거리 지정 또는 [통과점(T)/지우기(E)/도면층(L)] <15.0000>: 48
간격띄우기할 객체 선택 또는 [종료(E)/명령 취소(U)] <종료>:(P1 선택)
간격띄우기할 면의 점 지정 또는 [종료(E)/다중(M)/명령 취소(U)] <종료>:(P2작도)

이제 필요 없는 선들을 제거하고 각 선들의 종류와 형태에 맞게 도면층을 변경하여 정면도를 완성한다.

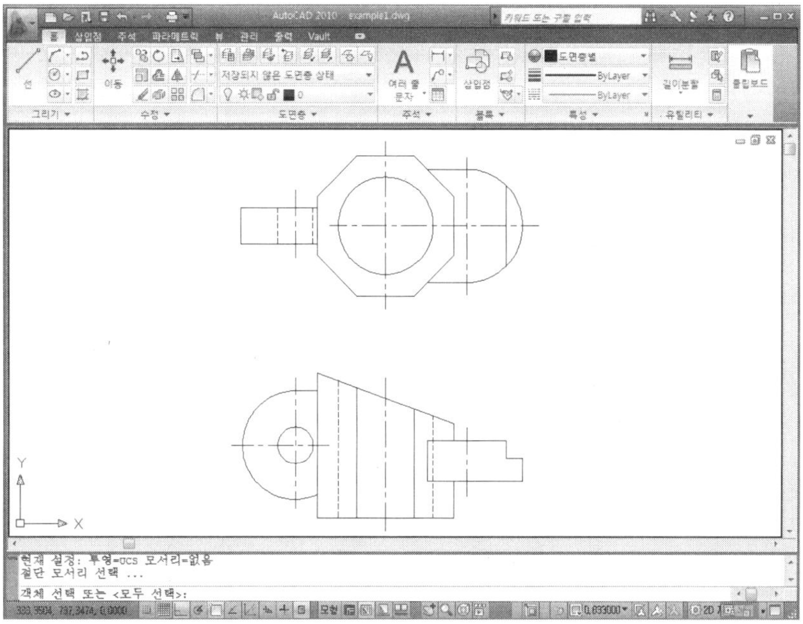

마지막으로 측면도 완성해 보자. 정면도와 측면도의 전체적인 형상을 보면 엄연히 다르지만 중간부분은 같다. 그래서 측면도는 정면도에서 일부를 복사하여 도면을 완성해 보도록 하겠다. 그러기 위해서는 현재 우리가 필요로 하는 부분이 어떤 것인가를 먼저 파악을 해야만 한다. 현재 크기가 같은 부분은 정팔각형의 측면도를 나타낸 것이 정면도에도 있고, 측면도에도 있다는 것이다. 또한 그 중앙을 통과하는 홀의 크기도 같다. 이런 부분들은 다시 그리는 시간보다 복사를 함으로써 많은 시간을 절약할 수 있는 한 가지 방법 중의 하나이다. 다음 그림과 같이 측면도 작성에 필요한 도면 요소들을 정면도에서 복사하여 배치시킨다.

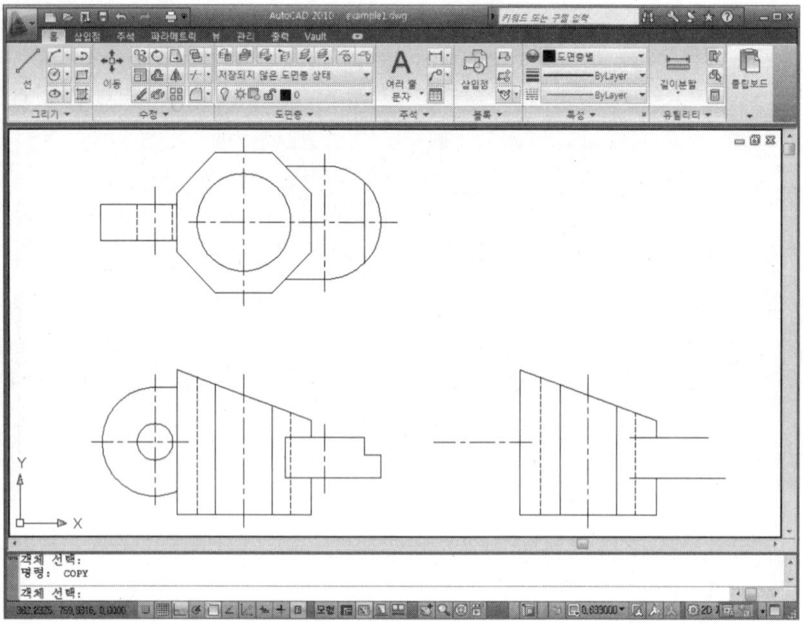

이제 측면도에서 필요한 선들을 정면도에서 선을 그어 다음과 같이 위치시키고 간단하게 정리를 한다.

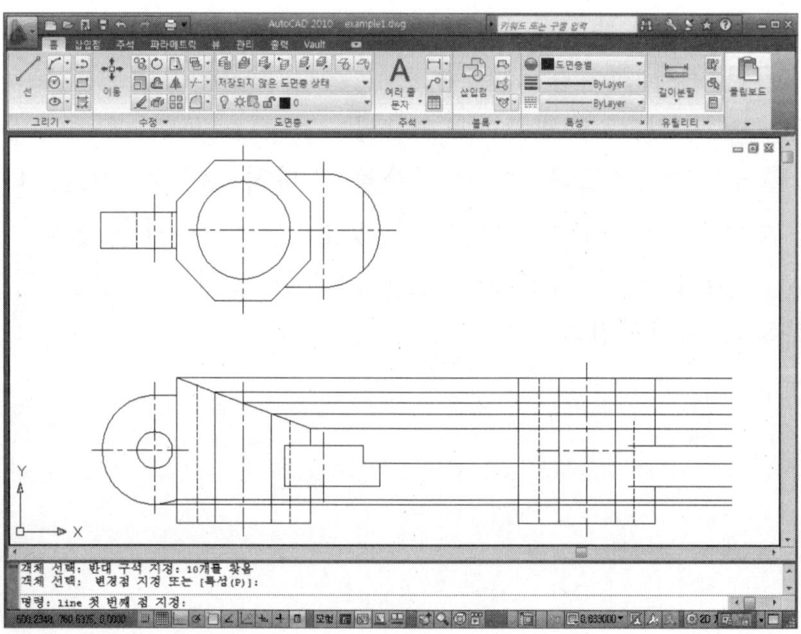

위의 그림과 같이 작업되었다면 전체적인 윤곽을 먼저 작성한다. 측면도는 Offset명령이 거의 사용되지 않았다. 만일 정면도를 활용하지 않았을 경우 Offset명령은 필히 실행되어야 할 것이며 결과적으로 불필요한 시간들이 포함이 된다는 결과를 알 수 있다.

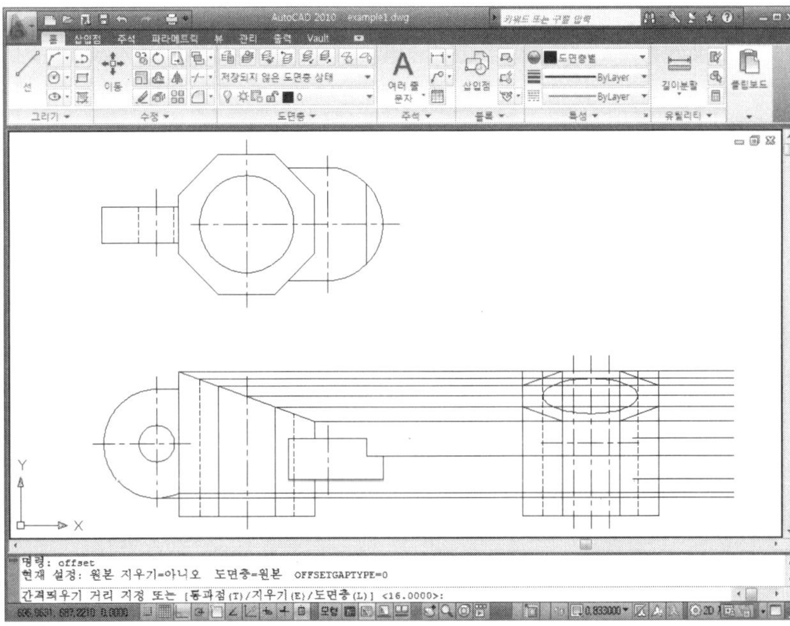

측면도의 마지막 작업으로 필요 없는 선들을 Trim하고 완성한다. 이때 측면도에 타원으로 표시된 부분은 어디에도 치수가 나와 있지를 않다. 이 부분 치수는 평면도의 타원표시 부에서 거리를 입력받아서 완성하면 된다. 참고적으로 주의하여야 할 사항은 절대로 DIST와 같은 명령으로 치수를 확인해서는 안 된다. Offset명령을 이용하여 Q1과 Q2의 두 점을 선택하여 치수를 구하는 것이 가장 현명한 방법이며 가장 정확한(치수에 맞게 작도를 하였을 때)치수를 얻을 수 있다.

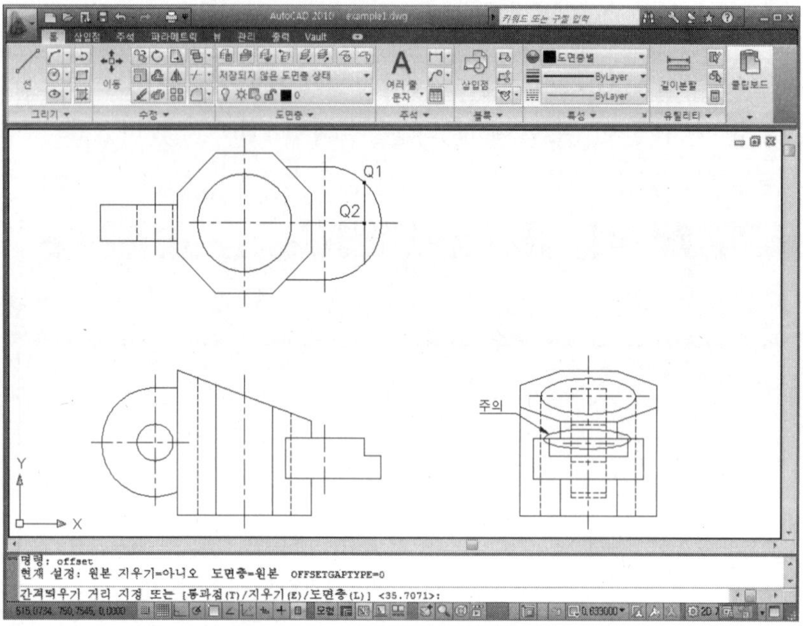

위의 그림과 같이 측면도를 정리한 후 치수기입을 하여 최종 마무리된 도면은 아래와 같다.

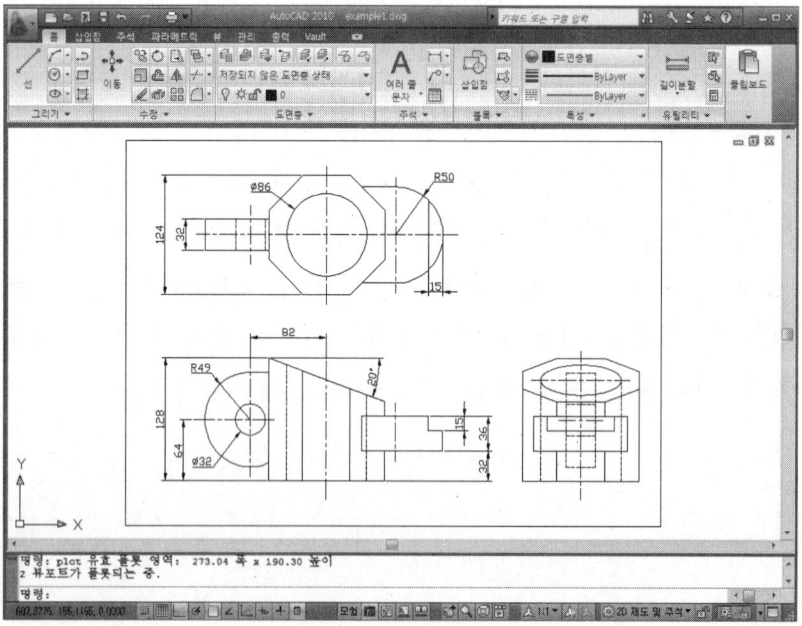

Chapter 13.

부록

Chapter 13. 부록

1. 실습

1.1 실습

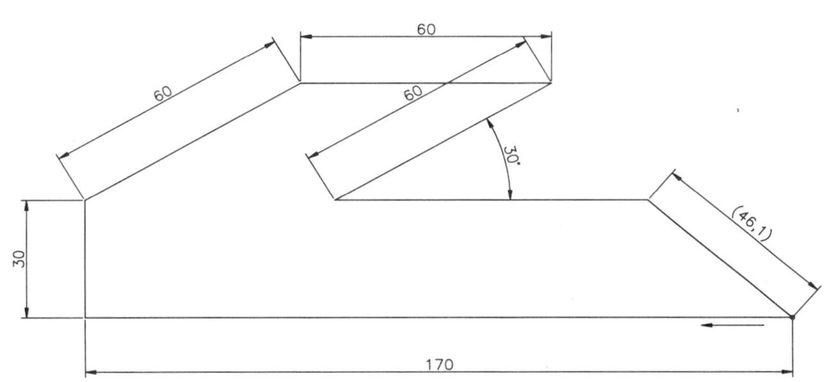

3				
2				
1				
품번	품 명	재질	수량	비 고
작 품 명	기초투상-01		척도	1 : 1
			각법	3각법

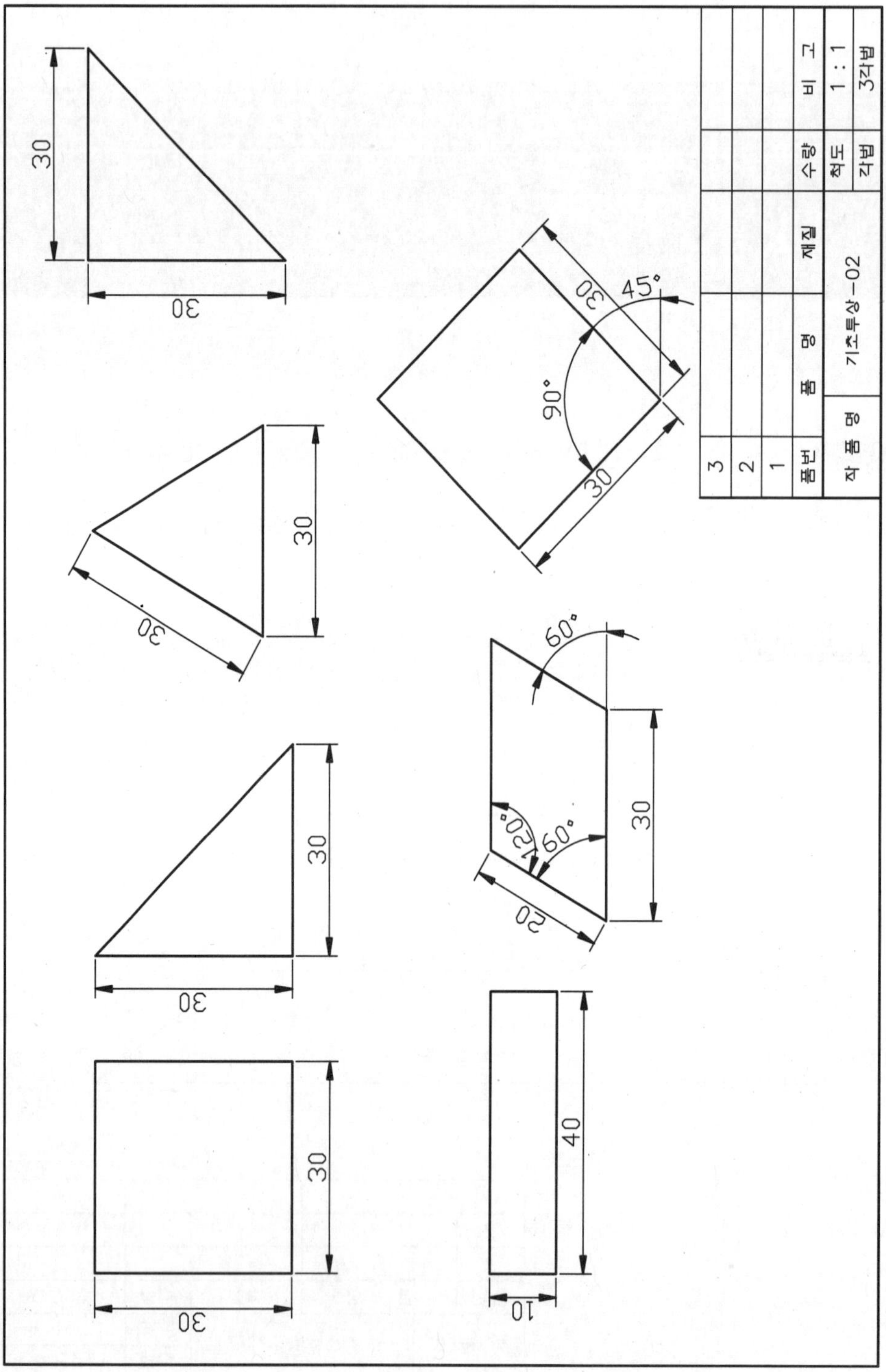
30
30
30
30
30
45°
90°
30
30
30
30
30
30
60°
60°
120°
30
20
40
10
3
2
1
품번
품 명
재질
수량
비 고
작 품 명
기초투상-02
척도
1 : 1
각법
3각법

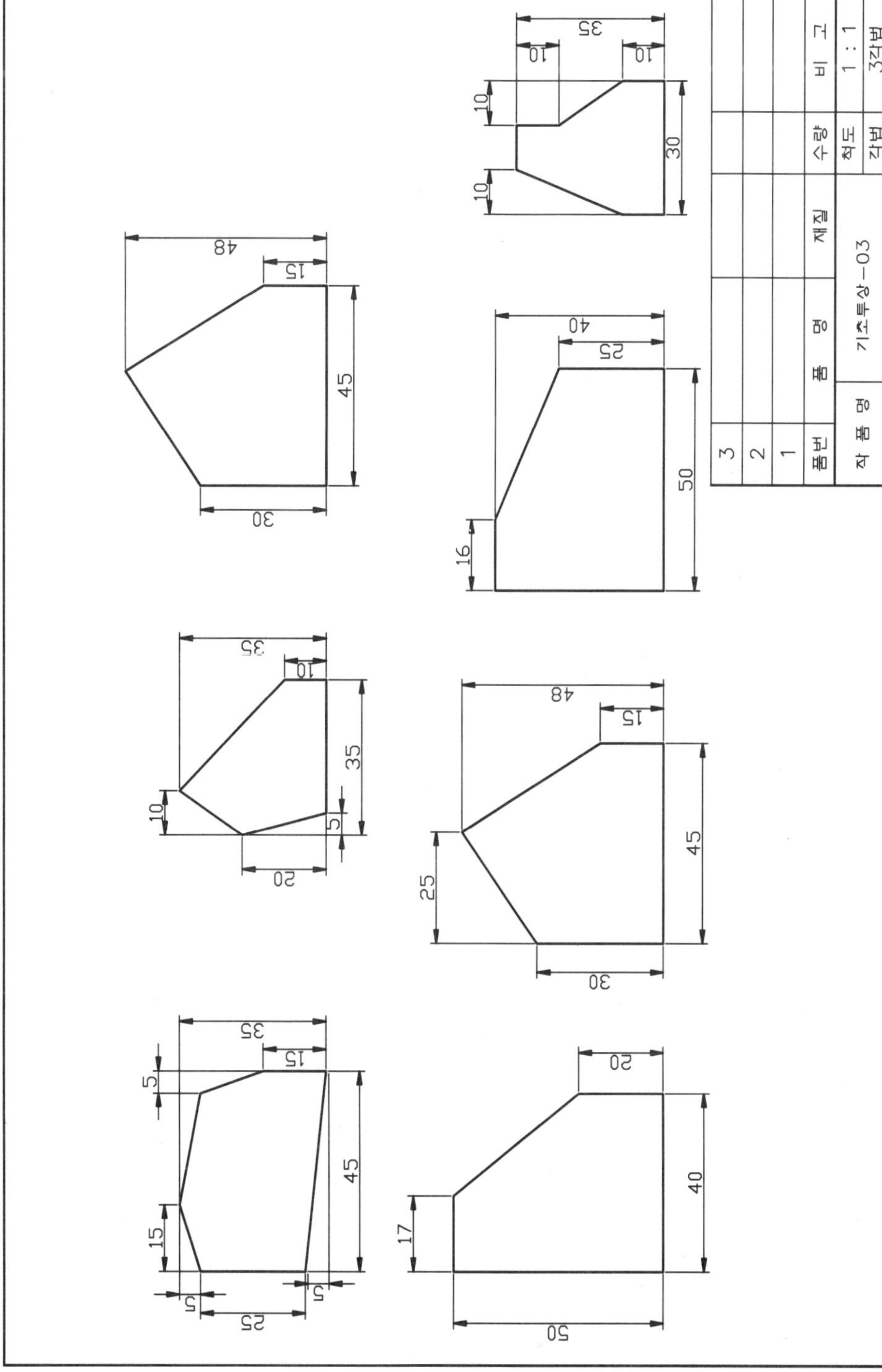
품번
품 명
재질
수량
비 고
작 품 명
기초투상-03
척도
1 : 1
각법
3각법

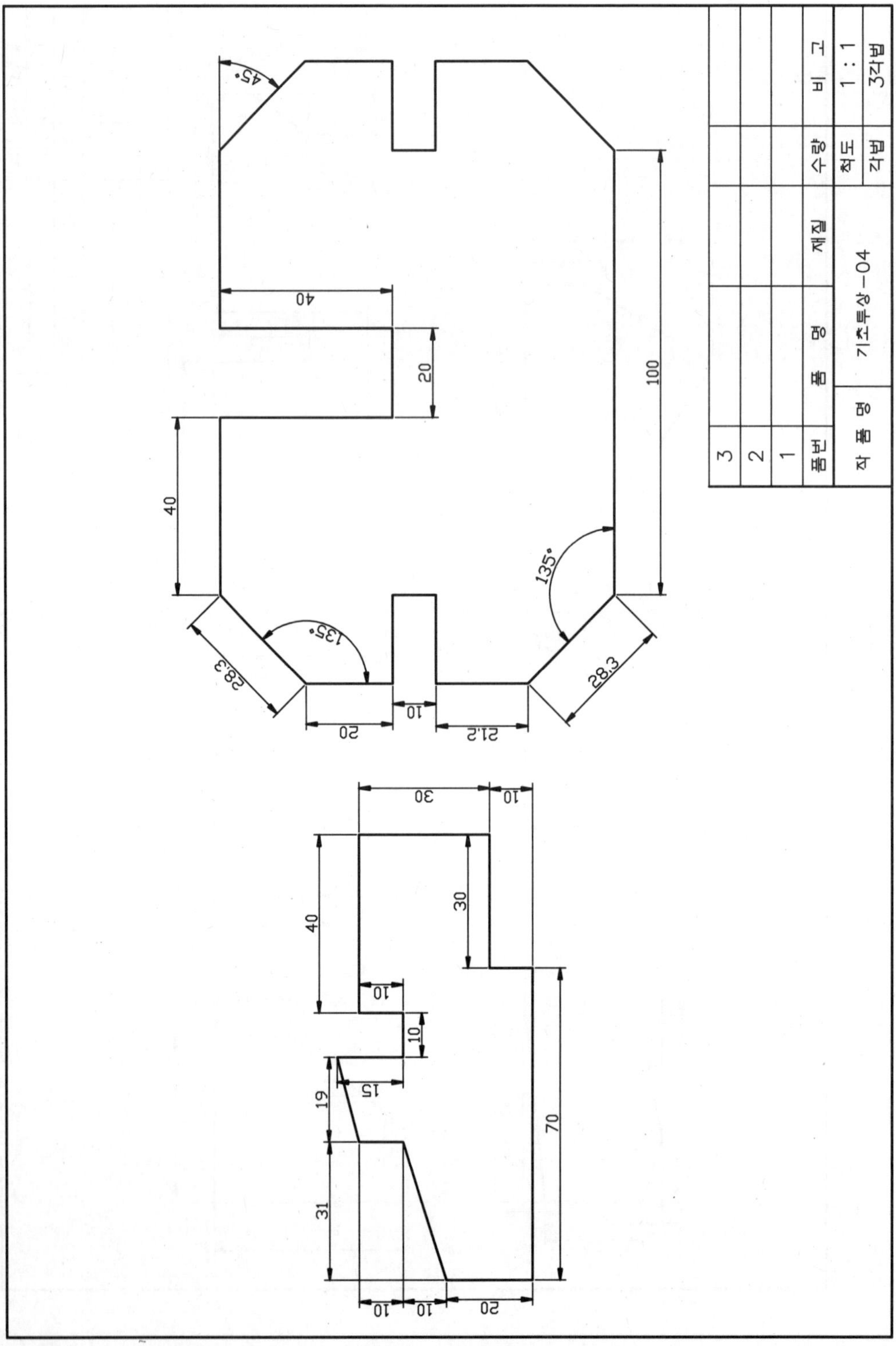

3
2
1
품번
품 명
재질
수량
비 고
작 품 명
기초투상－04
척도
1 : 1
각법
3각법
45°
40
20
100
40
135°
135°
28.3
28.3
20
10
21.2
30
10
30
40
10
10
15
19
31
70
10
10
20

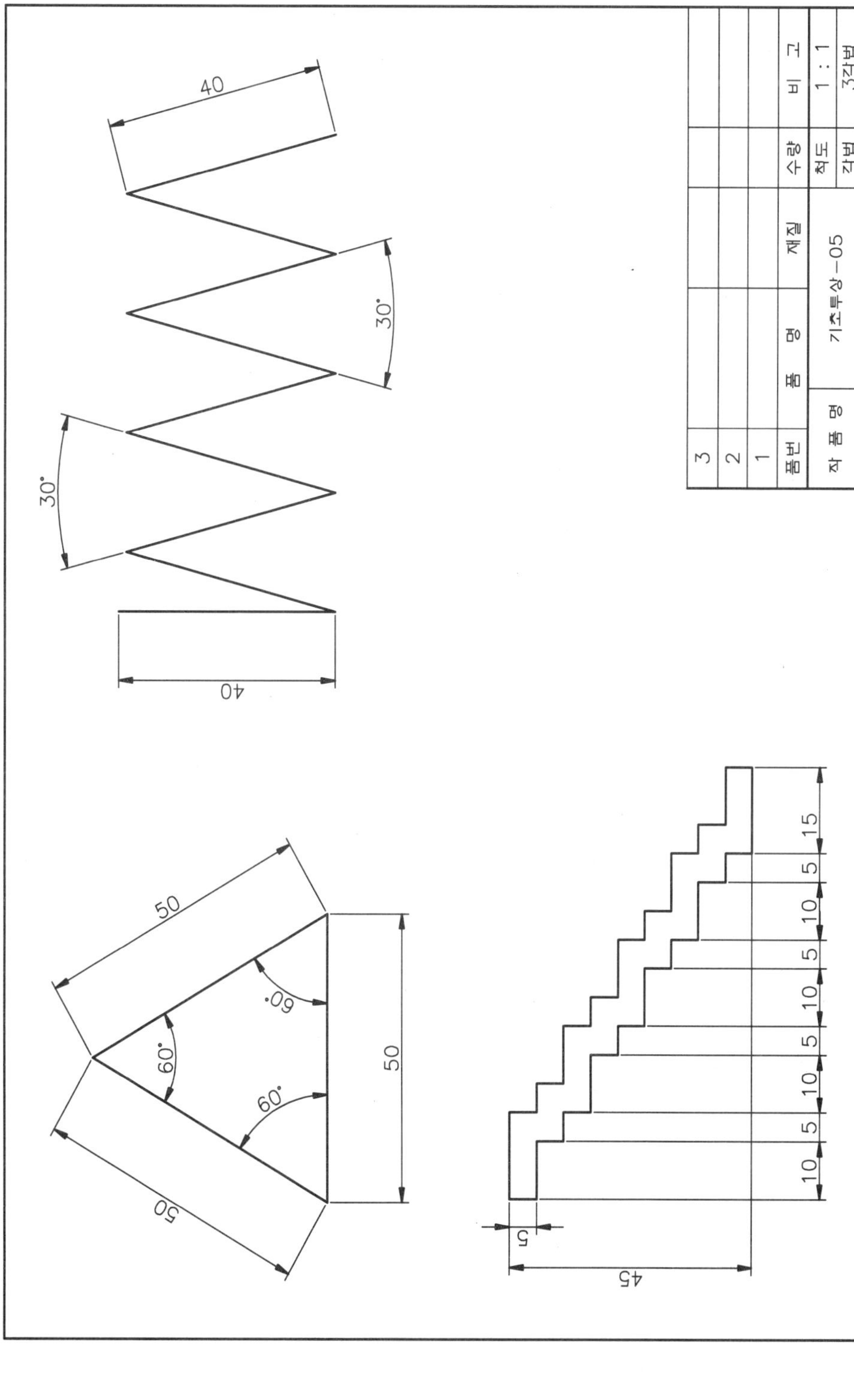
3
2
1
품번
품 명
재질
수량
비 고
작 품 명
기초투상－05
척도
1 : 1
각법
3각법
40
30°
30°
40
50
50
50
60°
60°
60°
50
15
5
10
5
10
5
10
5
10
5
45

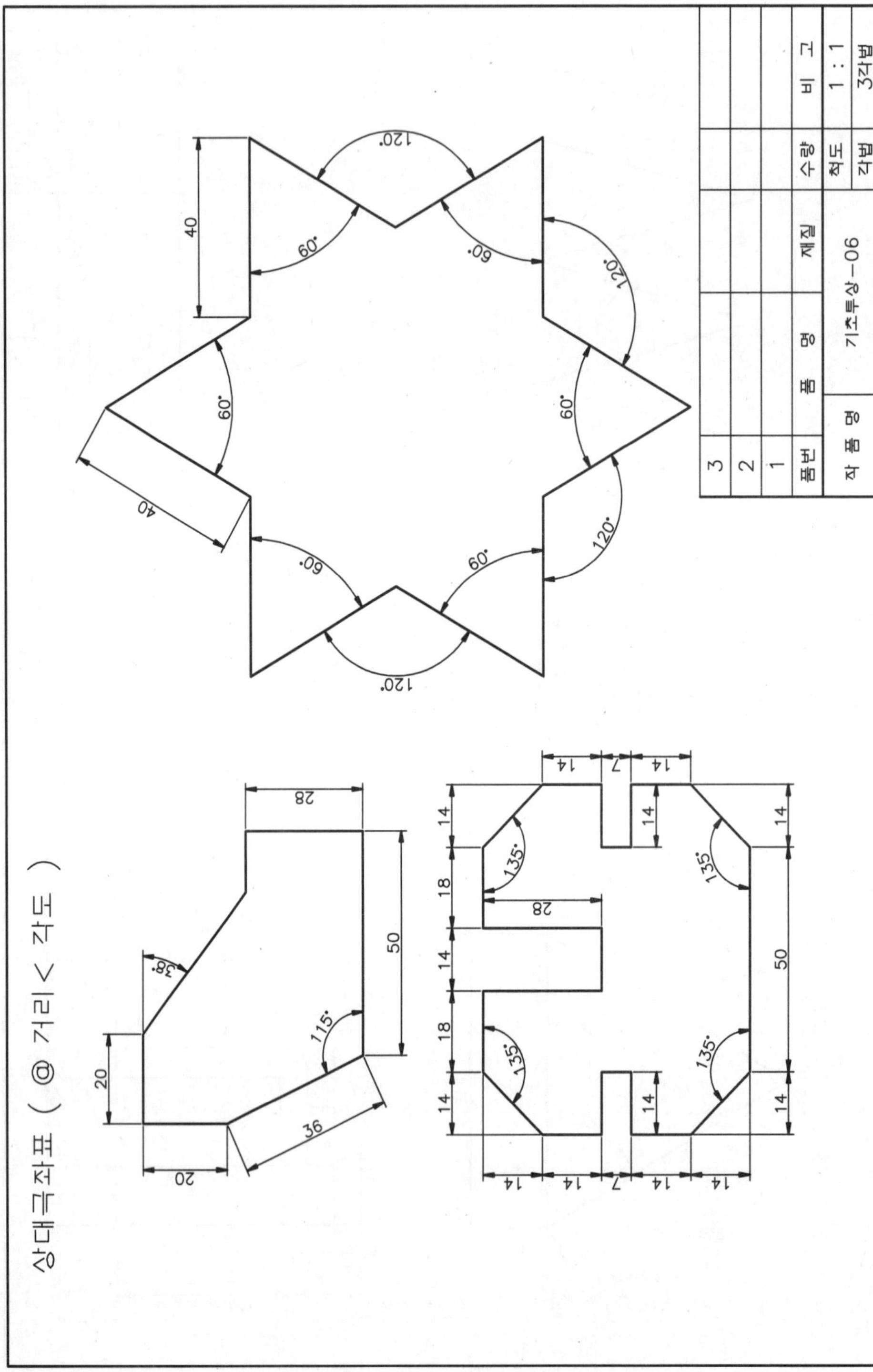
상대극좌표 (@ 거리 < 각도)
3
2
1
품번
품 명
재질
수량
비 고
척도
1 : 1
각법
3각법
작 품 명
기초투상-06

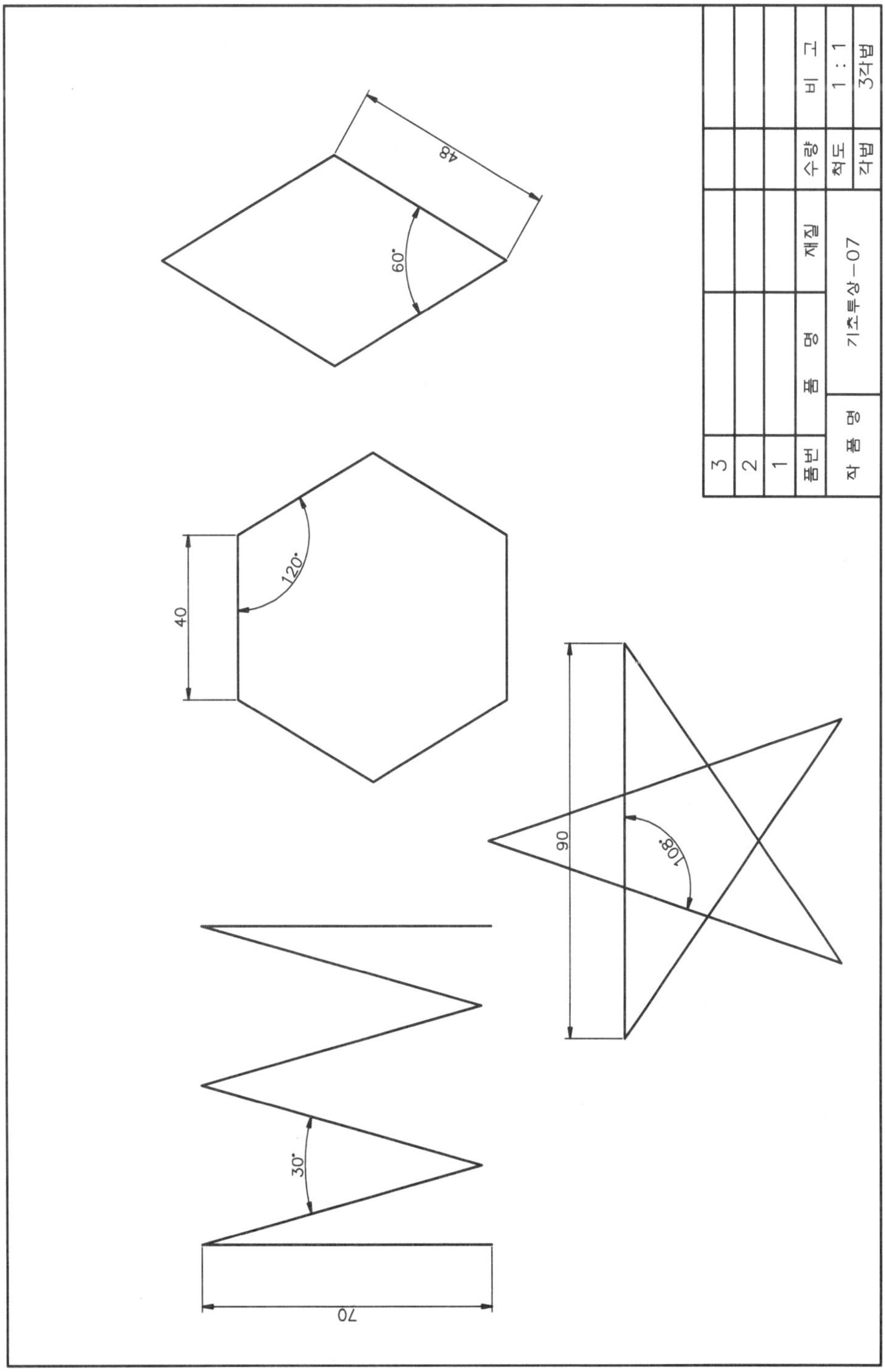
48
60°
40
120°
90
108°
30°
70
품번
품 명
재질
수량
비 고
3
2
1
작 품 명
기초투상－07
척도
1 : 1
각법
3각법

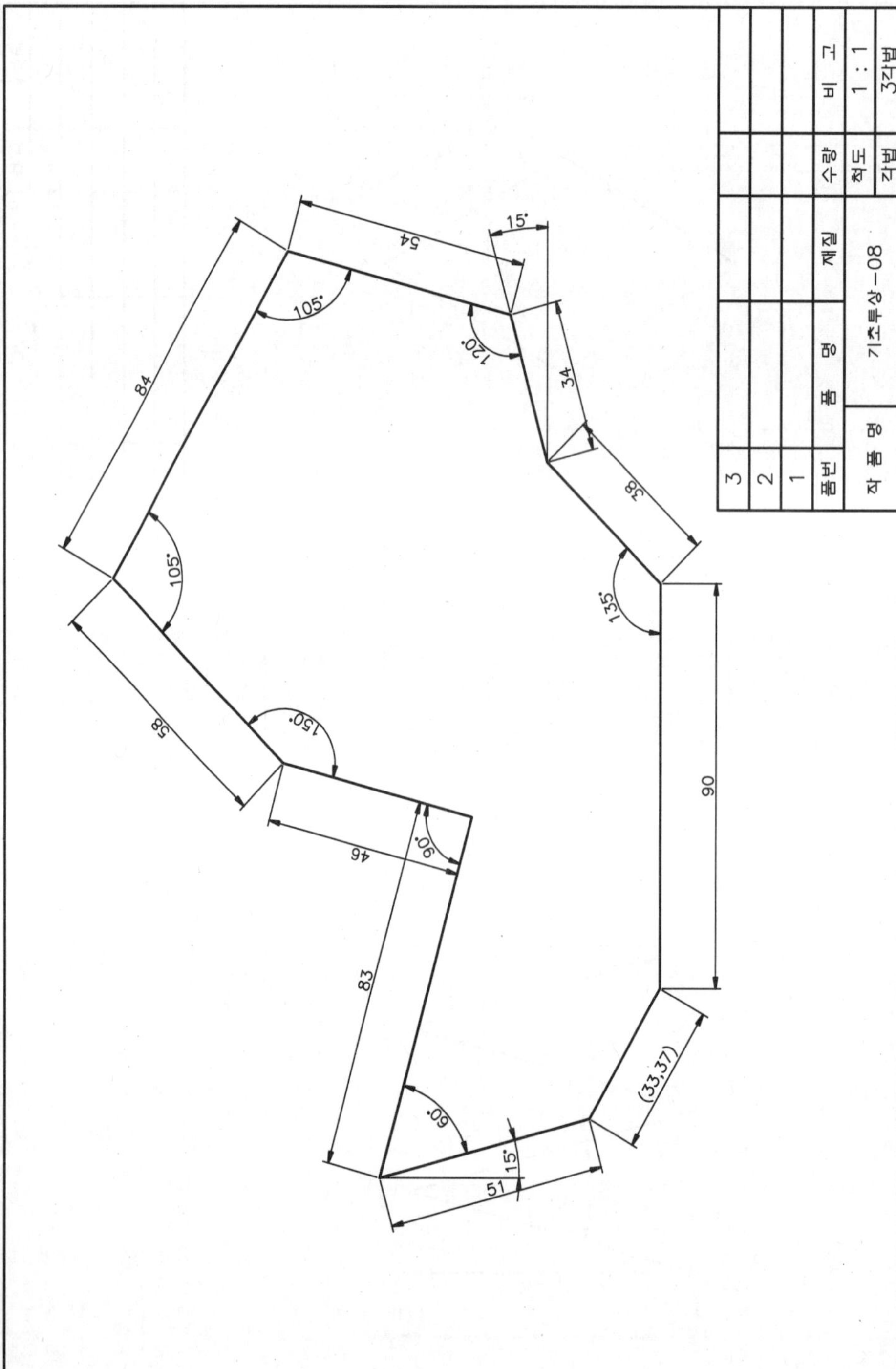
3
2
1
품번
품 명
재질
수량
비 고
척도
1 : 1
각법
3각법
작 품 명
기초투상－08
84
54
15°
105°
120°
34
38
135°
90
(33,37)
51
15°
60°
83
46
90°
150°
58
105°

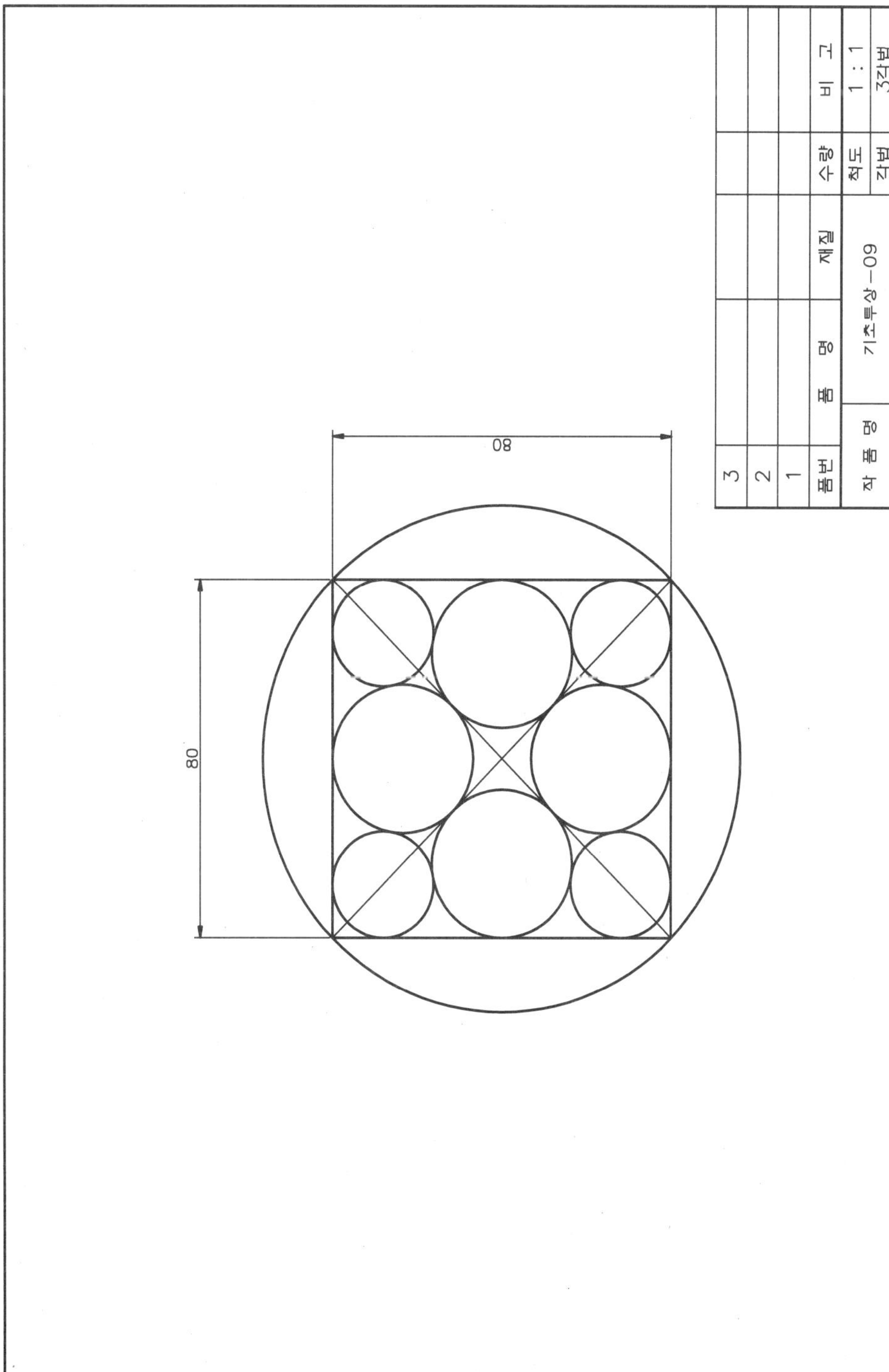
80
80
3
2
1
품번
품 명
재질
수량
비 고
작 품 명
기초투상-09
척도
1 : 1
각법
3각법

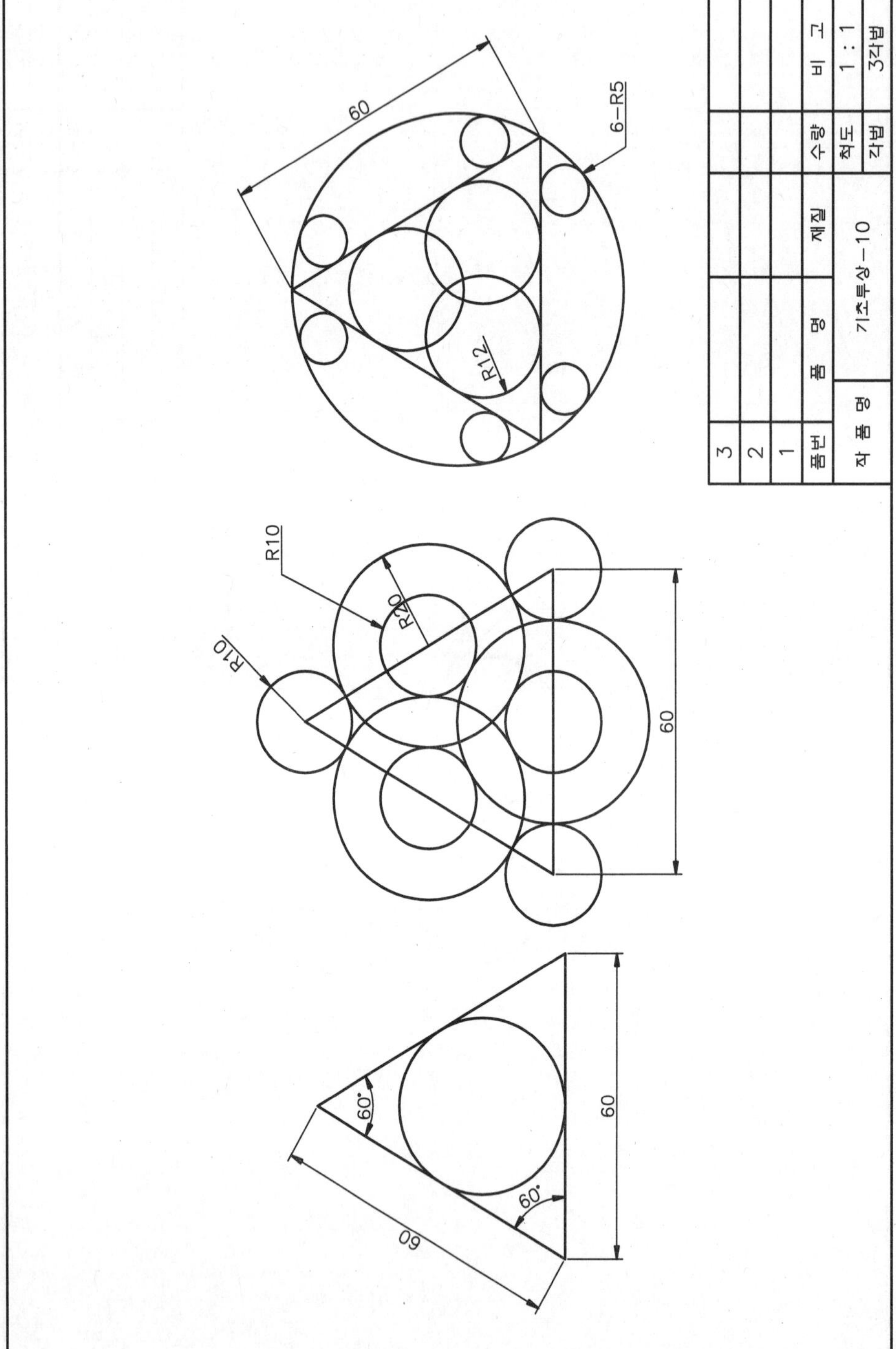
60
6-R5
R12
R10
R10
R20
60
60
60
60°
60°
3
2
1
품번
품 명
재질
수량
비 고
작 품 명
기초투상-10
척도
1 : 1
각법
3각법

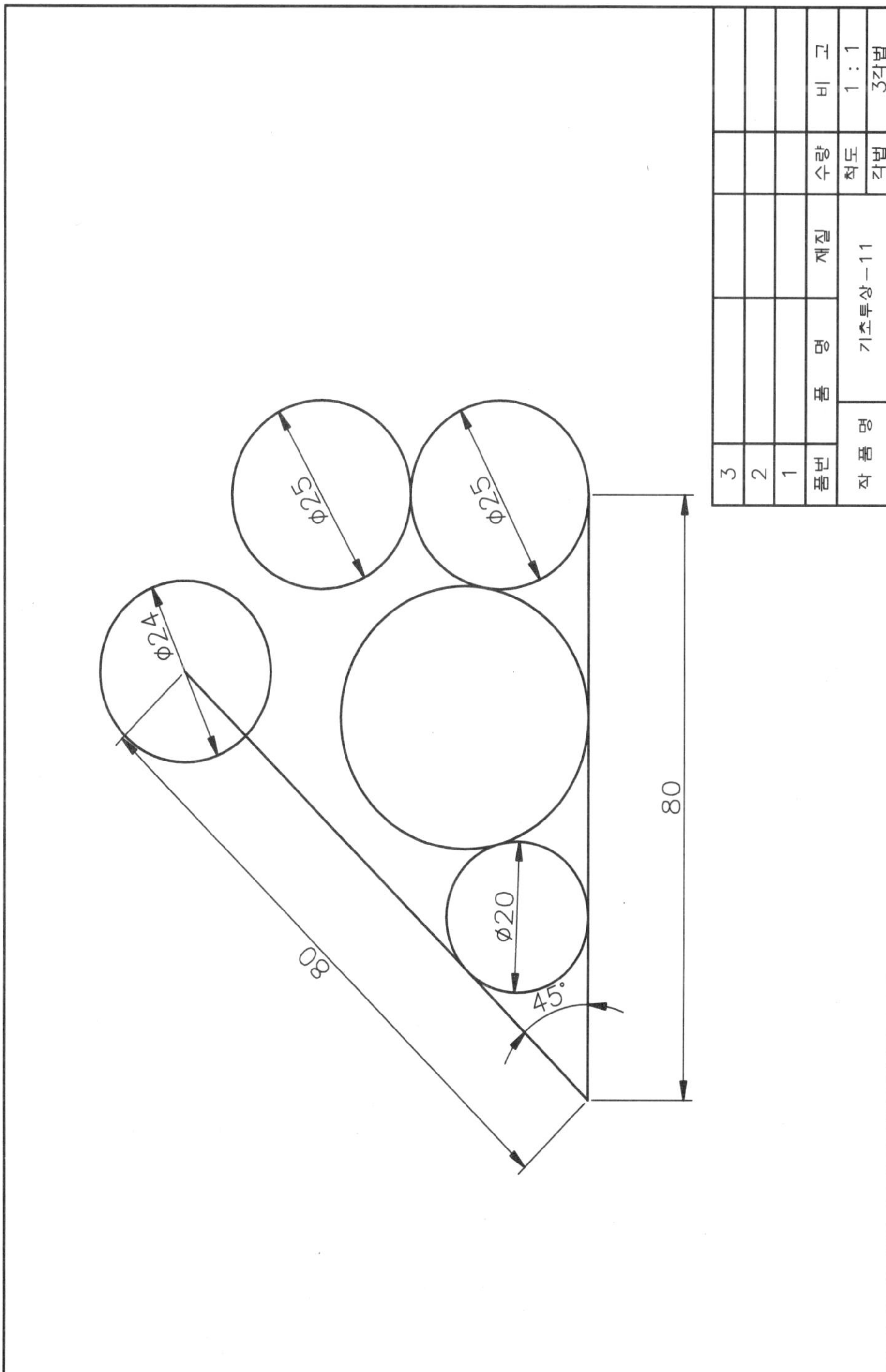
φ24
φ25
φ25
φ20
80
80
45°
3
2
1
품번
품 명
재질
수량
비 고
작 품 명
기초투상-11
척도
1 : 1
각법
3각법

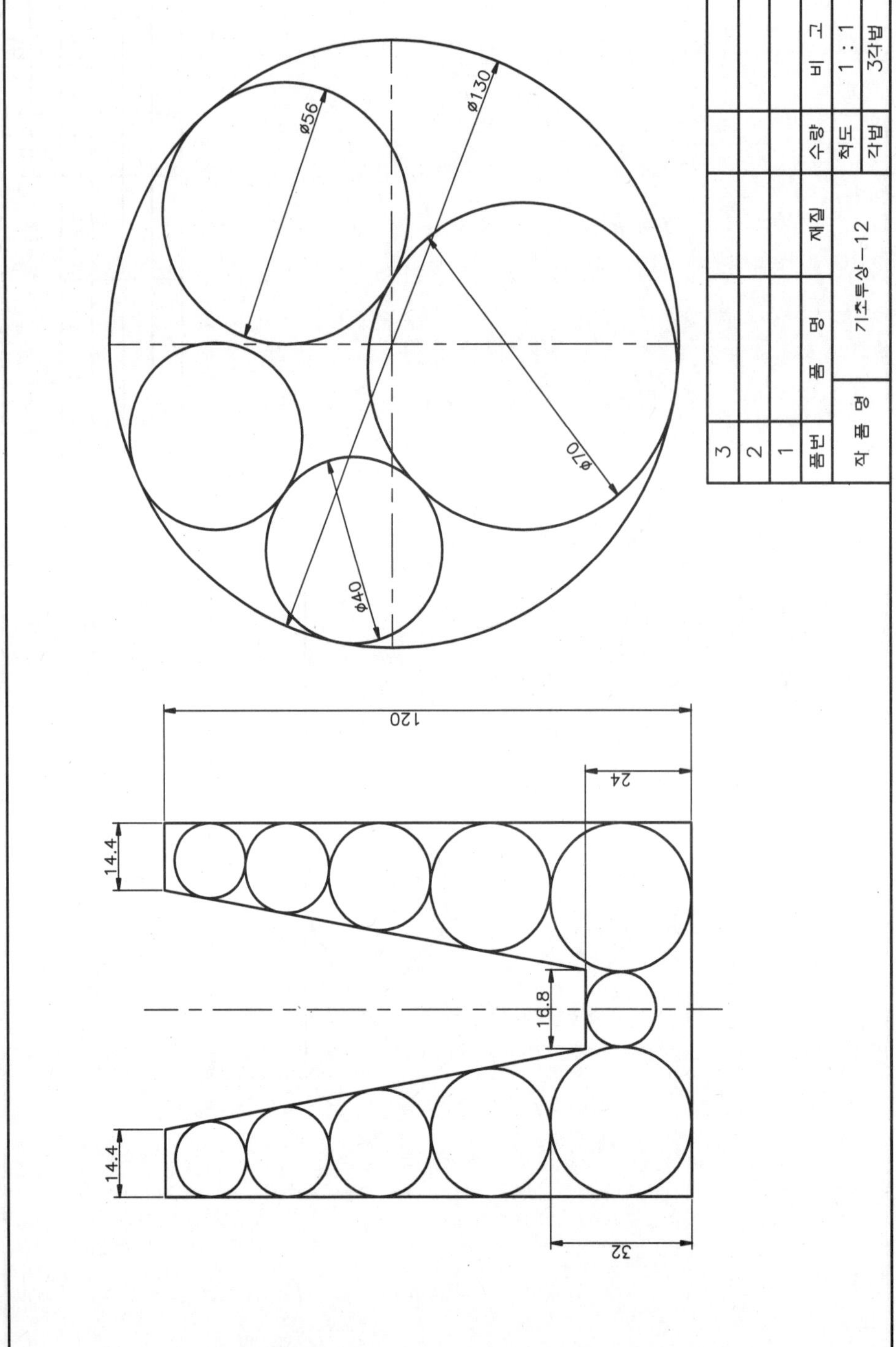

ø130
ø56
ø70
ø40
120
24
14.4
16.8
14.4
32
3
2
1
품번
품 명
재질
수량
비 고
작 품 명
기초투상-12
척도
1 : 1
각법
3각법

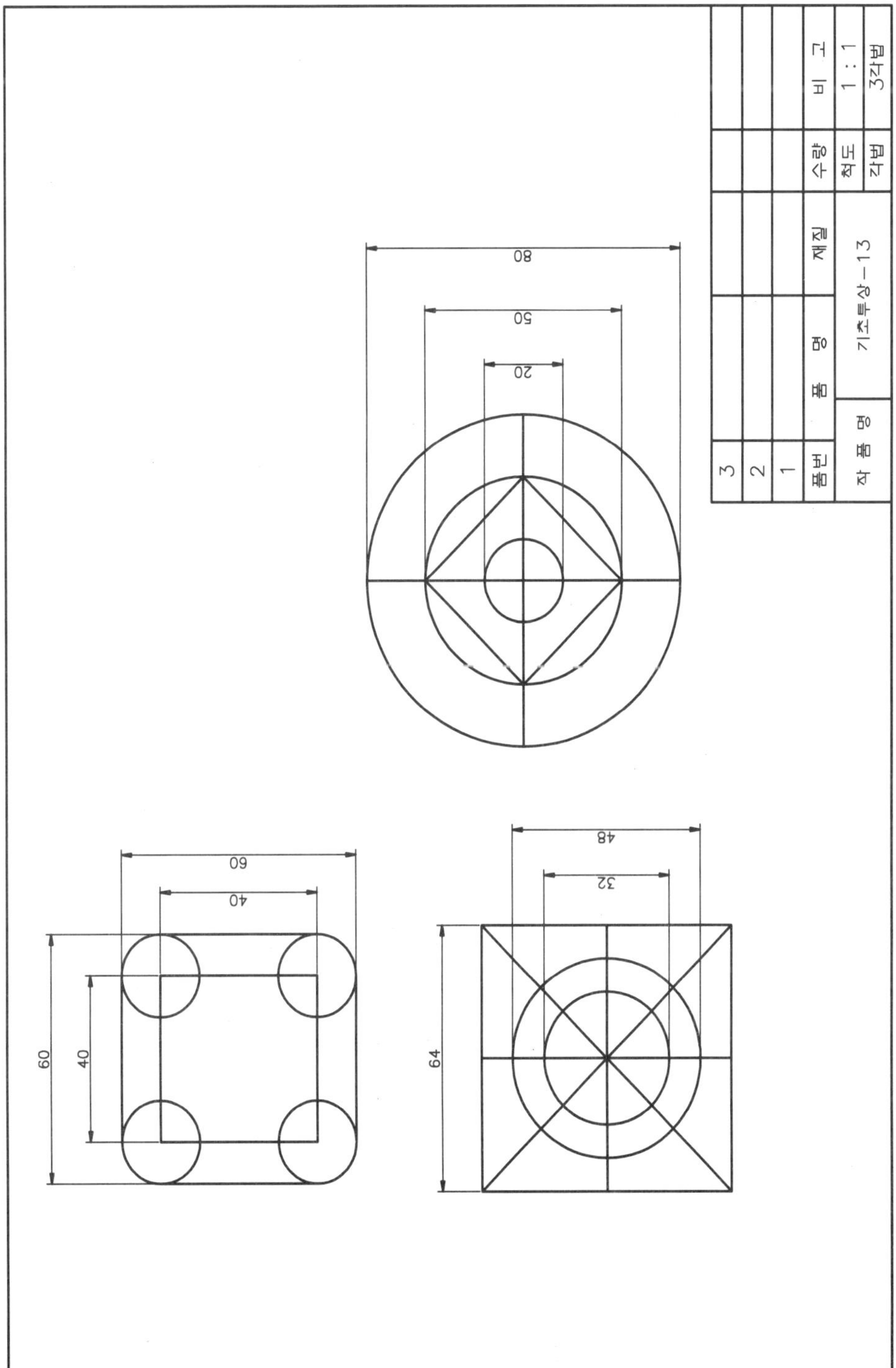
품번
품 명
재질
수량
비 고
1
2
3
작 품 명
기초투상－13
척도
1 : 1
각법
3각법
80
50
20
48
32
64
60
40
60
40

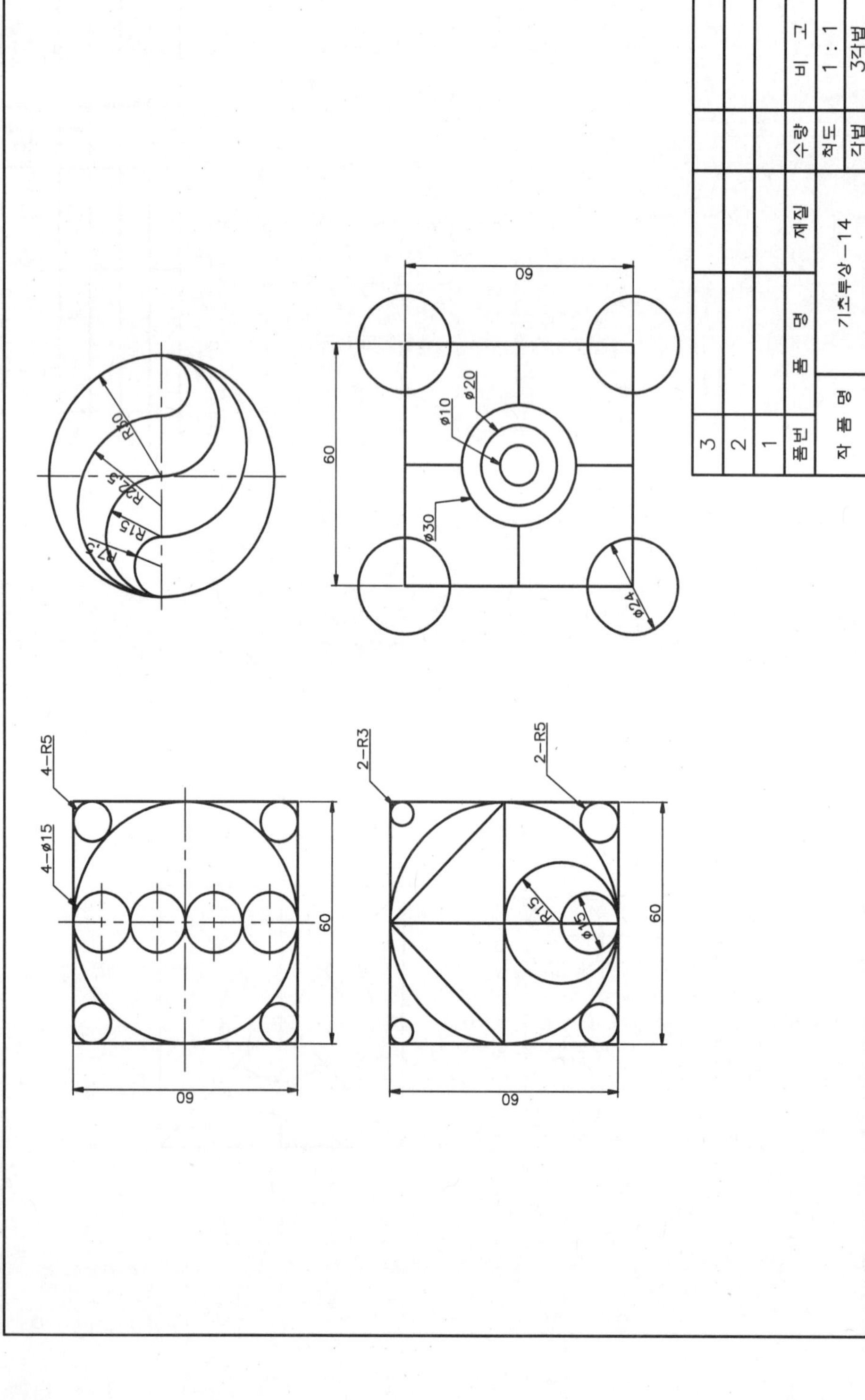
3
2
1
품번
품 명
재질
수량
비 고
척도
1 : 1
각법
3각법
작 품 명
기초투상－14
60
ø10
ø20
ø30
ø24
R50
R22.5
R15
R7.5
4－R5
4－ø15
2－R3
2－R5
R15
ø15

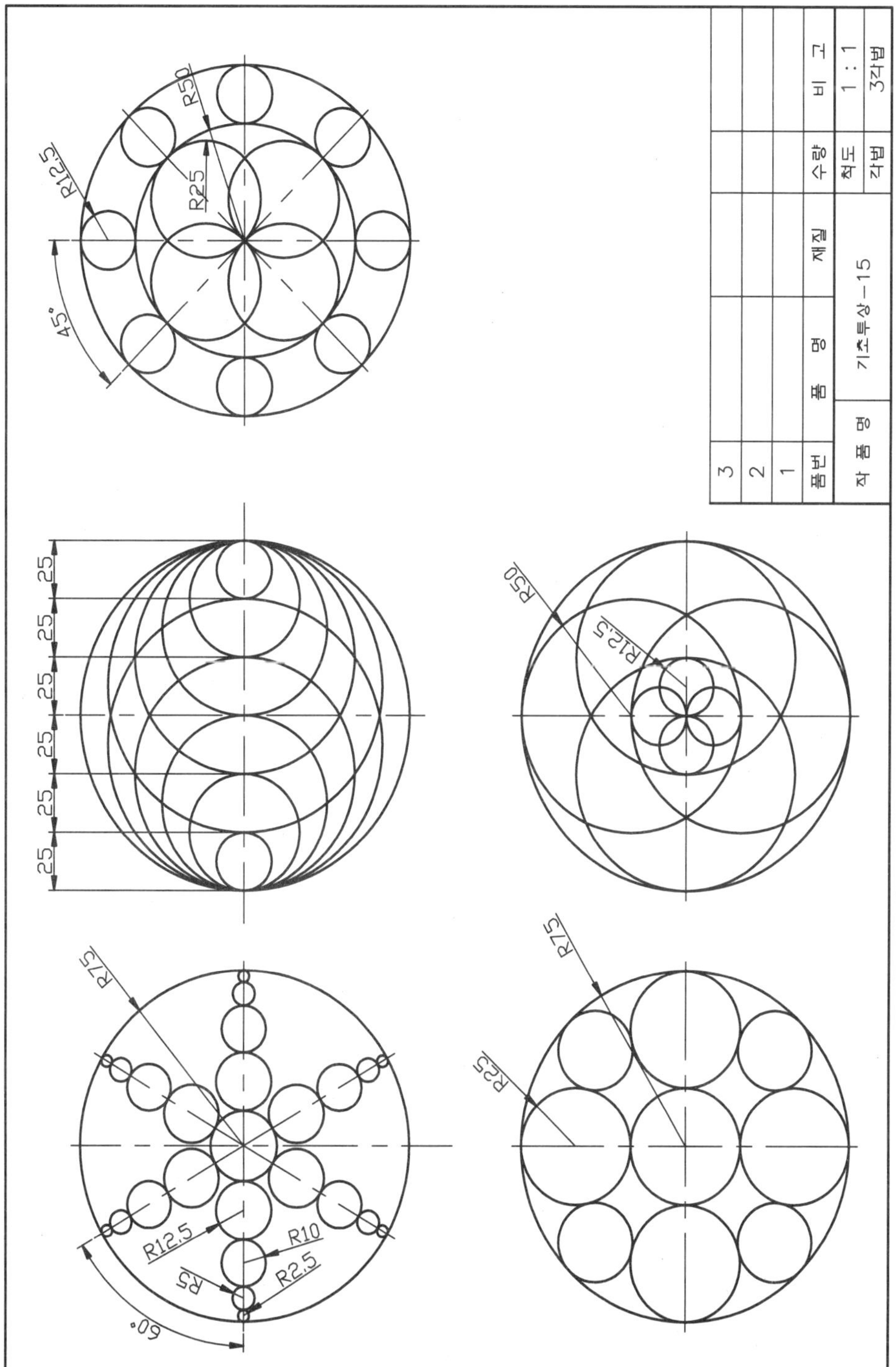

R12.5
R50
R25
45°
25
R50
R12.5
R75
R2.5
R12.5
R10
R5
R2.5
60°
품번
품 명
재질
수량
비 고
작 품 명
기초투상－15
척도
1 : 1
각법
3각법

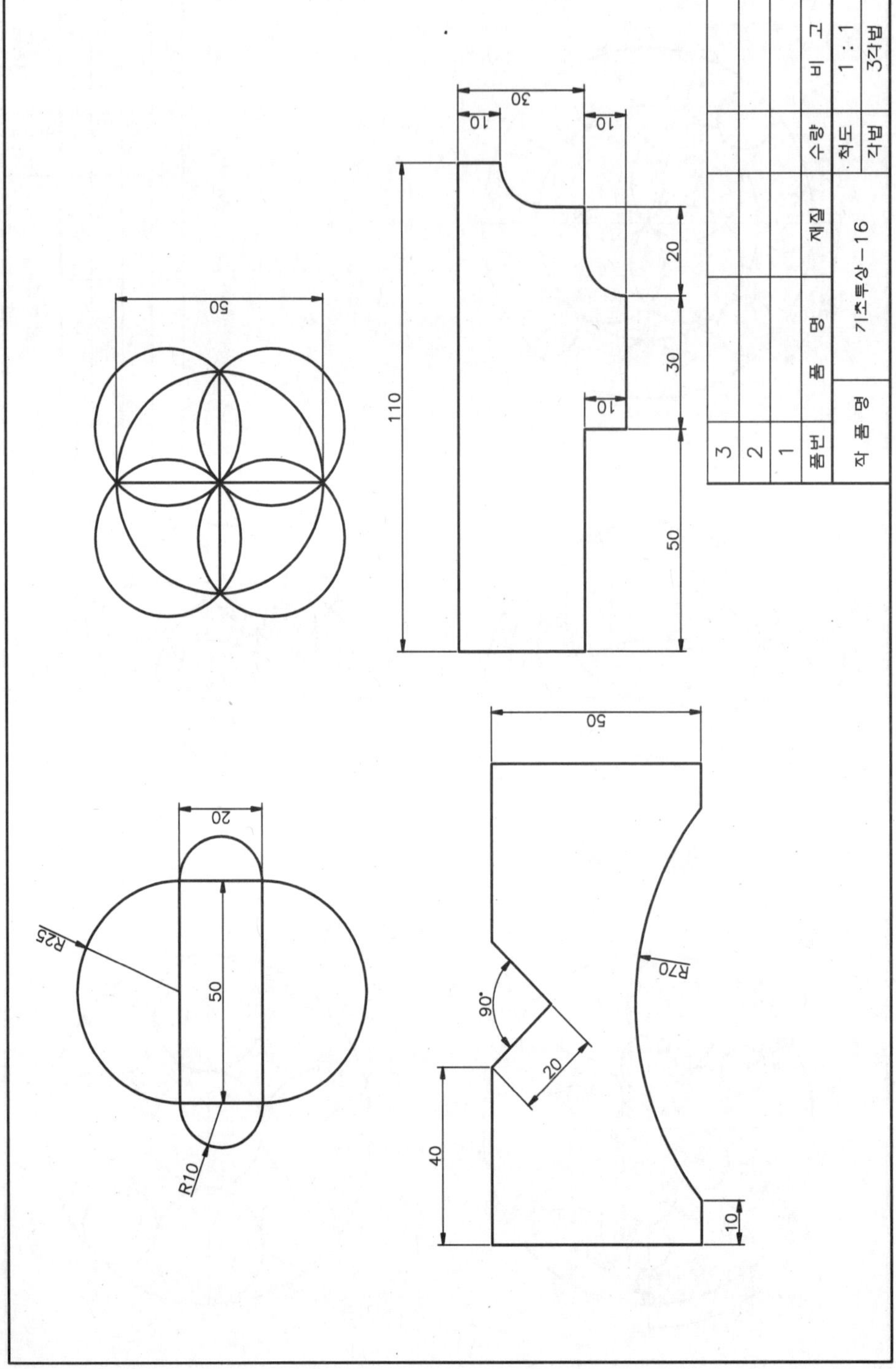
3
2
1
품번
품 명
재질
수량
비 고
척도
1 : 1
각법
3각법
작 품 명
기초투상-16

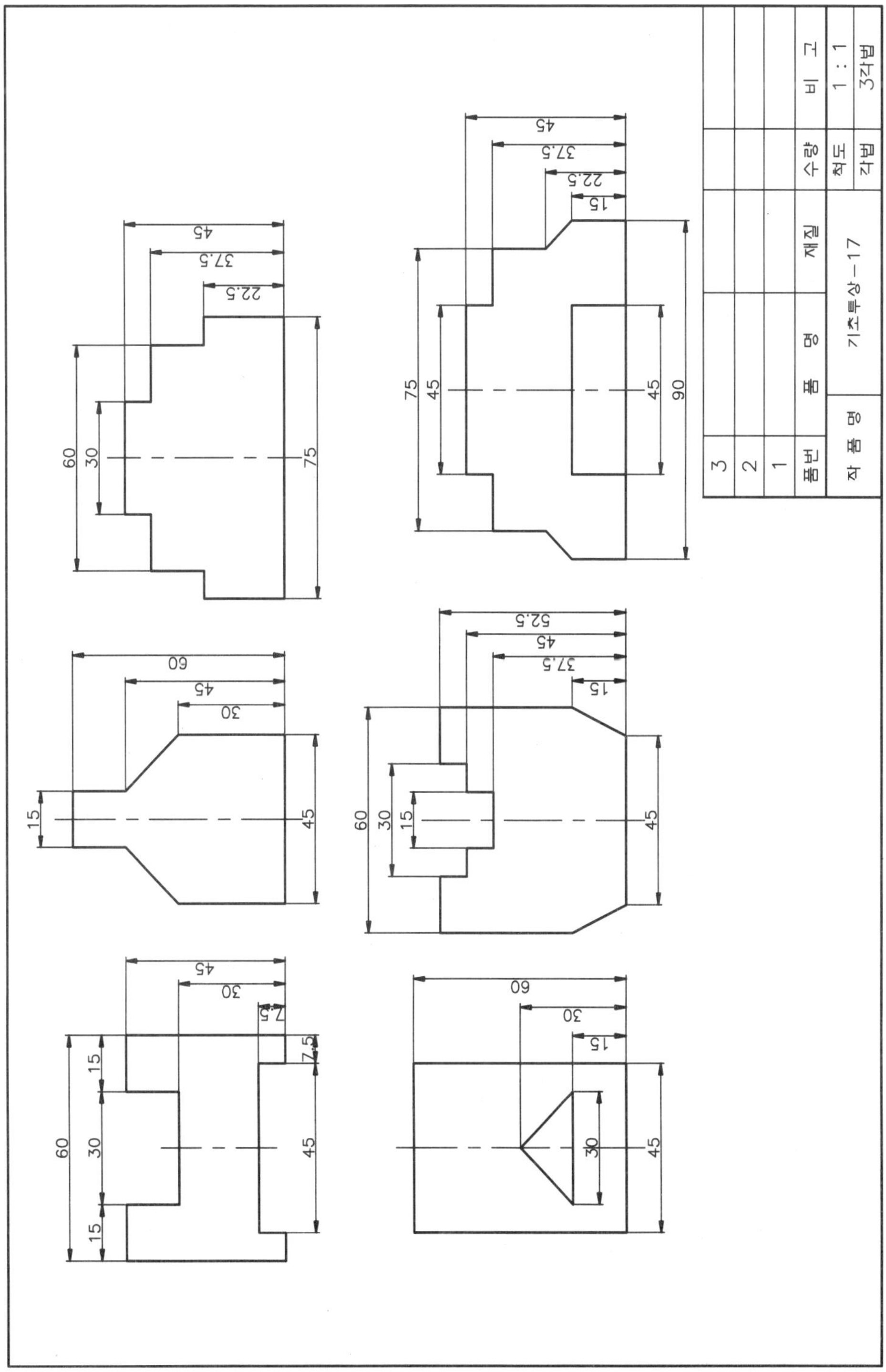
품번
품 명
재질
수량
비 고
작 품 명
기초투상-17
척도
1 : 1
각법
3각법

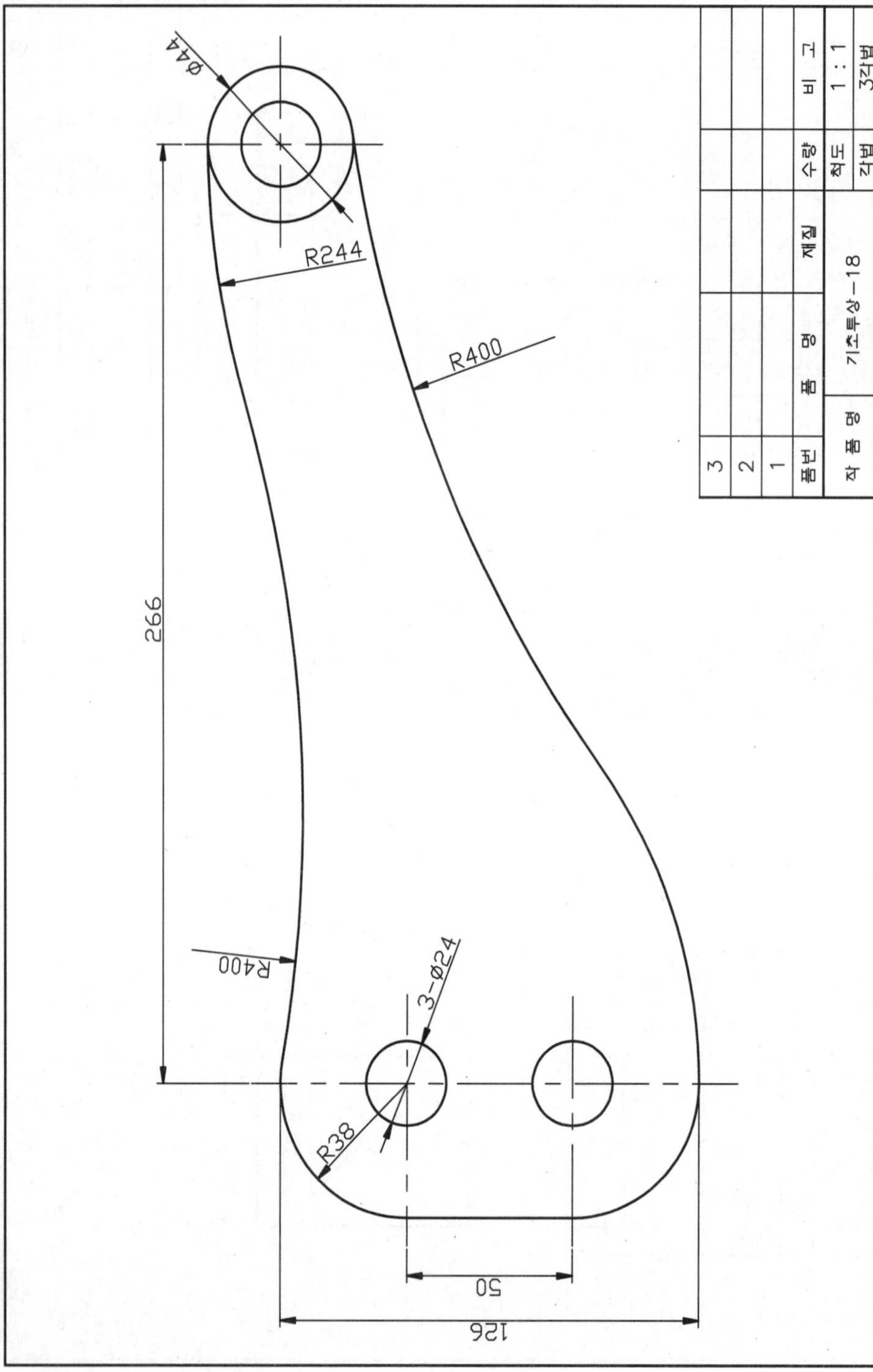
ø44
R244
R400
266
R400
3-ø24
R38
50
126
3
2
1
품번
품 명
재질
수량
비 고
작 품 명
기초투상-18
척도
1 : 1
각법
3각법

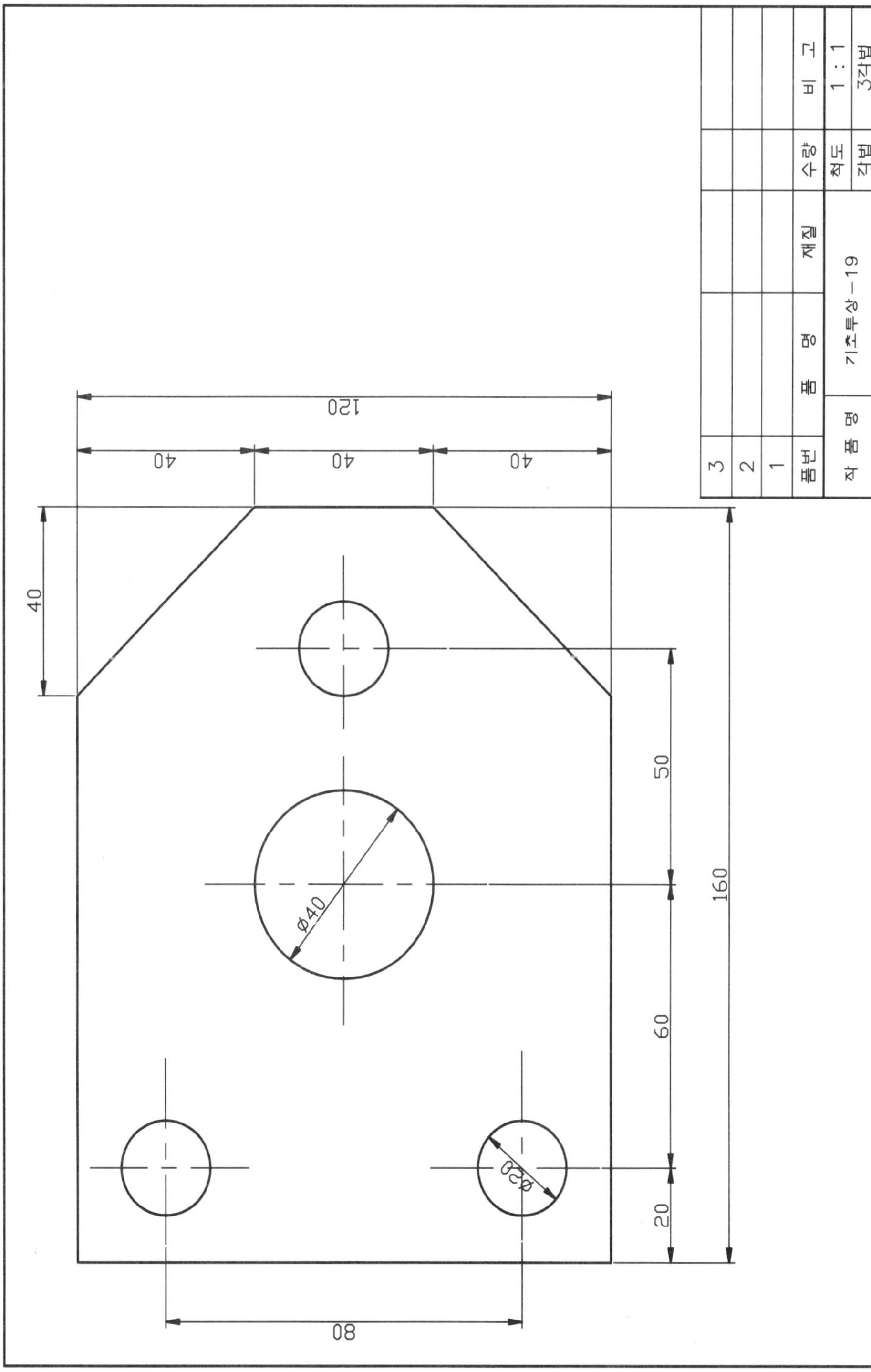
120
40
40
40
40
50
60
20
160
80
Ø40
Ø20
품번
품 명
재질
수량
비 고
1
2
3
작 품 명
기초투상-19
척도
1 : 1
각법
3각법

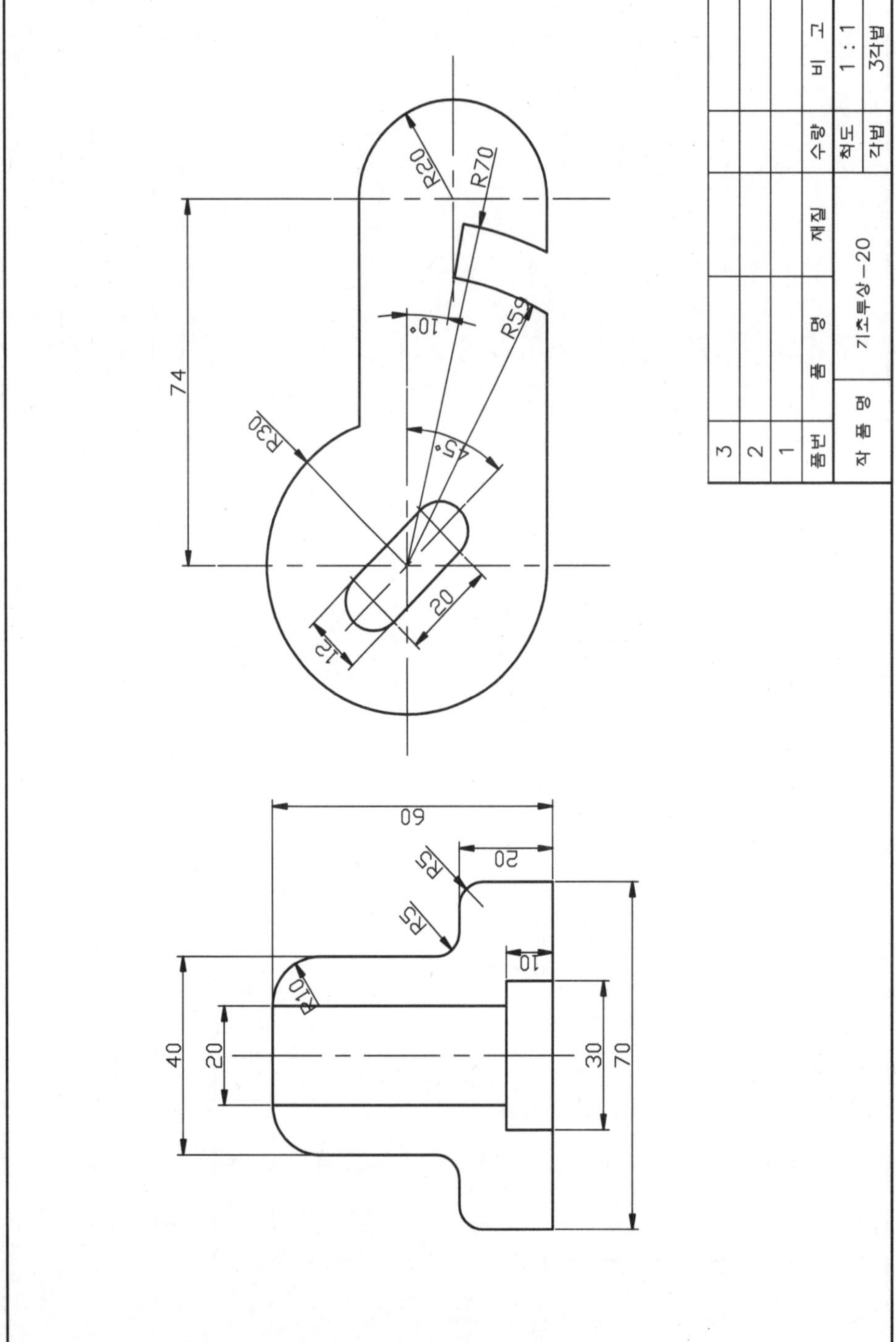
3
2
1
품번
품 명
재질
수량
비 고
척도
1 : 1
각법
3각법
작 품 명
기초투상－20
R20
R70
R59
R30
10°
45°
74
20
12
60
20
R5
R5
R10
10
40
20
30
70

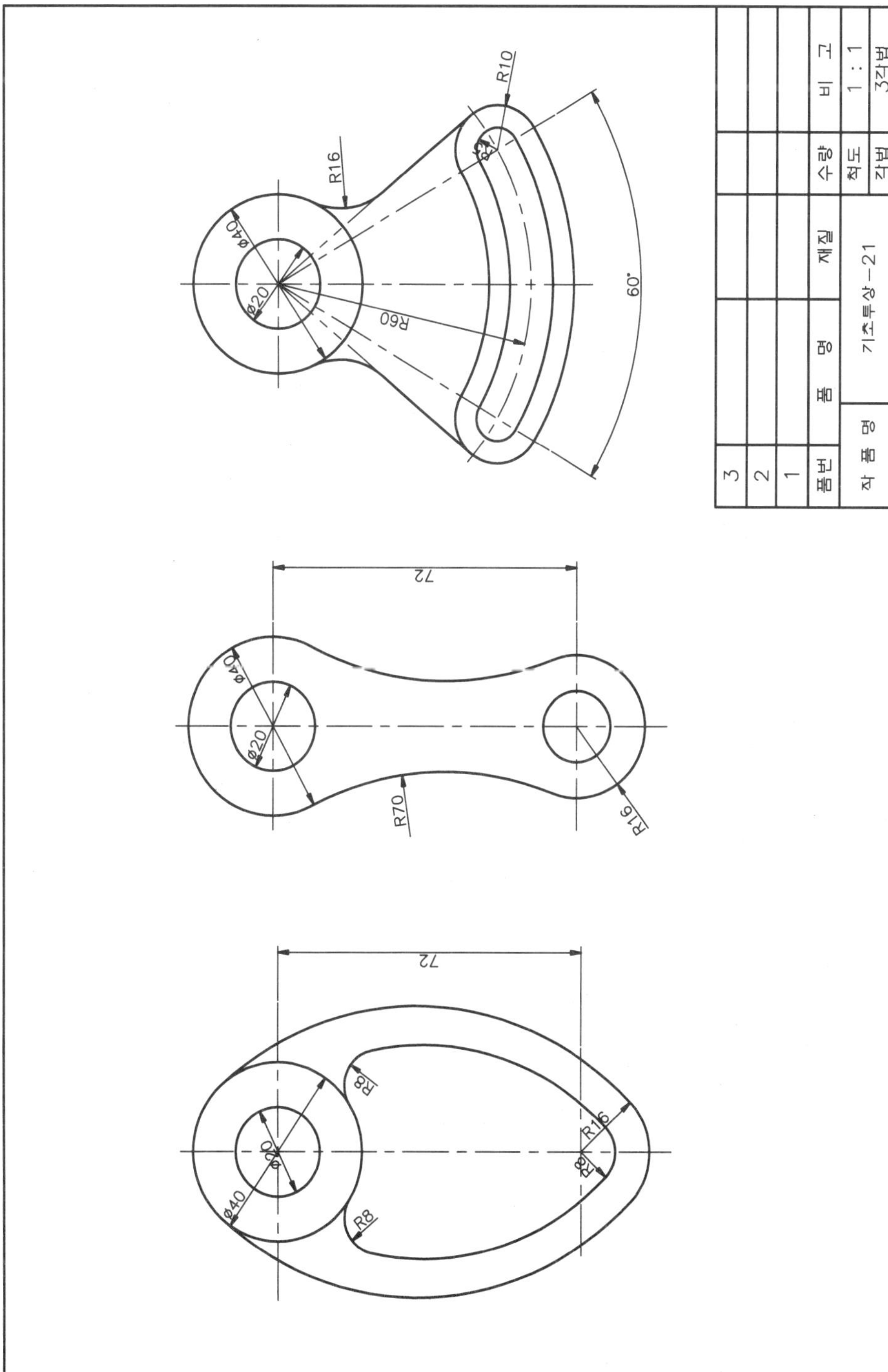
3
2
1
품번
품 명
재질
수량
비 고
작 품 명
기초투상-21
척도
1 : 1
각법
3각법
R10
R16
ø40
ø20
R60
60°
72
R70
R16
R8
R16

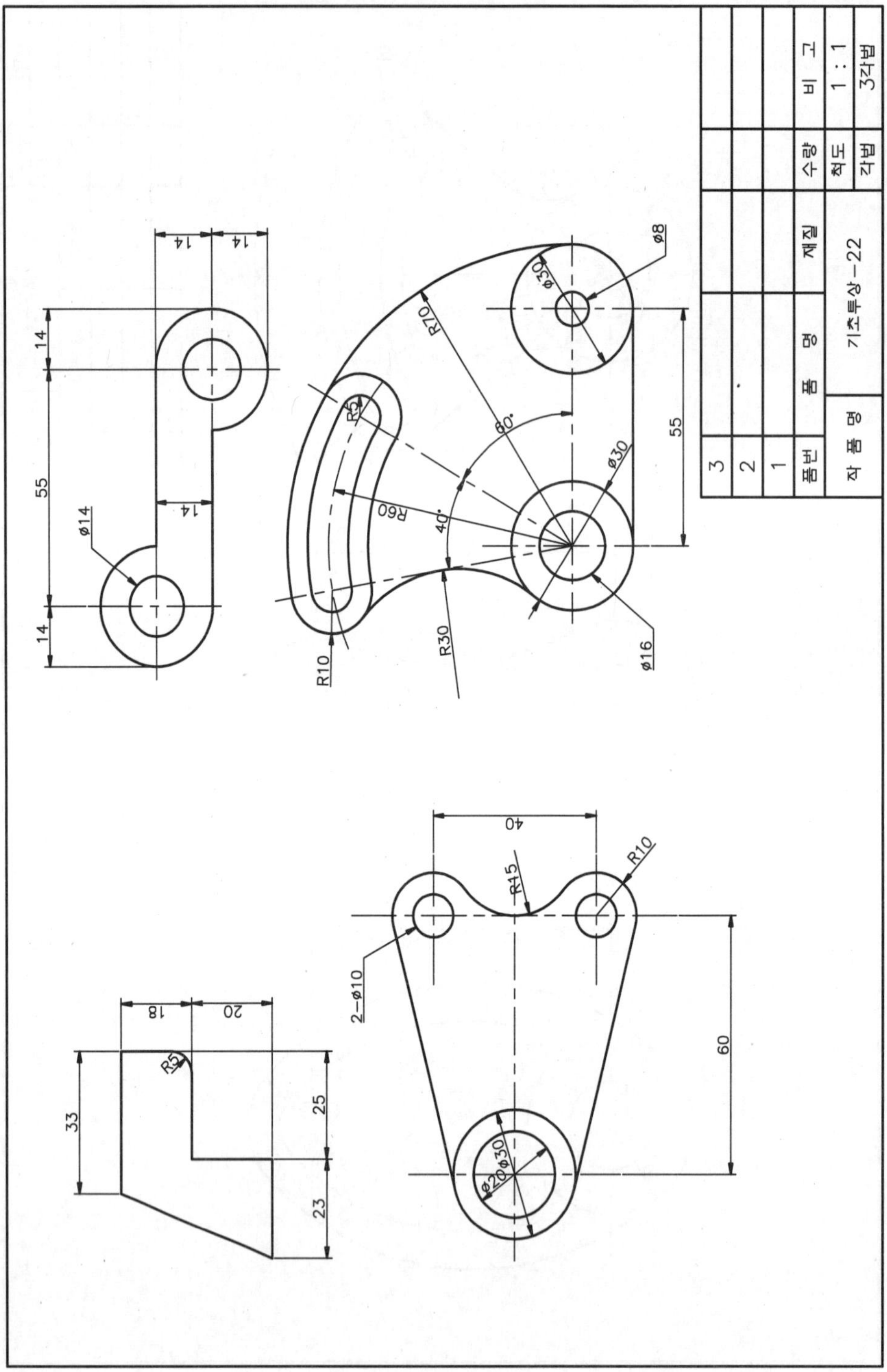

품번
품 명
재질
수량
비 고
척도
1 : 1
각법
3각법
작 품 명
기초투상-22

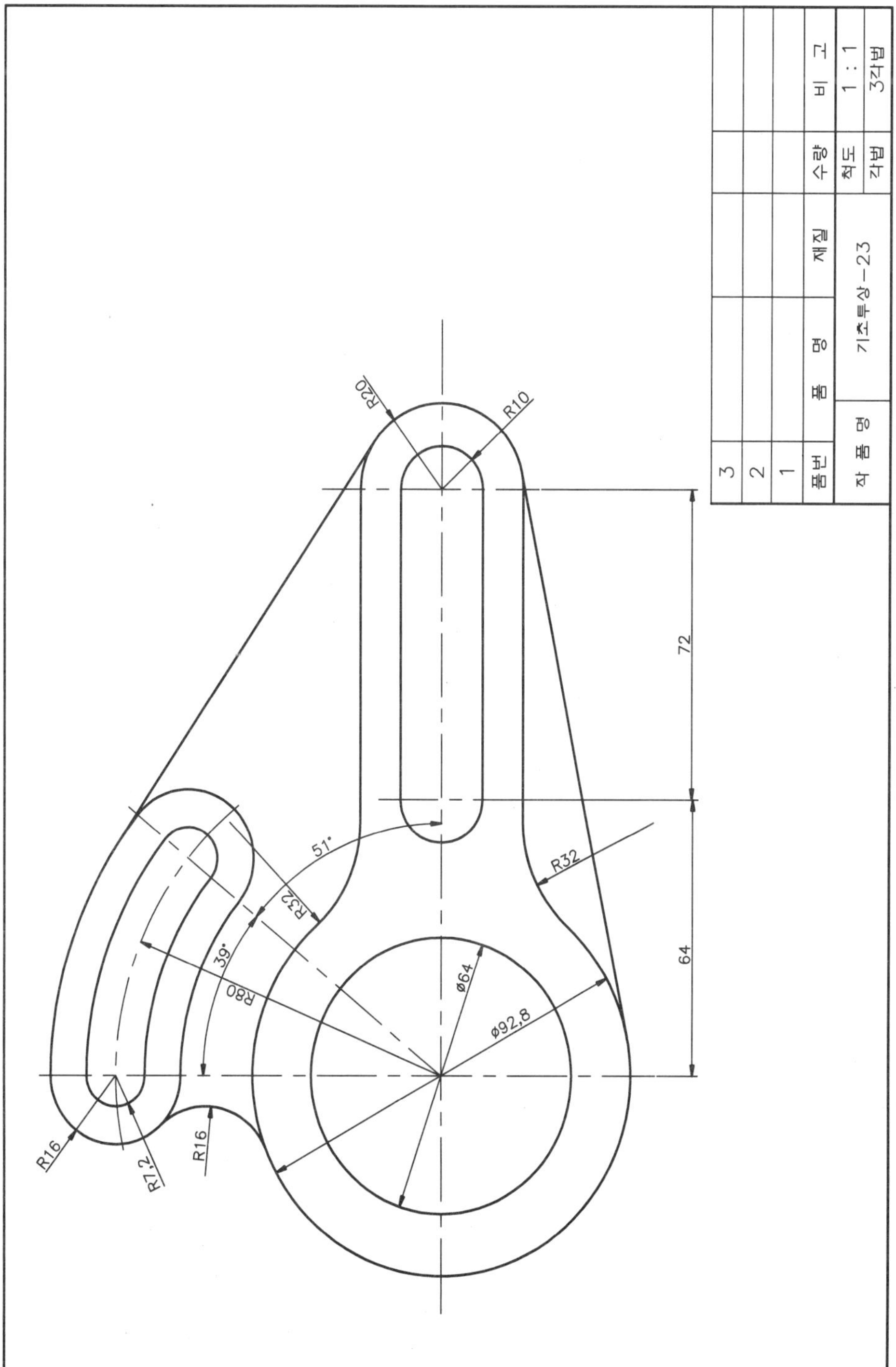
3
2
1
품번
품 명
재질
수량
비 고
작 품 명
기초투상-23
척도
1 : 1
각법
3각법
R20
R10
72
64
R32
51°
R32
39°
R80
ø64
ø92,8
R16
R7,2
R16

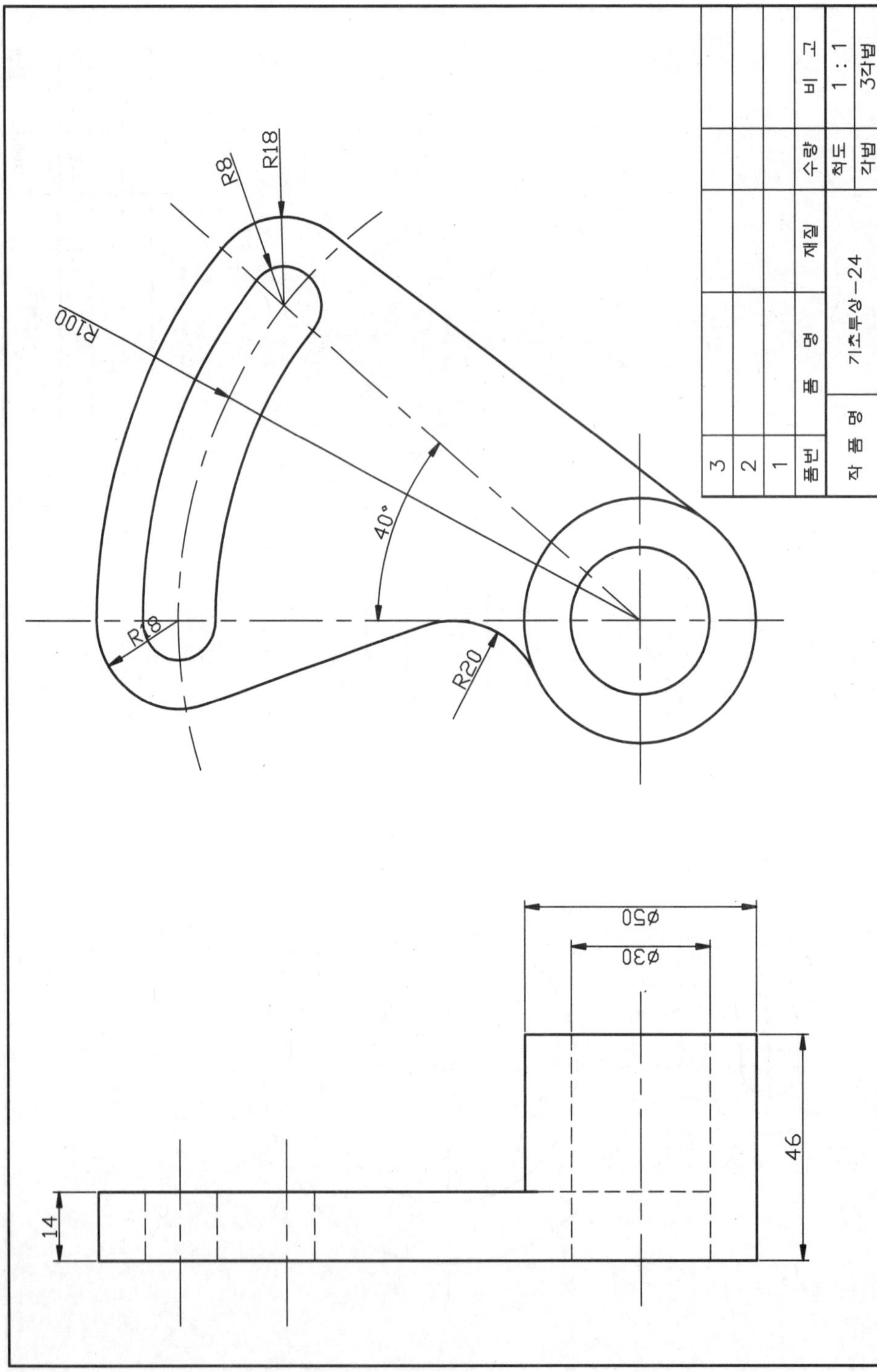

R18
R8
R100
40°
R18
R20
ø50
ø30
46
14
3
2
1
품번
품 명
재질
수량
비 고
작 품 명
기초투상-24
척도
1 : 1
각법
3각법

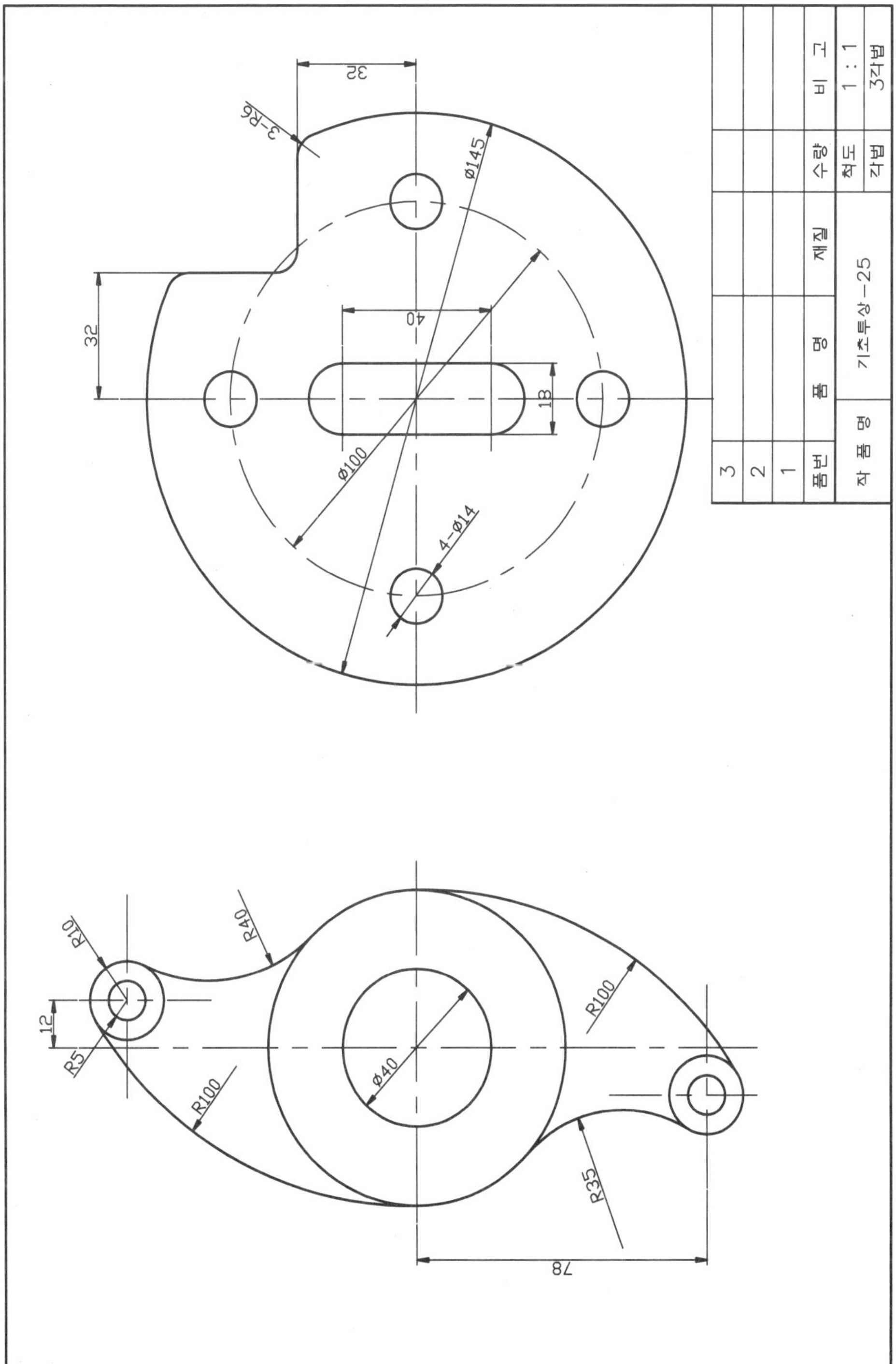
3
2
1
품번
품 명
재질
수량
비 고
작 품 명
기초투상-25
척도
1 : 1
각법
3각법
32
3-R6
ø145
32
40
18
ø100
4-ø14
R10
R40
12
R5
R100
ø40
R100
R35
78

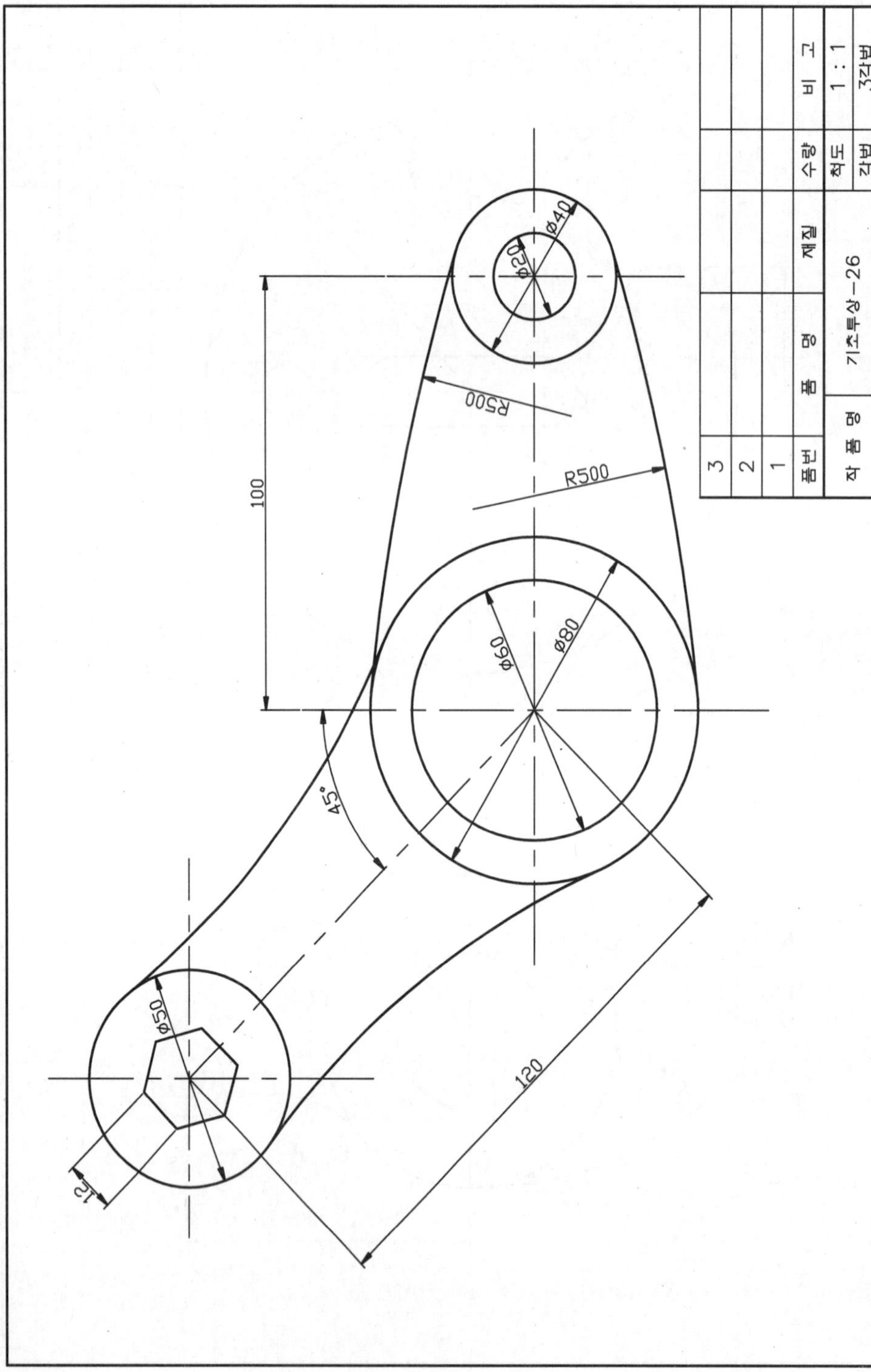

ø40
ø20
R500
R500
100
ø80
ø60
45°
ø50
120
12
3
2
1
품번
품 명
재질
수량
비 고
척도
1 : 1
각법
3각법
작 품 명
기초투상-26

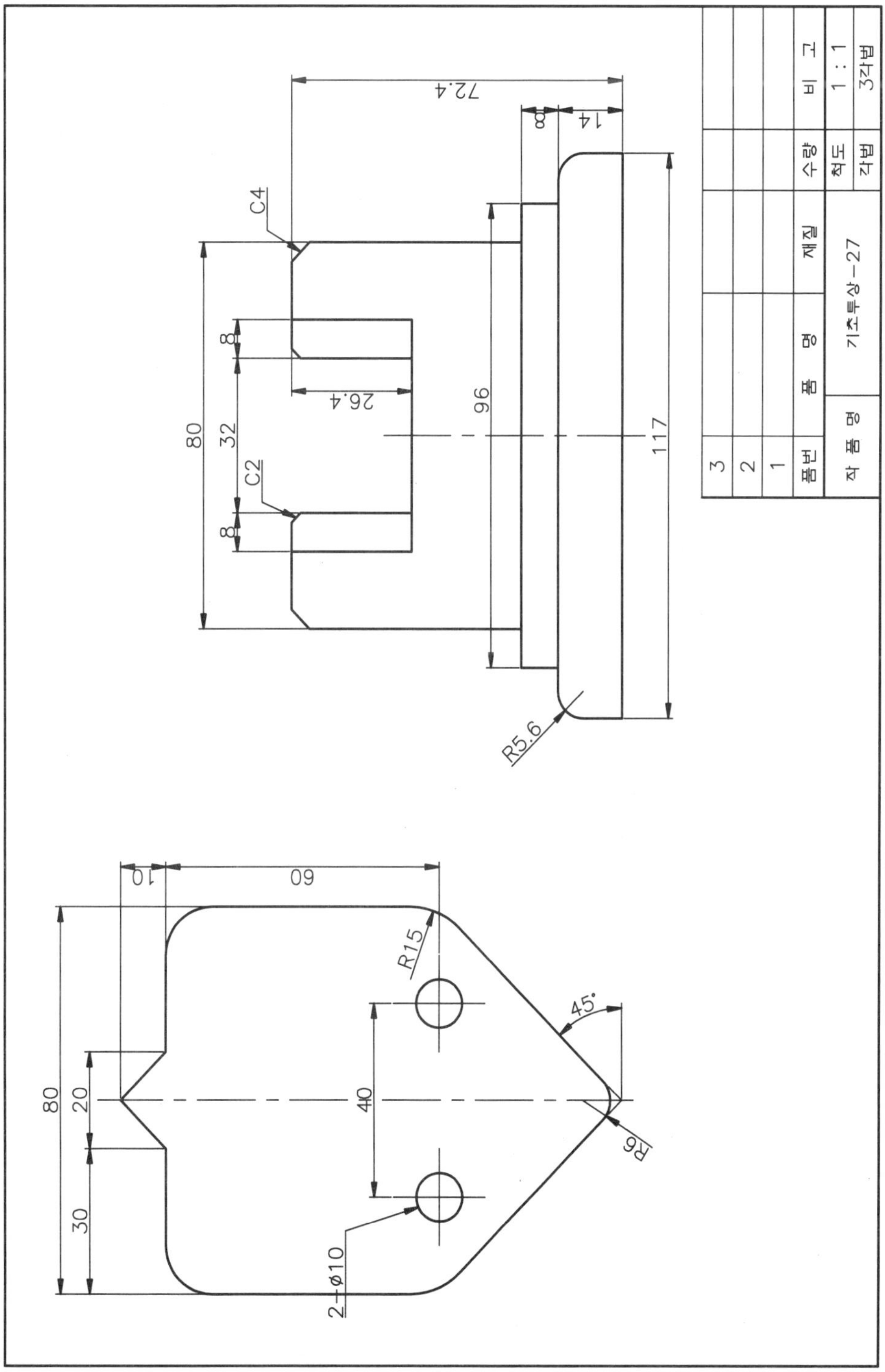
72.4
8
14
C4
80
8
32
26.4
96
117
C2
8
R5.6
10
60
R15
45°
80
20
40
30
R6
2-ϕ10
3
2
1
품번
품 명
재질
수량
비 고
작 품 명
기초투상-27
척도
1 : 1
각법
3각법

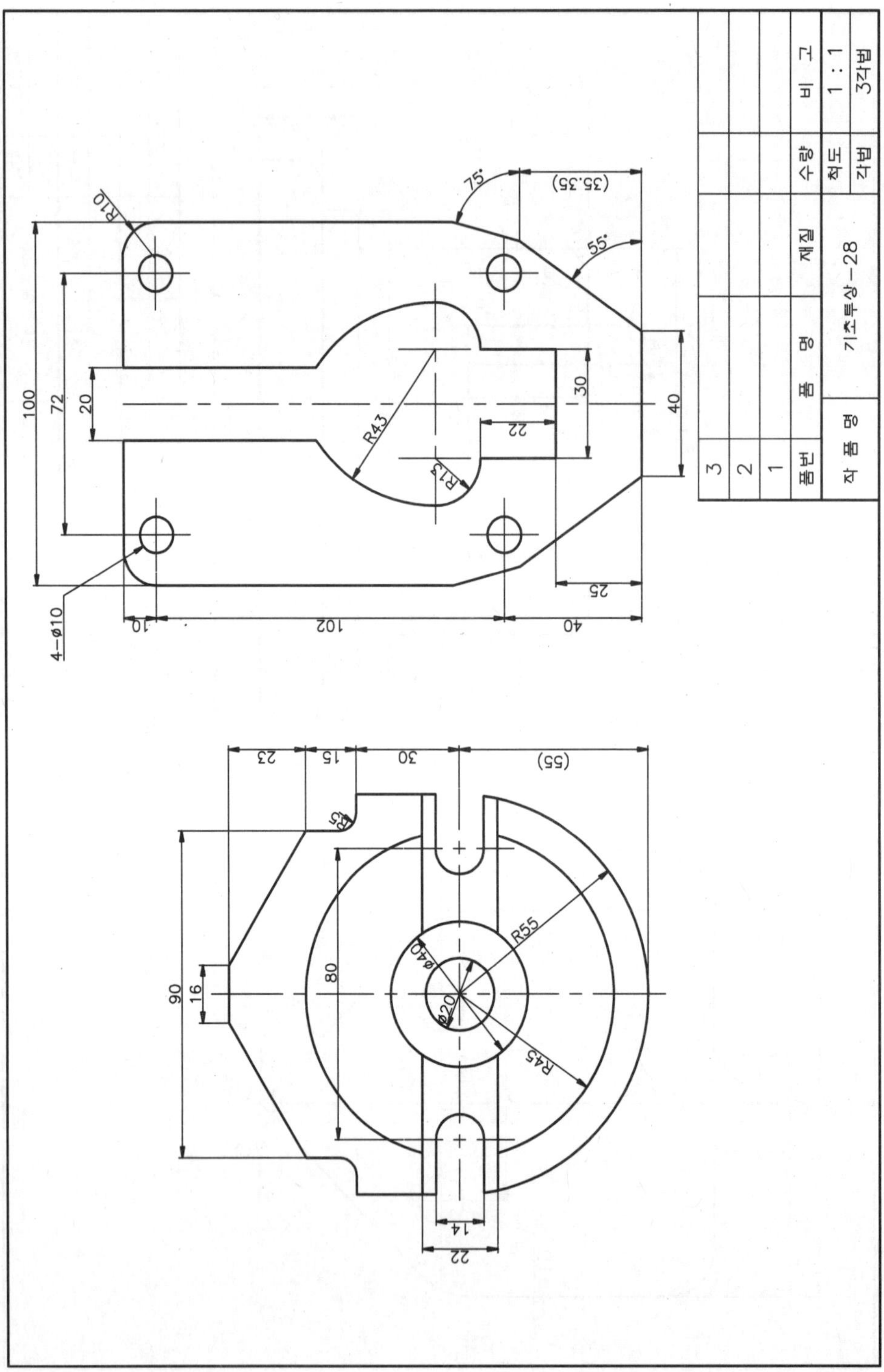

품번
품 명
재질
수량
비 고
작 품 명
기초투상-28
척도
1 : 1
각법
3각법

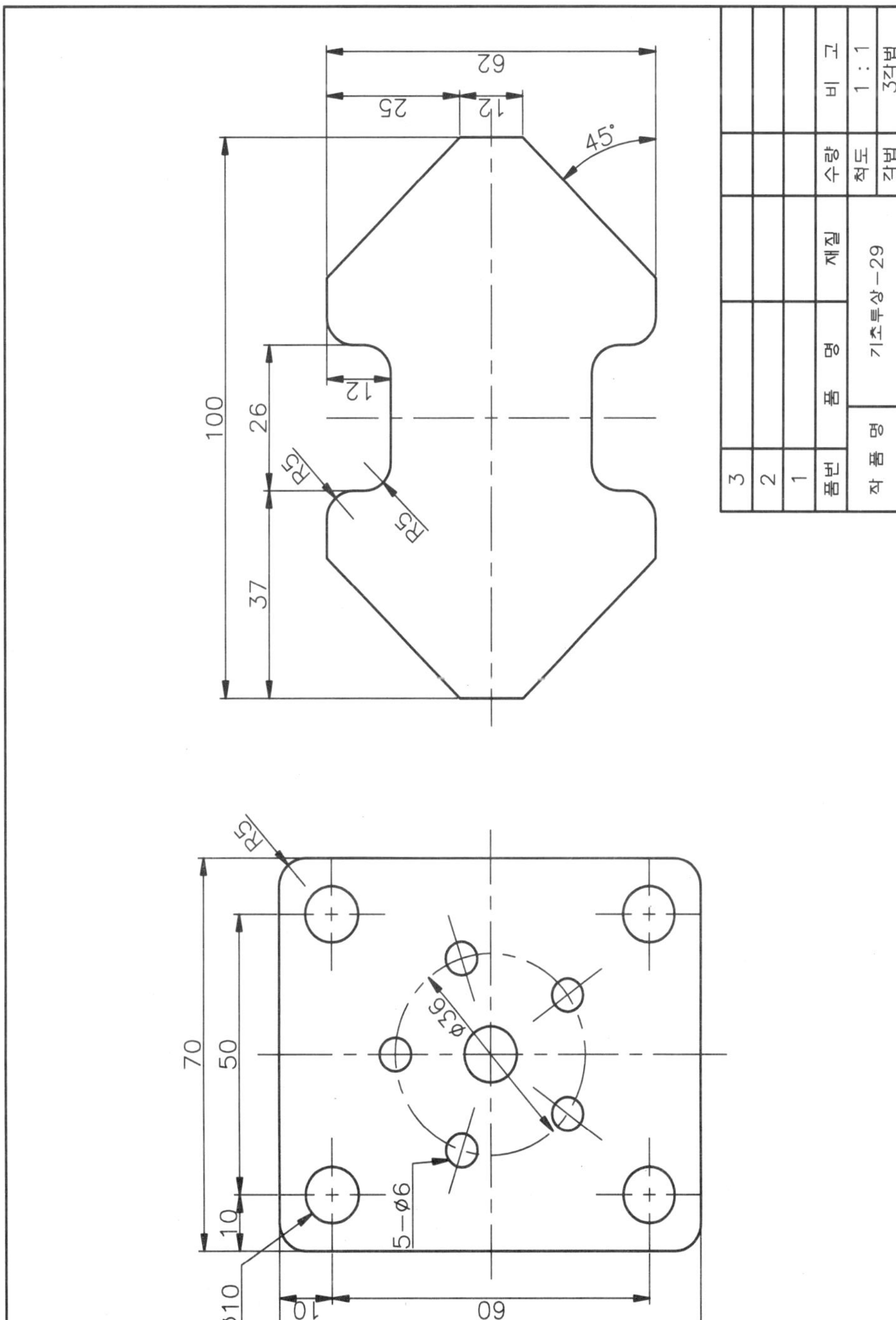
62
25
12
45°
100
26
12
R5
R5
37
R5
70
50
10
ø36
5−ø6
5−ø10
10
60
80
3
2
1
품번
품 명
재질
수량
비 고
작 품 명
기초투상−29
척도
1 : 1
각법
3각법

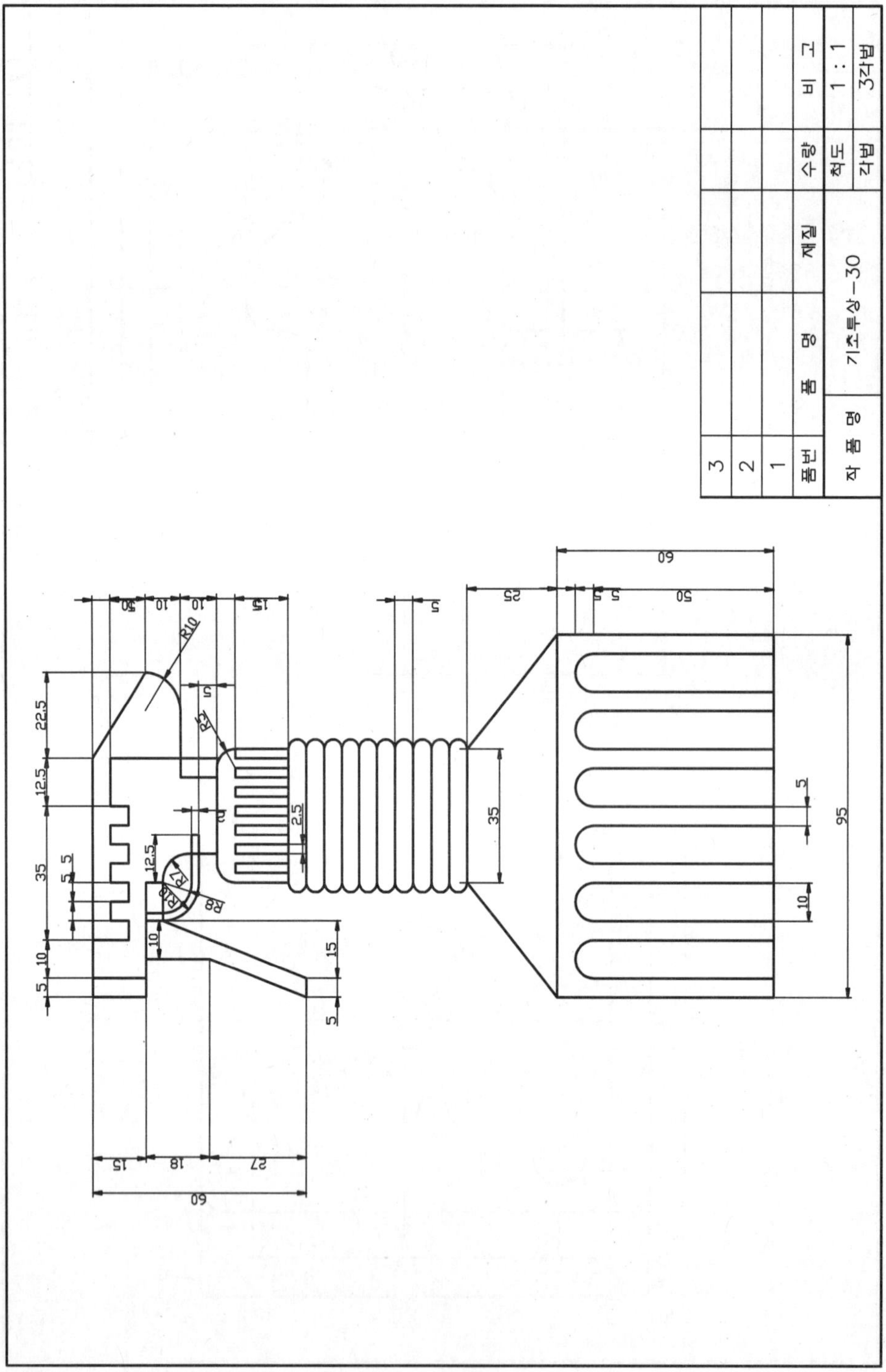
3
2
1
품번
품 명
재질
수량
비 고
작 품 명
기초투상－30
척도
1 : 1
각법
3각법

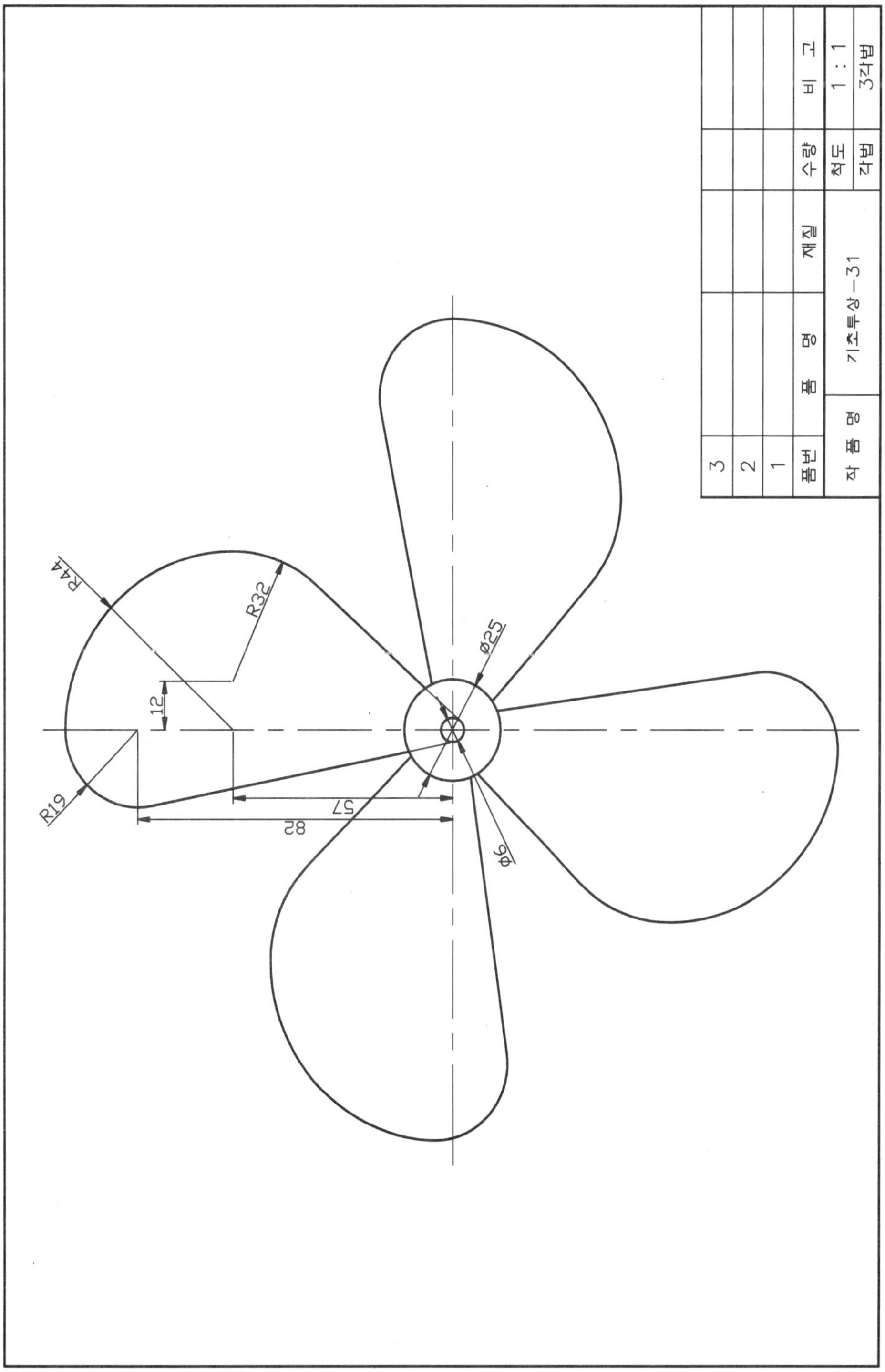
R44
R32
R19
12
57
82
ø25
ø6
3
2
1
품번
품 명
재질
수량
비 고
작 품 명
기초투상－31
척도
1 : 1
각법
3각법

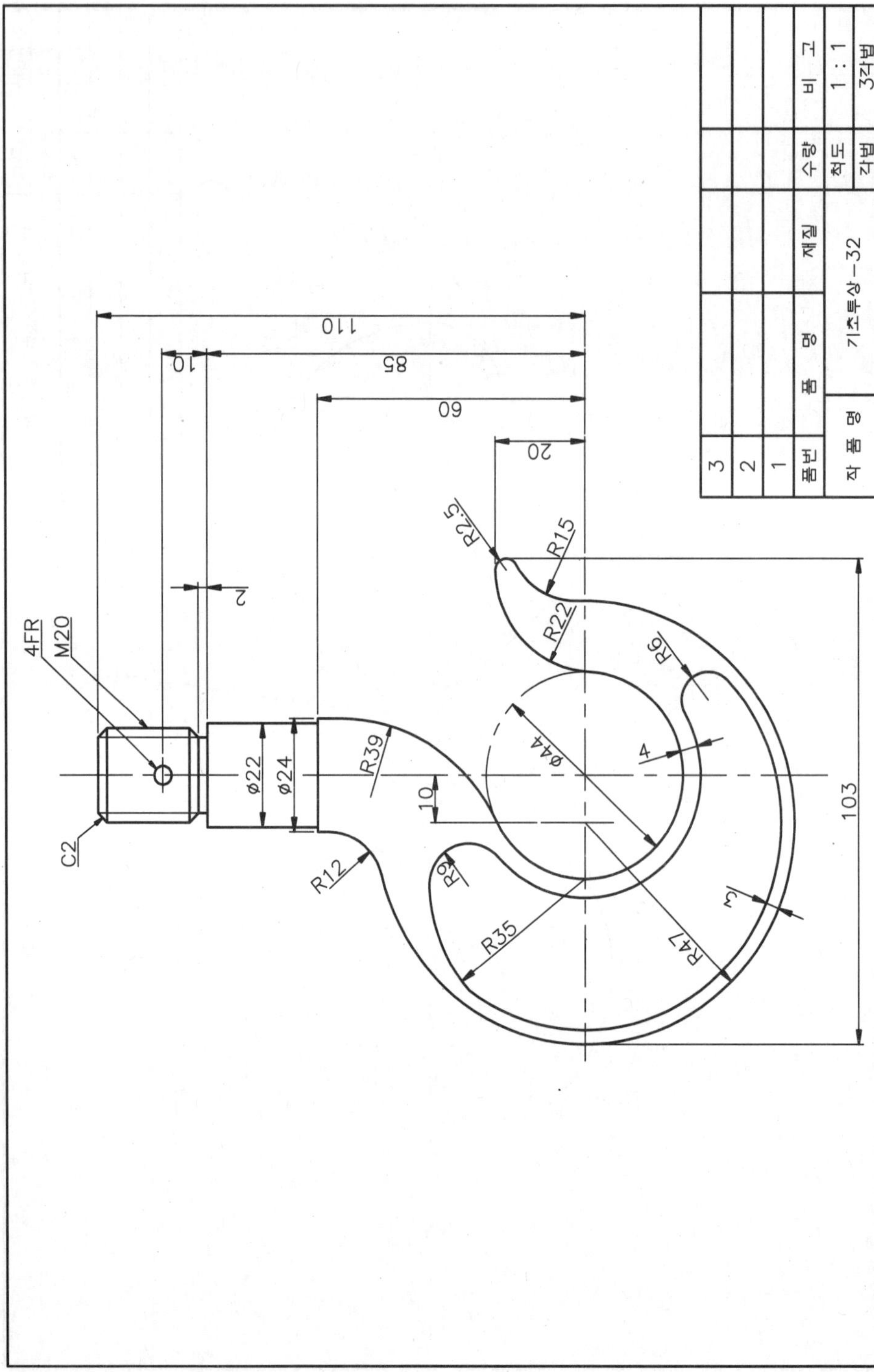
품번
품명
재질
수량
비고
척도
1 : 1
각법
3각법
작품명
기초투상－32
4FR
M20
C2
R12
R39
R9
R35
R47
R6
R22
R15
R2.5
ϕ22
ϕ24
ϕ44
110
85
60
20
10
2
4
3
103

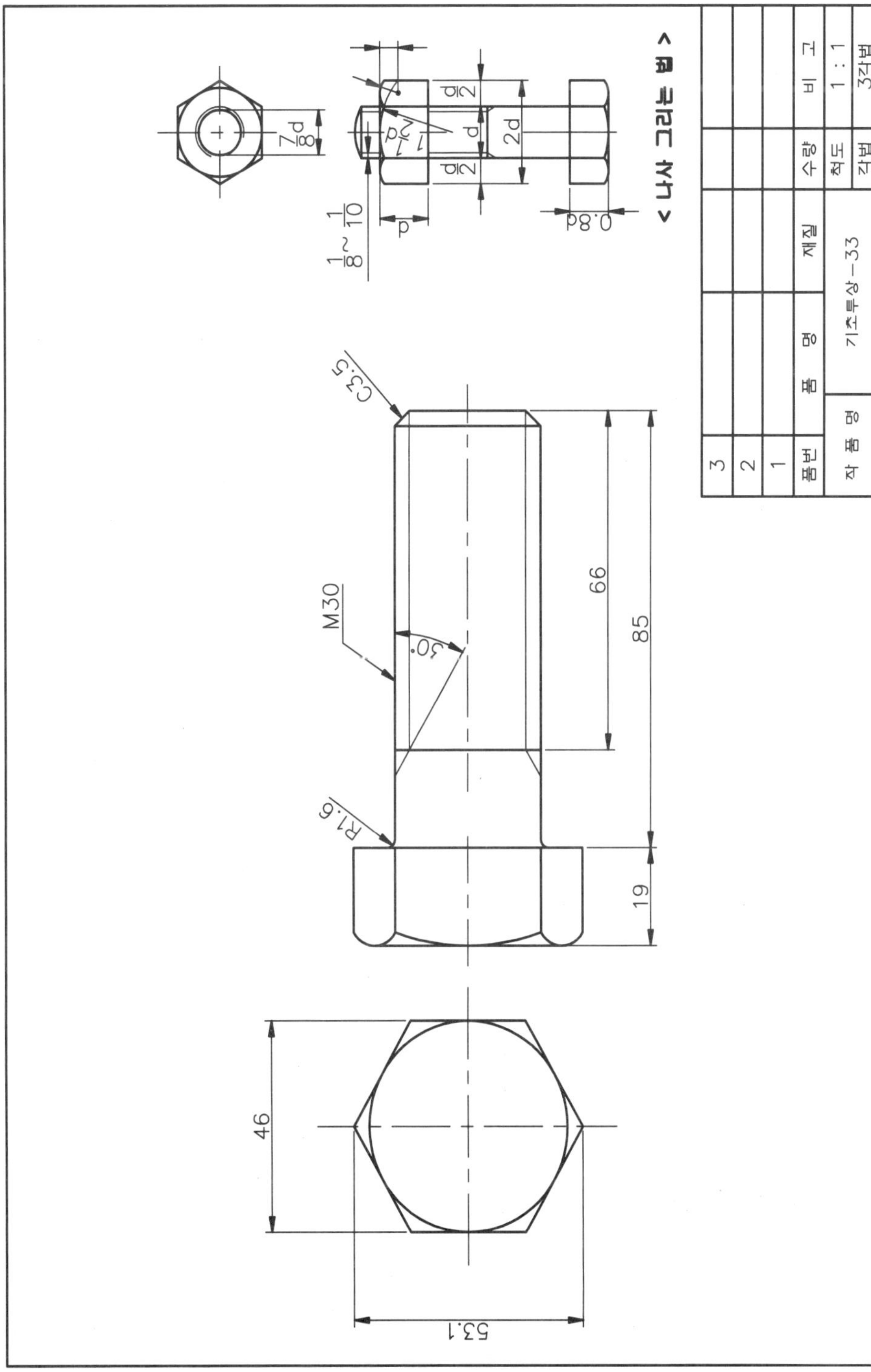
< 나사 그리는 법 >
M30
30°
C3.5
R1.6
66
85
19
46
53.1
2d
0.8d
작품명
기초투상-33
품번
품명
재질
수량
비고
척도
1 : 1
각법
3각법

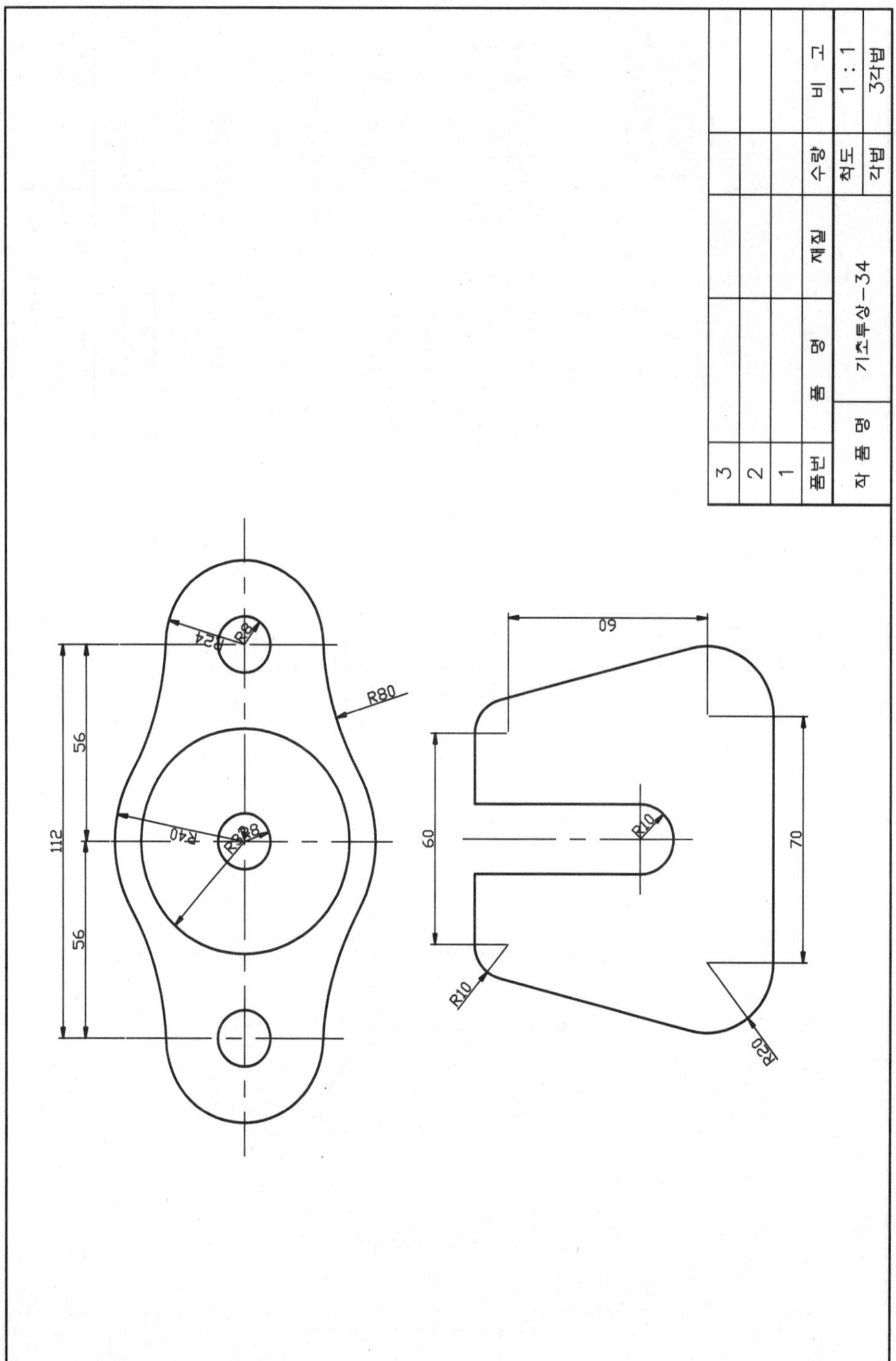
3
2
1
품번
품 명
재질
수량
비 고
작 품 명
기초투상－34
척도
1 : 1
각법
3각법
112
56
56
R24
R8
R80
R40
R8
60
60
70
R10
R10
R20

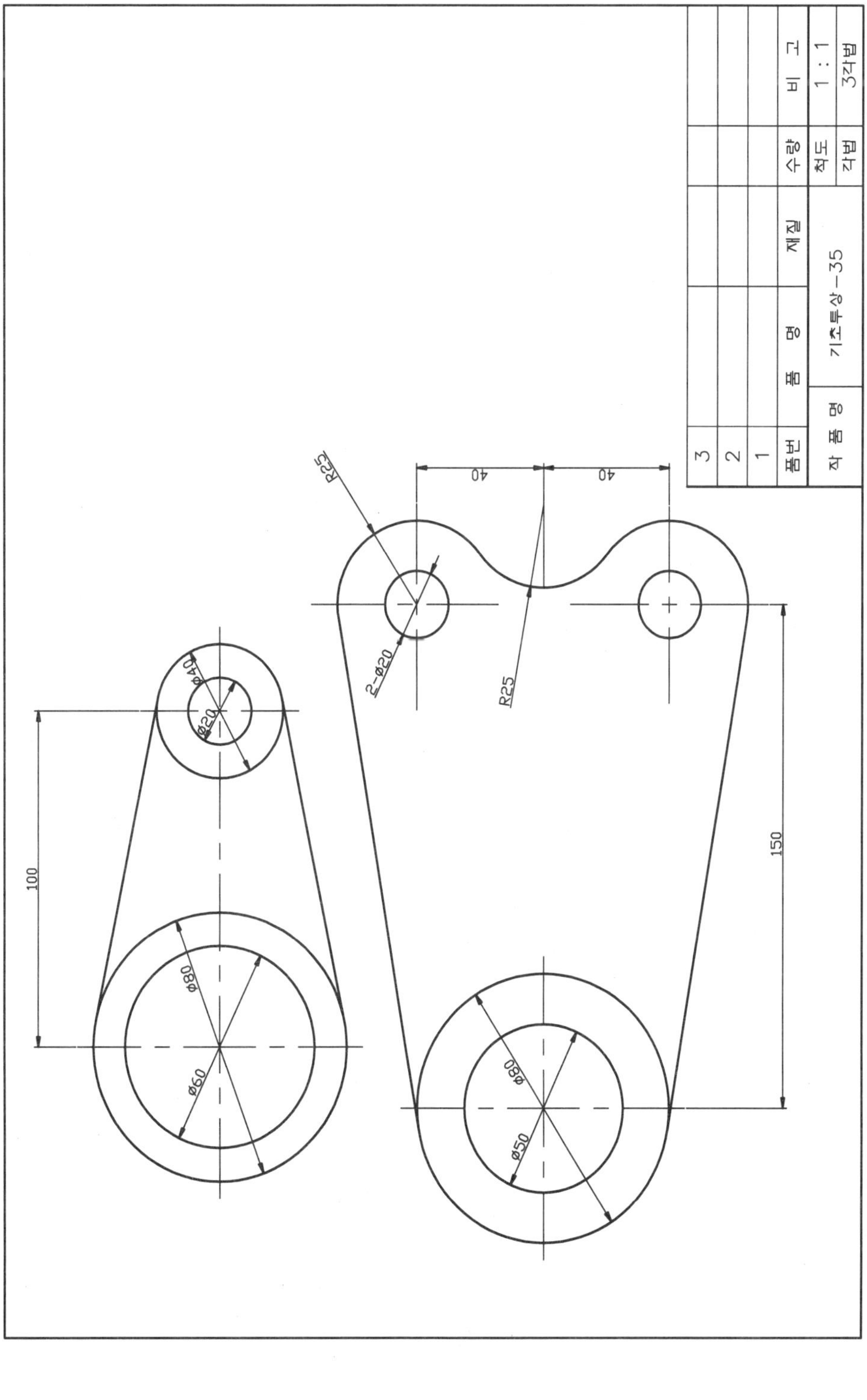
3
2
1
품번
품 명
재질
수량
비 고
척도
1 : 1
각법
3각법
작 품 명
기초투상-35
R25
40
40
2-Ø20
R25
Ø40
Ø20
100
150
Ø80
Ø60
Ø80
Ø50

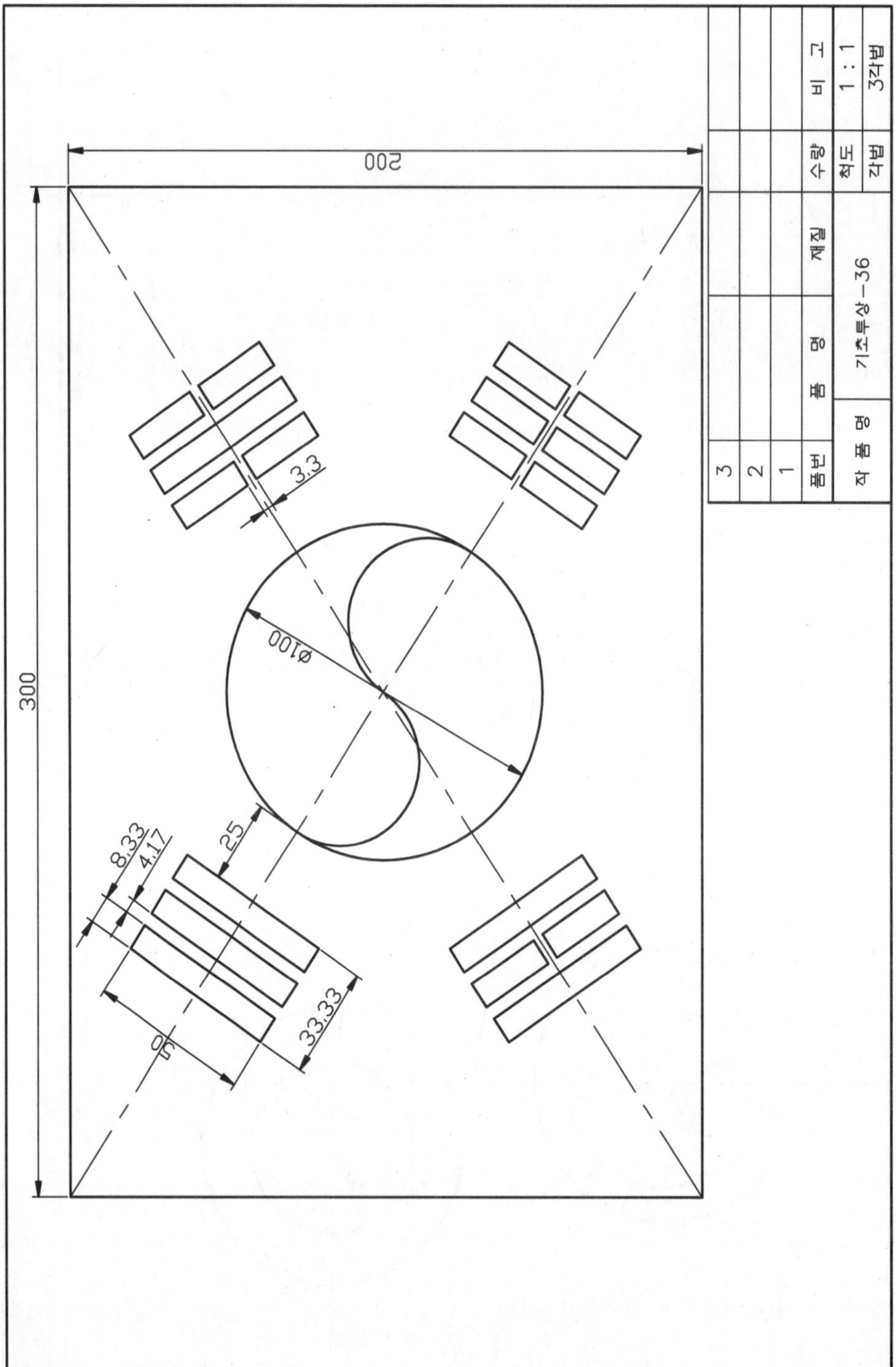
200
300
ø100
3.3
25
8.33
4.17
33.33
50
3
2
1
품번
품 명
재질
수량
비 고
척도
1 : 1
각법
3각법
작 품 명
기초투상-36

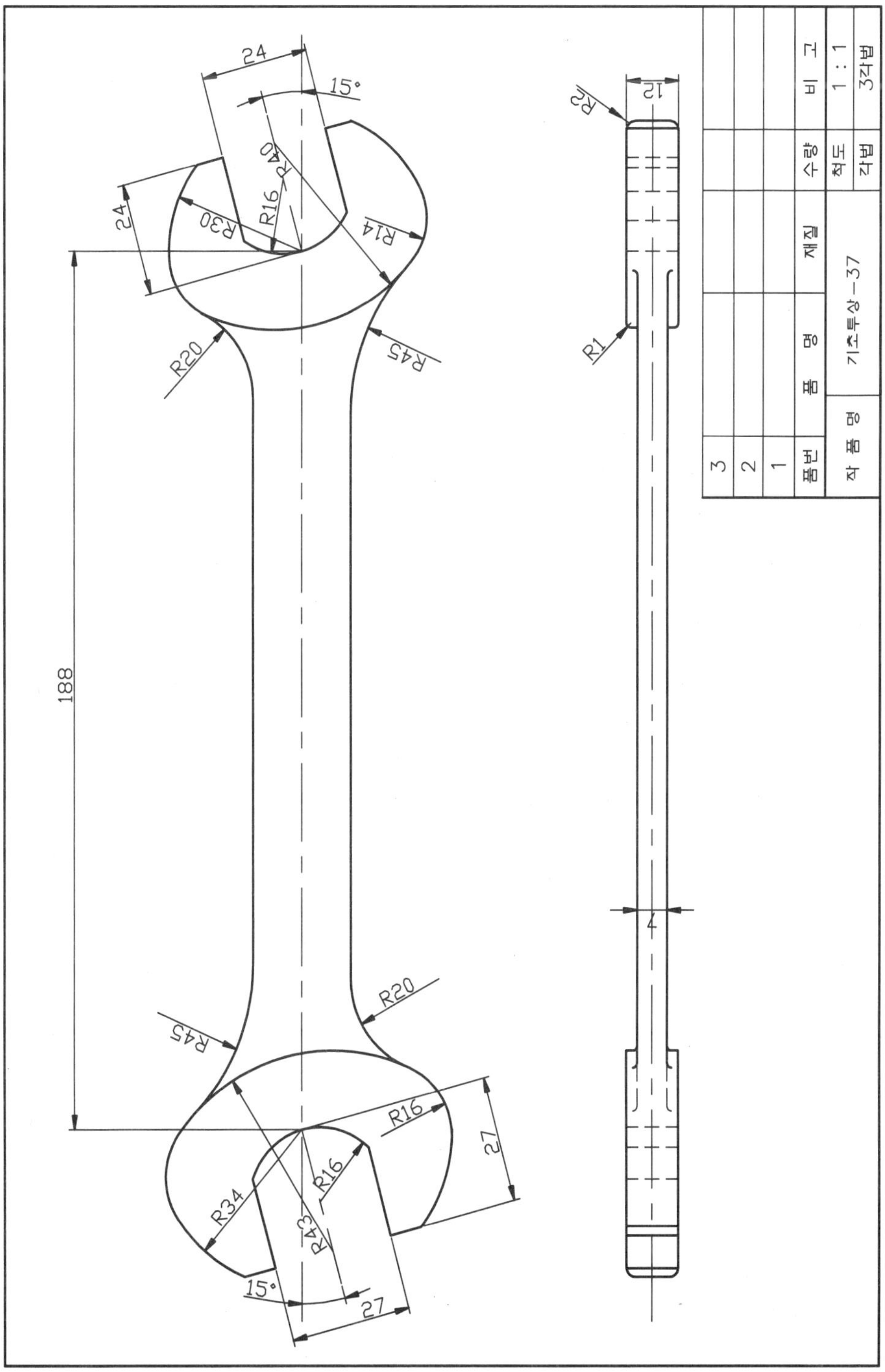

24
15°
R40
R16
R30
R14
24
R20
R45
188
R45
R20
R16
27
R34
R16
R43
15°
27
12
R2
R1
4
3
2
1
품번
품 명
재질
수량
비 고
작 품 명
기초투상-37
척도
1 : 1
각법
3각법

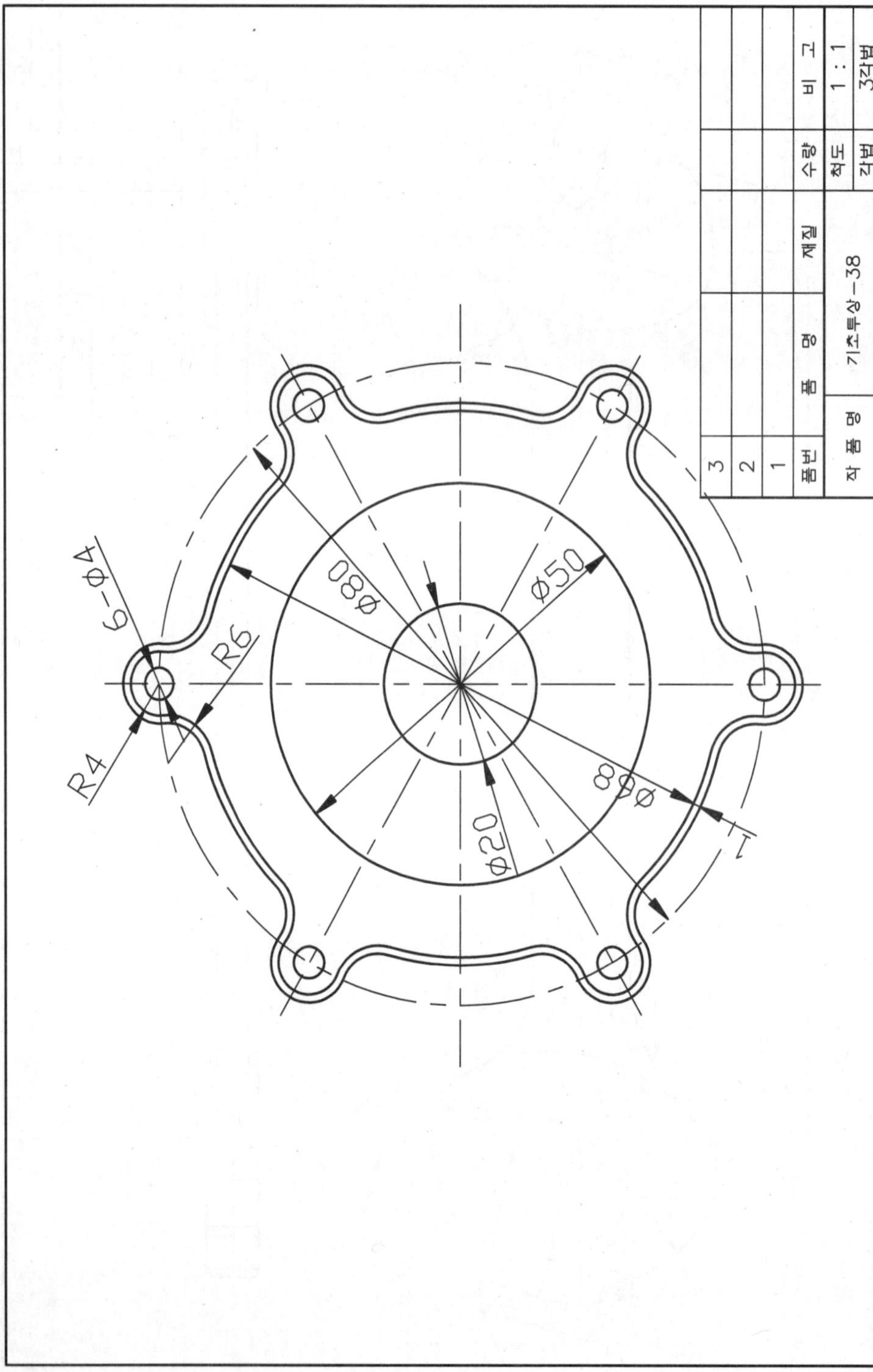
6-φ4
R6
R4
φ80
φ50
φ20
φ88
1
품번
품 명
재질
수량
비 고
3
2
1
작 품 명
기초투상-38
척도
1 : 1
각법
3각법

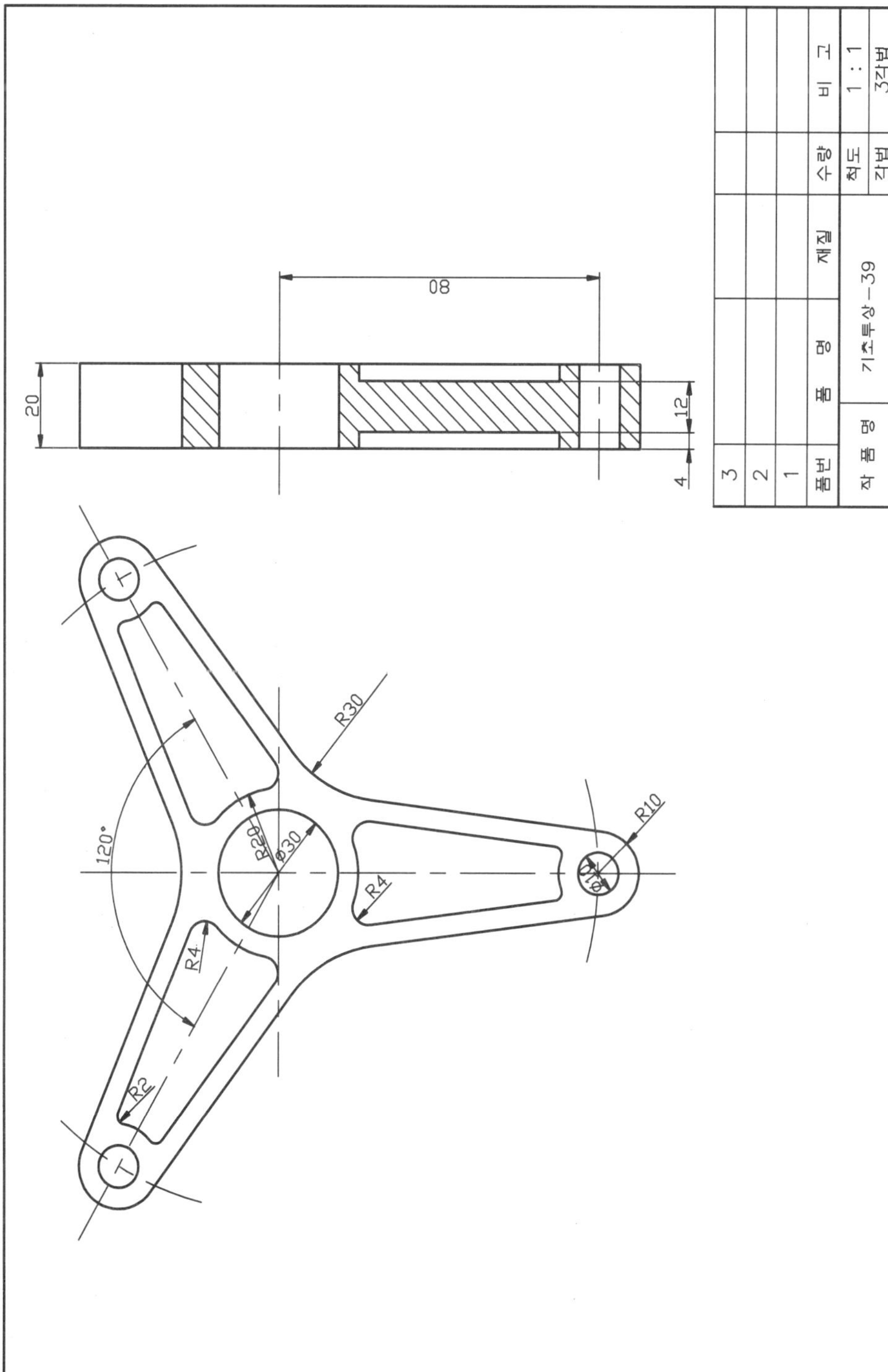
3
2
1
품번
품 명
재질
수량
비 고
작 품 명
기초투상-39
척도
1 : 1
각법
3각법
80
20
12
4
R30
R20
Ø30
R4
R4
R2
R10
Ø10
120°

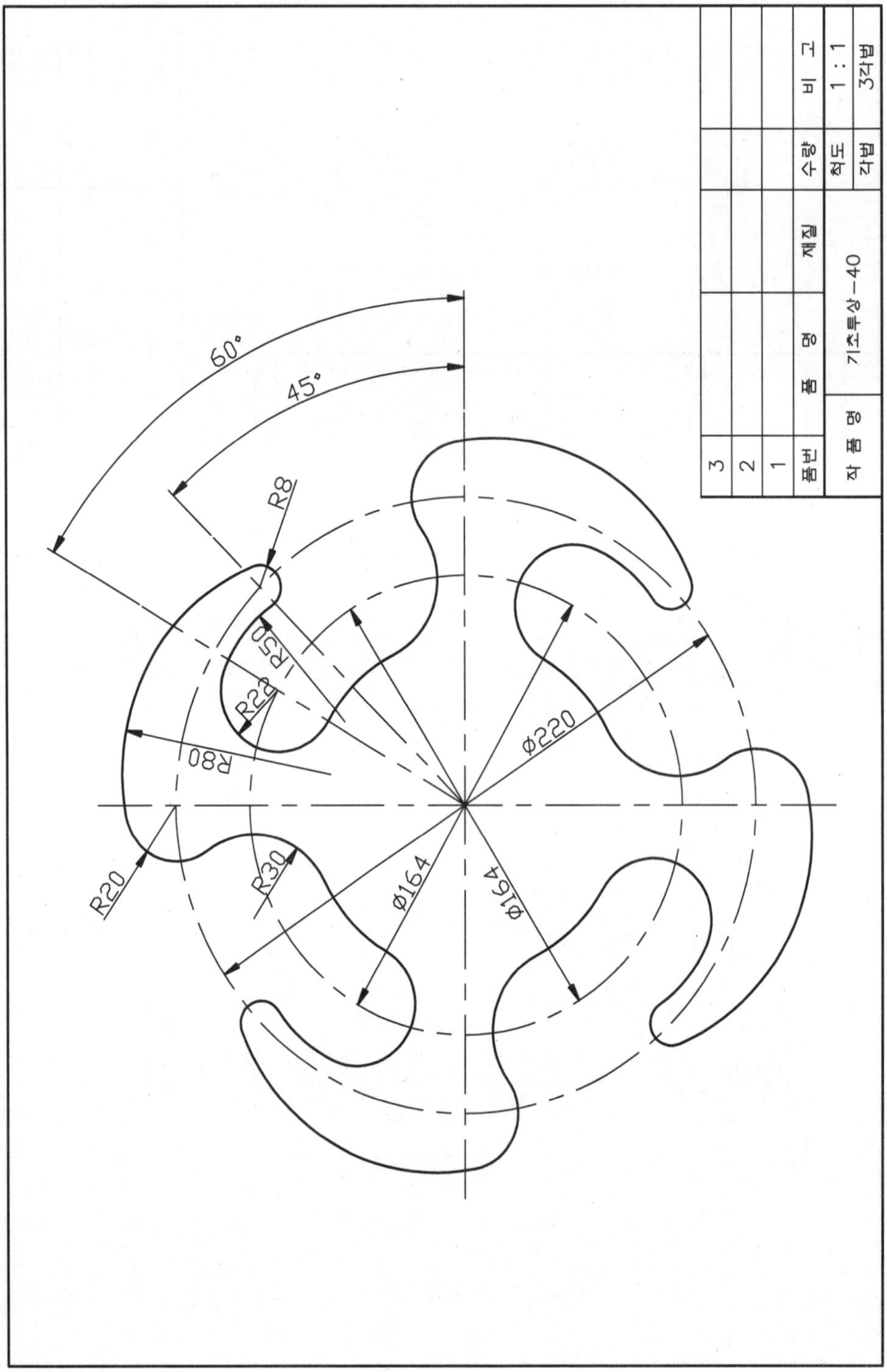
60°
45°
R8
R50
R22
R80
R20
R30
Ø164
Ø164
Ø220
3
2
1
품번
품 명
재질
수량
비 고
작 품 명
기초투상-40
척도
1 : 1
각법
3각법

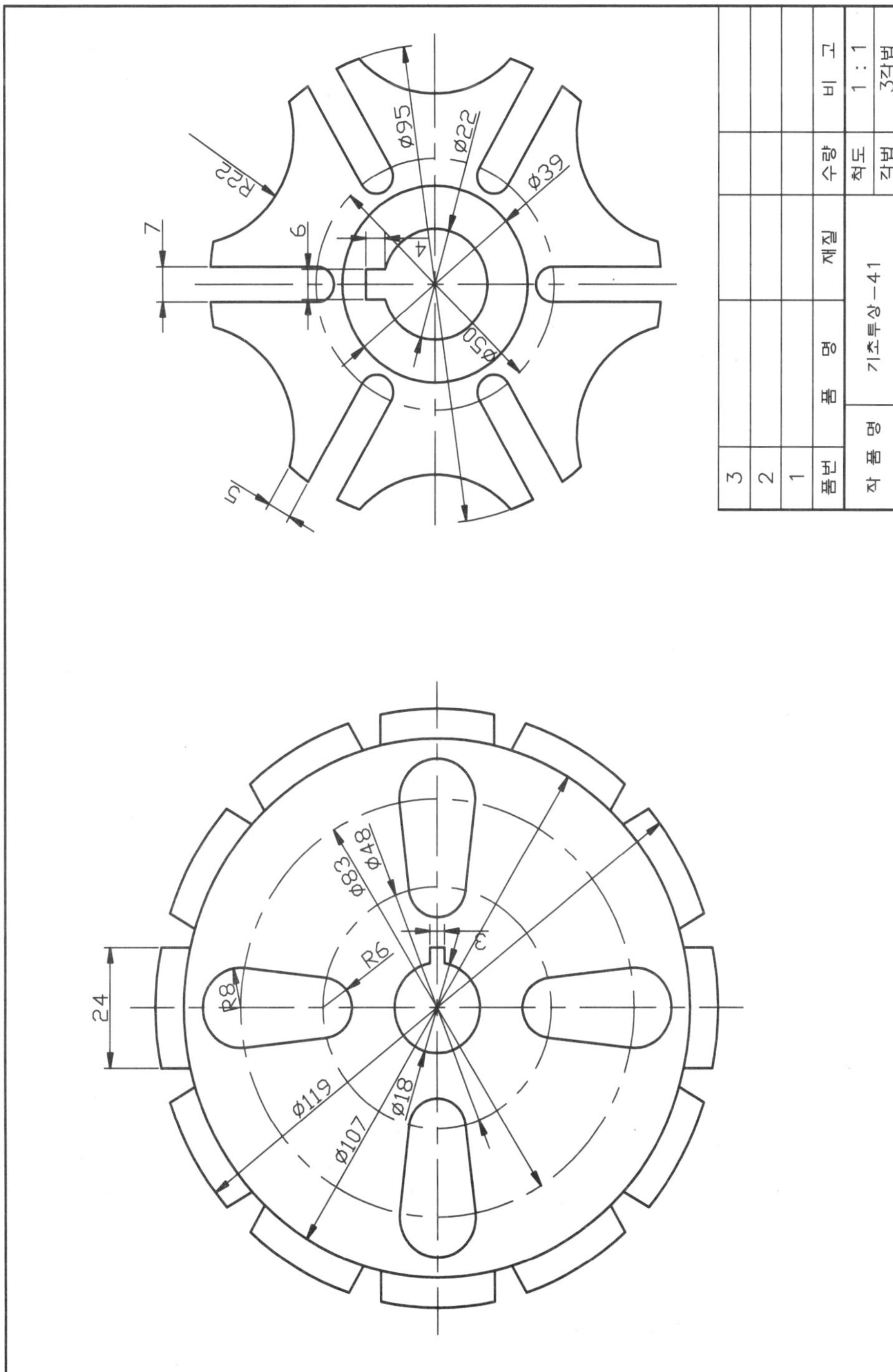

기초투상-41
작 품 명
품번
품 명
재질
수량
비 고
척도
1 : 1
각법
3각법
Ø95
Ø22
Ø39
Ø50
R22
7
6
4
5
24
R8
R6
Ø83
Ø48
3
Ø119
Ø107
Ø18

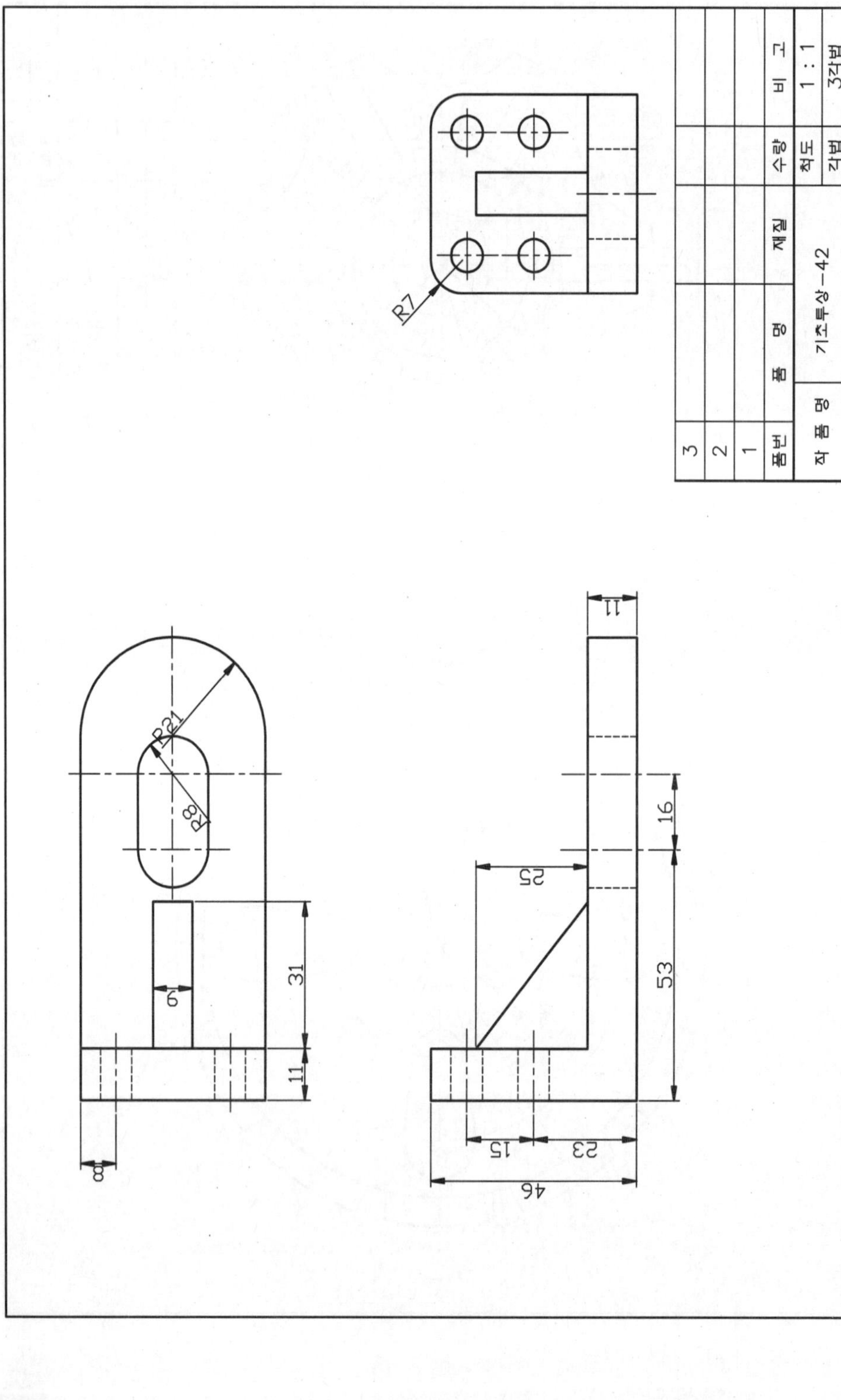
3
2
1
품번
품 명
재질
수량
비 고
작 품 명
기초투상-42
척도
1 : 1
각법
3각법
R7
R21
R8
9
31
11
8
25
16
53
15
23
46
11

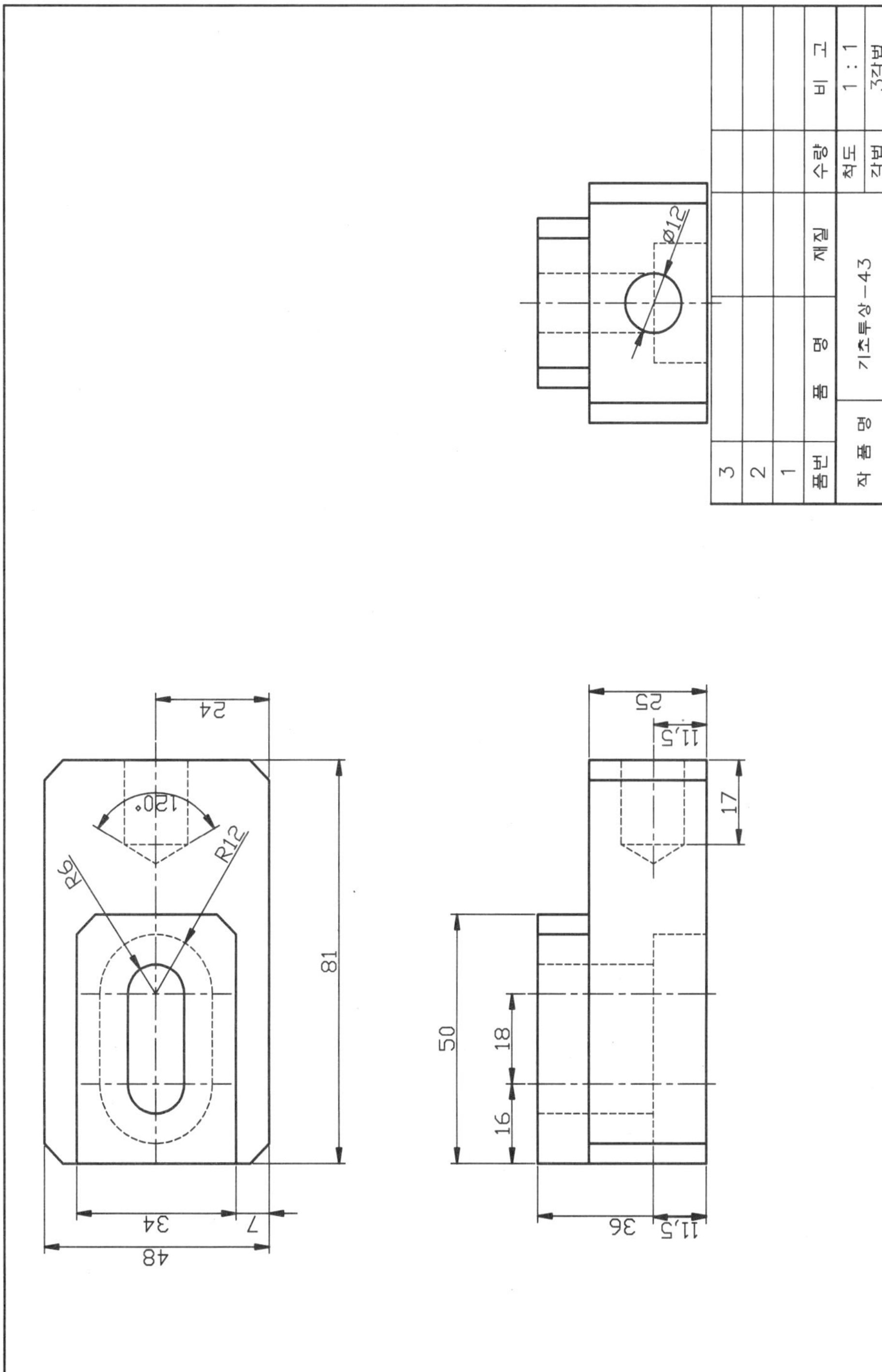
품번
품 명
재질
수량
비 고
3
2
1
작 품 명
기초투상-43
척도
1 : 1
각법
3각법
Ø12
24
120°
R12
R6
81
34
7
48
25
11,5
17
50
18
16
36
11,5

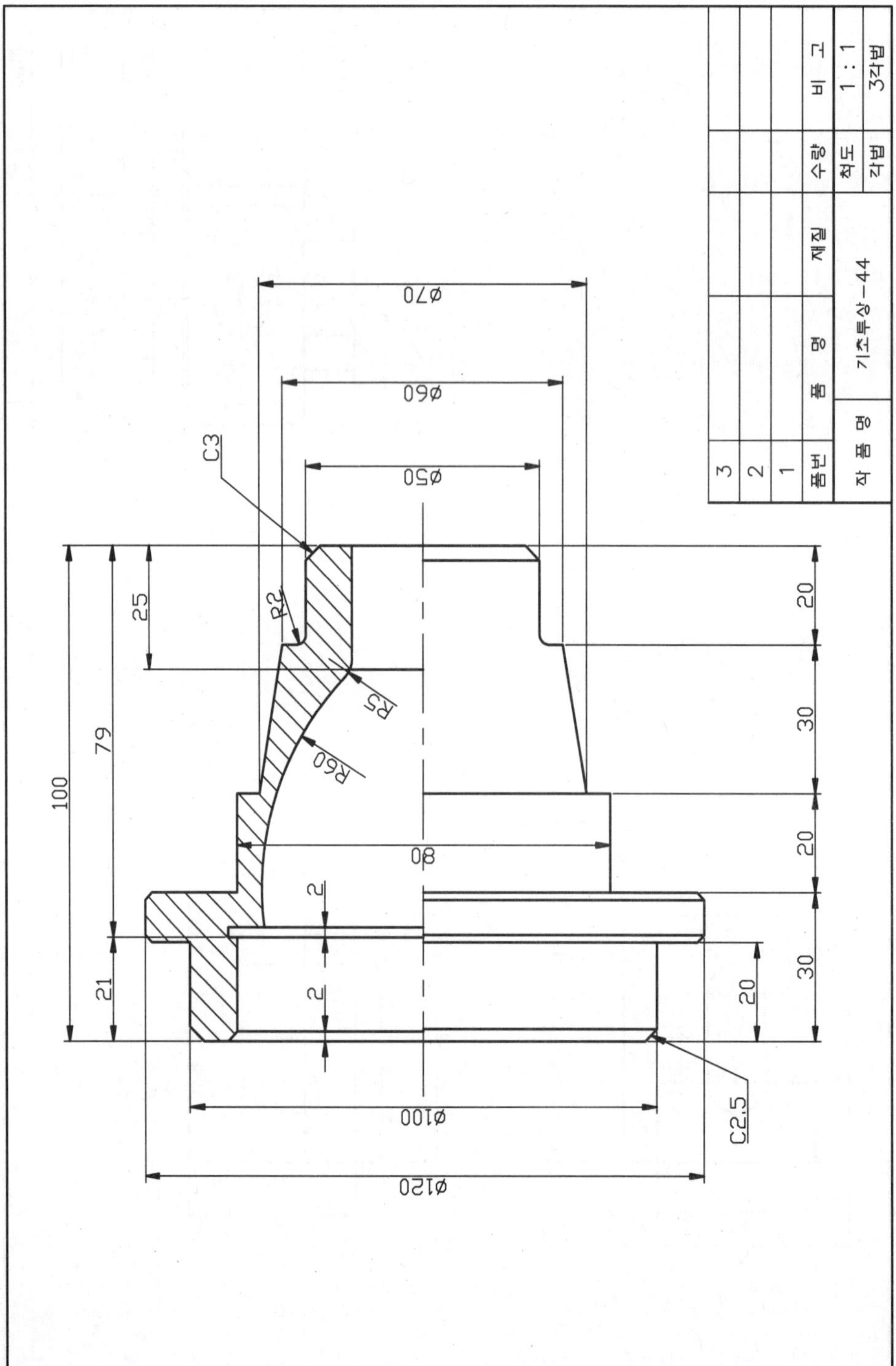
ø70
ø60
ø50
C3
R2
R5
R60
25
79
100
21
2
2
80
20
30
20
30
20
ø100
ø120
C2.5
3
2
1
품번
품 명
재질
수량
비 고
작 품 명
기초투상-44
척도
1 : 1
각법
3각법

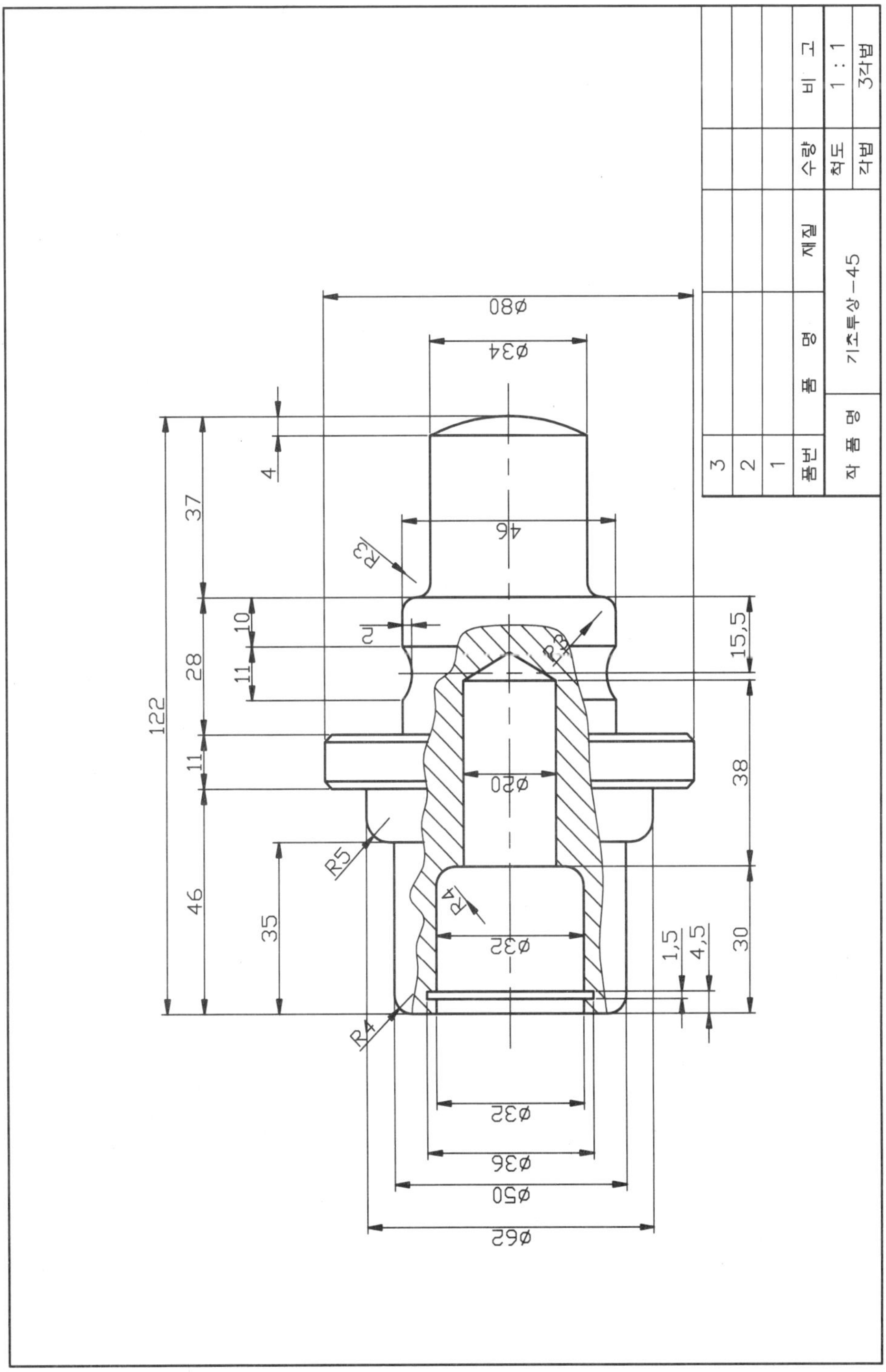
품번
품 명
재질
수량
비 고
작 품 명
기초투상-45
척도
1 : 1
각법
3각법

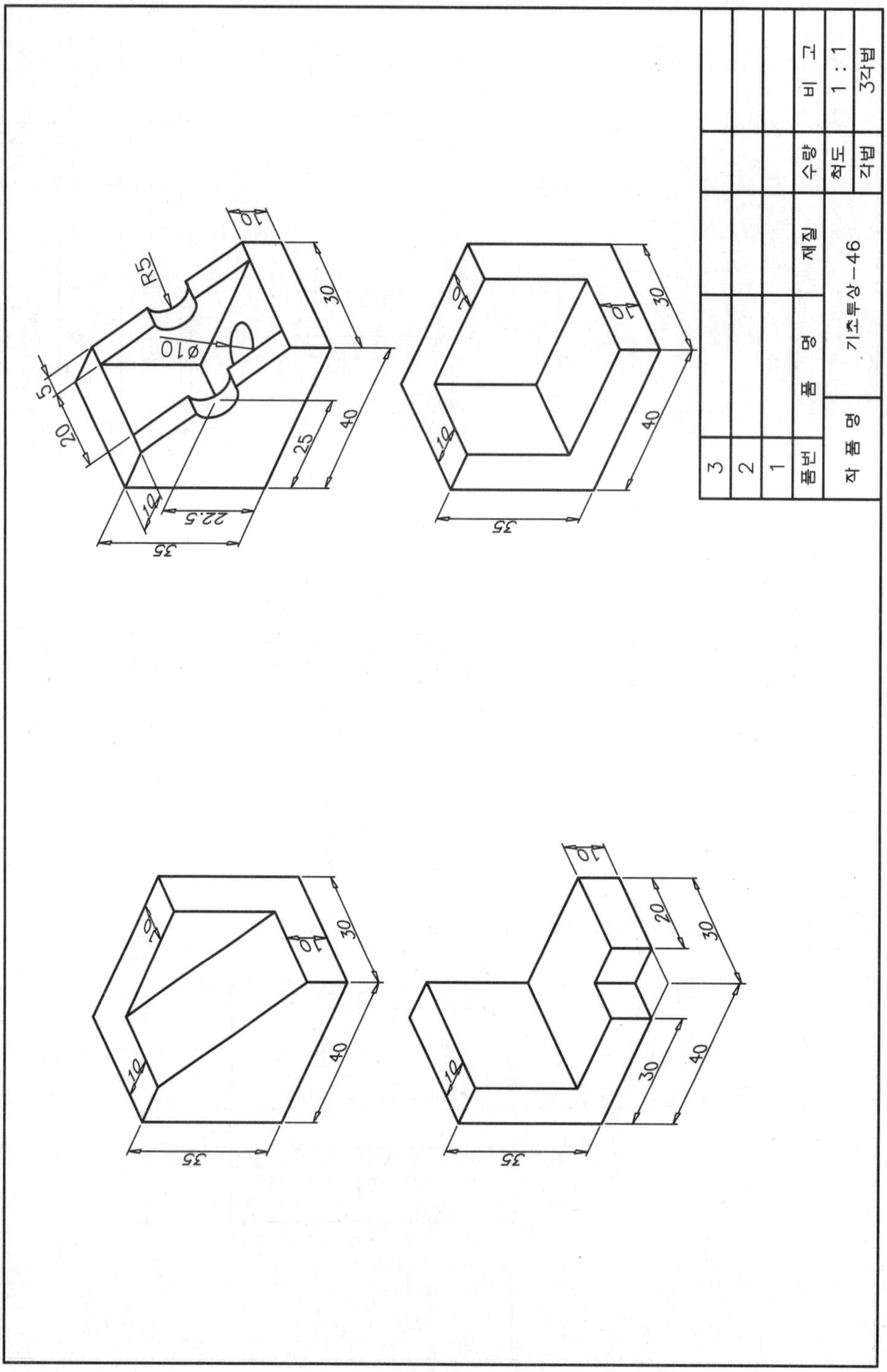

3
2
1
품번
품 명
재질
수량
비 고
척도
1 : 1
각법
3각법
작 품 명
기초투상-46
R5
ø10
5
20
10
22.5
35
25
40
30
20
30

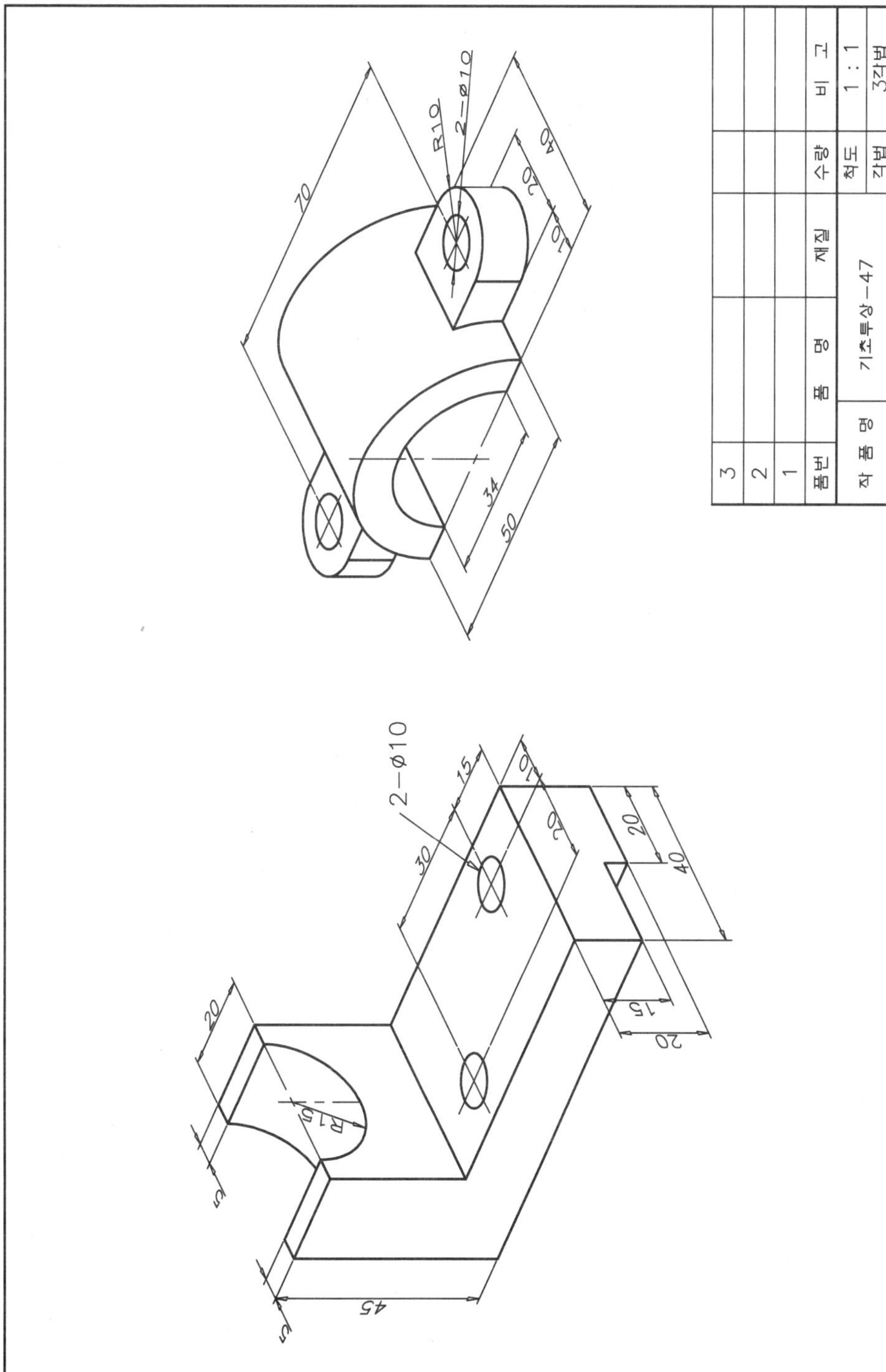
2-Ø10
R15
R10
2-Ø10
작 품 명
기초투상-47
품번
품 명
재질
수량
비 고
척도
1 : 1
각법
3각법

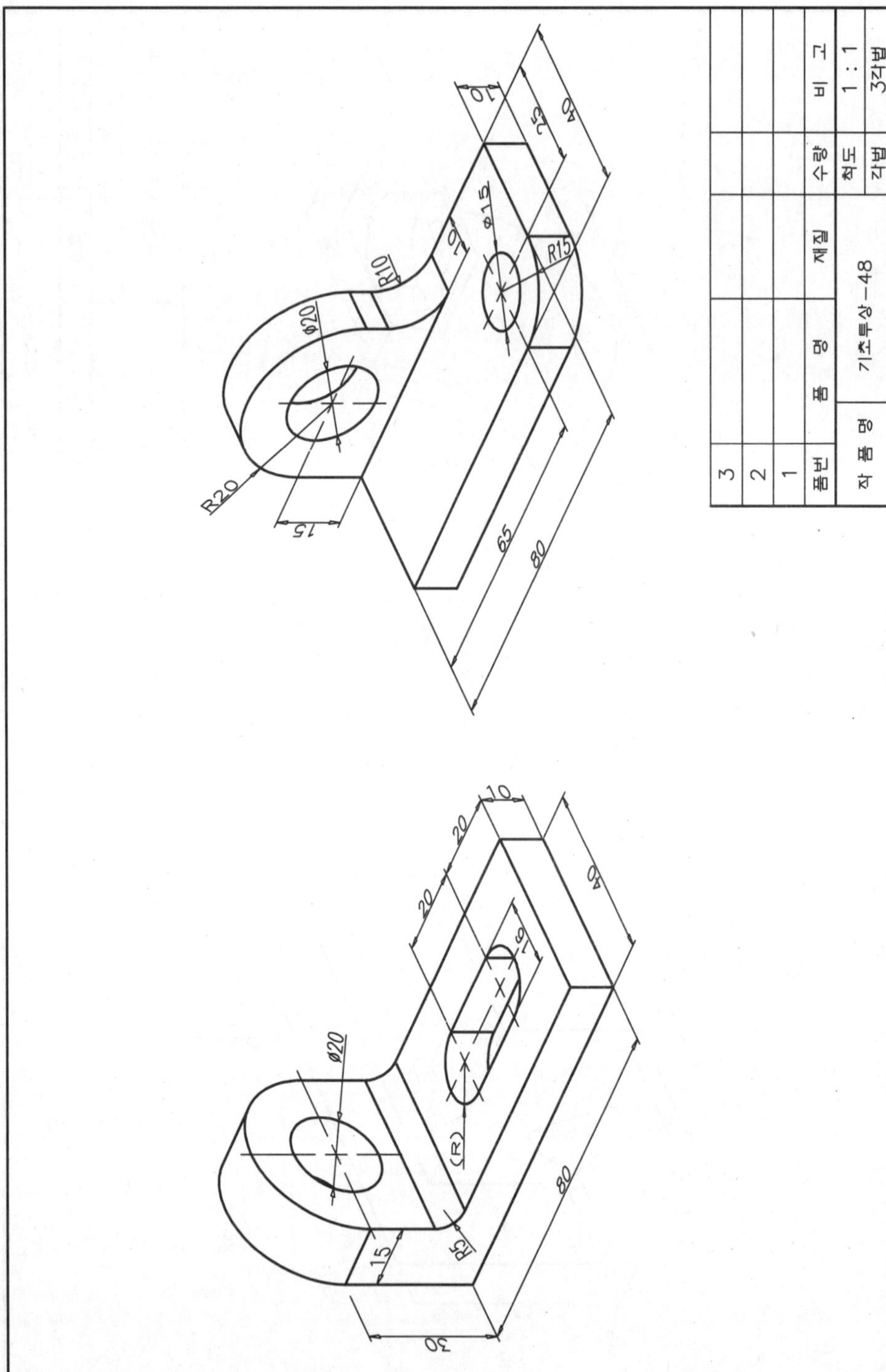
3
2
1
품번
품 명
재질
수량
비 고
작 품 명
기초투상-48
척도
1 : 1
각법
3각법

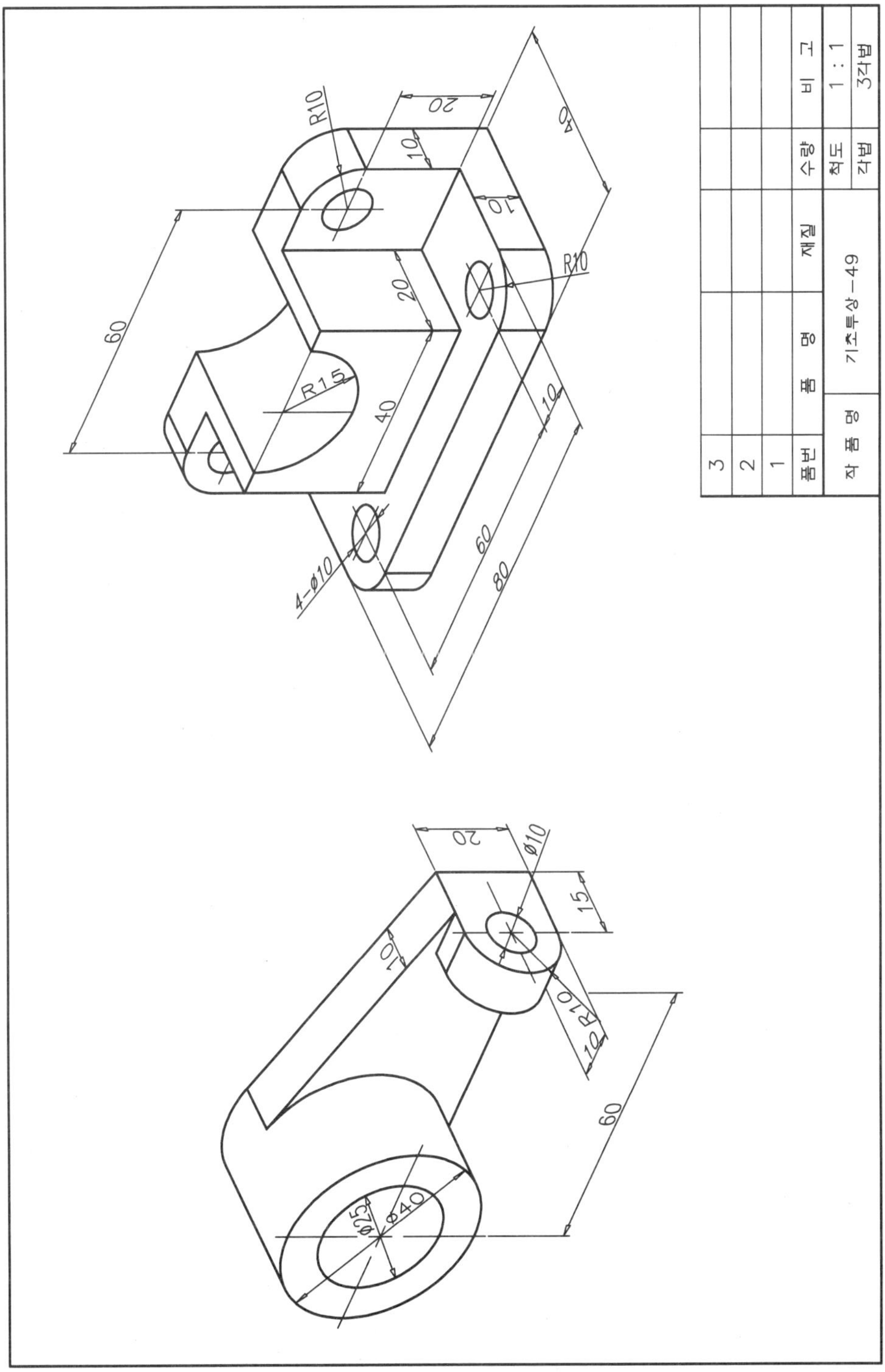
품번
품 명
재질
수량
비 고
작 품 명
기초투상-49
척도
1 : 1
각법
3각법

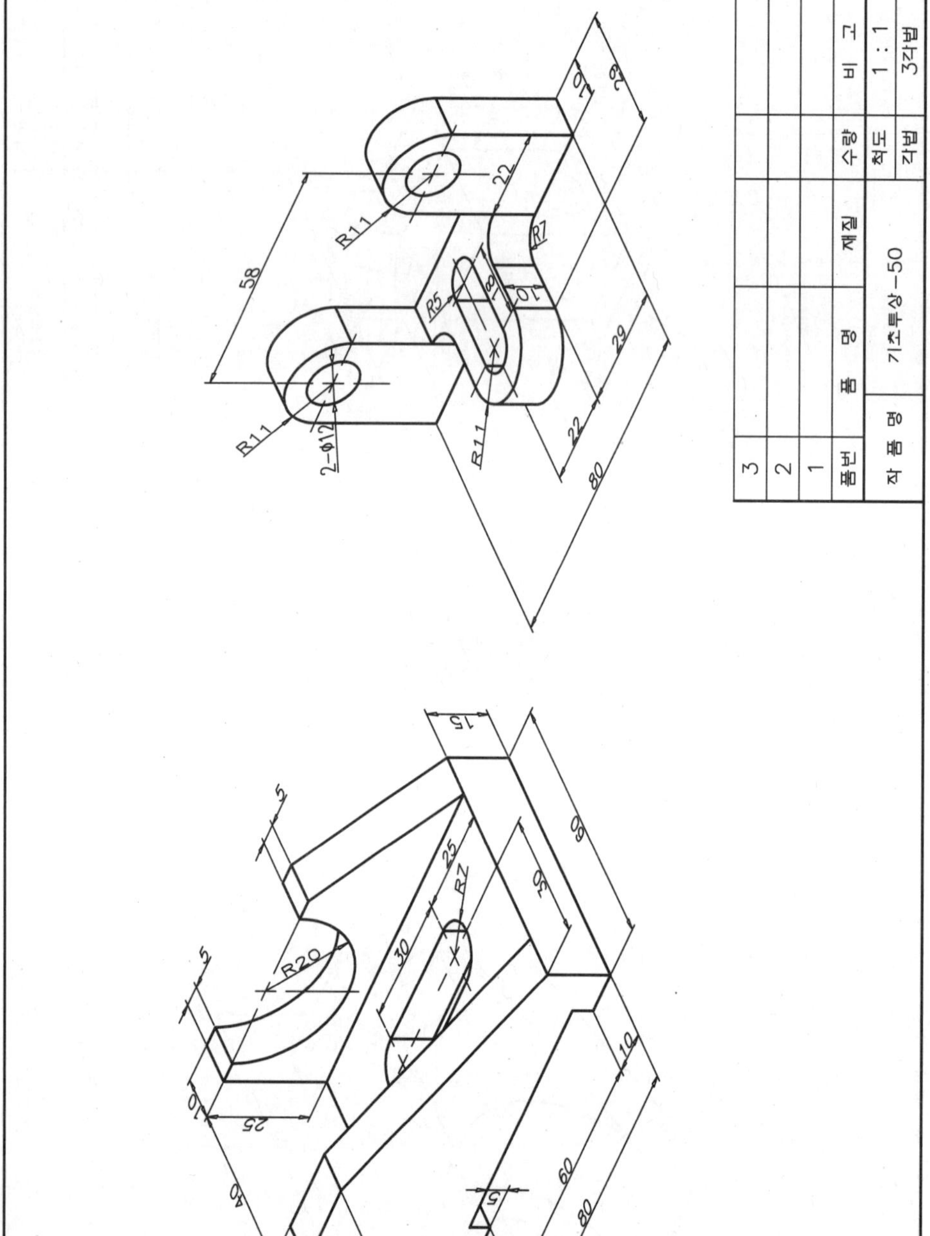
품번
품 명
재질
수량
비 고
작 품 명
기초투상 -50
척도
1 : 1
각법
3각법

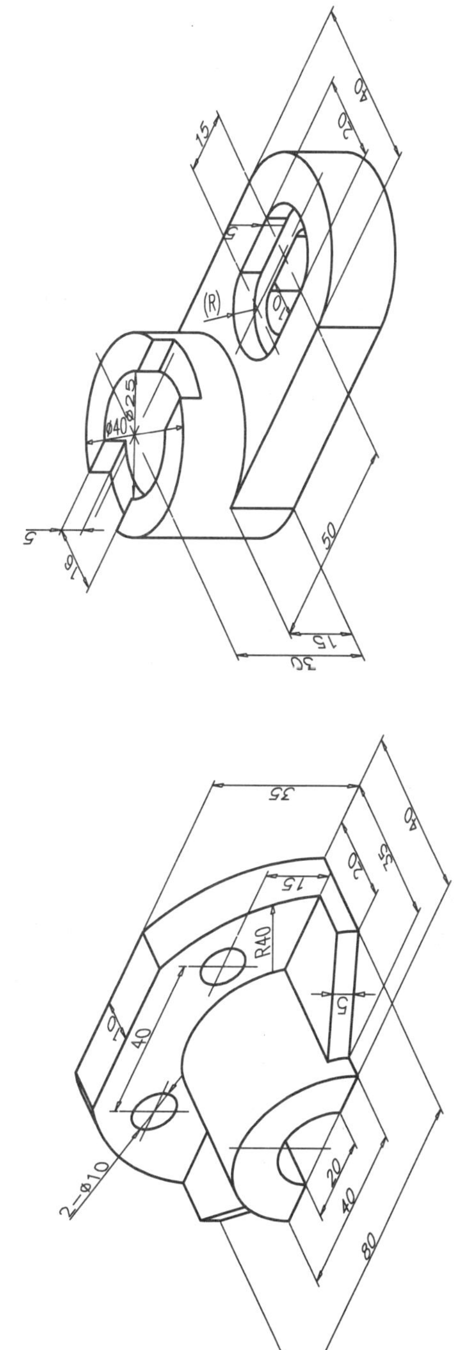

3				
2				
1				
품번	품 명	재질	수량	비 고
작 품 명	기초투상-51		척도	1 : 1
			각법	3각법

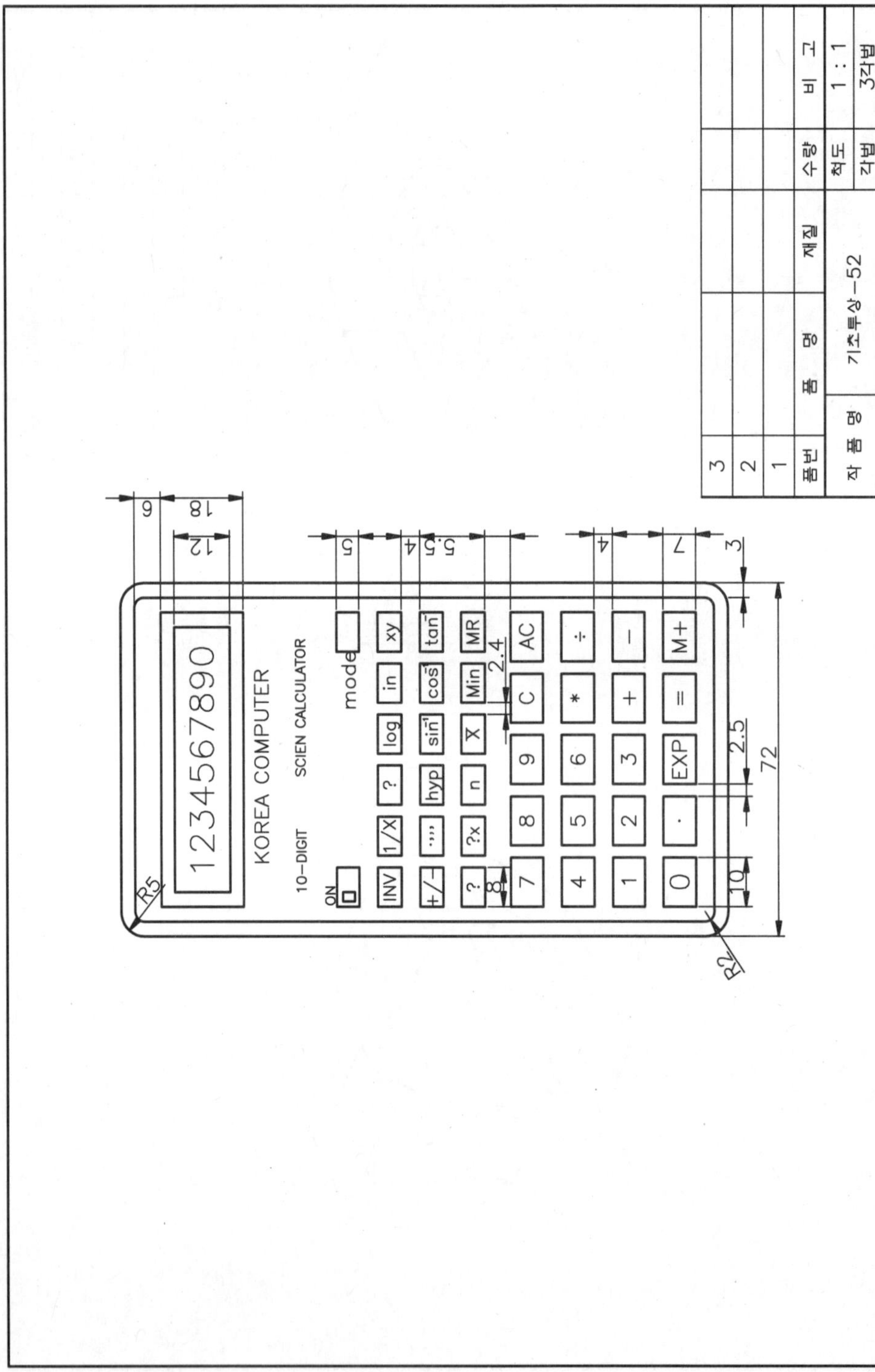
1234567890
KOREA COMPUTER
10-DIGIT
SCIEN CALCULATOR
ON
mode
품번
품 명
재질
수량
비 고
척도
1 : 1
각법
3각법
작 품 명
기초투상-52

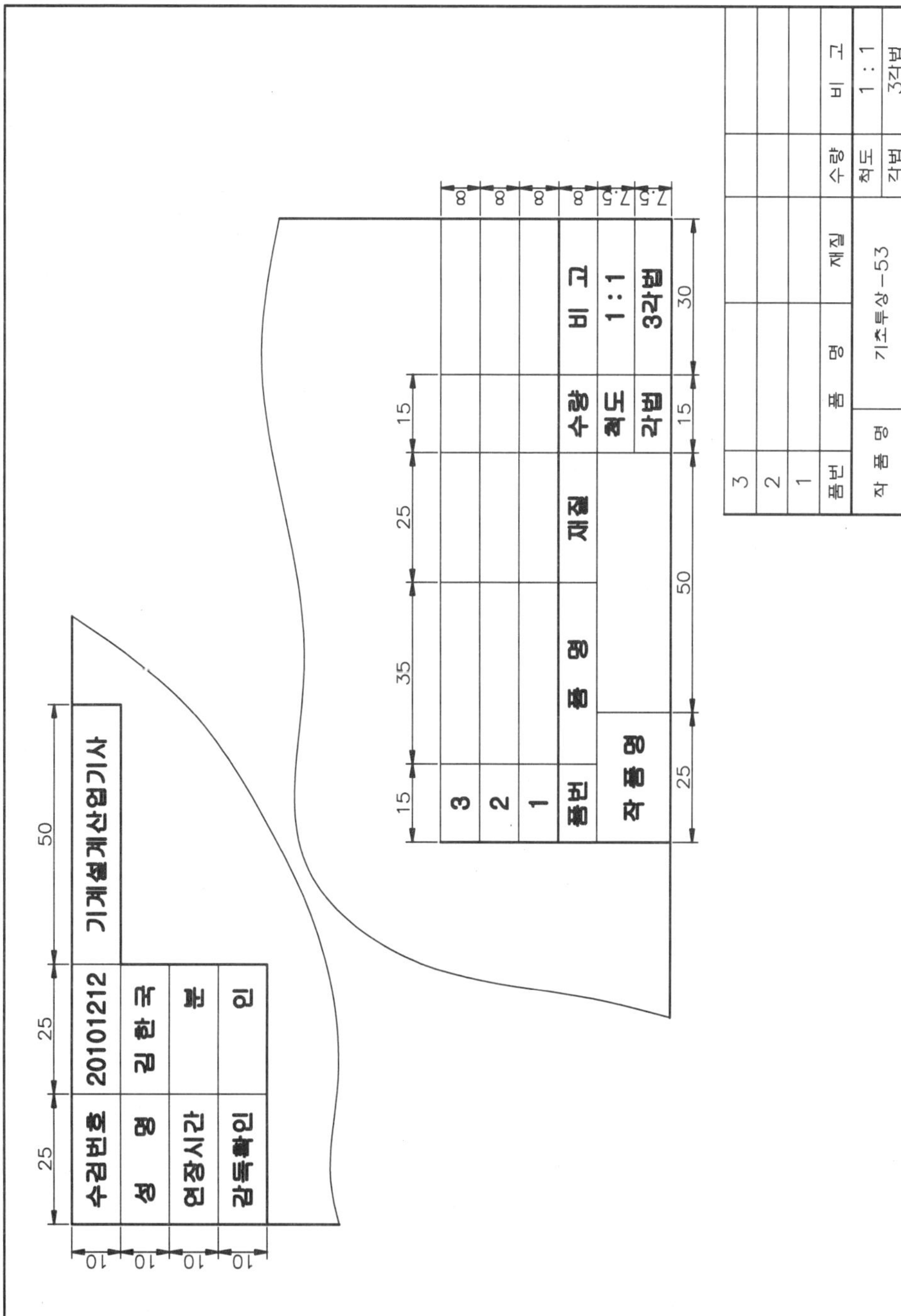
수검번호
20101212
기계설계산업기사
성 명
김 한 국
연장시간
분
감독확인
인
품번
품 명
재질
수량
비 고
작 품 명
척도
1 : 1
각법
3각법
기초투상-53

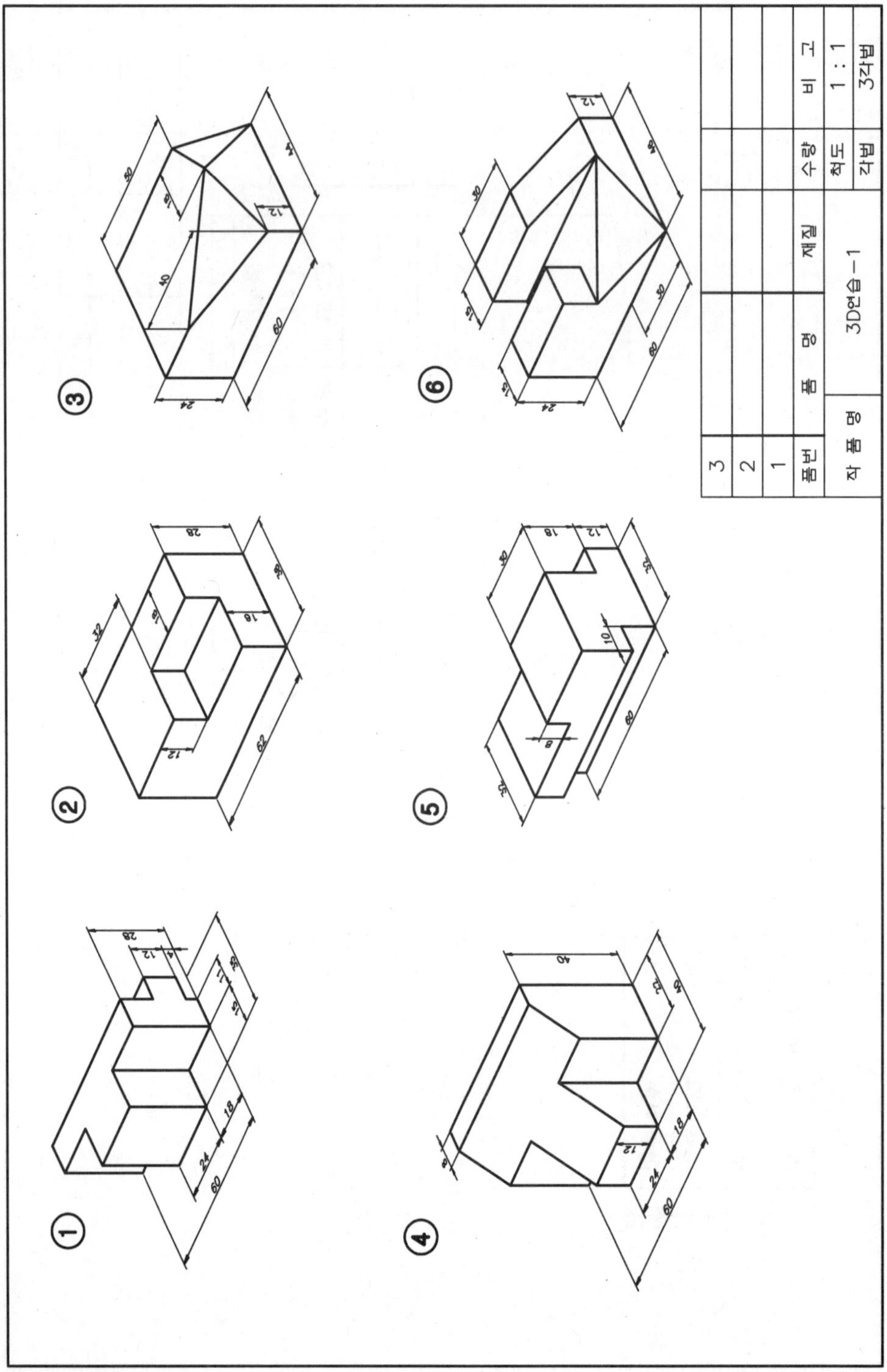
①
②
③
④
⑤
⑥
3
2
1
품번
품 명
재질
수량
비 고
작 품 명
3D연습-1
척도
1 : 1
각법
3각법

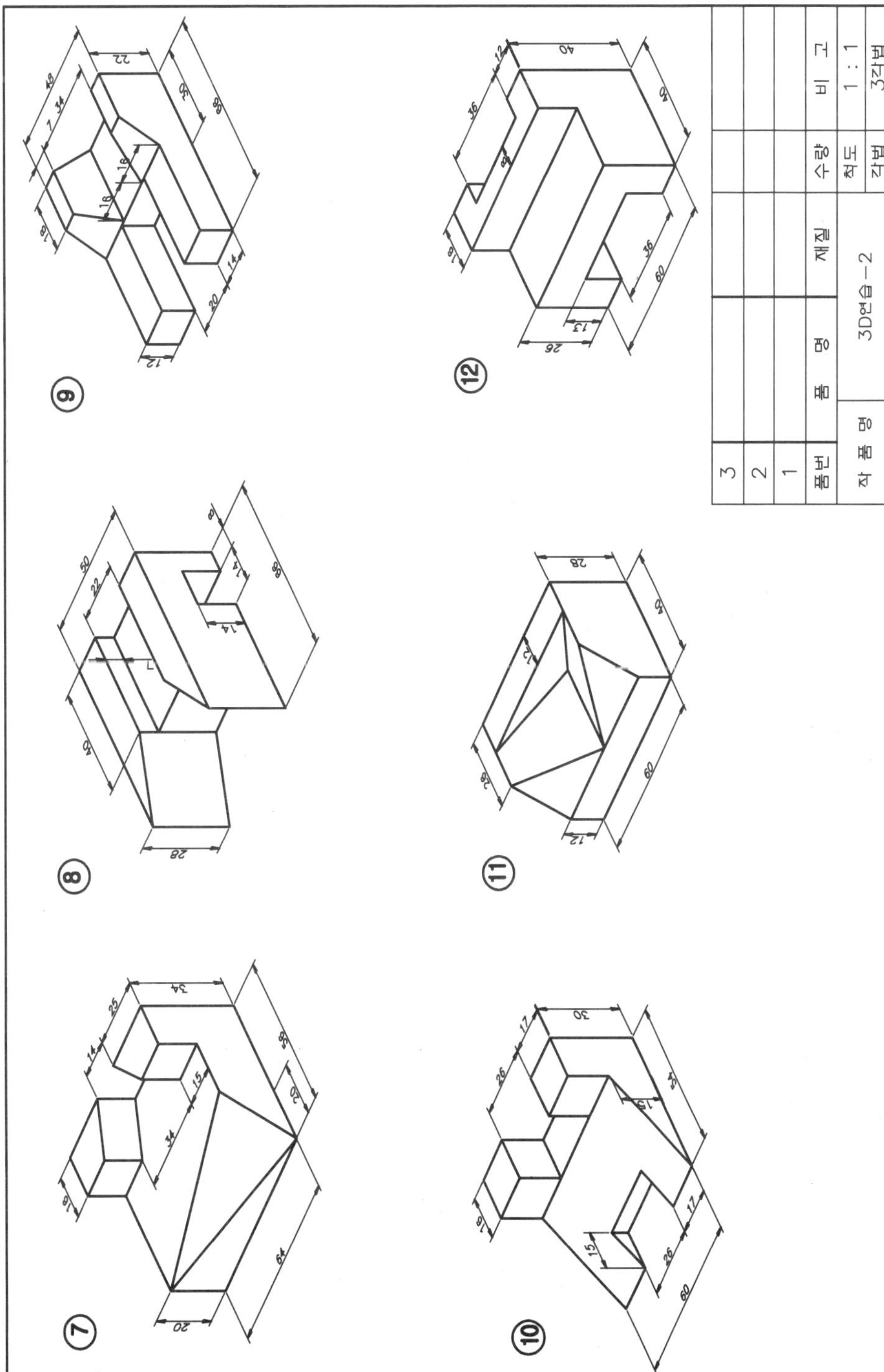
⑦
⑧
⑨
⑩
⑪
⑫
3
2
1
품번
품 명
재질
수량
비 고
작 품 명
3D연습－2
척도
1 : 1
각법
3각법

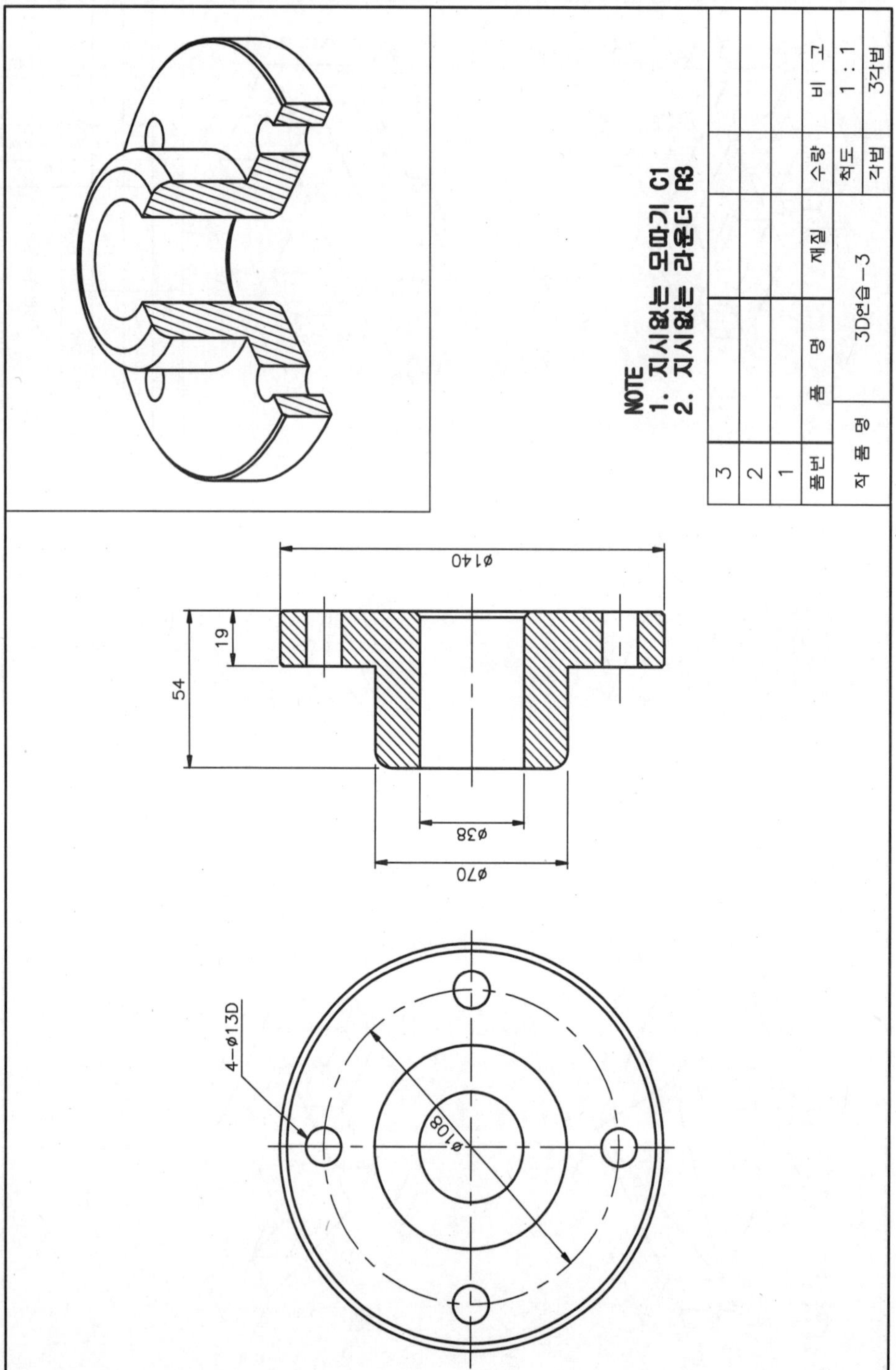
NOTE
1. 지시없는 모따기 C1
2. 지시없는 라운드 R3
3
2
1
품번
품 명
재질
수량
비 고
작 품 명
3D연습-3
척도
1 : 1
각법
3각법
ø140
19
54
ø38
ø70
4-ø13D
ø108

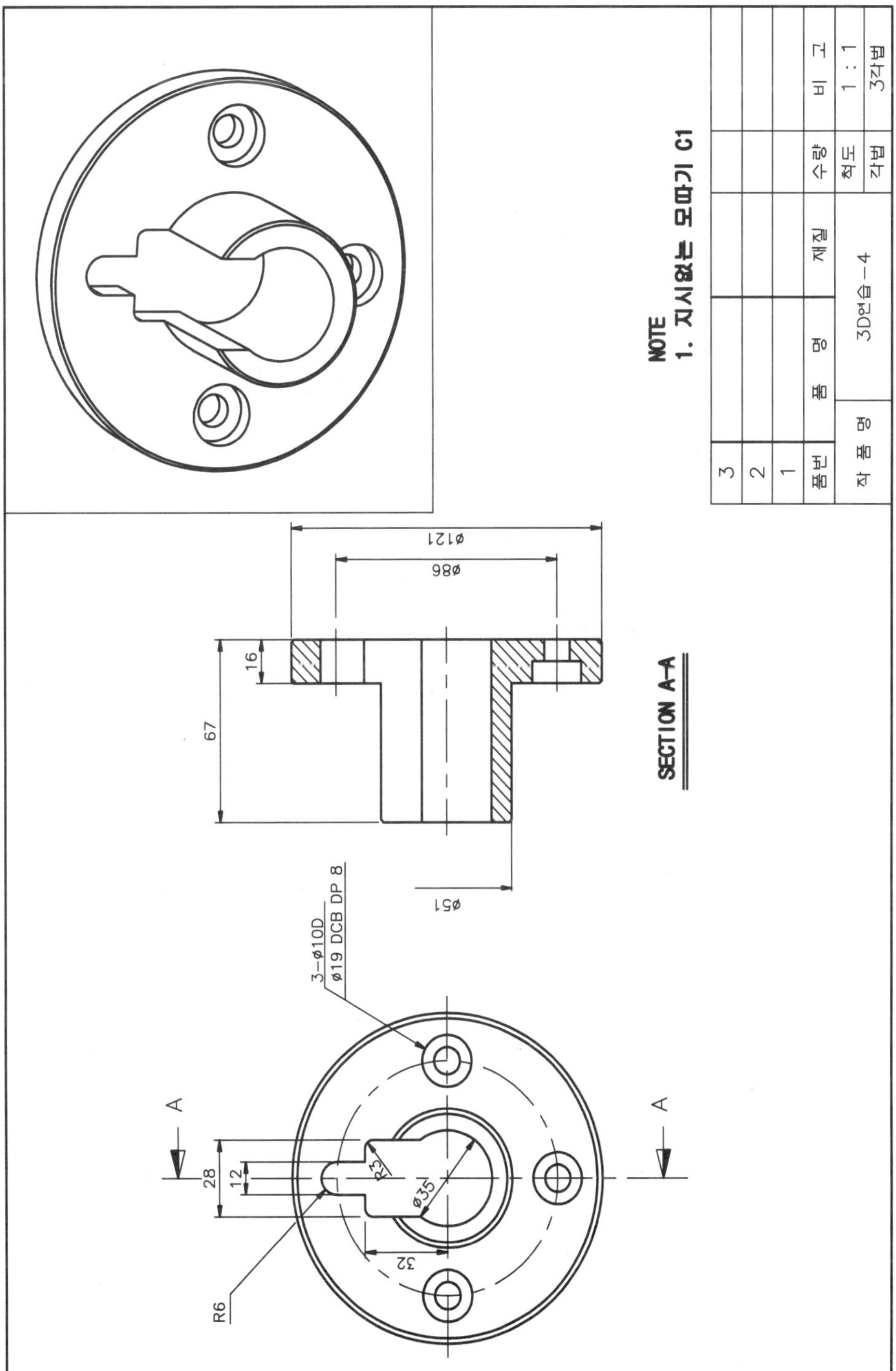
NOTE
1. 지시없는 모따기 C1
SECTION A-A
3
2
1
품번
품 명
재질
수량
비 고
척도
1 : 1
각법
3각법
작 품 명
3D연습-4
φ121
φ86
16
67
φ51
3-φ10D
φ19 DCB DP 8
A
A
28
12
R3
φ35
32
R6

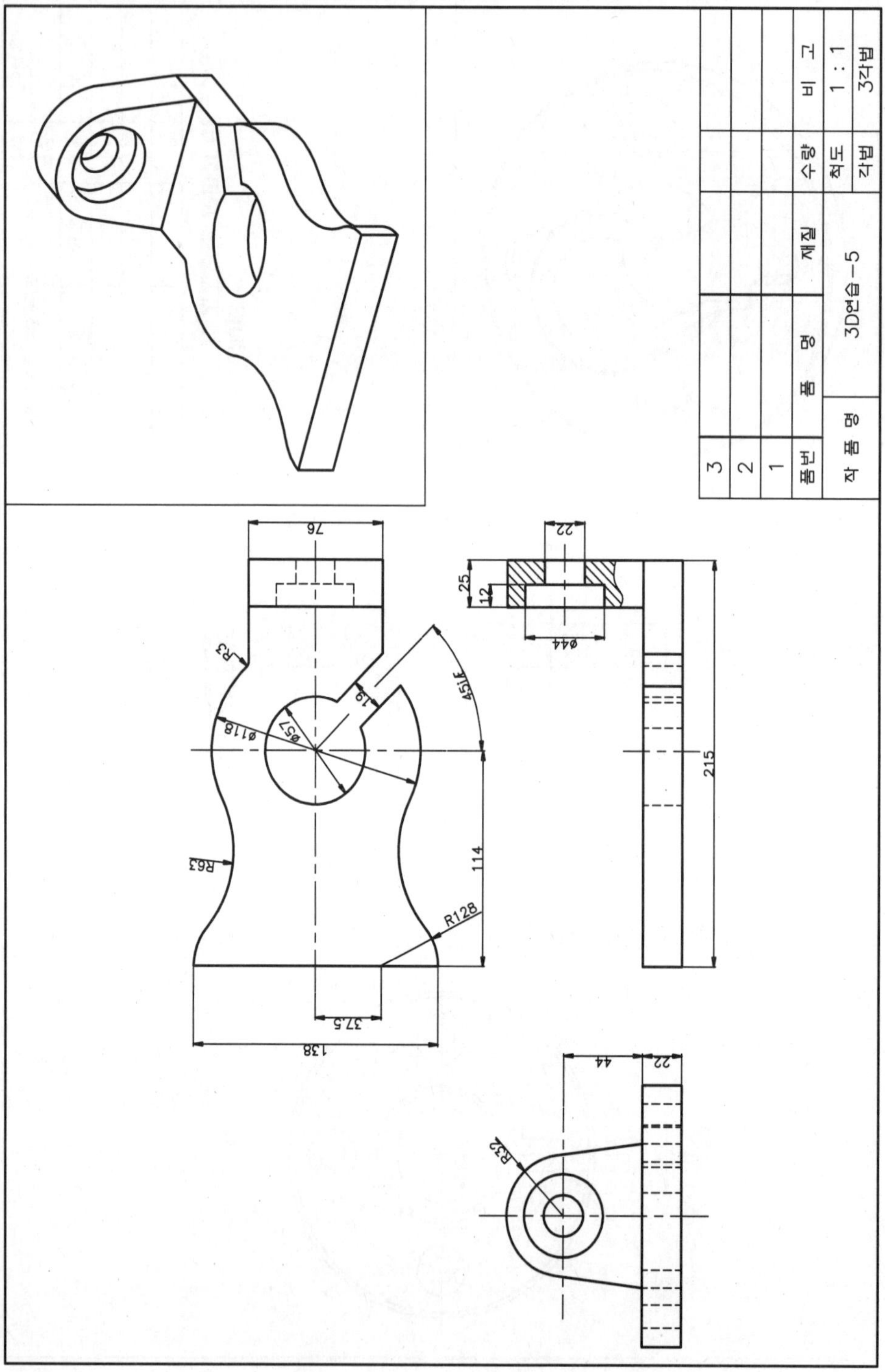
3
2
1
품번
품 명
재질
수량
비 고
척도
1 : 1
각법
3각법
작 품 명
3D연습－5
76
R3
19
45
ø118
ø57
R63
114
R128
37.5
138
22
25
12
ø44
215
44
22
R32

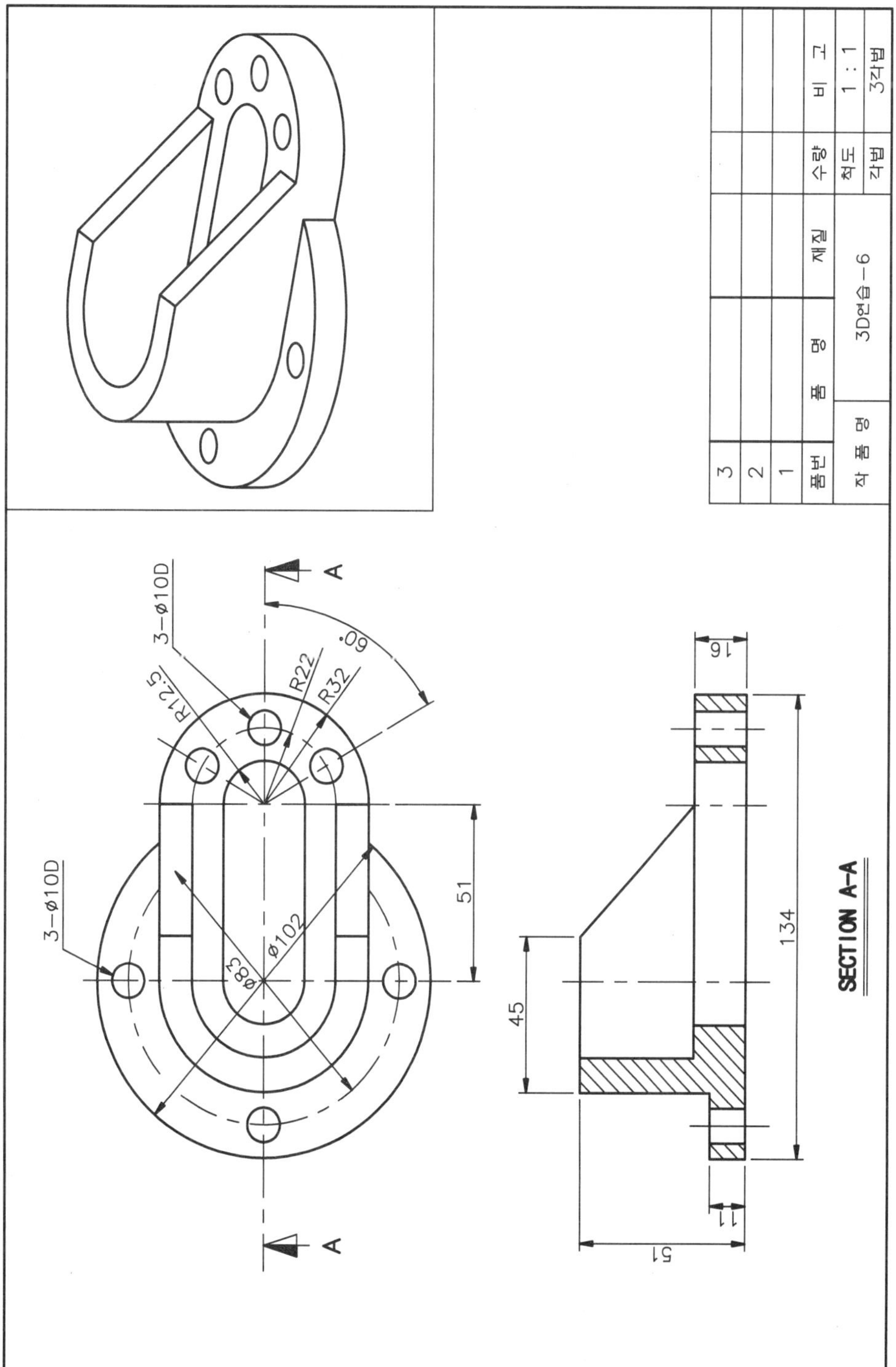
3-ø10D
R12.5
R22
R32
60°
ø102
ø83
51
45
134
16
11
51
A
A
SECTION A-A
3
2
1
품번
품 명
재질
수량
비 고
작 품 명
3D연습-6
척도
1 : 1
각법
3각법

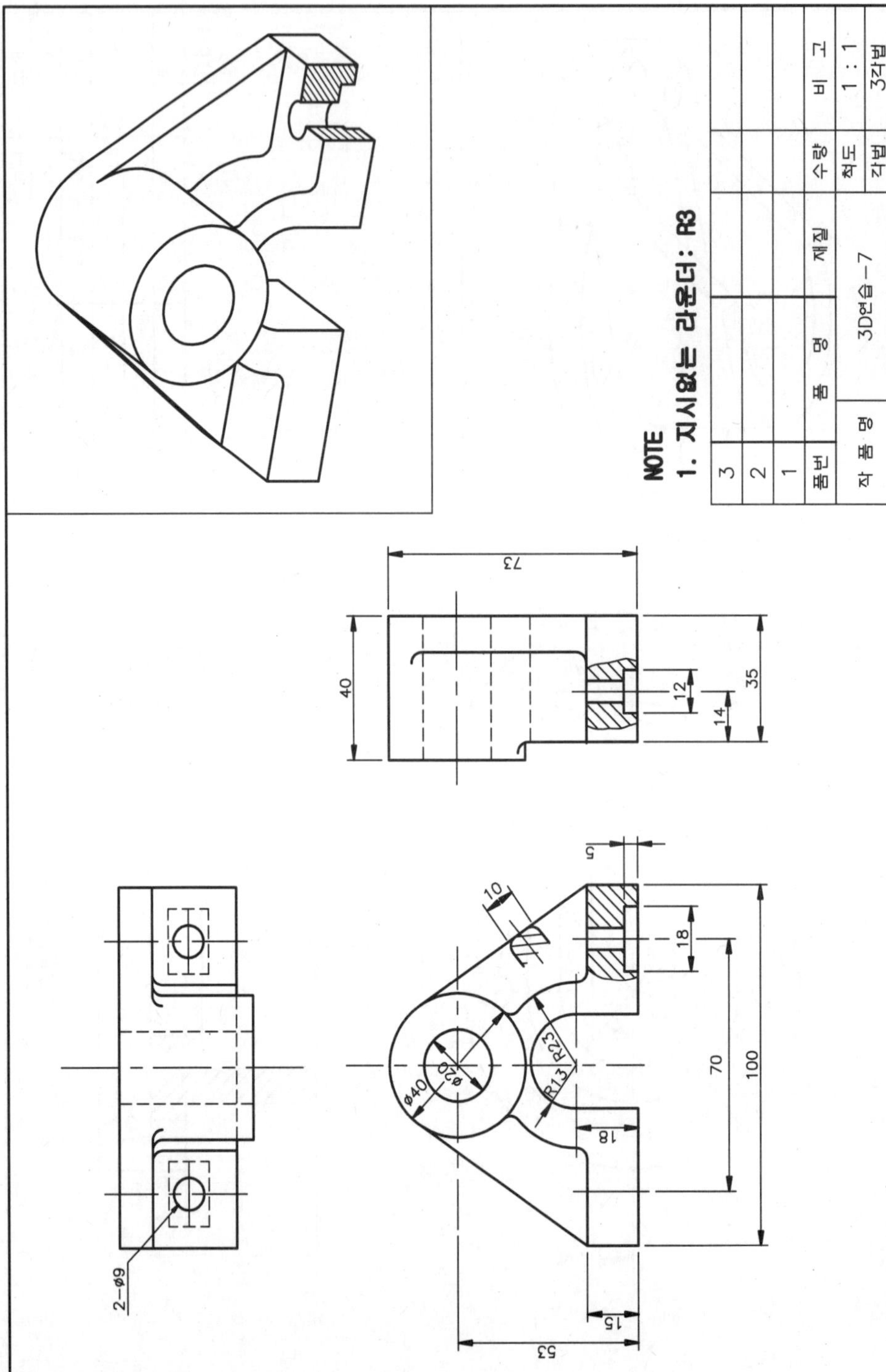
NOTE
1. 지시없는 라운드: R3
3
2
1
품번
품 명
재질
수량
비 고
작 품 명
3D연습－7
척도
1 : 1
각법
3각법
2－φ9
φ40
φ20
R13
R23
10
5
18
70
100
15
53
40
12
14
35
73

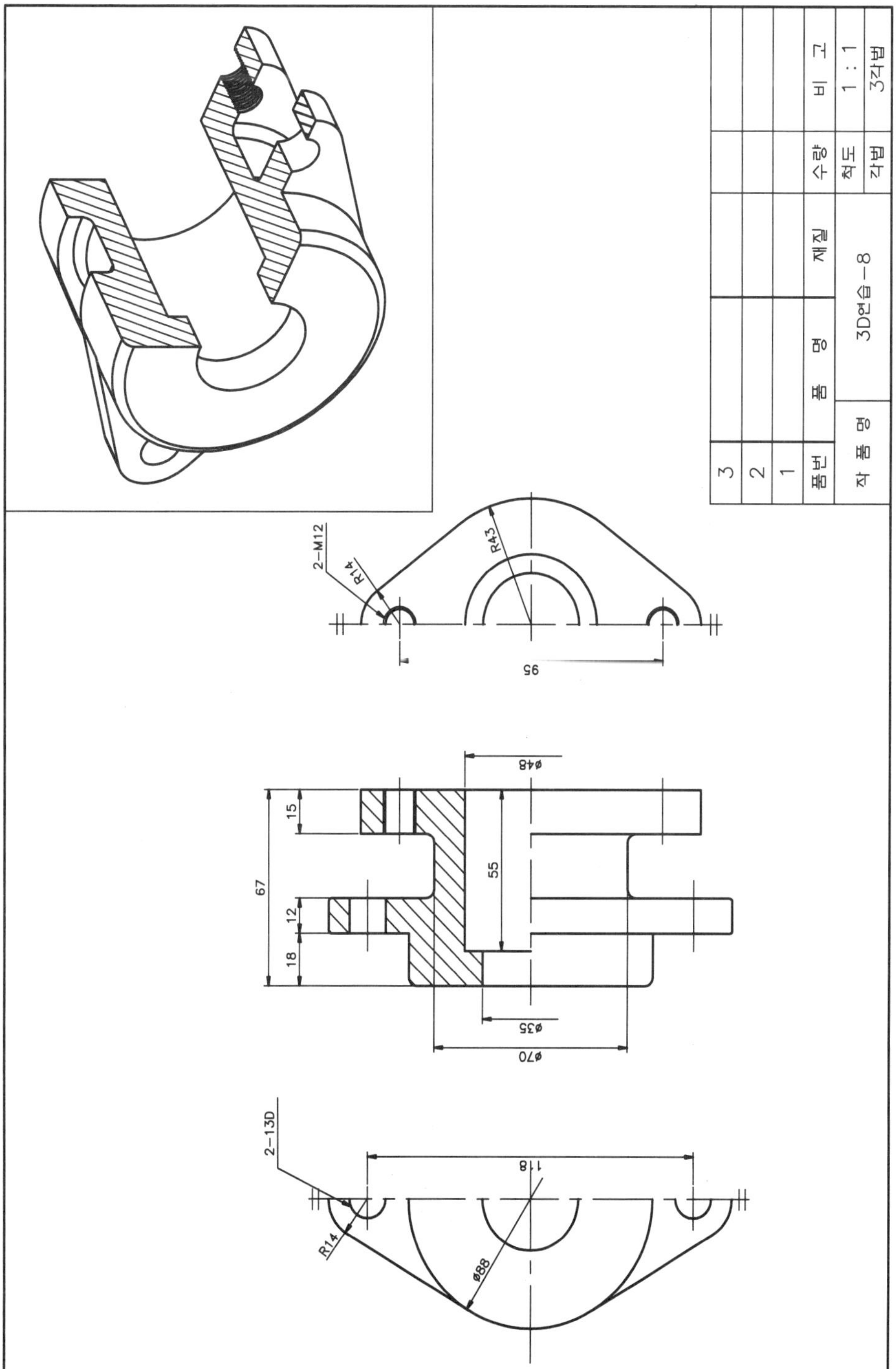

3
2
1
품번
품 명
재질
수량
비 고
척도
1 : 1
각법
3각법
작 품 명
3D연습-8
2-M12
R14
R43
95
ø48
15
67
12
18
55
ø35
ø70
2-13D
118
R14
ø88

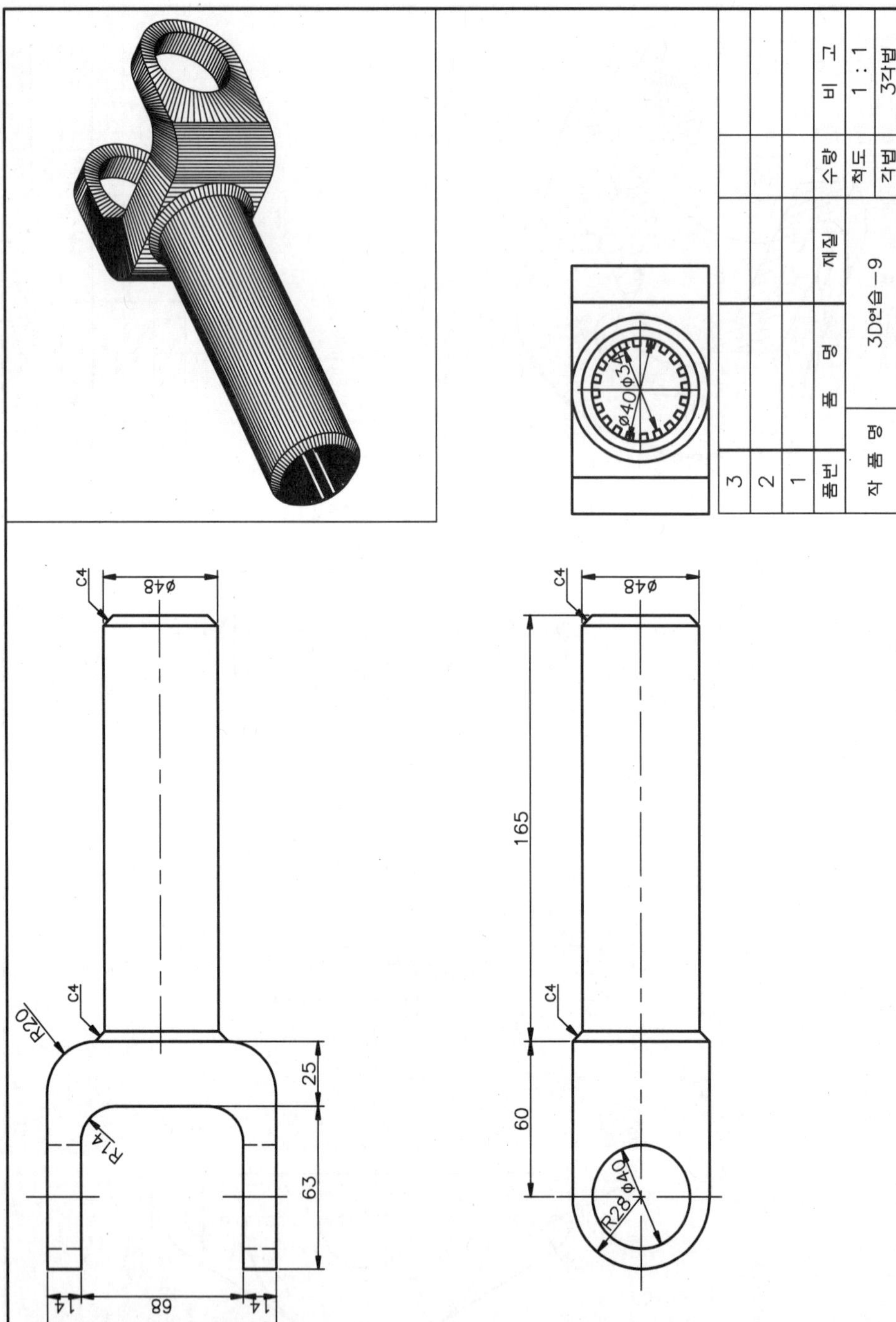
품번
품 명
재질
수량
비 고
작 품 명
3D연습-9
척도
1 : 1
각법
3각법

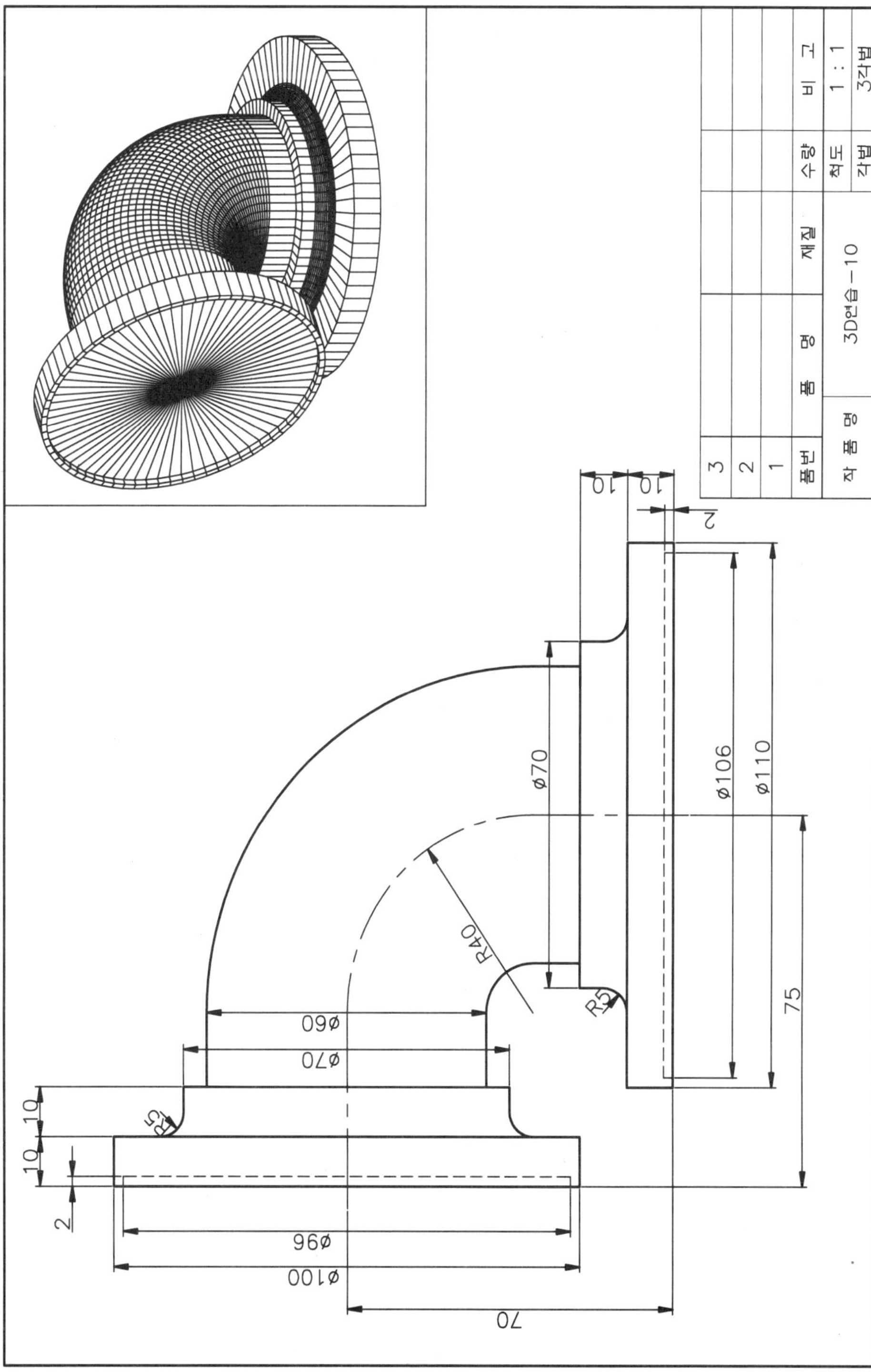
3
2
1
품번
품 명
재질
수량
비 고
작 품 명
3D연습-10
척도
1 : 1
각법
3각법
ø70
ø106
ø110
R40
R5
75
10
10
2
ø60
ø70
ø96
ø100
70

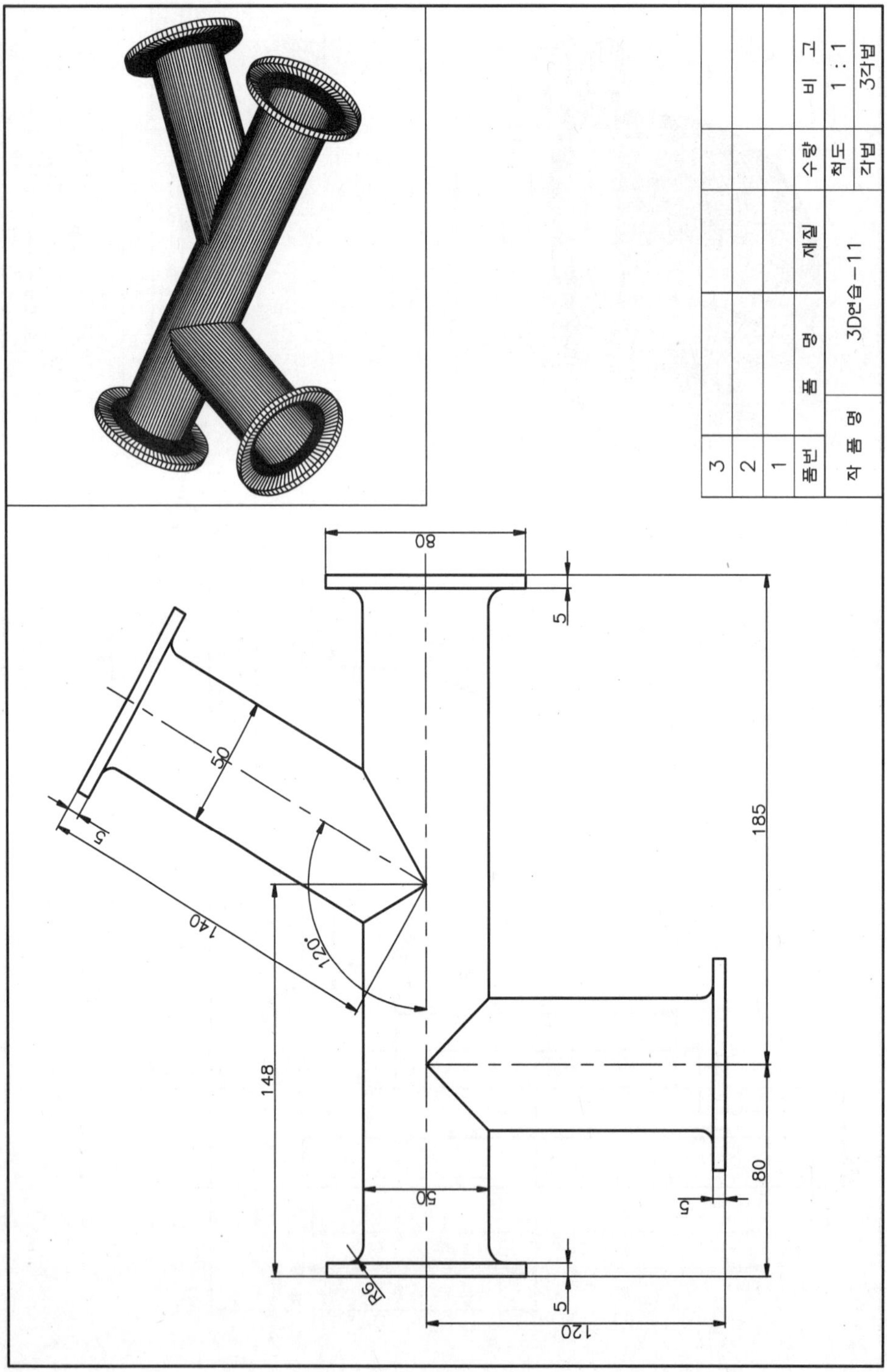

3
2
1
품번
품 명
재질
수량
비 고
척도
1 : 1
각법
3각법
작 품 명
3D연습-11
80
5
50
5
140
120°
185
148
50
80
5
R6
5
120

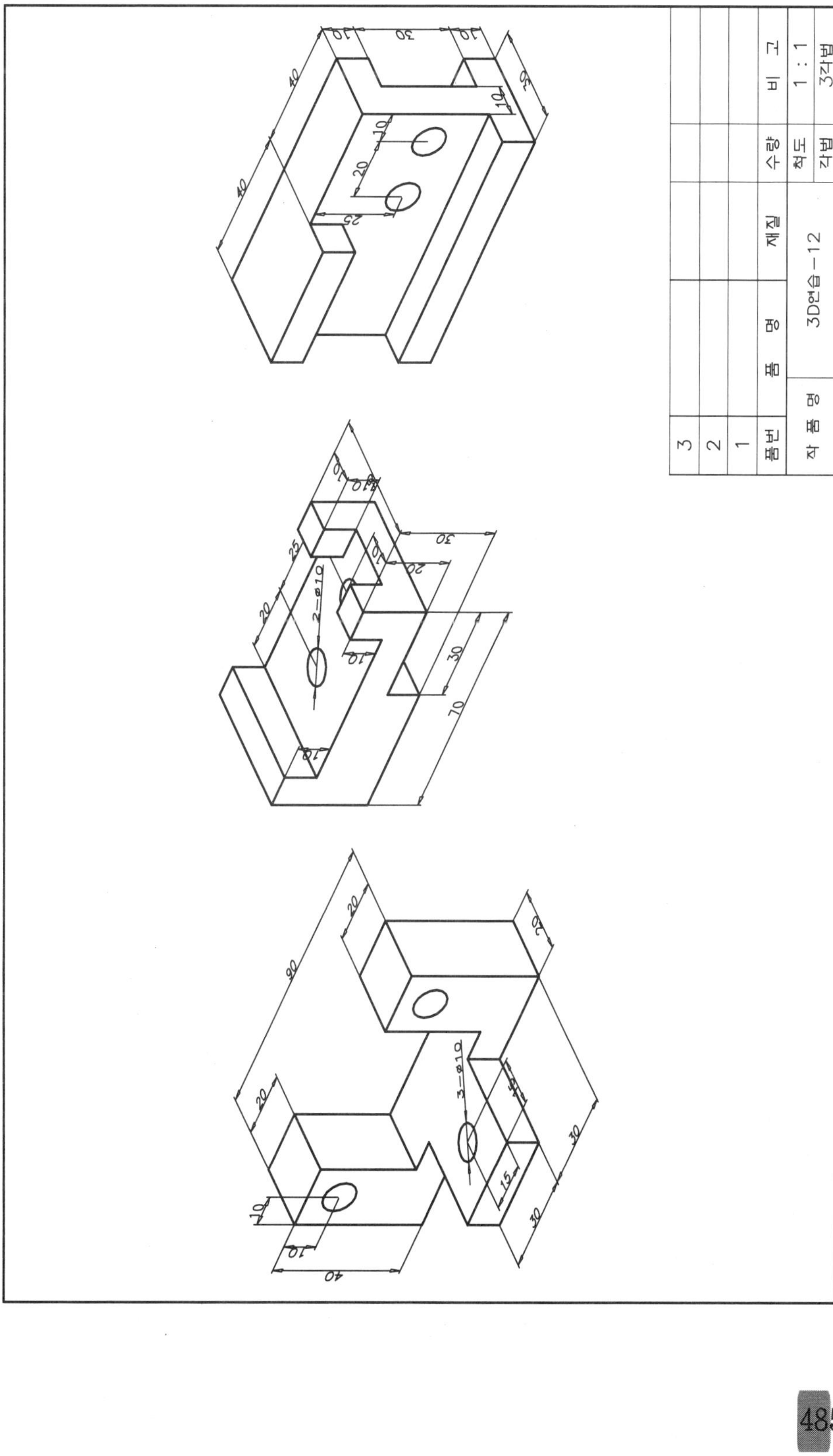
3
2
1
품번
품 명
재질
수량
비 고
작 품 명
3D연습-12
척도
1 : 1
각법
3각법

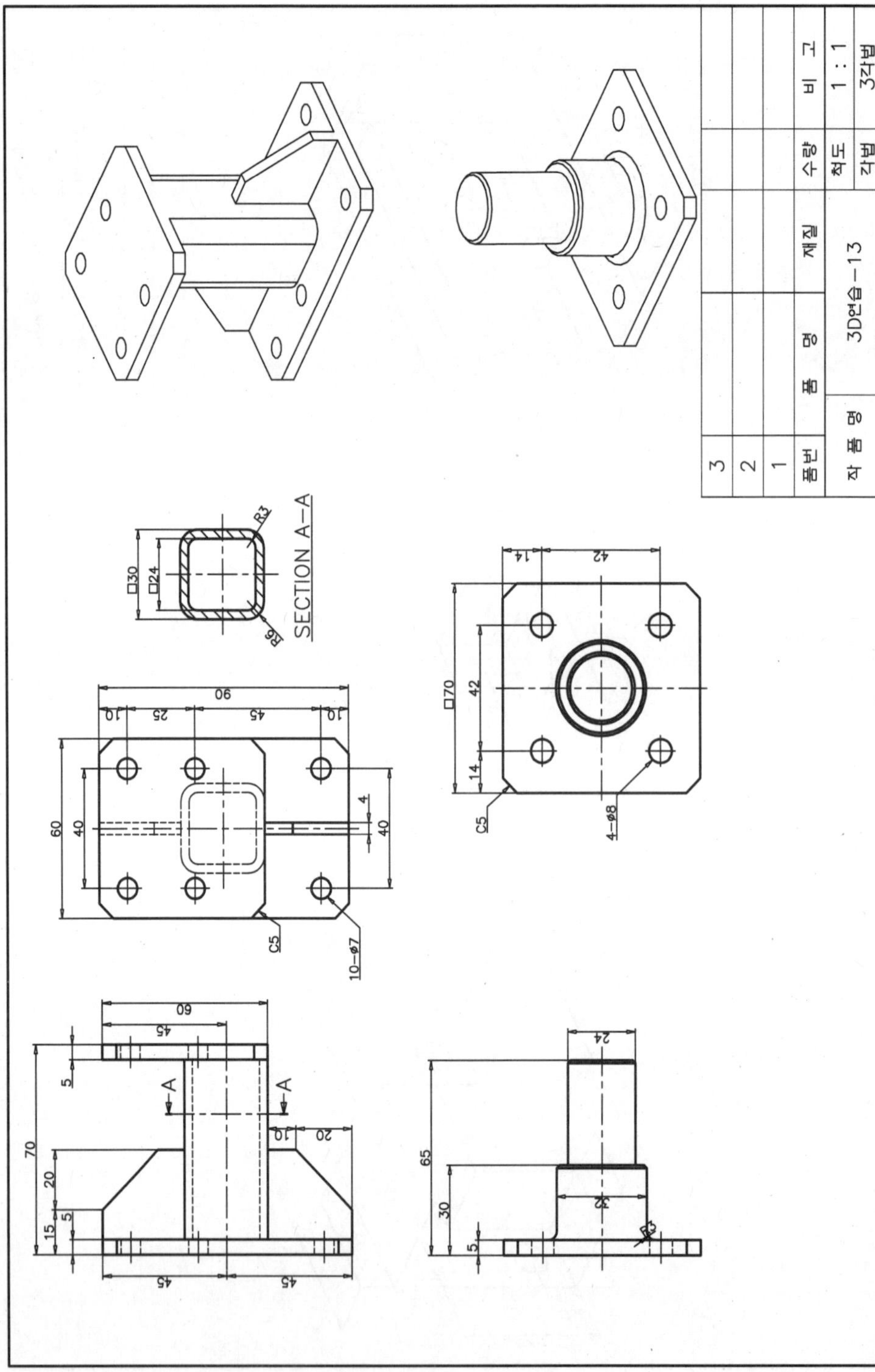
SECTION A-A
품번
품 명
재질
수량
비 고
척도
1 : 1
각법
3각법
작 품 명
3D연습-13

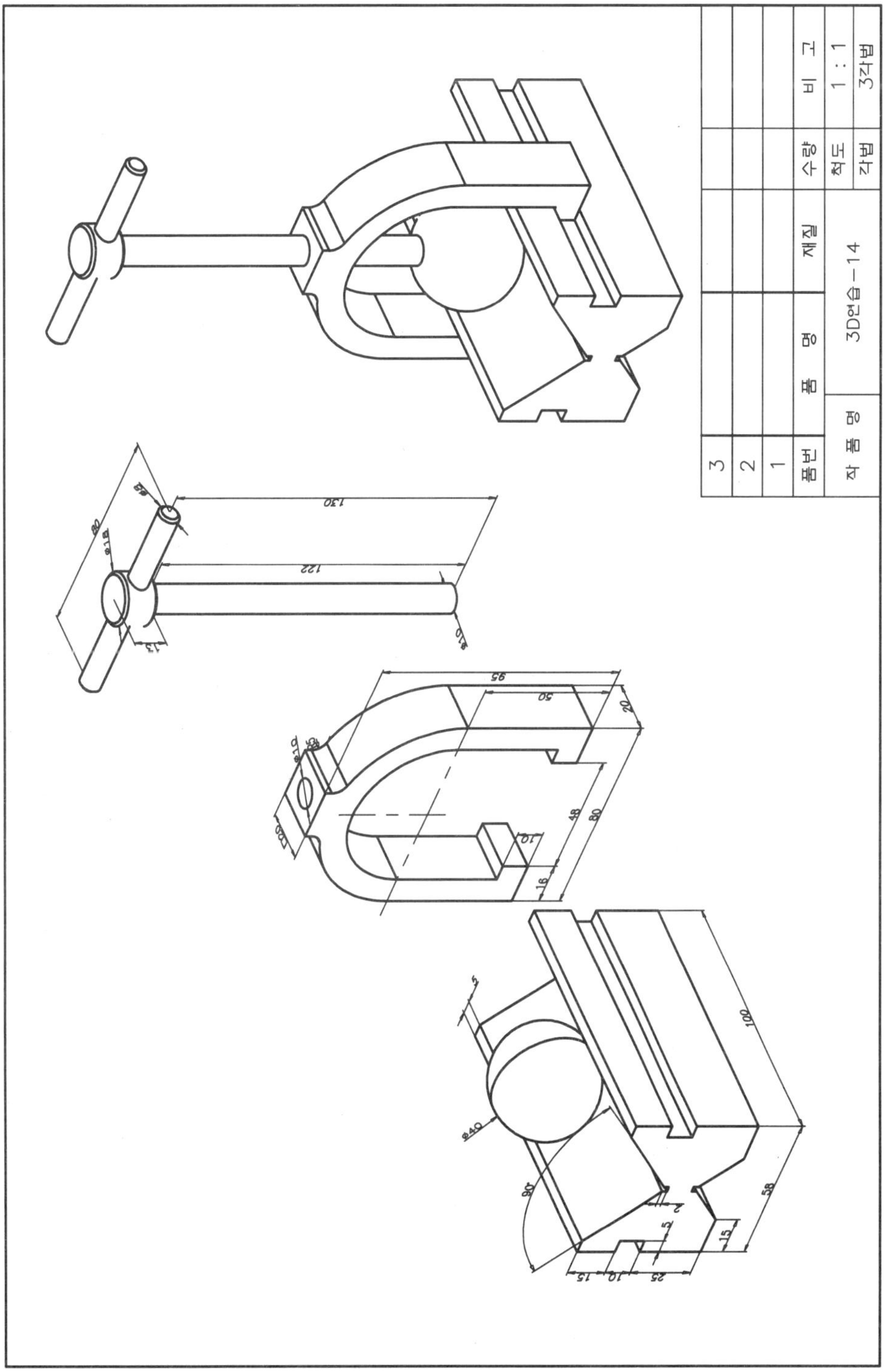
3
2
1
품번
품 명
재질
수량
비 고
작 품 명
3D연습－14
척도
1 : 1
각법
3각법

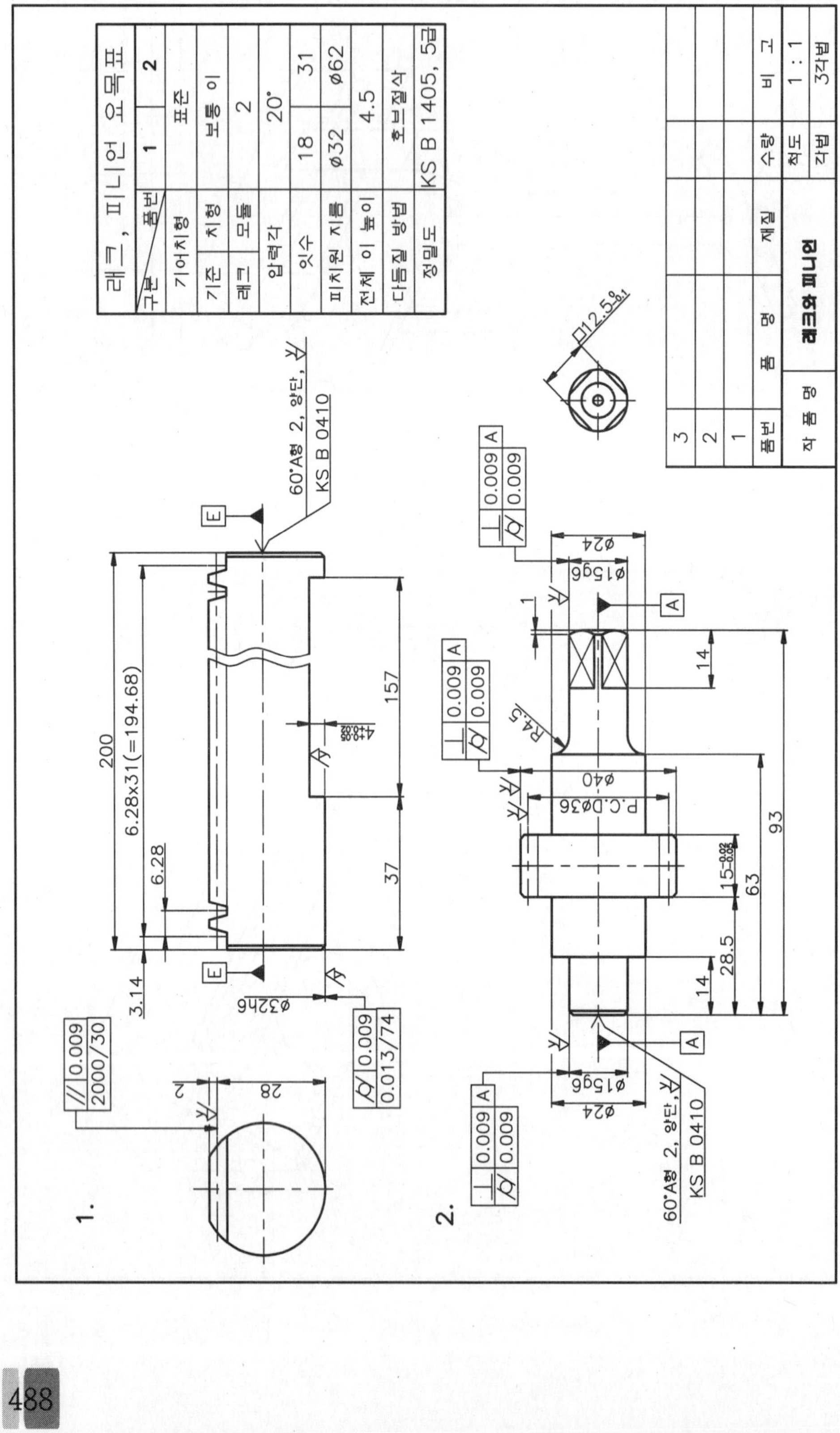
래크, 피니언 요목표
구분 / 품번 | 1 | 2
기어치형 | 표준
기준 | 치형 | 보통 이
래크 | 모듈 | 2
압력각 | 20°
잇수 | 18 | 31
피치원 지름 | ø32 | ø62
전체 이 높이 | 4.5
다듬질 방법 | 호브절삭
정밀도 | KS B 1405, 5급
1.
2.
60°A형 2, 양단,
KS B 0410
200
6.28x31(=194.68)
6.28
3.14
157
37
28
P.C.Dø36
ø40
ø24
ø15g6
93
63
28.5
14
R4.5
□12.5
품번 | 품명 | 재질 | 수량 | 비고
작품명 | 래크와 피니언 | 척도 | 1 : 1
각법 | 3각법

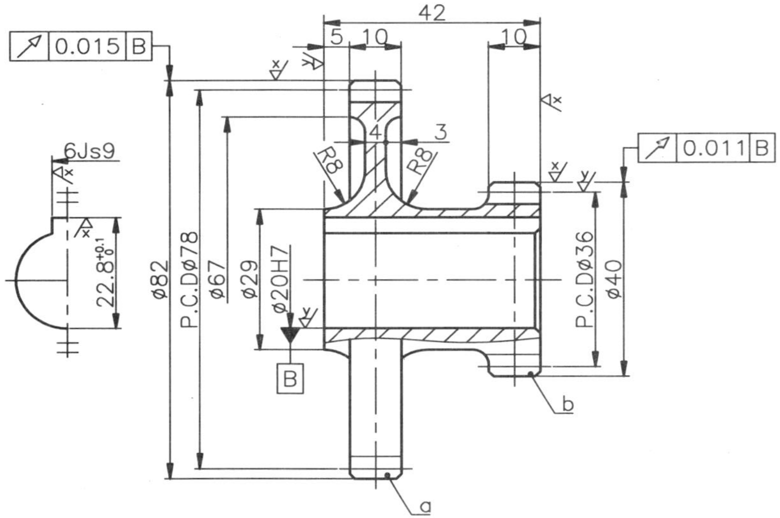

스퍼기어 요목표			
구분 ╲ 품번		a	b
기어치형		표준	
공구	치형	보통 이	
	모듈	2	
	압력각	20°	
잇수		39	18
피치원 지름		ø78	ø36
전체 이 높이		4.5	
다듬질 방법		호브절삭	
정밀도		KS B 1405, 5급	

품번	품 명	재질	수량	비 고
3				
2				
1				
작 품 명	서퍼기어-1		척도	1 : 1
			각법	3각법

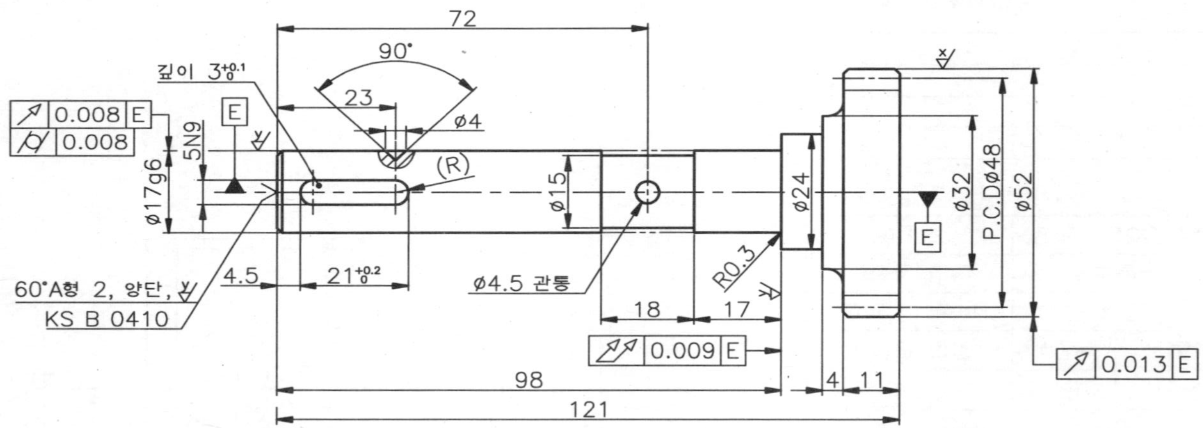

스퍼기어 요목표		
기어치형		표준
공구	치형	보통 이
	모듈	2
	압력각	20°
잇수		24
피치원 지름		ø48
전체 이 높이		4.5
다듬질 방법		호브절삭
정밀도		KS B 1405, 5급

3				
2				
1				
품번	품 명	재질	수량	비 고
작 품 명	서퍼기어-2		척도	1 : 1
			각법	3각법

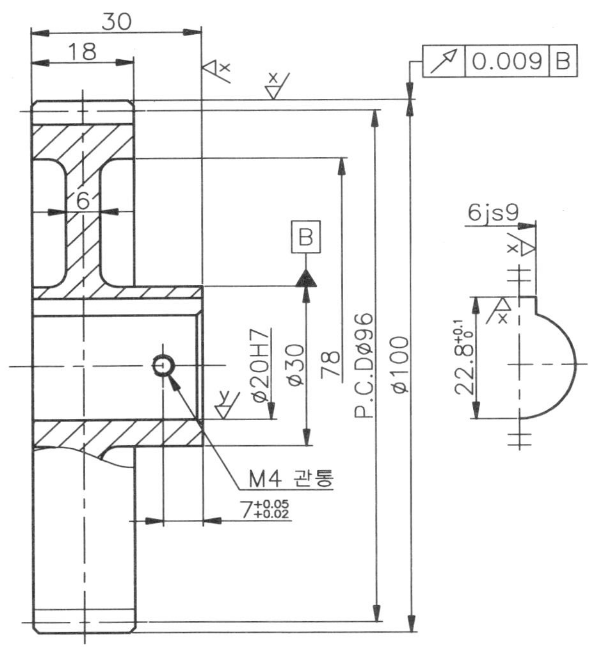

스퍼기어 요목표		
기어치형		표준
공구	치형	보통 이
	모듈	2
	압력각	20°
잇수		48
피치원 지름		Ø96
전체 이 높이		4.5
다듬질 방법		호브절삭
정밀도		KS B 1405, 5급

품번	품 명	재질	수량	비 고
3				
2				
1				
작 품 명	서퍼기어-3		척도	1 : 1
			각법	3각법

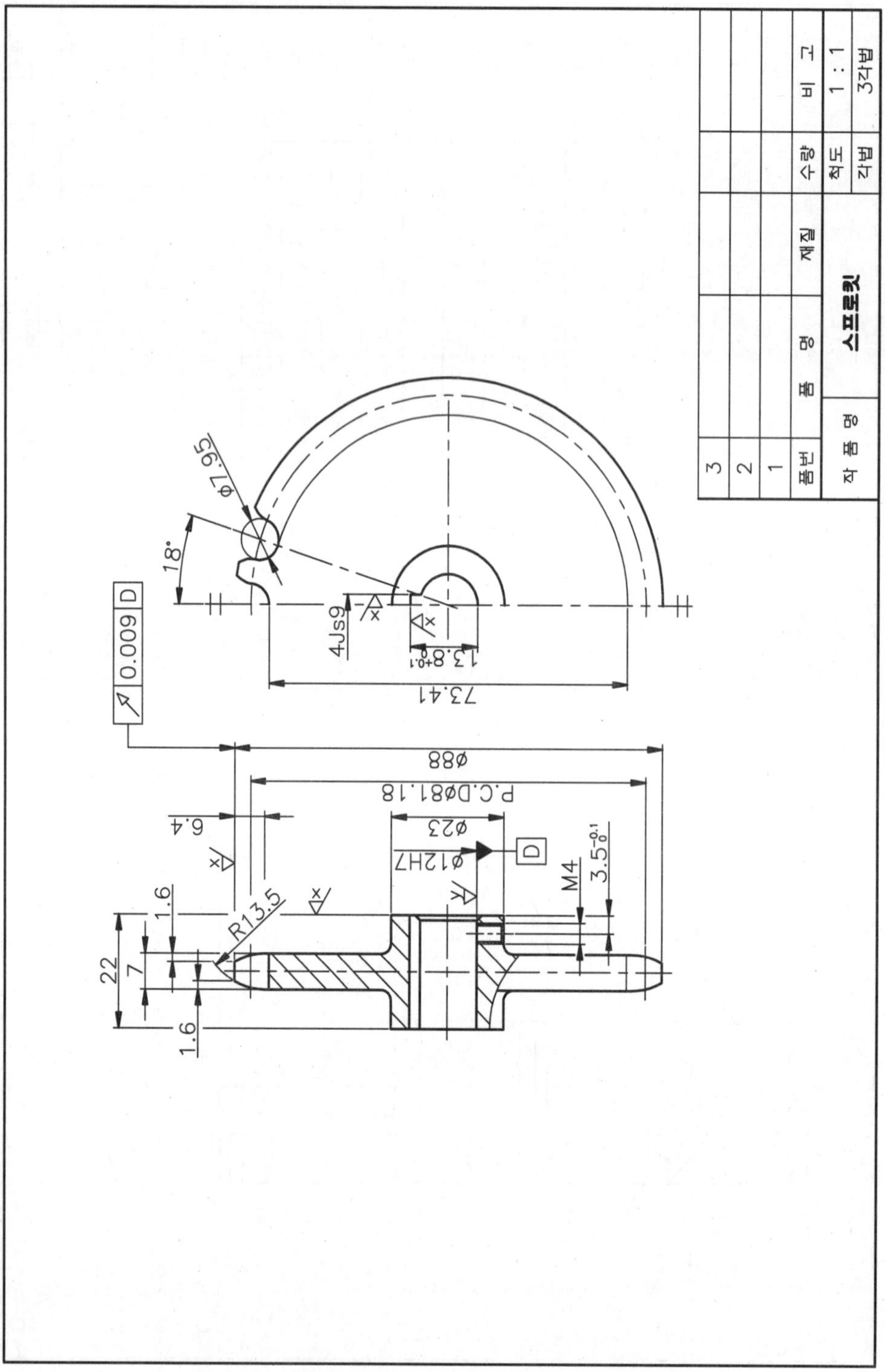

3
2
1
품번
품 명
재질
수량
비 고
척도
1 : 1
각법
3각법
작 품 명
스프로킷
φ7.95
18°
0.009 D
4Js9
13.8+0.1 0
73.41
φ88
P.C.Dφ81.18
6.4
φ23
φ12H7
D
M4
3.5-0.1 0
R13.5
22
7
1.6
1.6

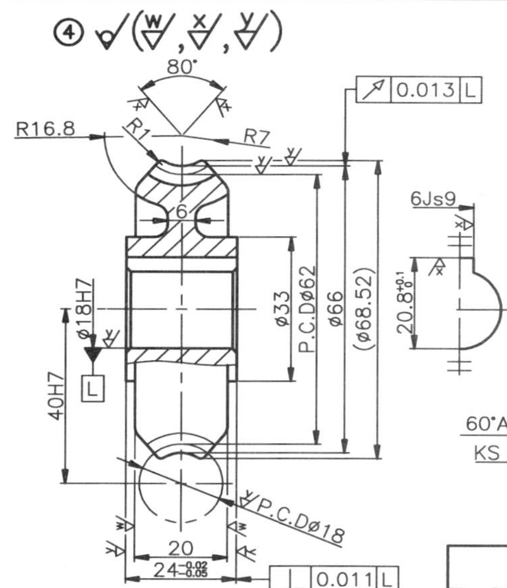

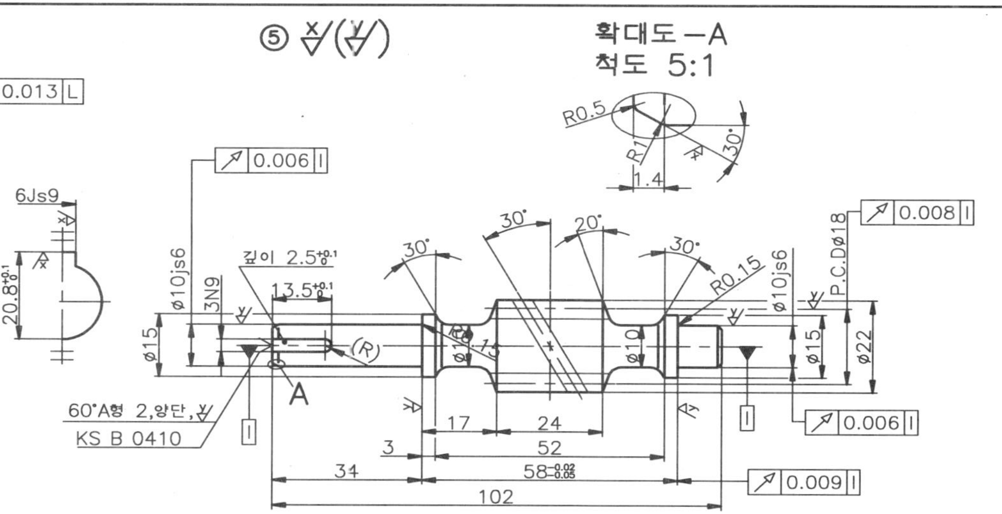

웜과 웜 휠		
품번	4 웜 축	5 웜 휠
치형기준단면	축직각	
원주 피치	6.28	
리드	12.56	
줄수와 방향	2줄, 우	
모듈	2	
압력각	20°	
잇수	31	–
피치원 지름	Ø62	Ø18
진행각	30°	
다듬질 방법	호브절삭	호브
정밀도	KS B 1405, 5급	

품번	품 명	재질	수량	비 고
3				
2				
1				
작 품 명	웜 및 웜기어		척도	1 : 1
			각법	3각법

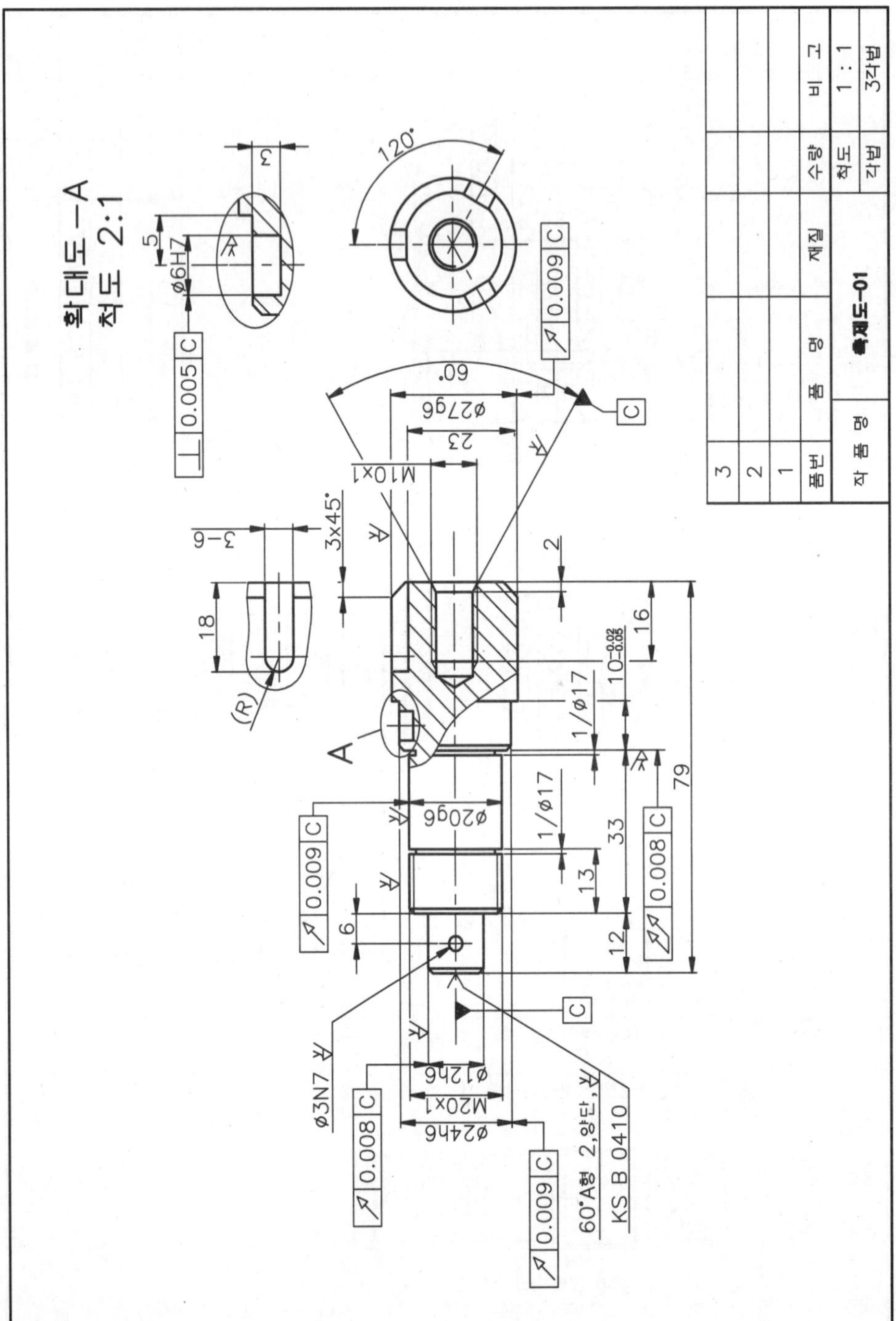
확대도－A
척도 2:1
120°
60°
⌀27g6
23
M10x1
3x45°
⌀20g6
⌀12h6
M20x1
⌀24h6
⌀3N7
60°A형 2,양단,
KS B 0410
79
33
16
13
12
0.009 C
0.008 C
0.005 C
품번
품 명
재질
수량
비 고
척도
1 : 1
각법
3각법
작 품 명
축계도-01

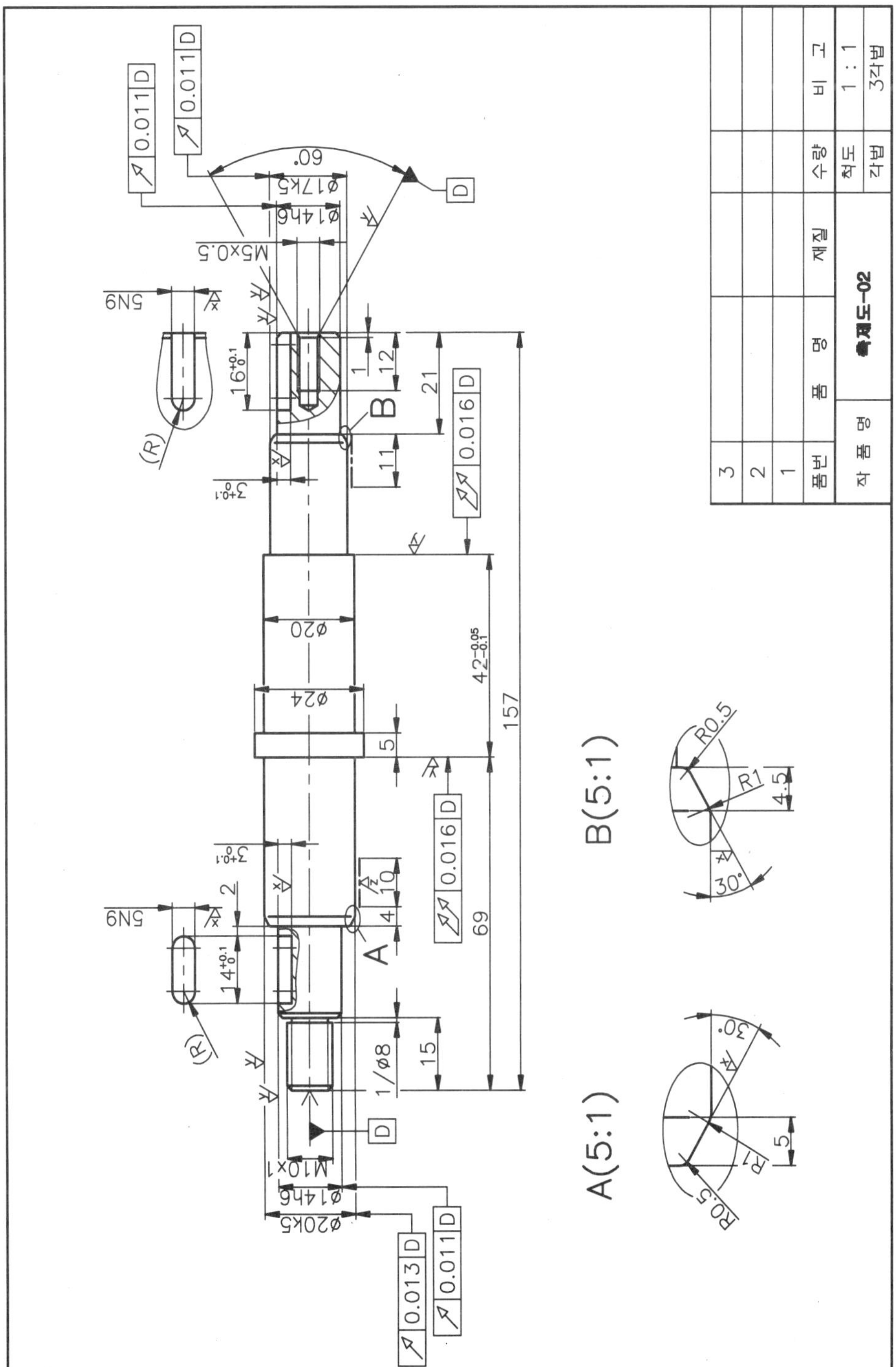
A(5:1)
B(5:1)
품번
품 명
재질
수량
비 고
작 품 명
축계도-02
척도
1 : 1
각법
3각법

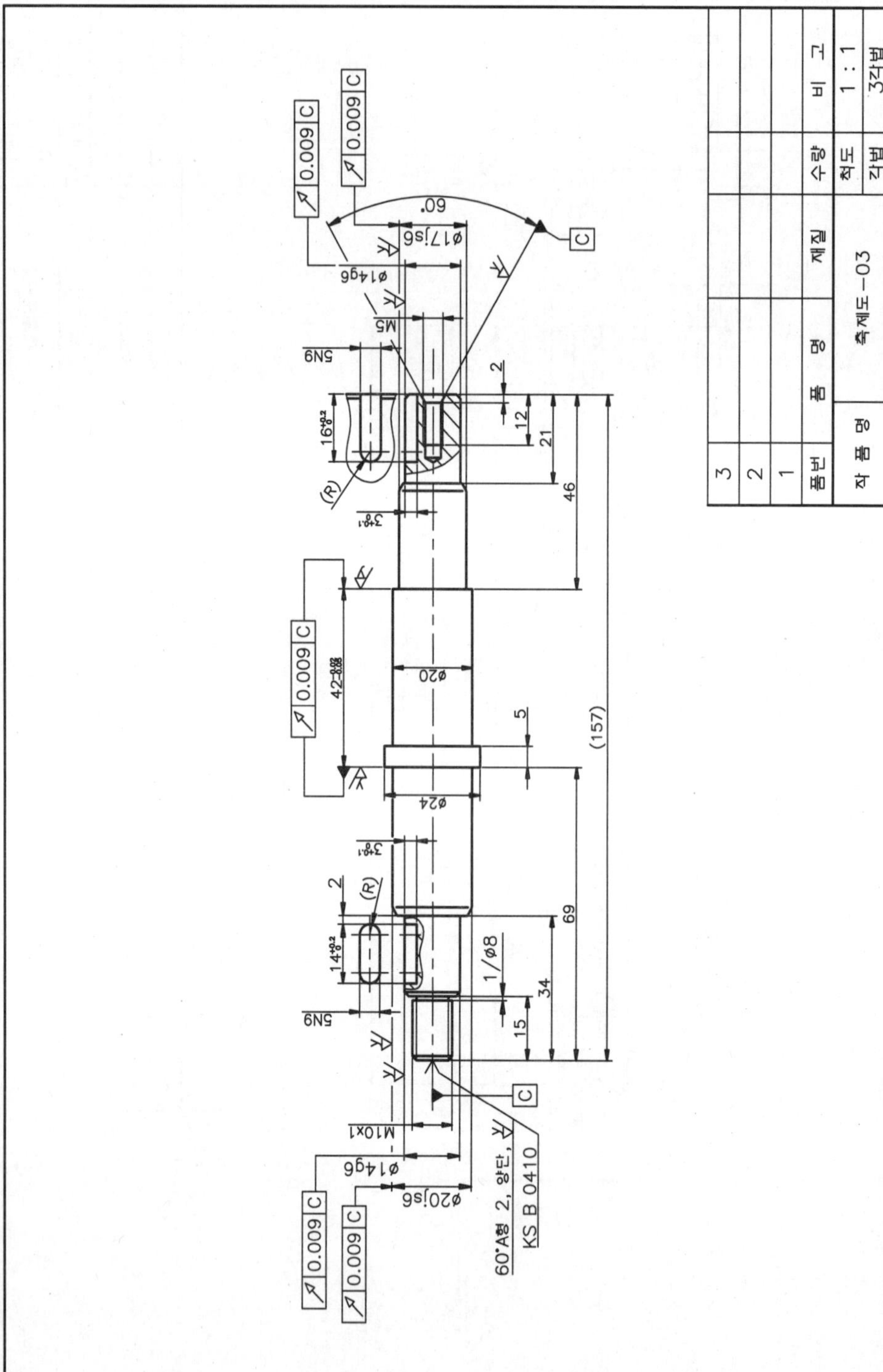
0.009 C
60°
ø17js6
ø14g6
M5
5N9
16+0.2
(R)
3+0.1
2
12
21
46
42-0.02
ø20
5
(157)
ø24
69
14+0.2
1/ø8
34
15
M10x1
ø20js6
60°A형 2, 양단,
KS B 0410
3
2
1
품번
품 명
재질
수량
비 고
작 품 명
축제도-03
척도
1 : 1
각법
3각법

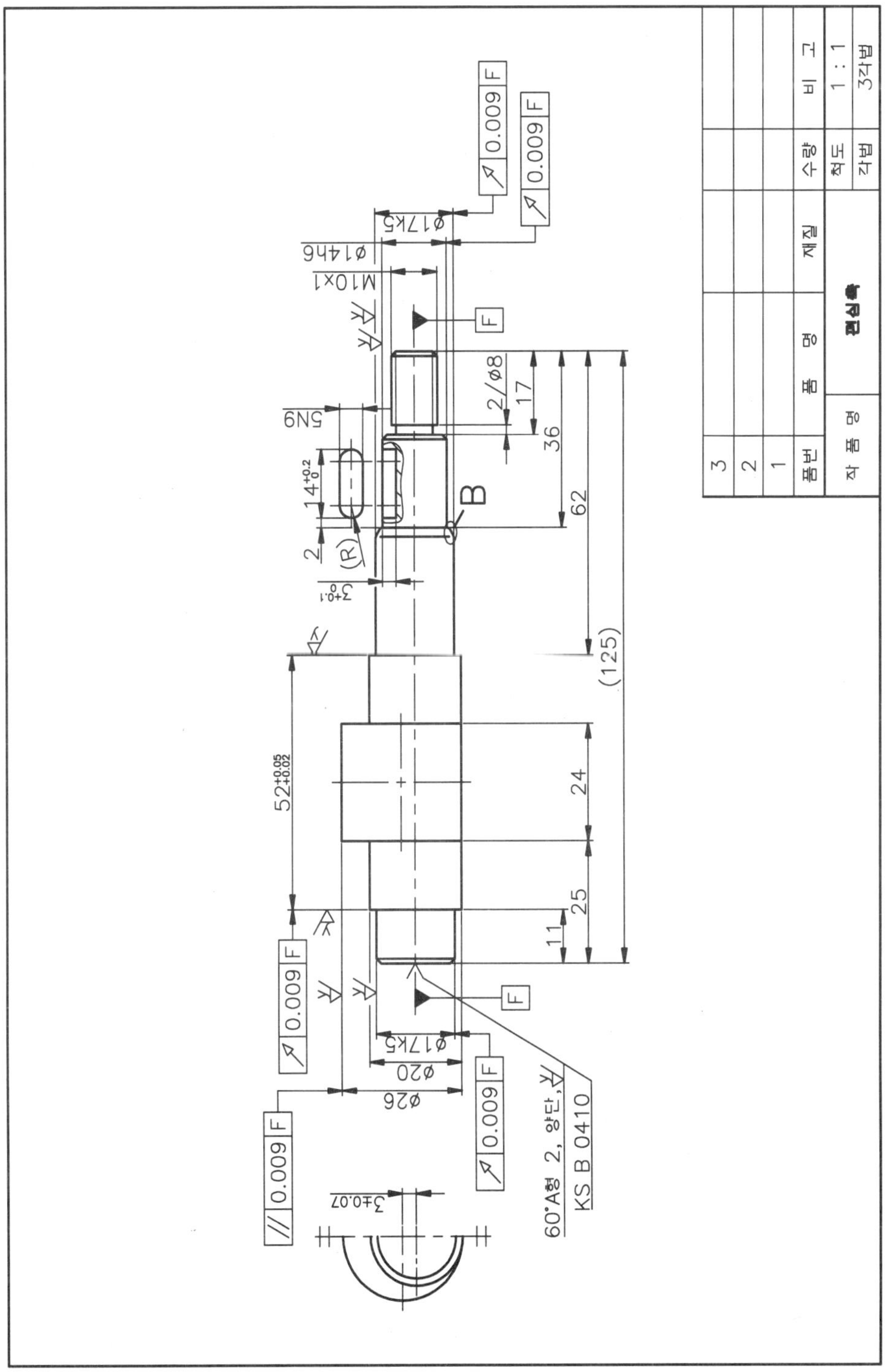

편심축
품번
품명
재질
수량
비고
척도
1 : 1
각법
3각법
작품명
KS B 0410

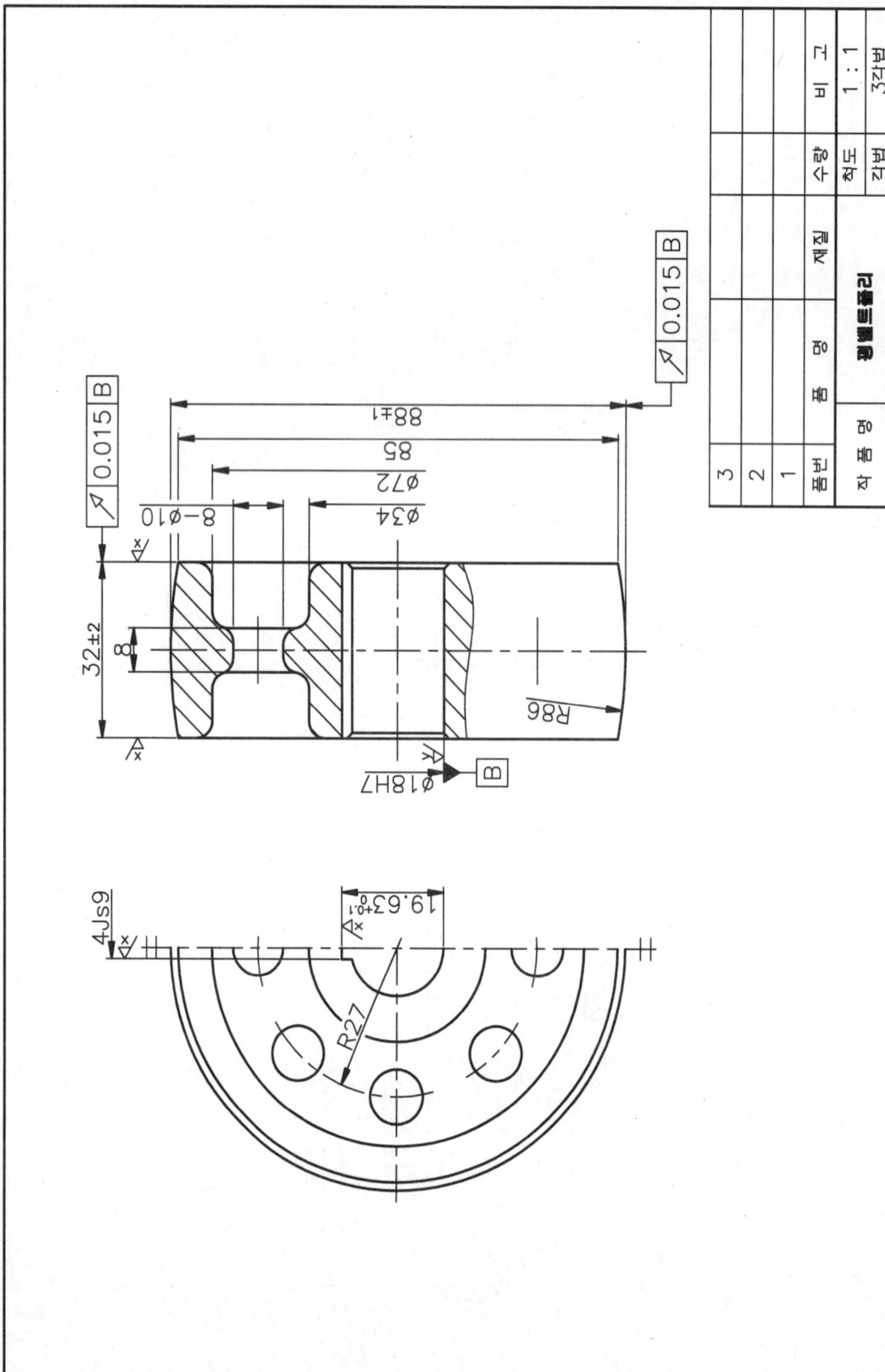
품번
품 명
재질
수량
비 고
척도
1 : 1
각법
3각법
작 품 명
88±1
85
ø72
ø34
8-ø10
32±2
8
R86
ø18H7
R27
4Js9
0.015 B

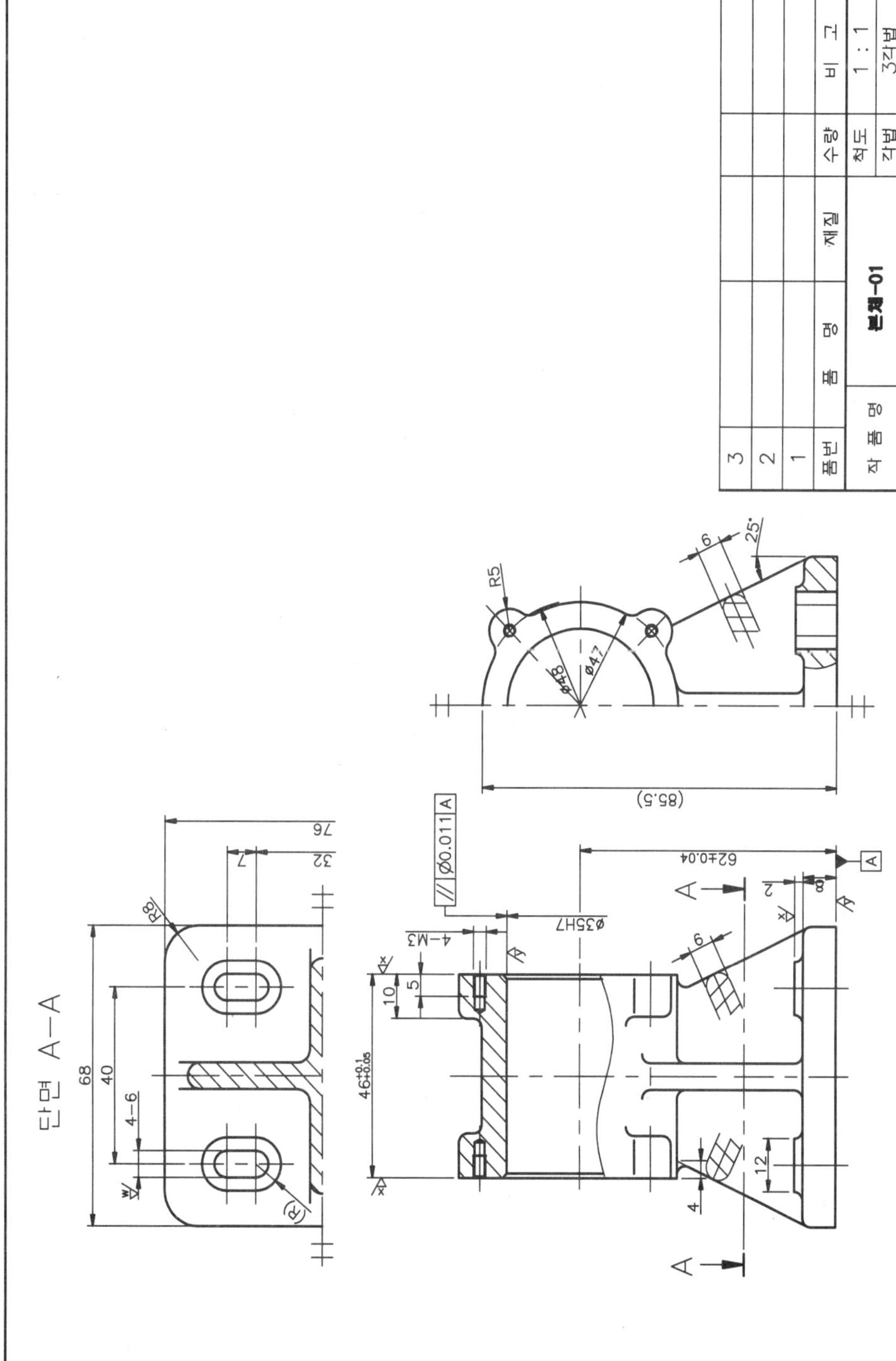
단면 A-A
품번
품명
재질
수량
비고
작품명
본체-01
척도
1 : 1
각법
3각법

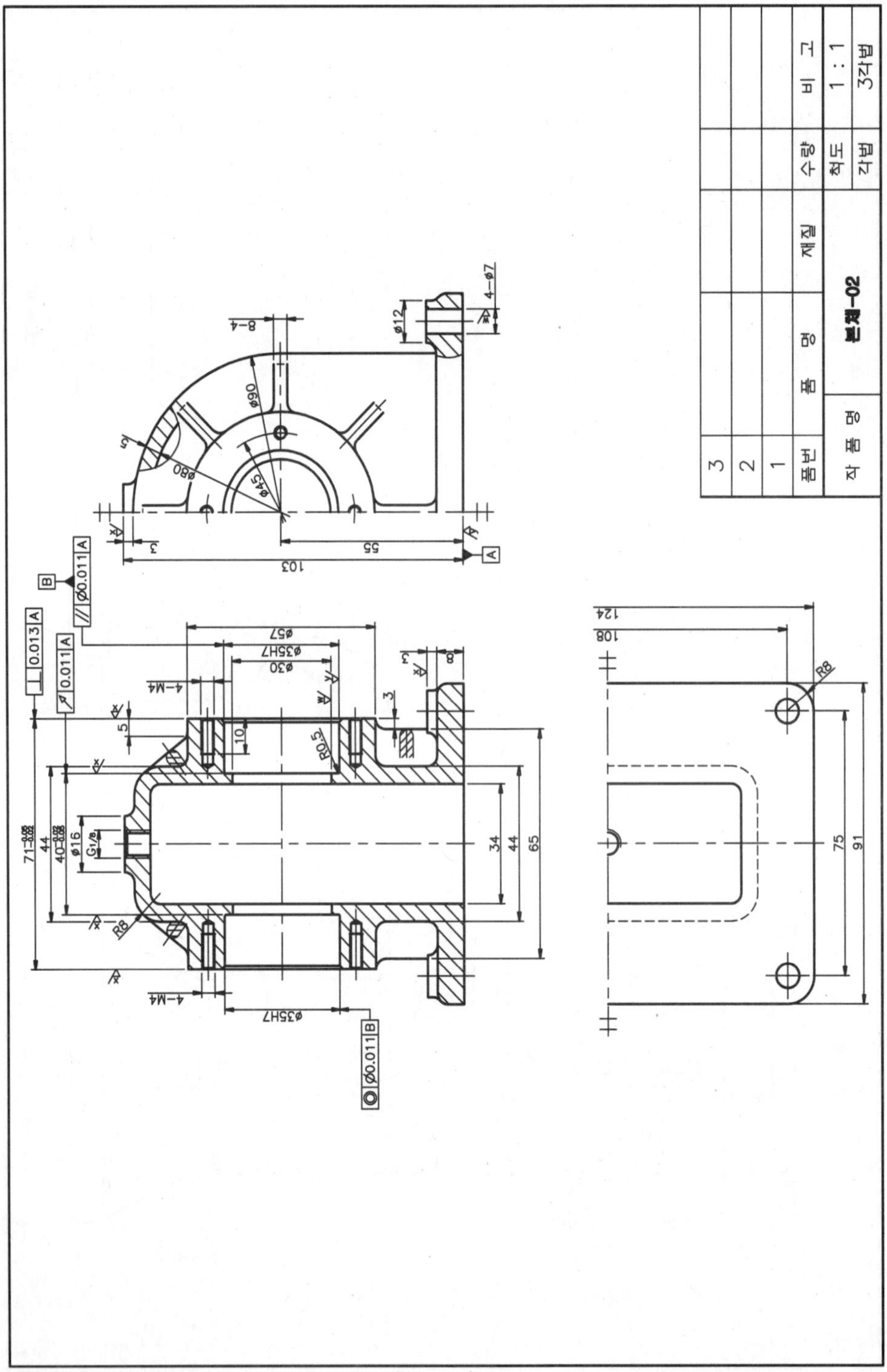
품번
품 명
재질
수량
비 고
작 품 명
본체-02
척도
1 : 1
각법
3각법

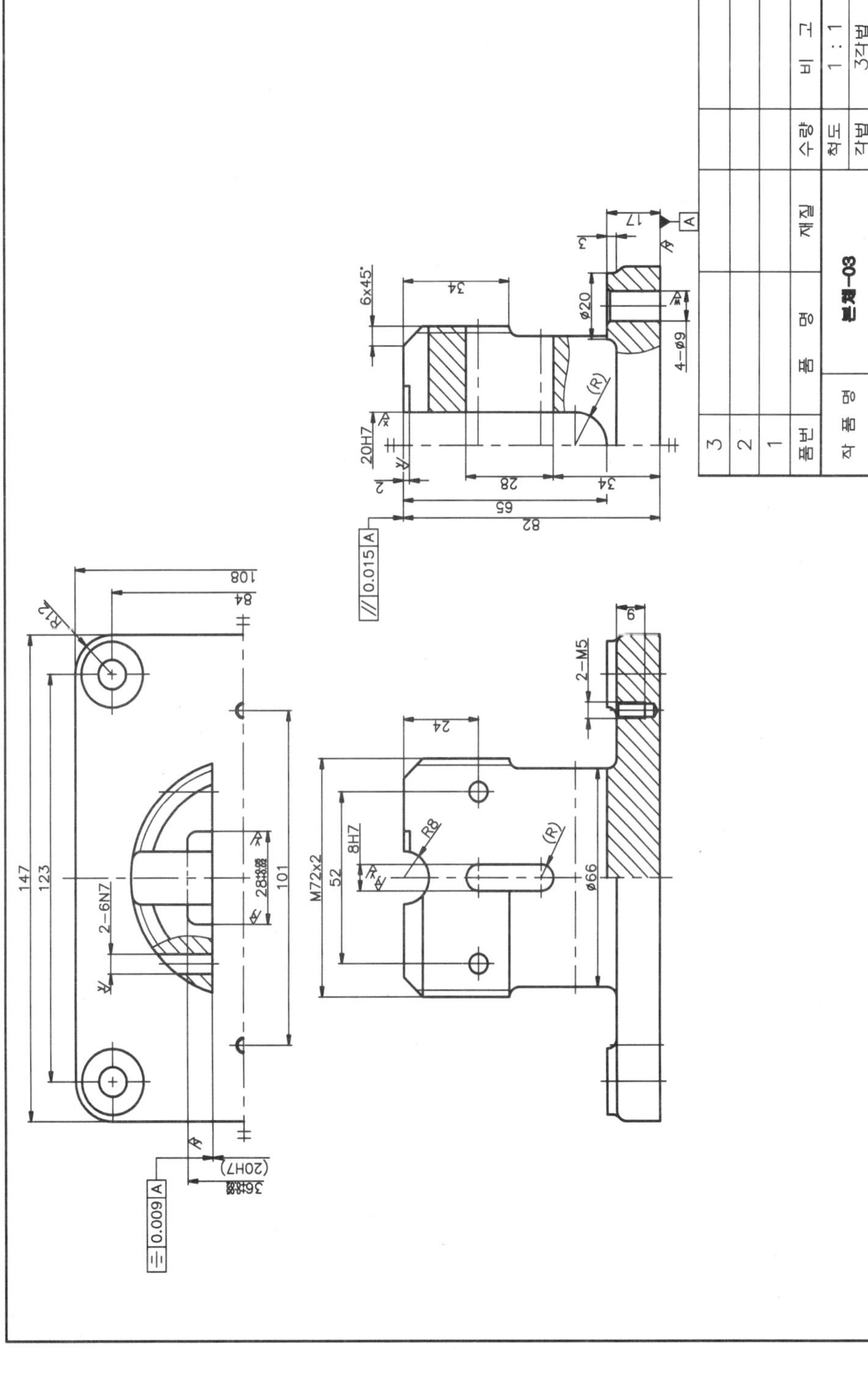

품번
품 명
재질
수량
비 고
작 품 명
본체-03
척도
1 : 1
각법
3각법

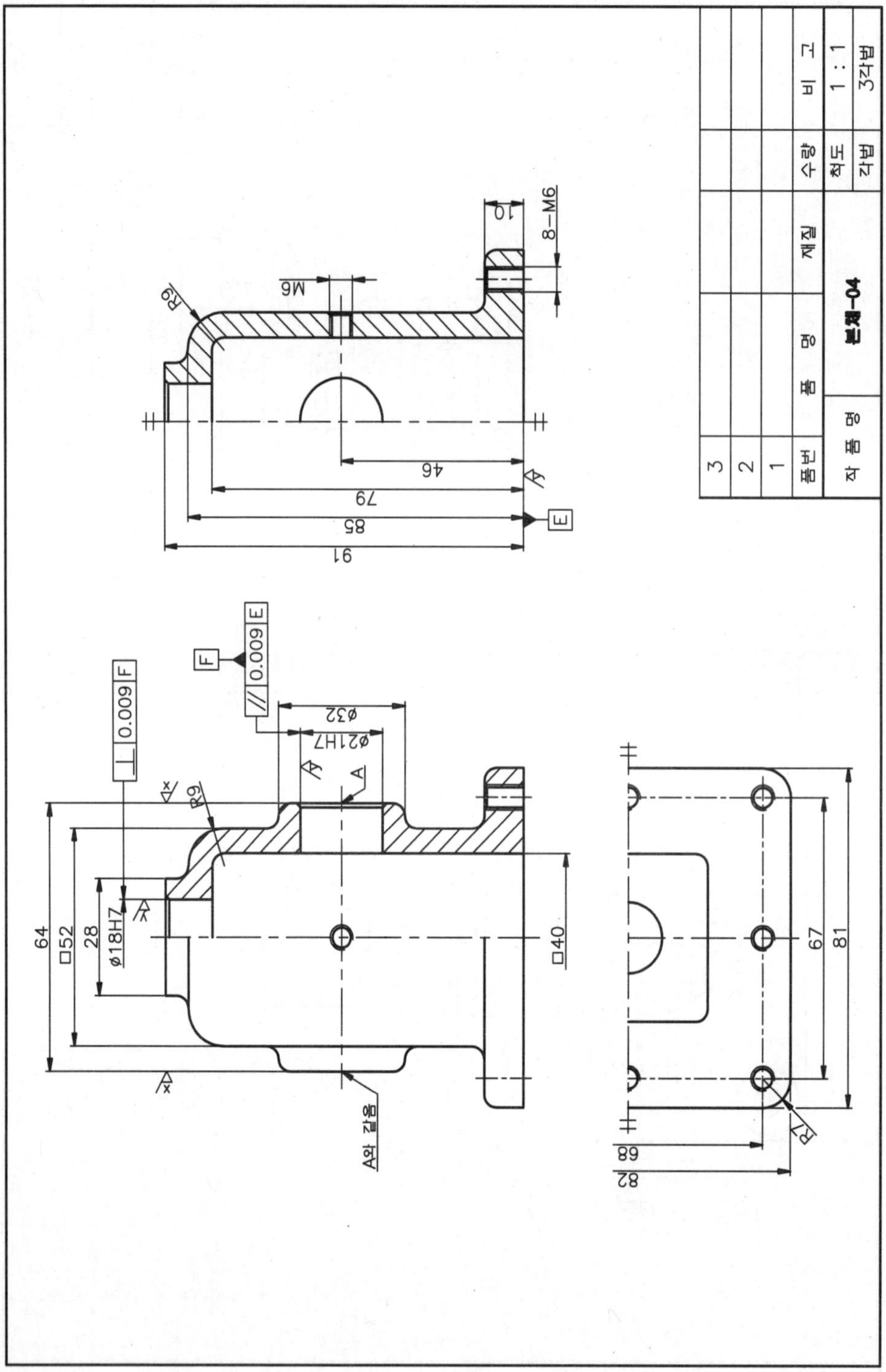

본체-04
품번
품 명
재질
수량
비 고
작 품 명
척도
1 : 1
각법
3각법
A와 같음
8-M6
M6
R9
ø18H7
ø21H7
ø32
□52
□40
0.009
F
E
64
28
91
85
79
46
10
67
81
68
82

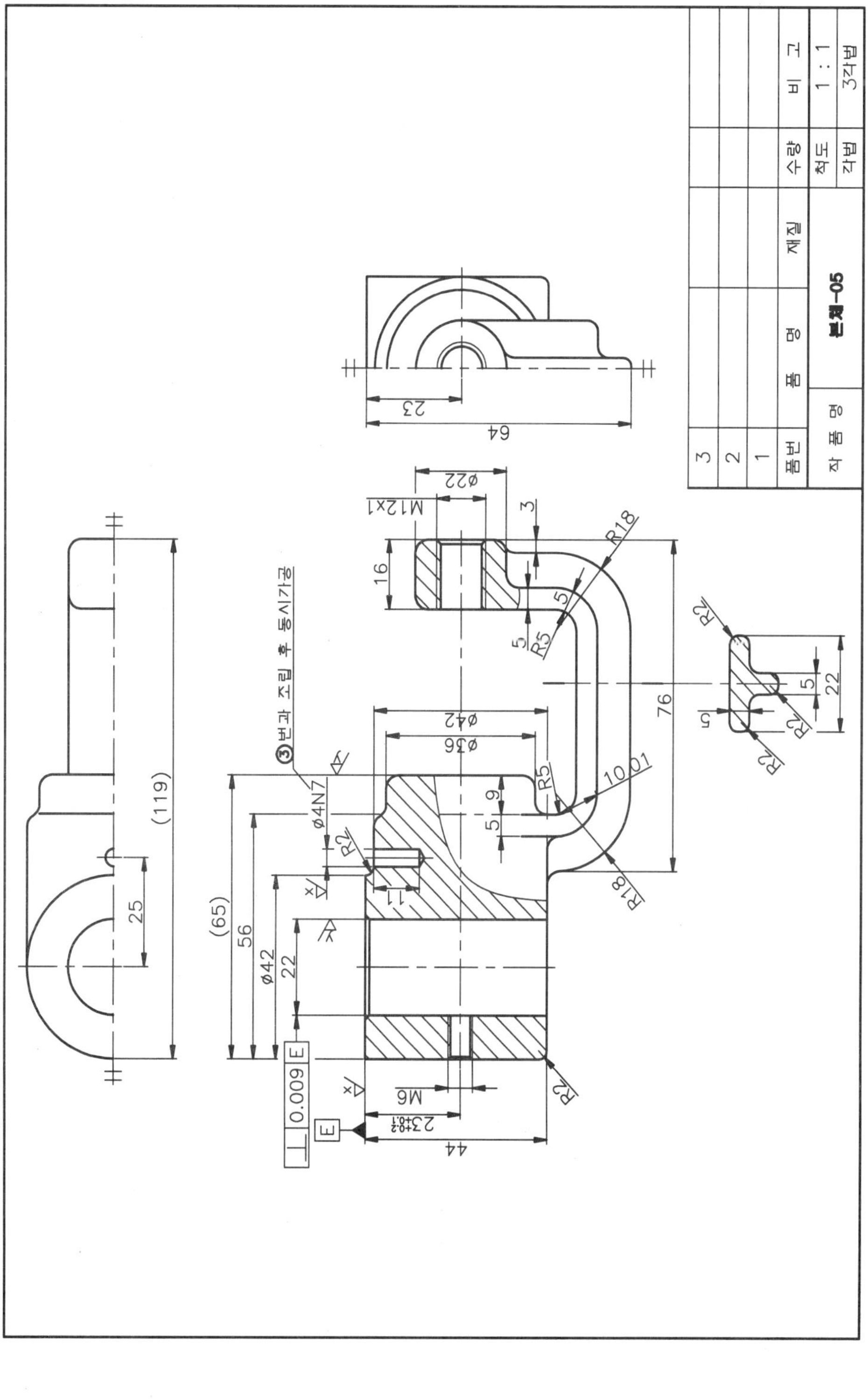
③번과 조립 후 동시가공
본체-05
품번
품 명
재질
수량
비 고
작 품 명
척도
1 : 1
각법
3각법

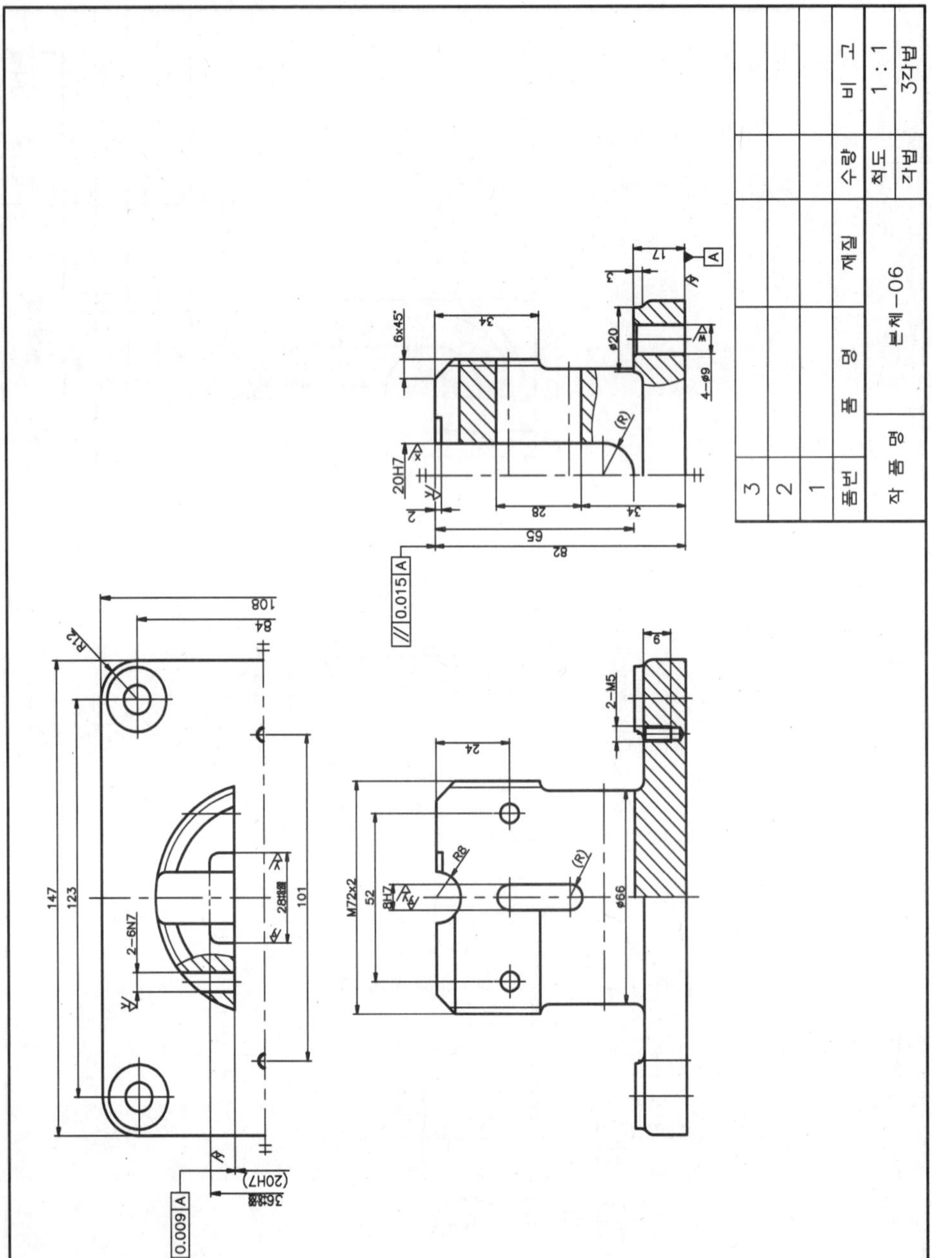
품번
품 명
재질
수량
비 고
작 품 명
본체-06
척도
1 : 1
각법
3각법
147
123
101
108
84
R12
2-6N7
M72x2
52
ø66
R8
24
2-M5
6x45°
20H7
82
65
34
28
17
ø20
4-ø9
0.015 A
0.009 A

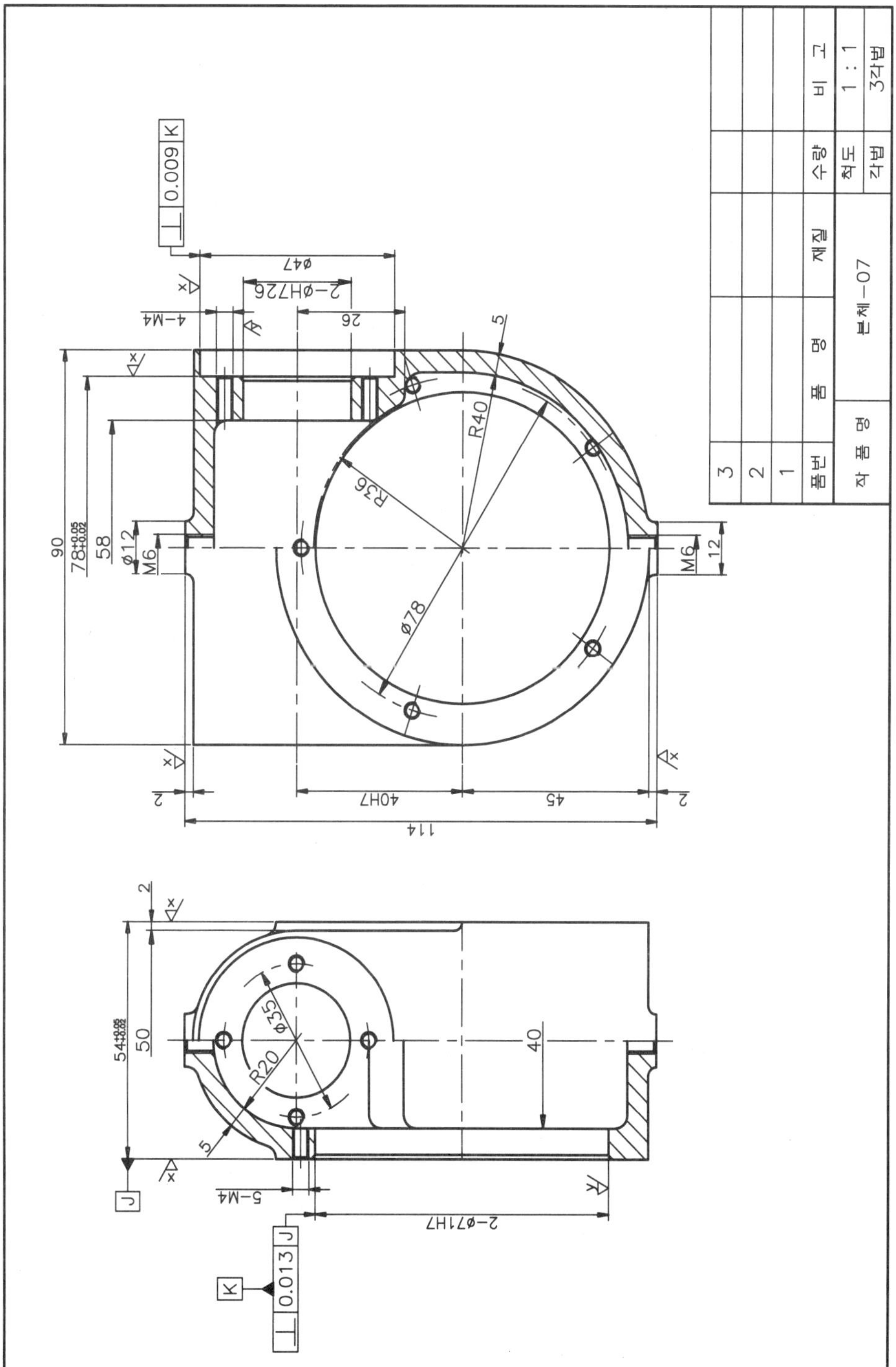
품번
품 명
재질
수량
비 고
작 품 명
본체-07
척도
1 : 1
각법
3각법

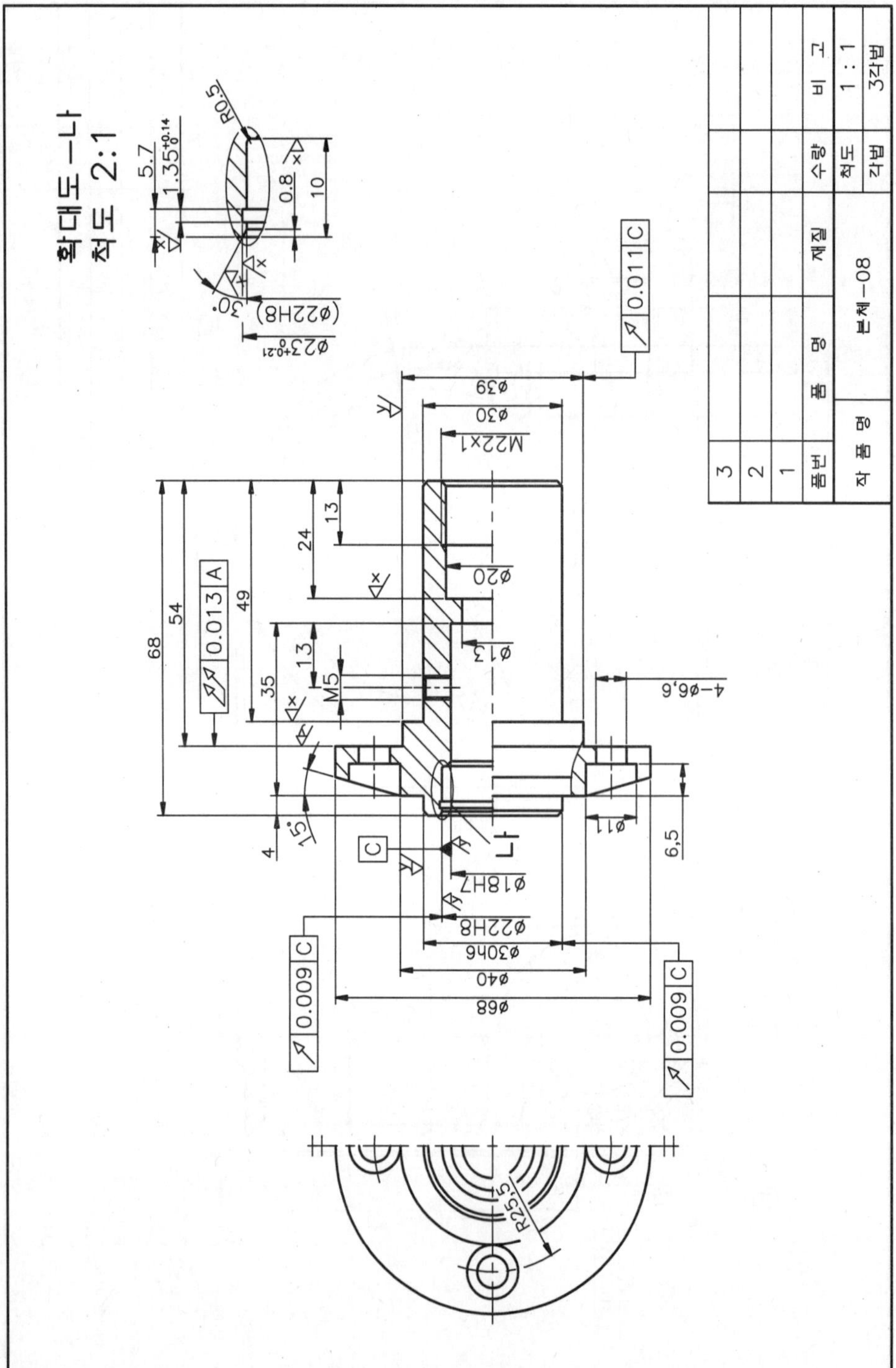
확대도 —나
척도 2:1
품번
품 명
재질
수량
비 고
작 품 명
본체-08
척도
1 : 1
각법
3각법

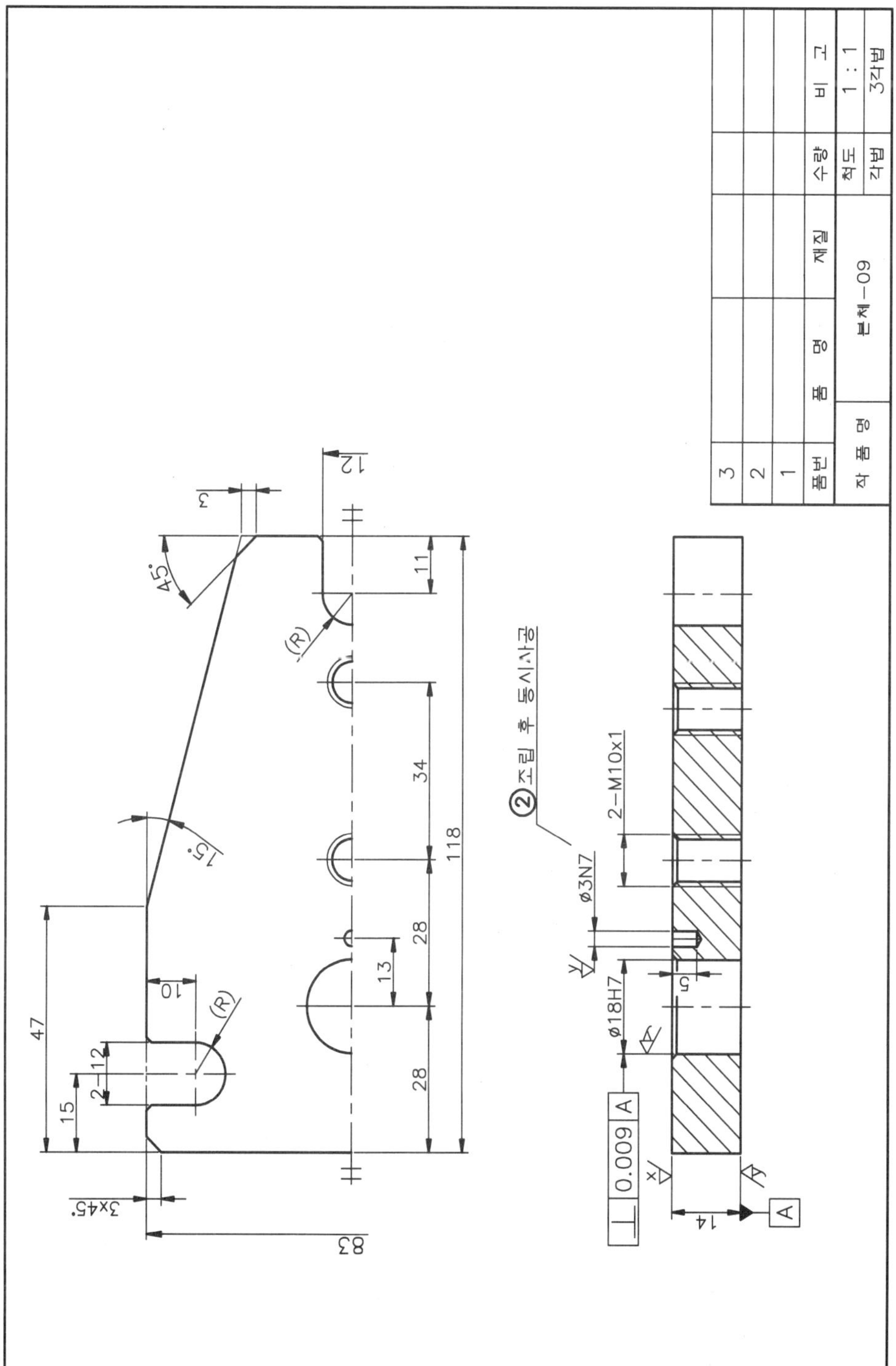

3
2
1
품번
품 명
재질
수량
비 고
척도
1 : 1
각법
3각법
작 품 명
본체-09
②조립 후 동시가공
2-M10x1
ø3N7
ø18H7
0.009 A
A
45°
15°
3x45°
83
47
15
12
2
10
(R)
13
28
28
34
118
11
12
3
14
5

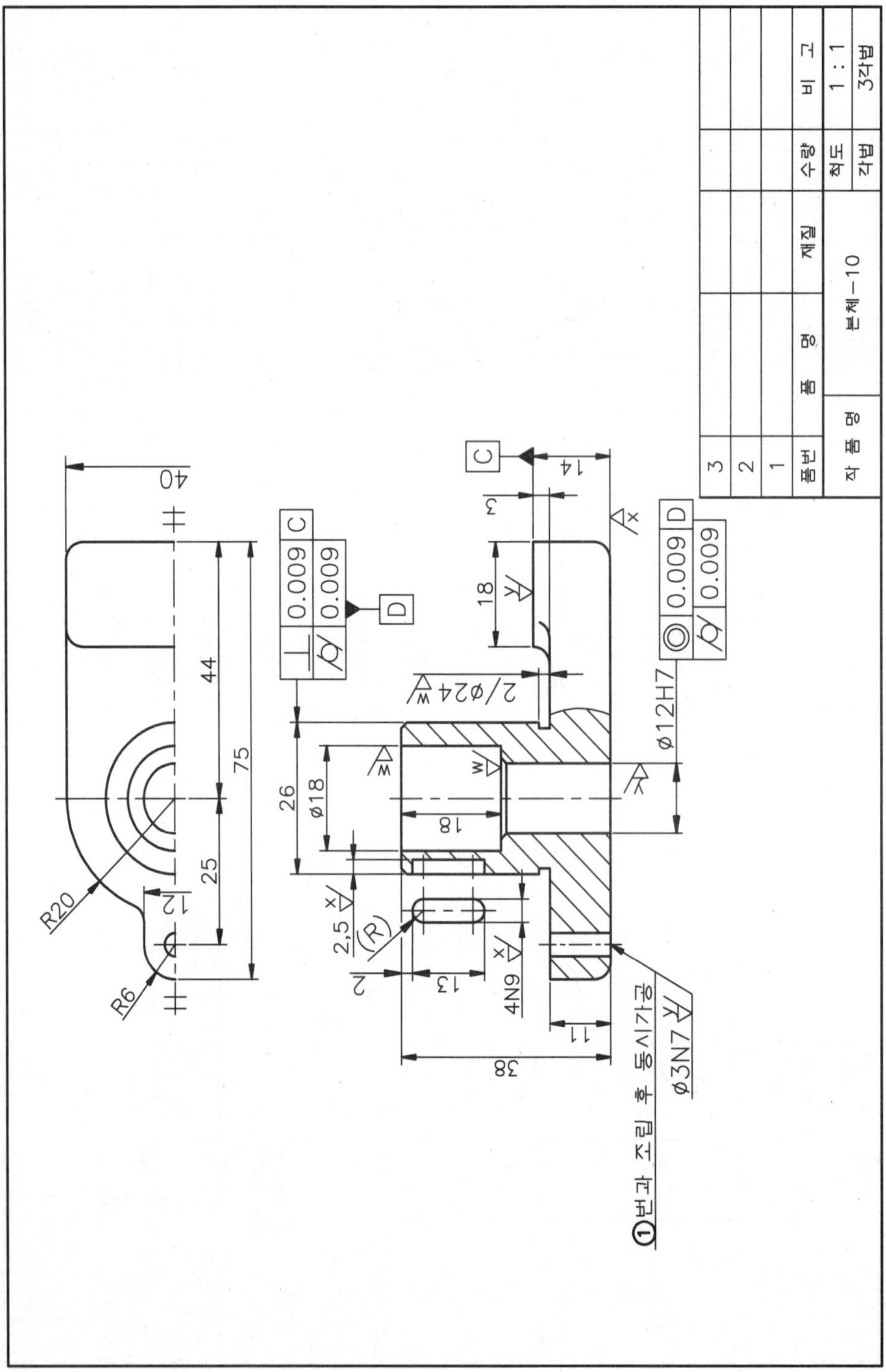
품번
품 명
재질
수량
비 고
작 품 명
본체-10
척도
1 : 1
각법
3각법
①번과 조립 후 동시가공
ø3N7
ø12H7
2/ø24
4N9
R20
R6
0.009
C
D

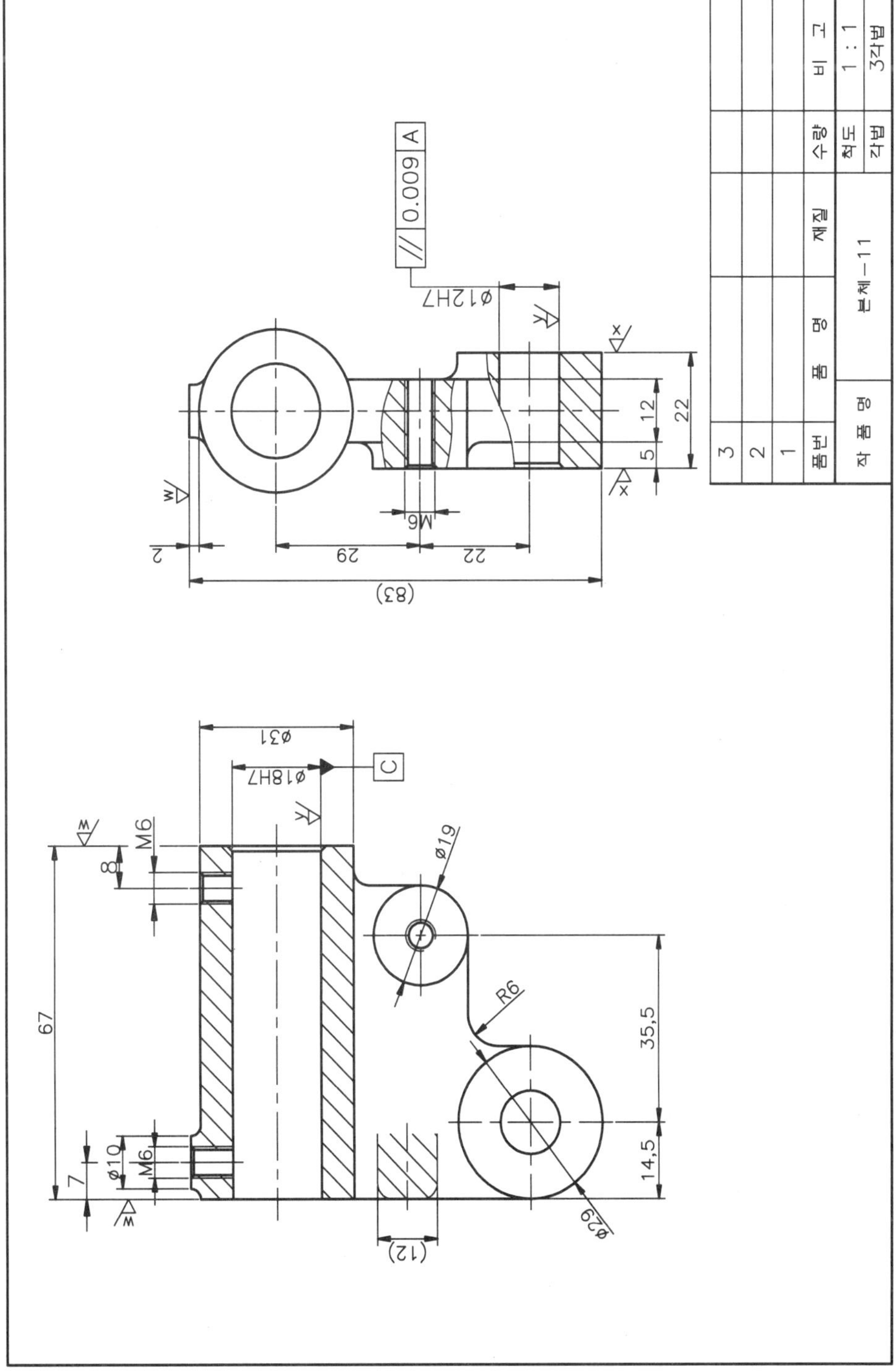

0.009 A
ø12H7
22
12
5
M6
2
29
22
(83)
ø31
ø18H7
C
M6
8
ø19
67
R6
35,5
14,5
7
ø10
M6
(12)
ø29
품번
품 명
재질
수량
비 고
1
2
3
작 품 명
본체-11
척도
1 : 1
각법
3각법

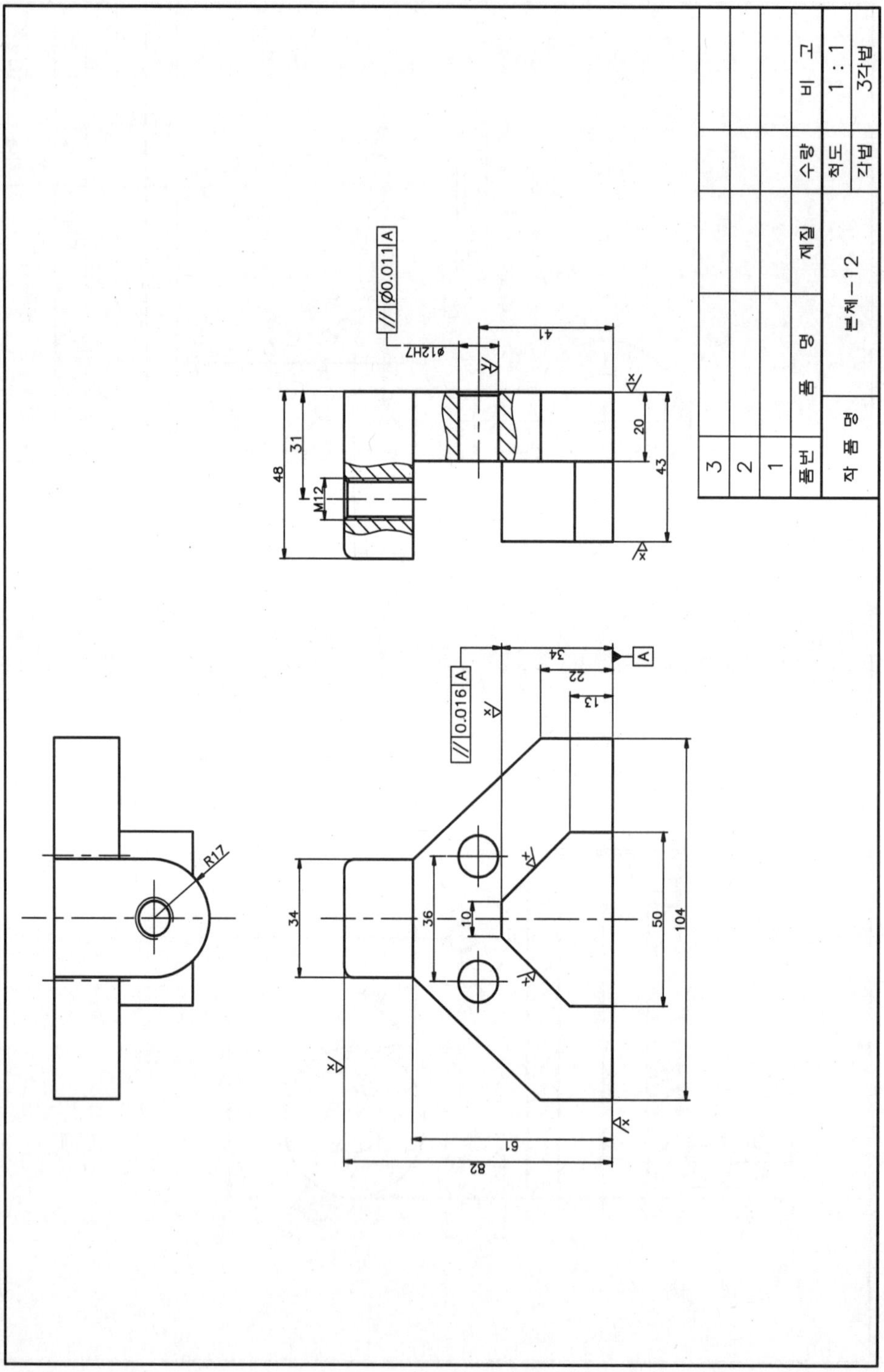

3
2
1
품번
품 명
재질
수량
비 고
작 품 명
본체-12
척도
1 : 1
각법
3각법
Ø0.011 A
Ø12H7
0.016 A
R17
M12

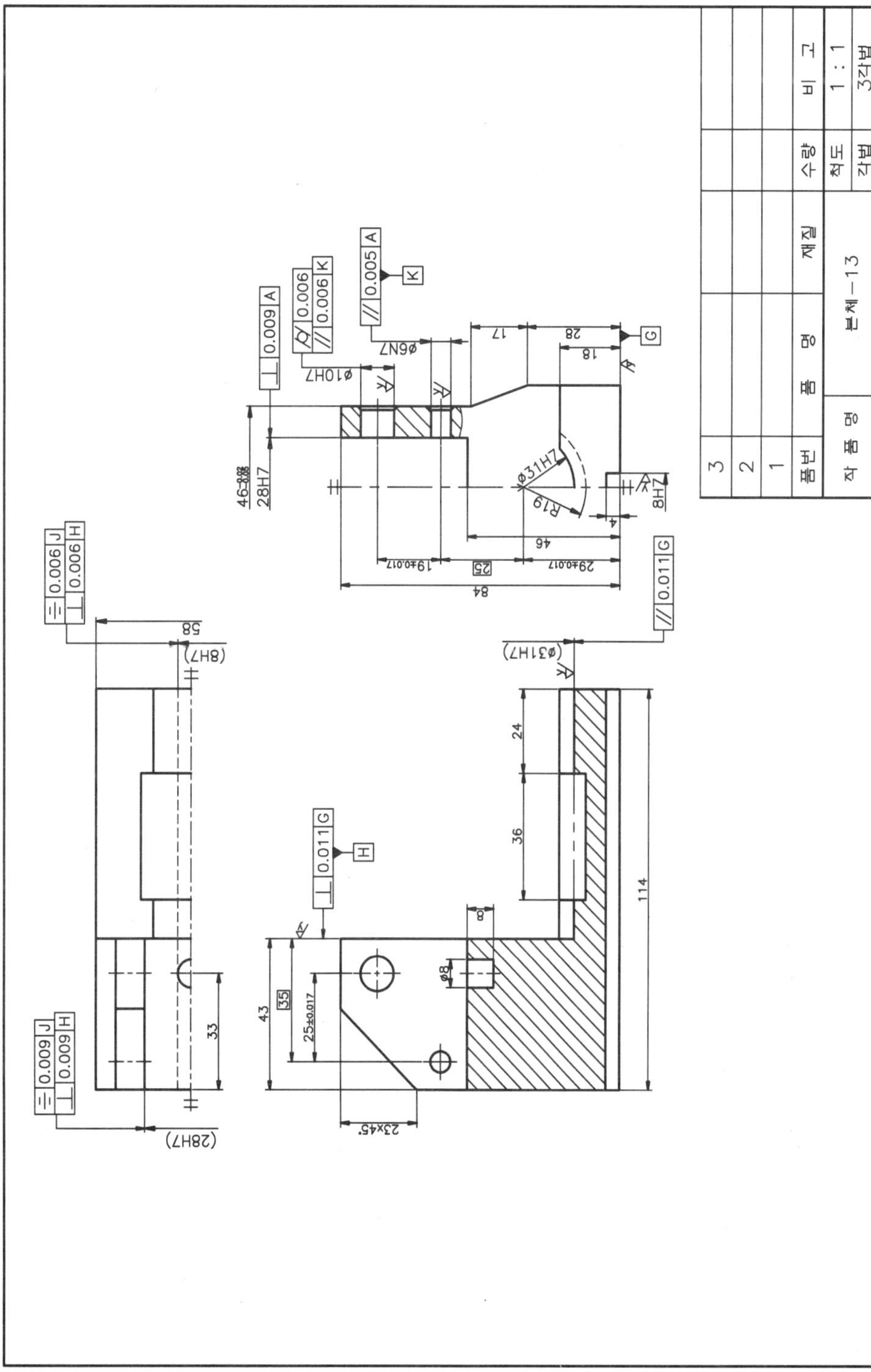
품번
품 명
재질
수량
비 고
3
2
1
작 품 명
본체－13
척도
1 : 1
각법
3각법

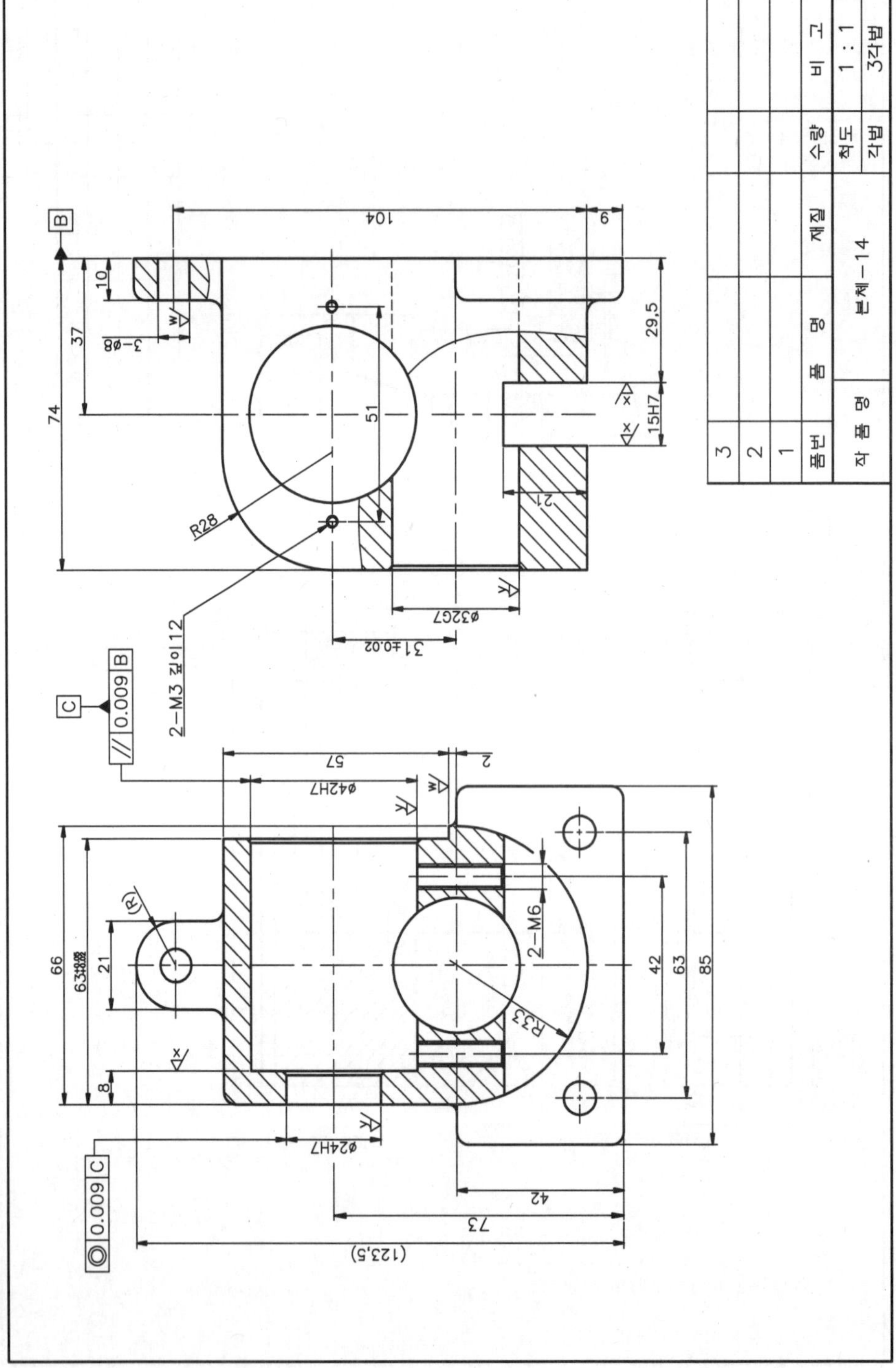

품번
품 명
재질
수량
비 고
작 품 명
본체-14
척도
1 : 1
각법
3각법
2-M3 깊이12

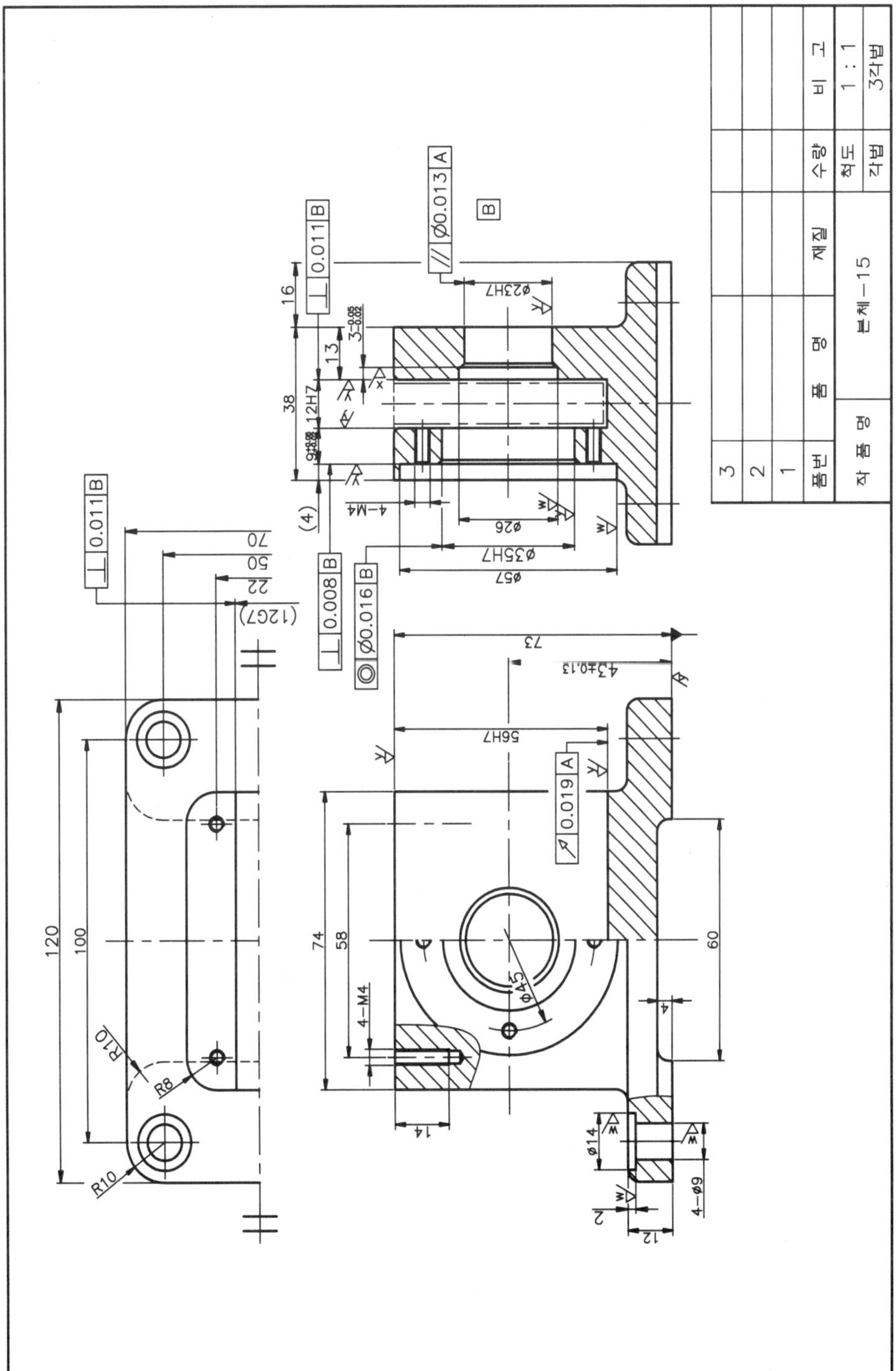

품번
품 명
재질
수량
비 고
작 품 명
본체-15
척도
1 : 1
각법
3각법

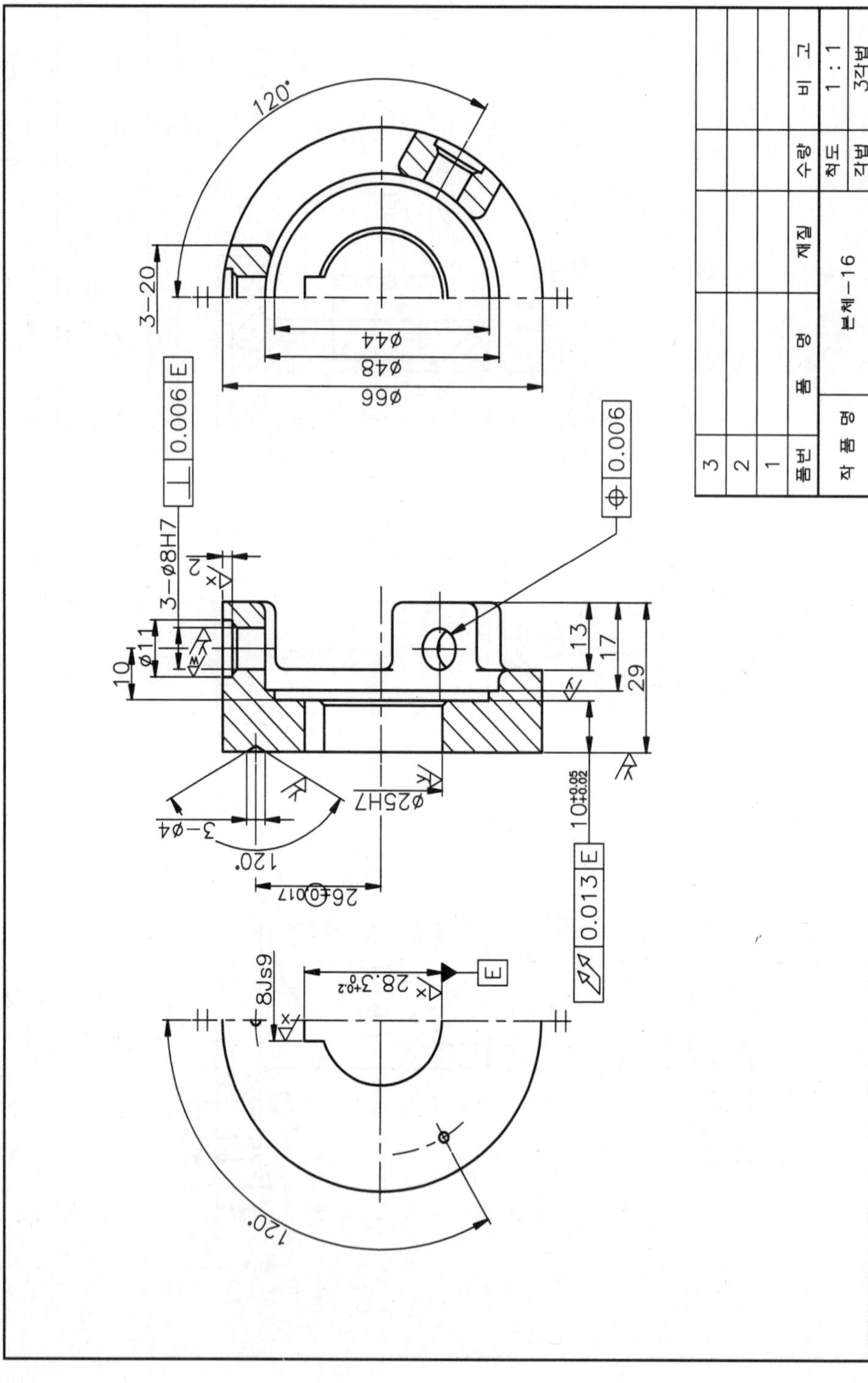
품번
품 명
재질
수량
비 고
작 품 명
본체-16
척도
1 : 1
각법
3각법
120°
3-20
ø44
ø48
ø66
3-ø8H7
ø11
10
13
17
29
ø25H7
3-ø4
0.006
0.013
E
8Js9
28.3

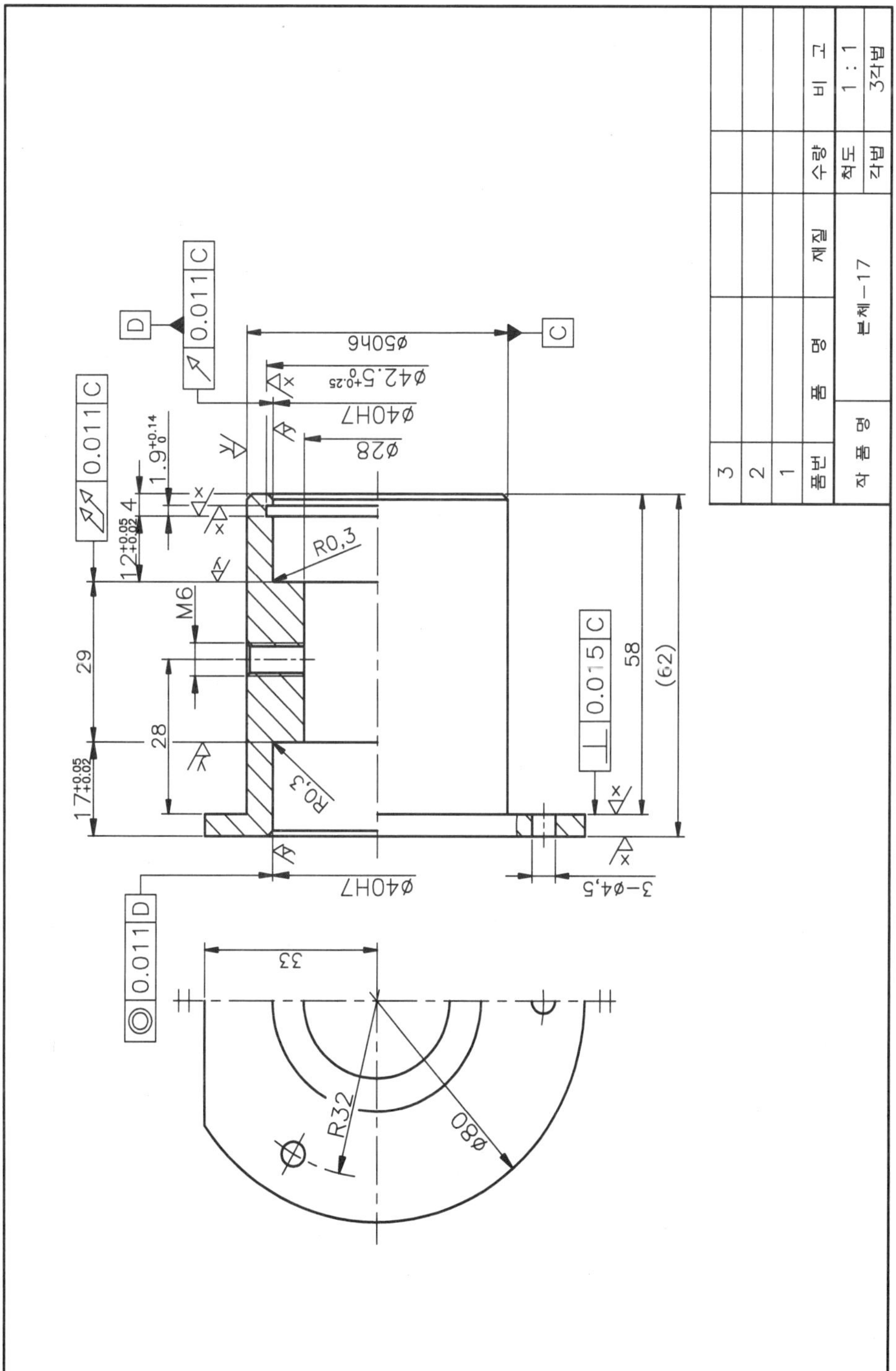
품번
품 명
재질
수량
비 고
작 품 명
본체-17
척도
1 : 1
각법
3각법
ø50h6
ø42.5
ø40H7
ø28
0.011 C
0.011 D
0.015 C
M6
R0.3
R32
ø80
3-ø4.5
58
(62)
29
28
33

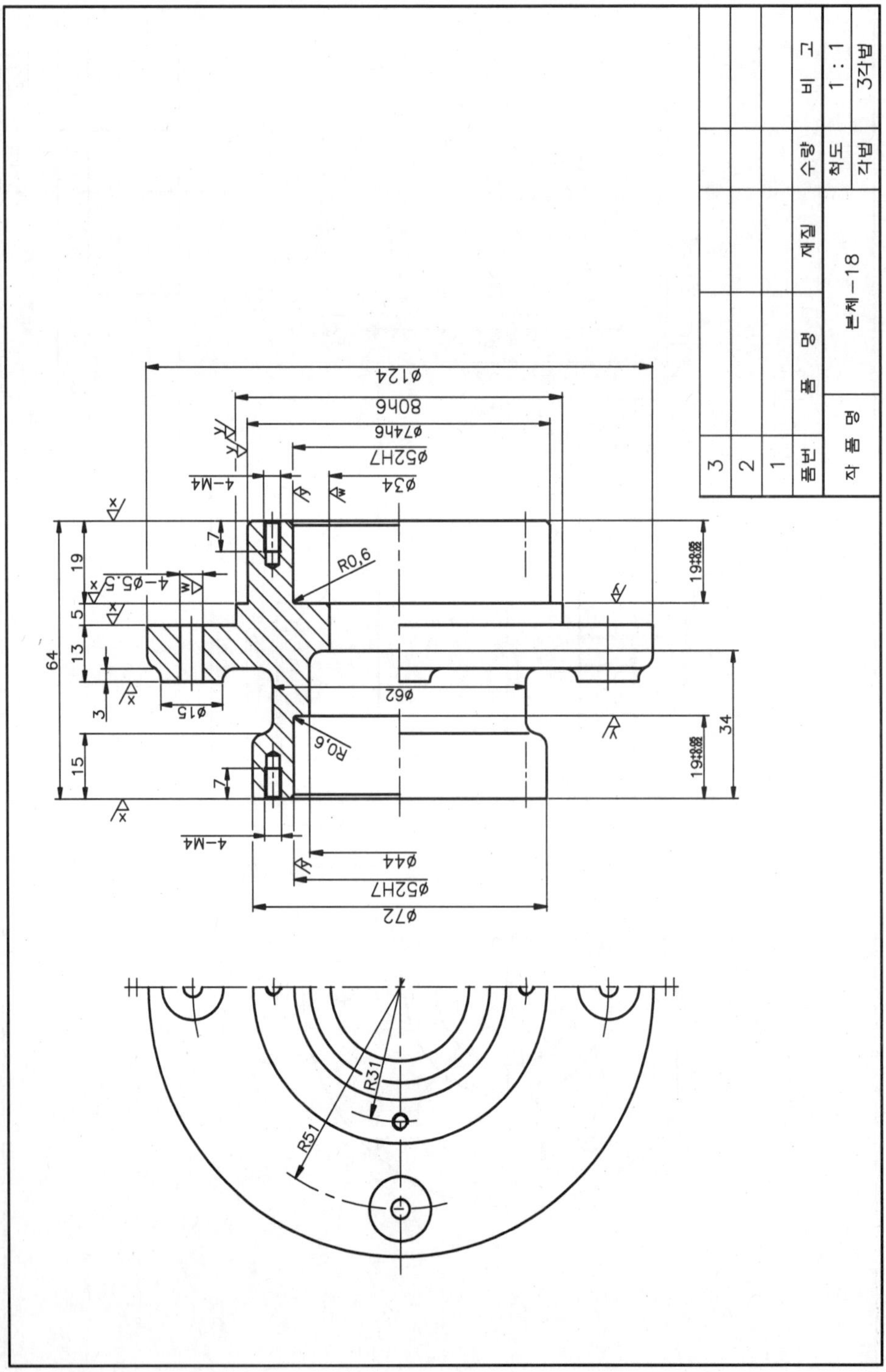
3
2
1
품번
품 명
재질
수량
비 고
작 품 명
본체-18
척도
1 : 1
각법
3각법
ø124
80h6
ø74h6
ø52H7
ø34
4-M4
4-ø5.5
ø15
ø62
ø44
ø72
R0,6
R31
R51
64
19
5
13
3
15
7
34

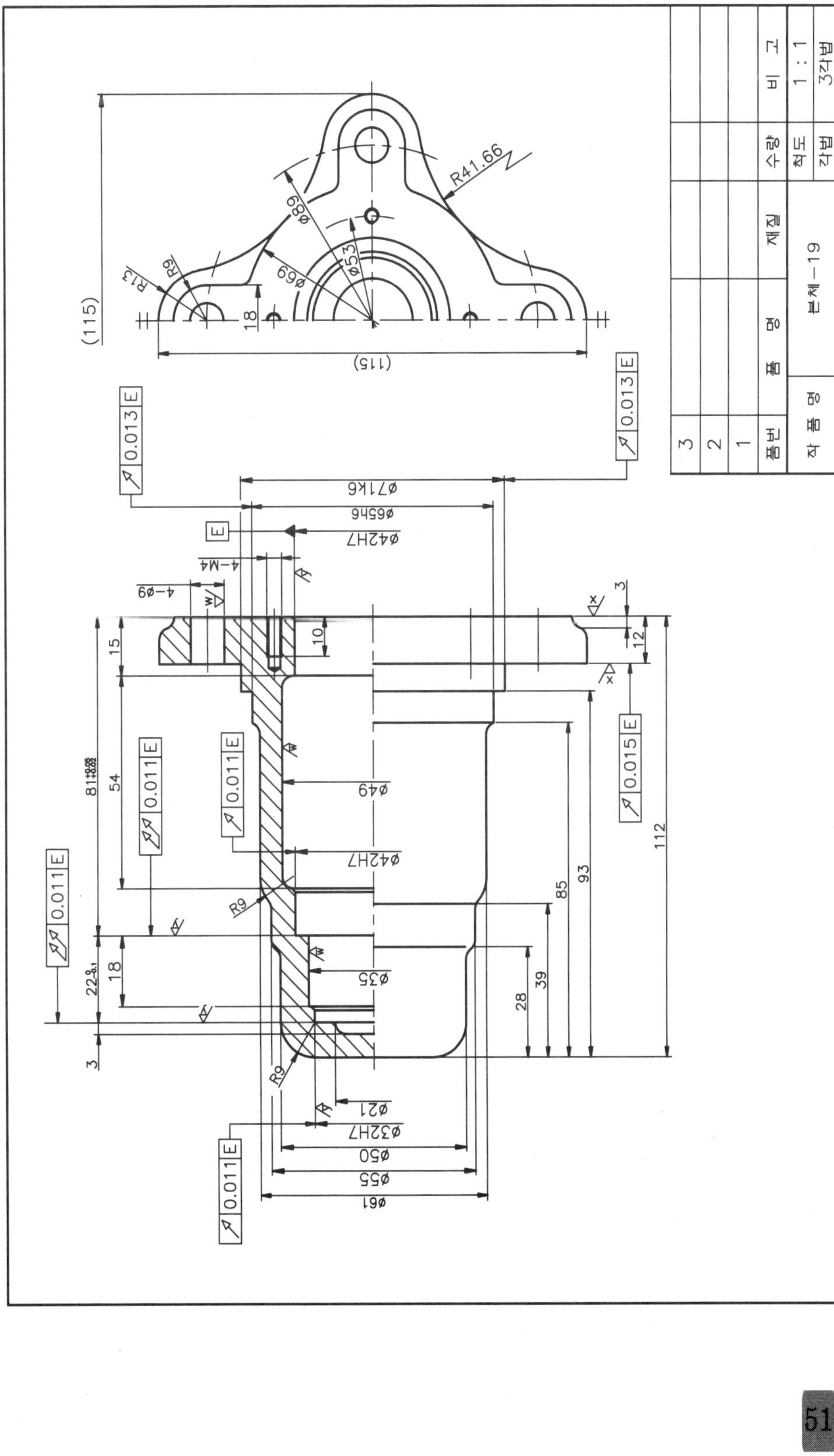
품번
품 명
재질
수량
비 고
척도
1 : 1
각법
3각법
작 품 명
본체－19

실무 중심의 AutoCAD 2010

발행 2013년 2월 14일	공 저 / 최석창 · 김종욱 · 박정호
인쇄 2013년 2월 19일	
	발행자 / 김순선
	발행처 / 오토테크
	주 소 / 서울특별시 관안구 신림본동 10-23
	등 록 / 제 10-1983
	전 화 / 02-877-0809
ISBN 978-89-89088-12-7	FAX / 02-877-0730
	E-mail / kssooh@naver.com
	웹하드 / KSS2011
	정 가 / 20,000원

* 낙장 및 파본은 교환해 드립니다.